蓝色档案

新中国海军大事纪实

吴殿卿◎著

山西出版传媒集团
山西人民出版社

图书在版编目（CIP）数据

蓝色档案：新中国海军大事纪实／吴殿卿著. —太原：山西人民出版社，2015.4

ISBN 978-7-203-08995-7

Ⅰ.①蓝… Ⅱ.①吴… Ⅲ.①海军-概况-中国-现代 Ⅳ.①E273

中国版本图书馆 CIP 数据核字（2015）第 050500 号

蓝色档案：新中国海军大事纪实

著　　者：	吴殿卿
策　　划：	吕绘元
责任编辑：	吕绘元
装帧设计：	刘彦杰

出 版 者：山西出版传媒集团·山西人民出版社

地　　址：太原市建设南路 21 号

邮　　编：030012

发行营销：0351-4922220　4955996　4956039

　　　　　0351-4922127（传真）　4956038（邮购）

E - mail：sxskcb@163.com　发行部

　　　　　sxskcb@126.com　总编室

网　　址：www.sxskcb.com

经 销 者：山西出版传媒集团·山西人民出版社

承 印 厂：山西出版传媒集团·山西人民印刷有限责任公司

开　　本：720mm×1010mm　1/16

印　　张：24.5

字　　数：362 千字

印　　数：1—6000 册

版　　次：2015 年 4 月　第 1 版

印　　次：2015 年 4 月　第 1 次印刷

书　　号：ISBN 978-7-203-08995-7

定　　价：49.00 元

目 录
CONTENTS

启封絮语

地理教科书告诉我们：中华民族繁衍生息的疆域，不仅有960万平方公里的山河土地，还有300余万平方公里的海洋国土（其中，面积在500平方米以上的岛屿有6500多个），大陆海岸线由北而南达1.8万多公里。中国是名副其实的海洋大国。

历史教科书告诉我们：数千年来，中华民族的航海事业曾取得过若干启元破冰的巨大成就，创造了称雄世界越千年的海洋文化纪录。美国遗传学家道格拉斯·华莱士通过基因研究证明：早在1万多年前，中华民族的祖先已经越过白令海峡到达美洲大陆；5000多年前，一大批中国华北人航海到达日本，成为日本的先民。1405年，郑和率领近3万人、240多艘船的庞大航海队伍开始七下西洋，其海船吨位、技术，远非以发现新大陆闻名于世的哥伦布使用的帆船所堪比。而时间，却整整早了近90年……中国是当之无愧的海洋文明古国。

然而，在陆地上创建了被称为中古世界七大奇迹之一万里长城的中华民族，却始终没有打造起"海上长城"。历史上的中国从来不是海军强国——尽管也曾有过技术遥遥领先的舟楫武备，有过数目可观的水勇将士。曾几何时，妄自尊大的封建帝王把滔滔大海当成了护城河，用狭隘的闭关锁国意旨窒息了源远流长的海洋文化，致使18世纪中叶，寥寥数艘挂着米字旗的三桅战舰用大炮轰开了中国的海防大门，觊觎已久的帝国主义列强纷纷闯入神州大地……是时起直至新中国成立的100余年里，外国炮舰入侵中国达470

余次，历届政府被迫签订不平等条约1182个。从《南京条约》到《辛丑条约》的60年间，帝国主义列强以战争赔款的名义，向中国勒索白银13亿两——清政府即使把全部年收入（8000万两）拿来赔款，16年也还不完……那些年月，贫瘠的城乡村寨弥漫着海咸加血腥的空气，内陆江河成了帝国主义列强掠夺中国资源的通道，沿海码头、港口成了帝国主义吮吸中国人民鲜血的獠牙巨口。

惨遭蹂躏的山河土地呼唤强大的海防，一代代志士仁人矢志创建强大海军。打造祖国的"海上长城"，成了民族的百年梦。令人心碎的是，这一梦想一次又一次破灭了。用劳动人民血汗购置的战舰，不是在列强的炮火中灰飞烟灭，就是为"发挥要塞战略作用"，被作为迟滞敌舰的礁石自沉江底。直至斗转星移的1949年，中华民族的海防史才揭开了新的一页：人民海军在渡江战役的炮声中诞生了！

恩格斯说："现代的军舰不仅是现代大工业的产物，而且同时还是现代大工业的缩影。"毋庸置疑，在久经战火的经济困境中，在连螺丝钉都是洋货的工业基础上，建立现代化海军是何等艰辛、困难！唯其如此，才有那么多壮歌史诗篇章、辉映千古的业绩，留在了新中国的蓝色档案里。

人民海军怎样艰难起步？

开国领袖们怎样运筹着海军发展大计？

"海上长城"的桩基怎样一步步夯实？

战舰武备建设怎样克难攻关，诞生一个又一个"第一"？

新中国的战舰怎样战胜狂风巨浪，从浅蓝走向深蓝？

年轻的官兵们怎样用鲜血和生命捍卫着祖国的海洋权益？

……

在这里，笔者受命打开尘封的档案，把这一切坦诚无饰地告诉你……

海防春雷第一声

1949年1月31日，北平和平解放后，随着决定中华民族前途命运的辽沈、淮海、平津三大战役的胜利结束，国民党数以百万计的陆军主力部队，或被歼，或投降，或起义，已所剩无几，但抗日战争胜利后在美英帝国主义全力扶持下重组的海军，400余艘（在编近270余艘）舰船却几乎毫发无损。对惊恐万状的国民党政府来说，这实在不失为莫大的安慰和希望。

然而，仅仅过了10天，2月12日，局面突变。一声惊雷从国民党海军主力部队最为集中的青岛港炸响：刚刚修竣出厂，准备择日南下的护航驱逐舰黄安号毅然举义，开赴解放区了！

1949年2月12日，国民党海军海防第一舰队所属护航驱逐舰黄安号在青岛海面首举义旗。图为起义后停泊在解放区连云港码头的黄安舰

在中共青岛市委、胶东军区、地下党组织的共同努力下，黄安舰首举义旗，开创了国民党海军舰艇起义的先河。

抓住时机，打入黄安舰

黄安舰原是残存于日本本土的一艘护航驱逐舰，排水量745吨，航速16.5节，编制125人。日本投降后，中、美、英、苏等同盟国共同分配日本残存装备时分给了中国。在日海军中原舰名海防81号，中国接收时依接舰顺序编号，称接22号。编入国民党海军海防第一舰队后，正式命名为黄安号。

黄安舰（时称接22号）是1947年8月28日从日本驶抵青岛的。由于经过了长途航行，且在分配前拆除了舰上的火炮等武备，抵青后便被直接送进青岛造船厂检修，安装武备。同时，驻青国民党海军当局部署纳编，开始选调官兵，配备舰员（此前是在驻日盟军总部和中国驻日代表的共同押运下，由日本人驾驶送到青岛的）。当时山东解放区正在发动群众"唤夫索子"（发动群众召回在国民党军队任职的亲属，不再充当反革命内战的工具），开展瓦解敌军的运动。黄安舰吨位较大，性能也好，新组建，显然是策反和敌工工作的理想对象。密切关注着青岛国民党军动向的胶东军区、地下党组织，抓住这一机会，通过多方面关系，派人打入了黄安舰。

最先打入黄安舰的关系是后来成为起义主要领导人之一的孙露山。他是胶东军区政治部联络部下属的东海军分区政治部联络科的工作人员。1947年秋，黄安舰开始选调人员不久，他就接受潜伏任务穿上海军服到黄安舰当了枪炮兵。但由于情况复杂，孙露山一度与组织失去了联系。于是，胶东军区政治部联络部又派联络科科长徐耀球前往青岛红石崖联络站检查敌工情况，指导策反工作，并将富有敌占区地下工作经验的东海军分区政治部联络科干部张庆颐派驻青岛，与青岛红石崖联络站站长杨克勋一起，一方面指导孙露山等人的工作，一方面做在国民党海军任职的刘增厚的争取工作。

刘增厚，山东牟平县人，8岁时离家逃荒要饭，先后在烟台、青岛等地谋生。1926年加入北洋军阀海军，在永翔舰当勤务兵。因曾下水救起过舰上一个醉酒落海的大副，与那个大副结下了交情，跟随这个大副在海军当兵多年。抗日战争中，国民党海军部队损失殆尽，他一度在外谋生。1945年抗战胜利后国民党海军重建，刘回到青岛，任海丰艇的枪炮长，后又调到青岛盐务局骏良号巡逻艇任艇长。刘增厚的胞兄刘培厚，是家乡农救会的指导员，政治可靠，工作积极，多次受中共牟平县委统战部的派遣，到青岛做弟弟的争取工作。刘增厚原本就对共产党人有好感，在听了哥哥介绍家乡解放、穷人翻身的情况后，尤为振奋，当即答应愿意为共产党工作，并约定了联络方法。后来，为了工作方便，牟平县委把这一关系移交给了东海军分区政治部联络科。

刘培厚到青岛做弟弟争取工作的事，被同村地主告了密，刘培厚险遭逮捕。刘增厚也因接待从解放区来的哥哥一事受到审查，并以"私通八路嫌疑"的罪名被撤销了艇长职务。1947年夏天一段时间，刘增厚家庭失去了经济来源，靠借贷度日。迫于生计，刘增厚曾托人帮忙在海军艇队谋得接34号艇一个上士的职位。他将这一情况报告了驻青做地下工作的张庆颐。张感到这样虽能解决家庭生活困难，但与策反工作的目的相去甚远。因为接34号是一艘辅助扫雷艇，吨位小、航速低，也没有什么武器，并且职位只是一个上士，活动范围、发挥的作用都很有限。张庆颐这时已了解到孙露山的情况，认为刘增厚最好也能上黄安舰。一来黄安舰吨位大、速度快、兵员多，策反成功后意义大；二来与孙露山在一起，两人可以互相关照。于是，张与刘增厚商量决定，去南京找那个他救过的大副（时已在海军总司令部任职）想想办法。经过半年多的活动，终于弄到了一张"查缺保委"的少尉军官的委任令。在张庆颐、杨克勋的帮助下，刘增厚于1948年7月调入黄安舰，当上了少尉枪炮官。之后，刘增厚与孙露山接上头，继而又联系、发展了王子良。同年冬天，他们3人时常结伴到张庆颐的住处（河南路74号中原电器行），以打牌为名，分析形势，研究讨论黄安舰起义问题。

在刘增厚调入黄安舰不久，胶东区东海地委统战部的一个关系人也进了黄安舰。这个人就是起义后担任了黄安舰舰长的鞠庆珍。在此期间，与其一起参与敌工工作的，还有他的哥哥鞠庆玺以及他的3个弟弟鞠庆瑛、鞠庆璞（后化名曲永昌）、鞠庆琢。当时被称为"鞠氏五兄弟"。

　　早在1946年春，山东解放区开展"唤夫索子"运动初始，胶东区东海地委统战部从党员登记表中发现，荣成县党员鞠庆璞有两个哥哥，即鞠庆玺、鞠庆珍，在国民党海军任职。胶东区东海地委统战部当即将他调去培训，随后派赴青岛与两个哥哥联系，从事秘密策反工作。抗日战争初期曾在国民党海军任职的鞠庆玺、鞠庆珍，是时已离开海军分别在南京、重庆两地做工谋生。接到鞠庆璞发去的信后，他们很快回到青岛。兄弟见面后，鞠庆玺、鞠庆珍从四弟鞠庆璞口中得知家乡已经解放，乡亲们分到了土地，过上了好日子，3个弟弟都参加了革命工作，很受感动，当即明确表示愿意同兄弟们一起参加共产党领导的革命活动。在地下党组织的帮助下，鞠庆玺、鞠庆珍不久即回到了驻青岛的海军部队。鞠庆玺先是在5号炮艇担任了少尉轮机长，后又调任14号炮艇艇长。鞠庆珍则被安排在海城号炮艇任中尉轮机长，并很快升任副艇长。同时，鞠庆珍借助在海军的一些老关系，将受胶东区东海地委统战部委派来青岛加强策反工作的三弟鞠庆瑛、四弟鞠庆璞，也安排在5号炮艇上当兵，协助大哥鞠庆玺工作。

　　接通关系后，胶东区地委统战部通过考察了解到，鞠庆珍出身贫农，政治可靠，在海军根子深，且机敏灵活，随后便直接向他交代任务：一、广交朋友，联络感情；二、积极争取炮艇队长张凤仁；三、搜集驻青海军军事情报；四、利用出海巡逻的机会，向解放区运送各种军用物资；五、等待时机，组织舰艇起义。为完成这些任务，鞠庆珍在其他兄弟的配合下，做了大量工作。只是由于张凤仁因其他问题被撤职软禁于南京，对其争取工作就没能进行下去。

　　然而，事情进展并不顺利。由于鞠庆璞、鞠庆瑛经验不足，其活动被青岛国民党特务机关察觉而遭到通缉，最后于1947年春不得不撤离青岛。同年5月，鞠庆玺带领5号艇出海巡逻，借在家乡荣成湾避风机会与当地党组织联络时，被坏人告密，此后即受到敌特机关的监视和调查。1948年8月20日，鞠庆玺被青岛国民党海军当局以"共匪间谍"的罪名逮捕。其间，中共地下党组织和鞠庆珍曾多方设法营救，未能奏效。当年12月20日中午，鞠庆玺被敌人在青岛海军大院内（今包头路33号）杀害。尽管鞠庆玺在监狱里坚贞不屈，始终没有暴露自己的政治身份（已被发展为中共党员），没有吐露一句党的秘密，但鞠庆珍最终还是受影响被调离工作基础较好的海城号炮艇，到在厂修理、无法出海的接17号舰任职。为避免暴露更多的关系，受命前来青协助鞠庆珍做策反工作的小弟鞠庆琢，也撤离了青岛。

鞠庆玺被捕，增加了鞠庆珍对国民党反动派的仇恨。调到接17号舰后，一些同事、好友劝他尽快"找机会离开海军、离开青岛"，"哥哥被抓、弟弟被通缉，能不怀疑你？"鞠庆珍冷静分析之后，决定继续留下来：这时走岂不更引起敌人的怀疑？以后还怎么回来、怎么完成任务？他将自己的想法报告给了胶东区地委统战部，统战部慎重研究后，同意了他的意见。随后，鞠庆珍做好了坐牢的准备，但更积极工作，与敌人周旋。获悉即将检修完毕的黄安舰正在调人，他便按照地下党组织的意图，找了比较熟悉的青岛海军基地机关的一位处长帮忙，通过黄安舰舰长刘广超调到黄安舰。1948年9月，鞠庆珍被任命为中尉舰务官。

到黄安舰后，鞠庆珍按照党组织的要求，很快摸清了舰上的情况。他先是向舰长刘广超建议，从海城号炮艇将自己的同乡好友张杰调到黄安舰任航海班长，继而又以军舰大修后试车需要技术力量为名，通过关系从青岛造船厂要来周文竹、迟德贤、张金诺、王书恩等多名关系密切、技术过硬的工人，安插在舰上的轮机部门。接受哥哥的教训，鞠庆珍稳扎稳打地按照党组织的指示办事，没有急于向发展对象暴露自己的身份。

"四条线"交汇，形成起义领导核心

在胶东区委、胶东军区把瓦解，争取国民党官兵工作触角，伸进黄安舰的同时，另一条线——青岛市委，也已开始做黄安舰枪炮军士长王子良的工作。

王子良出身于工人家庭，失业多年。1947年初，经在海军服役的好友刘建胜介绍，编造了一段海军的经历，加上送礼、走门子，被补到固安舰当了准尉军士长。同年秋，黄安舰组建，又调到舰上任代理枪炮官。1948年夏天，青岛市委为健全敌占区党的地下组织，加强瓦解敌军工作，配合全国的解放战争，组织了地下工作人员培训。培训期间，市委书记宋子成从王子良的弟弟青岛扶轮中学学生党员王志进口中，获悉了王子良的情况。谈到王子良的思想倾向，王志进说："春节哥哥回家过年时在一起交谈过，他痛恨国民党的腐朽、丑恶，对前途悲观失望，对我加入共产党很支持。"根据这些情况，青岛市委向王志进交代了争取哥哥的任务，同时决定派党员干部陈坤全（化名周永祥）进入市区（是时青岛市委设在胶东解放区的平度县南村镇），在主持建立铁路系统地下党组织的同时，与王志进一起做王子良的策反工作。

7月底，陈坤全在地下交通员的掩护下，乘坐一艘小渔船潜入市区，以王子良海校同学到青岛做生意的名义，住进王志进家（四方奉化路永盛巷12号）。经过考察，陈坤全发现不仅王子良本人思想进步可靠，王的妻子袁丽峰也是一个进步青年。不久，陈即报告青岛市委（联络人衣吉民）同意，向王子良传达了市委交给的两项任务：一是搜集海军军事、政治情报，二是掩护陈坤全在青岛的活动。同时向他介绍了地下工作的特点和必须遵守的纪律。王志进与父亲住在一起，家中房子不多，却是两个独立小院，与王子良的住处相距不远。之后，陈坤全就在王志进家住了下来。由于来青岛前没有搞到市民证，陈坤全进出市区非常不便。每次去市里时，王子良就到四方接应，以他海军军官的身份掩护陈坤全。在王子良的掩护下，陈还多次到坞修的黄安舰上活动，直接了解军舰设施和官兵的思想情况。

9月末的一天，为了躲避敌人查户口，陈坤全在舰上过夜，王子良让他看了一封密电。电报是南京国民党海军总司令桂永清签发的。大意是要求青岛各舰密切注意"共匪"在部队的活动，随时做好撤离的准备。翌日一早，陈坤全立即回到四方住处，写信将桂永清密电内容报告给了青岛市委，并提出了与王子良商定的行动方案：一是请市委告诉我们，解放军能否在一个月左右解放青岛？如这期间能解放青岛，即迅即将黄安舰炸沉于小港蟹钳形出口处，把在码头的十几艘舰艇全部封在港内，使它们成为瓮中之鳖。二是如一个月左右解放不了青岛，即着手组织起义（届时，黄安舰可能修好）。

青岛市委很快批复，何时解放青岛是军事机密，应立即着手组织起义，将军舰开赴解放区。并强调，"人民解放军也要有自己的海军"。

此后，王子良不仅持续向党组织提供军事情报，且在陈坤全的指导下与孙露山、刘增厚等逐步建立联系，一步步为组织黄安舰起义做准备。

除以上几个系统外，还有一条线，即中共中央华东局（以下简称华东局）社会部，也派人参与了黄安舰起义的策反工作。当时华东局社会部机关设在山东益都县。为了使驻青国民党海军部队的争取工作尽快取得突破，他们于1948年7月派出下属的潍坊特别市公安局工作人员刘俊英及其丈夫刘兆洪、堂弟刘建范，到青岛做海军接29号舰代舰长刘建胜的策反工作。刘建胜是刘俊英的胞兄、刘建范的堂兄。有这层关系，刘俊英他们与刘建胜无话不谈。刘建胜原本就思想进步，对国民党政府的腐败很不满，在弟弟妹妹的说服引导下，很快成为一个颇有能量的内线关系人。他不仅按照华东局社会部的指示要求，发展力量，创造条件，积极准备领导接29号舰起义，还利用与黄安舰上王子良、刘增厚等的同事、朋友关系，主动与他们取得联系，推动黄安舰起义，并提出争取两舰同时行动的计划。

这样一来，到1948年冬天，黄安舰上已经有了胶东区地委统战部及东海地委统战部、胶东军区政治部联络部及东海军分区政治部联络科、青岛市委、华东局社会部等4个系统的工作线。由于地下工作单线联系的要求，很长一段时间，这"四条线"分头在舰上秘密活动。与各条线直接联络的人员，鞠庆珍、刘增厚、王子良、孙露山等，彼此之间互有好感，有的还暗中把对方作为发展力量，后期甚至有的人，如刘增厚、王子良等，同时参加两条线上的活动，但受秘密工作纪律的约束，各条线之间没有直接的、公开的横向联系。特别是鞠庆珍，由于舰务官在舰上属上层人物，鞠表面上又与舰长刘广超关系密切，其他几个人虽对他印象不错，希望他能加入、支持起义行动，却没有轻易向他透露思想，发生联系。1948年12月20日，鞠庆珍的大哥鞠庆玺以"私通八路罪"被国民党海军当局残忍杀害。张庆颐获悉这一信息后，当即与刘增厚、孙露山、王子良等先后到鞠庆珍家看望，表示慰问。谈话中，大家从怎样为庆玺大哥报仇，讲到当前战争形势的发展，讲到官兵的出路，谈得非常投机。在摸清鞠庆珍的态度后，刘增厚透露自己与中共地下党组织有联系，并告诉鞠庆珍，王子良他们与共产党组织也有联系。此后，鞠庆珍通过各方面了解，证实他们确实都是地下党组织的关系，遂开始主动与他们联络，共同商议发展骨干力量、组织起义的问题。

"四条线"上的成员彼此公开身份后，在分别征得上级批准的基础上，于1949年元旦前碰头，成立了黄安舰起义领导小组，成员由王子良、鞠庆珍、刘增厚、孙露山4人组成。同时，按照党组织的指示做出规定：工作绝对保密，相互之间表面上要疏远，各人做好本部门的工作，尽力团结人，扩大骨干力量。密切注意敌人动向，一切按组织决定行事。

行动，要抢在敌人撤退之前

1949年1月下旬，黄安舰检修完毕，并且安装了25毫米、13.5毫米的高射机关炮各两门，马上就可以出海、在航了。

这时，继辽沈、淮海战役之后，平津战役也以北平和平解放宣告胜利结束。原本即被隔断与国统区联系的青岛，完全成了独立于大片解放区中的孤城。驻青美国海军第七舰队，连日把岸上的办公用品搬上军舰，陆续开始南撤。国民党海军部队官兵深知败局已定，前途渺茫，人心惶惶。青岛国民党海军当局一面命令黄安舰组织试航，一面往舰上装枪支弹药、通信器材、粮食，几天下来，装了300多吨。种种迹象告诉官兵们，部队准备南逃。黄安舰官兵多数是北方人，山东人尤多，大家议论纷纷，都不愿意走。

起义领导小组的同志趁此机会做工作，向大家"吹风"：要认清形势，头脑清醒，不要走错了路。同时，及时向党组织报告了部队的动态和官兵的思想状况。陈坤全、张庆颐等联系人分别向他们传达了青岛市委、军区政治部等上级党组织的意见、指示：敌人很快就要南撤。起义要抓紧准备，一定要抢在敌人撤离的前面。等到敌人大部队行动时，就困难了。为了确保提前行动，试航要主动、积极些，借试航的机会做好起义的准备。届时组织上将通过关系促使军舰停泊在易于行动的地方（比如前海，位于小青岛西侧），并设法搞一部分武器，给每个起义领导小组成员配发一支短枪。这是第一次大型军舰起义，务必计划周密。具体时间选定、舰上值班人员安排、领导骨干分工以及家属安置问题等，都要想到、处理好，要确保万无一失。至于行动的时间，几个方面领导都强调，由起义领导小组根据实际情况研究决定，最好在元宵节（2月12日）之前。

进入2月，黄安舰开始试航。5日试航回来，停靠在造船厂码头。鞠庆珍在码头遇见舰长刘广超。刘告诉鞠庆珍："舰马上要离港，上面批了就走。现在开始备航，舰还有什么问题，尽快找船厂解决。"7日，刘广超明确告诉鞠庆珍：上面已批准黄安舰于9日离开造船厂到前海抛锚待命。部队备航要抓紧进行。

9日9点，黄安舰驶离造船厂码头，到前海抛锚。或许是内部有关系促成，在这里，军舰出进比在船厂码头方便多了。这里国民党海军的舰艇很少，只疏落地停泊着美国第七舰队的30多艘舰艇。

当天，又进行了短距离的试航。这一切使鞠庆珍感到，起义时机到了。当舰航行至团岛附近时，他将自己对起义的思考告诉了刘增厚、王子良，大家一起研究了起义行动问题。同时决定，待舰返青岛后，大家分头行动：刘增厚去报告张庆颐，听取党组织的指示，同时约请了表示愿意参加起义的某舰的一位校官于第二天（10日）上午到舰上面谈；王子良去找接29号舰代舰长刘建胜，看试航情况如何，有无可能两舰一起行动；鞠庆珍则与张杰、孙露山碰头，商量与起义行动有关的一些具体问题。

当天晚上，刘增厚、王子良按时返舰。鞠庆珍与刘增厚、王子良，连同孙露山、张杰一起，在机舱召开了起义领导成员会议。会上，传达了党组织的指示，系统研究了起义中可能遇到的各种问题，统一了思想认识。

关于起义时间。鞠庆珍提出，最好是提前走，单独行动。如在南下途中行动，几艘舰一起编队航行，出走很难，搞不好前功尽弃。抢在敌人南撤前，单舰走，只要不走漏风声，敌人不易察觉。至于具体时间，大家一致认为元宵节晚上最好。这天放假，舰长肯定不在舰上，家属在青岛的军官也大都回去过节。舰上管理松散，起义人员也可以名正言顺地将家属和其他人员带上舰。

关于投奔方向、目的地。此前议论时，曾考虑开赴大连或胶东沿海的几个港口，如烟台、乳山等。通过分析比较，最后决定去苏北解放区连云港。连云港航程近、海域熟悉，更重要的是，地处青岛以南，向南航行比往北航行更隐蔽、更安全。

关于敌人追击问题。大家分析认为：如果现在的泊位不变，起锚、出走都不困难。万一敌人发觉，把舰长找回来，把有关人员找回来，然后备航，没有四五个小时不行。这里最快的舰太平、太康号，航速也只有每小时20海里，到那时追就来不及了。即使奋力追上，他们的火力也不行。至于美国军舰，他们一般不会干预。飞机固然可以追上，但海军无权调动，出动须经南京空军总司令部批，手续烦琐，没有几个小时绝对不行。即使飞机真的出动了，茫茫大海，又是夜间，他们也很难找准目标。不等天亮，我们就到了。但大家也做了最坏的打算：万一不顺利，被敌人发现、追上了，宁肯舰毁人亡，也不让敌人抓回来。

关于舰上人员控制，大家感到总体问题不大。根据舰员的思想情况，只要一宣布起义，多数下层军官和士兵，都会拥护，关键是要有人带头。军舰行动，航海、轮机、枪炮是3个必须掌握的要害部门。枪炮、航海完全可以控制。只是轮机部门，虽然有人，但还缺一个头儿。经商量决定，由王子良去做轮机机长刘彦纯的工作。刘彦纯的未婚妻是王子良弟媳的妹妹。利用这层关系做工作，争取他参加起义。鞠庆珍提出，估计刘彦纯参加的问题不大，但也要有他不配合的思想准备，再找几个可靠的人上舰协助。

这次会议，他们研究得很细，对行动当天的职责任务做了明确分工，考虑到了可能遇到的各种复杂情况。

元宵夜，起义如期成功举行

1949年2月12日是旧历元宵节。按照惯例，黄安舰放假一天。

这天一早，舰长刘广超草草点卯后便回家过节，副舰长留舰上值班。刘增厚担任值班员。舰上管理比往日更加松散。舰员结队外出，舰上半生不熟的亲友不断。见此情形，起义领导小组的同志心中暗暗高兴：一切不出所料，时机到了！

舰长离舰不久，鞠庆珍、张杰先后向副舰长"请假"："不能离舰，我们接家属到舰上过节。"王子良的妻子袁丽峰，带着刘彦纯的未婚妻潘素娟早饭后不久就到了舰上。

下午3点，王子良带着早已准备好的糖果偕同妻子袁丽峰来到刘彦纯的住舱，与刘彦纯和他的未婚妻一起过节。一番寒暄后，王子良便按照计划开始做刘彦纯的争取工作。王子良说，解放战争已到最后关头，全国解放已为期不远，继续跟着国民党走是没有出路的。我们商量好要发动起义，已准备好多天了，各部门都有人参加，大家希望你也参加进来。袁丽峰插话说，这件事已告诉素娟，她赞成。刘沉吟了一下，表示同意，说："既然你们信任我，那就一起干吧！"王子良当即提出："那好，从现在开始，就要做行动准备。你们轮机部门人不多，不要放太多的人外出，怕到时候发动机器人手不够。"听了王子良的话，刘彦纯意识到问题重大，立刻跑出去阻止了本部门准备外出的几个人，并喊话召回了几个已下了舰打算外出的士兵。

晚饭后，鞠庆珍带着妻子王淑琴回到舰上。同时，他以帮送行李为名，将其表兄王德隆、同乡好友田秉吉（中共党员、荣成县民兵）一起带上舰。田秉吉熟悉海域情况，王德隆是其他艇上的一个技术熟练的轮机兵。

晚7点许，起义骨干成员召开了最后一次碰头会。除领导小组的鞠庆珍、刘增厚、王子良、孙露山、张杰等5人外，刘彦纯、田秉吉、王德隆也参加了会议。这次会议，他们交流了彼此掌握的情况，最后敲定了骨干成员的具体分工。结束时，他们将地下党组织帮忙搞到的短枪和刘建胜提供的短枪，发给大家每人一支。刘增厚随手撕了一条白床单，发给在座的每人一块当袖标，以便夜间行动时互相识别。一切部署停当，大家各就各位。

晚8点许，海面起风了。外出探亲的、办事游玩的，大部分已回到舰上，码头上人已很稀少。可谓天赐良机！8点10分，各领导起义骨干按照事先的分工果断行动，起义正式发动。鞠庆珍以检查是否脱锚为名，把两个武装更叫到船头，顺利地没收了他们的枪支。之后，鞠庆珍登上指挥台指挥全舰行动；王子良、刘增厚拘禁了副舰长，封闭了电报房；王德隆、田秉吉把守前士兵舱口；前后甲板警戒也一一部署停当……

短短几分钟，起义小组便控制了全舰。王子良大声宣布："我们起义了！投共产党了！"说着，便把看守关押人员的任务交给袁丽峰负责，与刘增厚到各舱室看望大家，说明军舰要去的方向。孙露山、刘彦纯等骨干人员密切配合，各尽其责。帆缆军士长杨子良听到起义的消息，又惊又喜，急忙跑到前甲板埋怨鞠庆珍说："投共产党，你们怎么不事先告诉我一声？"航海官鲁恩远主动要求协助工作。全舰官兵80余人（不满编），除十几人没有上舰，机电军士长周文竹、轮机军士长张大发、轮机上士班长迟德贤、信号下士杨玉荣等，各部门军官、士兵，随行家属，都异口同声地表示拥护起义，积极参加航行或警戒工作……8点50分，黄安舰顺利起航，从停泊的美国军舰的空隙中驶出。邻近的美国军舰发现了黄安舰的行动，发出灯光信号询问："去哪里？"鞠庆珍命信号兵回答："此处风浪较大，找地方避风。"

出港后，风更大，阵风达到七八级，天气阴沉，视界不良。航行到竹岔岛附近，鞠庆珍命令全舰灯火管制，全速前进。13日凌晨4点，黄安舰顺利驶抵解放区连云港。

由于岸上驻军新换防，不清楚事先约定的联络信号，发现黄安舰后立即开炮轰击。情急之下，杨子良、张金诺冒着炮火驾汽艇送王子良、孙露山上岸联系。之后，军舰顺利靠上码头，受到匆匆赶来的连云港驻军领导同志的热情欢迎。

黄安舰抵达连云港的第二天，即1949年2月14日，新海连特区党委书记谷牧接见了鞠庆珍、刘增厚、王子良、张杰、孙露山等黄安舰起义领导人员。接着，召开了隆重的欢迎大会，参加起义的官兵65人、民兵1人、家属6人，都出席了会议。

黄安舰起义使风雨飘摇的国民党政府看到了新的危机——海军溃散将断绝其最后的退路。震惊和恼怒之余，连续两天派出多架飞机到连云港码头侦察、轰炸。由于当地解放军陆军部队配合黄安舰警惕地反击、保卫，始终未被击中。随后，奉华东军区前委指示，黄安舰转移到苏北燕尾港堆沟（即陈家港）码头，伪装隐蔽。之后，国民党空军虽又多次到燕尾港一带寻找，均未发现，黄安舰得以完好无损地保留了下来。

与此同时，第三野战军（以下简称三野）颁发命令，重新任命黄安舰军官：舰长鞠庆珍、副舰长刘振东、舰务官刘增厚、电讯官宁德辉、轮机长刘彦纯、副轮机长莫松、航海长鲁恩远、枪炮长王子良、航海军士长张杰、枪炮军士长孙露山、军需军士长王子安、帆缆军士长杨子良、机电军士长周文竹、轮机军士长毛鹤。并向鞠庆珍、刘增厚、王子良、孙露山颁发了奖状，给黄安舰全体起义官兵颁发了首创起义纪念章。王子良的妻子袁丽峰参了军，被送到鲁中干部学校学习。

首举义旗的黄安舰，列编归三野第三十二军领导，成为人民解放军建军以来的第一艘战舰。4月23日，华东军区海军（以下简称华东海军）成立后，黄安舰与在渡江战役中起义的国民党海军海防第二舰队各舰等，成为人民海军的第一批战舰。翌年4月，中央军委颁布命令为战舰命名、授旗，黄安舰被正式命名为沈阳号，编入华东海军第六舰队序列。

参加中国人民海军建设的先锋

1949年初，辽沈、淮海、平津三大战役相继结束后，国民党政权已岌岌可危。维系其人心惶惶的党政军各界的只剩下两大法宝：一是长江防线，二是所谓海空优势。黄安舰起义，给了国民党当局重重一击。而之后发生的南长山岛201号扫雷艇起义、青岛接29号舰起义，更使他们不能不清醒：海上优势并不稳固，万万马虎不得！然而说到底，那毕竟只是几艘寥寥数百吨的小艇小舰，关键时刻真正指靠的不是它们，而是那些以千吨计的大舰，特别是不久前刚从英国归来的重庆号巡洋舰，那才是真正靠得住的防线。

"有重庆舰这个相当于一个整编师的活动武库，共军就难以渡过长江！" "即使过了江，有重庆号在，上海就无忧！"南京政府、上海市的党国大员们这样说。

然而，他们没有料到，2月25日天一亮，不祥的消息便接连传来："重庆舰不知去向。" "重庆舰开往解放区了！"疑惑、愤慨、恼怒、心存侥幸，从海军总司令部到总统府大楼，国民党各界大员们以不同的心态议论着、猜测着：重庆舰在哪里？重庆舰到底是怎么回事？

原系英国皇家海军功勋舰，赠耶？赔耶？万里归航

重庆舰舰身长154米，宽15.5米，排水量5720吨（满载7500吨），编制600余人，最高航速达32节，续航力4000余海里。主要武备，设152毫米口径主炮6门、鱼雷发射管6具、102毫米四联炮8门，另外装备小口径高射炮20门。舰首设扫雷装置，舰尾有深水炸弹，且各种火炮均由雷达控制指挥，

炮弹自动装填。强大的火力配置、先进的指挥技术加上32节航速，可谓如虎添翼。重庆舰是国民党海军实力的象征。

重庆舰原是英国皇家海军的一艘战舰，原名Aurora，中文即曙光号（也译作震旦号）。1936年建成下水后即在英国海军服役。第二次世界大战初期，它曾是英国海军司令的座舰，后来担任了地中海舰队的旗舰，并曾作为英国国王出访的座舰。在其服役的10年时间里，它曾先后击沉德国和意大利巡洋舰1艘、驱逐舰10艘（重创9艘）、扫雷舰3艘以及登陆舰21艘。赫赫战绩威震敌胆，意大利海军惊恐地把它称作"银色怪物"。意大利法西斯投降时，投降书就是在此舰上签字的。在英国，此舰是名副其实的功勋舰。

那么，英国的曙光号如何成了中国的重庆号？

在抗日战争中，中国海军的舰船几乎损失殆尽。1944年，为"配合盟军开辟第二战场"，"最后打败日本帝国主义"（其真正的、更主要的意图是为消灭"共军"做准备），国民党政府在向美国政府借舰参战的同时，也向英国提出了相同的要求。英国政府为了保持其在中国、亚洲的影响力，表示愿意按照租借法案向中国转让、赠送部分舰艇。当时双方议定，英国赠送中国舰艇13艘，其中包括1艘巡洋舰、2艘护航驱逐舰、2艘潜水艇以及8艘小型巡逻艇。按照英国有关规定，这时曙光号已属老旧。英国海军的传统是名舰不拆毁。于是，英方决定将其赠给中国。

1946年底，英国赠送给中国的第一艘军舰伏波号护航驱逐舰驶抵南京。时过不久，英国又将其赠送的8艘小型巡逻艇移交中国。不幸的是，伏波号到中国仅3个月，就在台湾海峡被货轮撞沉，舰上130余人全部遇难。这一事件让英国人大为光火。事件发生的当天，英国驻华使节就约见中国外交官，当面斥责国民党海军用人腐败，管理混乱，根本没有能力驾驭新型舰艇。由于经济上的困难，本来这时英国已后悔当初承诺向中国赠送舰艇。有了这一事件，英国政府便公开提出，原定赠给中国的巡洋舰曙光号、护航驱逐舰曼迪甫（英文为Mendlp）号改为租借。

对于英国人的中途变卦、言而无信，国民党政府大为不满。于是，中国驻英大使郑天锡代表中国政府，相应地对英国征用的中国船只提出索赔：抗战期间，中国在香港订造了6艘巡船。这些船下水不久，就被香港总督征用做了缉私船。日军侵入香港时，英方在撤退时将这些船带走（一说落入日本人之手）。按照相关议定，这6艘船也应按价赔偿。此议一出，中英双方便有了一番讨价还价。最后，中英再次达成协议：曙光号巡洋舰和此前已交付的8艘巡逻艇仍作为赠送，曼迪甫号护航驱逐舰改为租借，期限5年。此前交付的皮图尼亚号（即已沉没的伏波号）和中国的6艘巡船，彼此不再互相索偿。原定赠送的2艘潜水艇，新协议没有再提及，随后不了了之。

据此协议，1948年5月19日，中英双方在英国朴次茅斯港举行了交接仪式。按照国民党政府主席蒋介石的旨意，为了纪念战时陪都重庆，将曙光号命名为重庆号。经过数日备航，5月26日，重庆舰及灵甫舰（即孟迪甫舰）从朴次茅斯港起航，开始了回国的万里航程。

英国人不相信中国海军官兵自己能把军舰开回中国。他们派了一个以海军上校白宁顿为首的7人联络小组，随带通信器材，一路陪同。有着强烈民族自尊心的舰长邓兆祥，对这一套不买账。他相信自己的水平，也了解同胞的操舰技能。对英国人在航行中的自以为是、颐指气使，极为反感。一路上，因为具体航线的选定、途中演练安排，邓兆祥与联络小组多次发生争执。重庆舰到达香港后，心怀不满的白宁顿便不辞而别，乘飞机提前赶到南京，向海军司令桂永清告状。

洋大人给了军舰，今后还要靠他们帮助打内战呢，得罪了还了得？据知情人后来回忆，桂永清听白宁顿真真假假地讲了一番邓兆祥一路"骄横无礼"的表现后，非常生气，一再赔着笑脸表示"要认真处理"。8月12日，当邓兆祥驾驶着重庆舰千里迢迢抵达上海吴淞港时，桂永清已下定决心，要撤掉他舰长的职务了。

被推入内战的漩涡，两个组织同时在秘密行动

重庆舰的到来，如同给国民党政府打了一针强心剂。桂永清更是感到进

退有据，满面生辉。为了炫耀，重庆舰在上海刚停留了几天，他便命其开至南京，停泊在下关江心，组织各国驻华使节及军政首脑、达官显贵登舰参观。最令邓兆祥恼火的是，桂永清为了向参观人员展示重庆舰的性能，一次次命令拉响战斗警报，让官兵们进行实操表演。一时间，重庆舰似乎成了旅游景点，人流如织，一直折腾了七八天。远道归来的官兵们疲惫至极，苦不堪言。

10月2日，邓兆祥接到命令：重庆舰紧急起航北上，有重要任务！是时，决定中华民族命运的大决战已在全国范围展开。尤其在东北地区，国共两党的争夺已达到高潮。重庆舰北上干什么？参加打内战？北上的航程中，这个问题一直在官兵们脑海里盘旋。这是大家最担心、最不情愿的！

然而，官兵们的担心很快被证实了。

重庆舰在渤海湾内的塘沽港外刚抛锚，就收到了接受检阅的命令。当天下午，蒋介石在桂永清和军令部部长徐永昌等数十人的陪同下登上重庆舰。他草草接见了舰上的军官，视察了军舰，便乘舰赶往葫芦岛。舰上不少人两年前见过蒋介石。那是在他们去英国接舰前，蒋介石突然来到集结地。虽然接见时间不长，但大家明显感到，有美英支持，重兵在握的蒋介石，踌躇满志，满面红光，似乎横扫异己、独霸中国已胜券在握。而今天，他虽然也极力露出微笑，但总让人感到力虚气短，不太自然。舰上官兵据此推测，国民党战场形势吃紧。

10月6日，停泊在葫芦岛港外的重庆舰俨然成了前线指挥部。上午，蒋介石在舰上召见了葫芦岛、锦州一线各部高级将领，听取了他们最新的战况汇报。下午又接见了各主力部队师级以上军官30多人。他恩威并施，对这些人进行了战前动员讲话，训令各部"力保锦州，以杀身成仁的决心报效党国"。之后，在舰上宴请了他们。在此期间，蒋介石还通过无线电向东北剿总司令官范汉杰作了指示。这一顿折腾罢了，重庆舰才载着疲惫的蒋介石返回塘沽港。

再次锚泊塘沽后，重庆舰官兵们长长地出了一口气："重要"任务终于完成了！虽不太光彩，但总算没有直接参战！然而他们没有想到，两天后，为打通葫芦岛至锦州的通道，重庆舰奉命再次返回葫芦岛。10月10日开始，桂永清亲自坐镇重庆舰，指挥官兵向扼守塔山的解放军阵地进行猛烈炮击。

但是，重庆舰的火力没能使增援锦州的蒋军前进一步（官兵们不情愿的炮击，命中率大打折扣）。15日，锦州解放。蒋介石无计可施，遂命重庆舰拔锚南下。在随舰海军总部要员的指挥下，重庆舰一路上不断向沿海解放区城镇发炮轰击，上岸抢东西，遇到渔船和货船则放手洗劫，把多艘老百姓的渔船、小艇击沉。堂堂的国军战舰全然成了明火执仗的海盗船。

重庆舰的士兵大都是在英国进行过正规训练的青年学生。他们是抱着抵御外侮，拯祖国于水火的目的外出求学、参加海军的。从英国回国途中，他们一路接触到不少华侨。华侨们讲得最多的，就是期盼祖国强大，希望不要打内战，希望他们回国后不要参加内战。此次北上虽然时间不长，但国民党上下的表演使官兵们大失所望。对炮击塔山、用重庆舰攻打自己的同胞，官兵们深感罪孽深重。思想上有了这些想法，难免在言语上流露出来。11月初，重庆舰南返途经长山列岛，海军总司令部随舰要员突然提出抛锚检查。结果有7个士兵以有"投共"嫌疑为名，被关入长山列岛的集中营。这一做法，引起了官兵们的强烈不满。加上严重的通货膨胀，舰上几个月不发薪饷，全国各地解放战场国民党军队倒戈、起义的消息不时传来，官兵思想更加混乱。1948年底，重庆舰到上海后，200多名舰员开了小差。留下的也把军舰当成免费的"水上饭店"，暂且栖身观望。部分进步官兵则萌生了举行起义、投向解放区的想法。地下党员毕重远和原已与上海、南京地下党组织有联系的曾祥福、王继挺等人，趁机串联活动。1949年1月，抱有这一想法的人数不断增加，很快形成了两个组织。

一个以王颐桢、毕重远、陈鸿源、武定国、洪进先、张启钰等为首，名为重庆军舰士兵解放委员会（以下简称解委会）。成员都是士兵，且多数为中士以下。这个组织后来发展到27人。另一个以曾祥福、莫传香、蒋树德、王继挺等为首，后来发展到16人，其中有少数下级军官。一开始，这两个组织各自独立串联，互不通气，但由于张启钰、李铁羽等人同时参加了两个组织，在经互相了解、考察之后，他们逐步有了联系。到2月初，他们已彼此信任，有时甚至在一起活动。军舰最高层的281雷达室，成了他们集体筹划起义行动的秘密据点。有人明确提出，团结起来一起干，统一行动！

起义在子夜举行，舰长邓兆祥毅然加伍

重庆舰返回上海后，进入江南造船所检查修理。

1949年2月初的一天，刚补入的新兵不知从哪里听到一个消息，说总部有命令，重庆舰不久将开赴台湾。这一消息在舰员中引起了不小震动。家在大陆，只身去台湾给国民党流亡政府当兵？"我们赶快走吧，离开军舰！""要走把军舰也一起开走，不然太便宜蒋介石了！"运筹起义的骨干们警觉地意识到，败局已定的国民党当局开始为撤退做准备了，于是加快了筹划起义的步伐。

举行起义，两个组织认识一致；但对如何行动、什么时间行动，看法却不尽相同。开始，行动计划是根据军舰将去青岛的传说制订的。在航行中起义，油料、弹药不成问题，并且可以省去发动机器的时间，是最有利的。后来听说要去台湾，考虑到航程长了，舰上人员也会变化，便对方案进行重拟。2月17日，重庆舰突然奉命到吴淞口抛锚待命。两个组织的骨干们判断，很可能重庆舰要开往江阴阻止解放军渡江南下。行动时机到了！

2月24日上午，解委会的人突然听到两个士兵议论，说有人要把军舰开到解放区。毕重远、王颐桢等意识到形势严峻：计划可能已泄露，今夜不干，全部计划就会破产，明天就要人头落地！当天上午，各部门的解委会成员分头研究行动方案。晚上9点，解委会成员都集合到281雷达室开会。考虑到这天午夜司令走廊舰橱值更和上甲板哨兵都是解委会成员非常有利，大家一致同意当日子夜行动。每个人都清楚，不管成功与否，这都是一次震惊世界的行动。会议持续了很长时间，研究得非常细。从起锚开航、电罗经启

动，到夺取枪支、对全舰官兵控制，被发觉后飞机追击等，一系列问题都拟定了几种处置预案。最后，对在万不得已的情况下引爆弹药库、人舰同归于尽，也做了明确分工、具体部署。为了两个组织统一行动，解委会派人与另一个组织的王继挺等进行了通气、协商。

25日1点30分，起义按计划发动。按照分工，两个组织的成员紧密配合，顺利拘禁了军官，控制了武器和要害部位。但将这样一艘大舰开走，舰长是至关重要的。一切得手后，解委会武定国、王颐桢立即去见舰长邓兆祥。起义的事，邓兆祥并不知情。但根据长期的观察了解，他们相信，只要说明情况，爱憎分明、反对内战的邓兆祥，一定会支持。

邓兆祥，广东高要（今肇庆市）人。青少年时期，抱着"雪甲午之耻"、报效祖国的愿望考入黄埔海军军校，此后又先后在吴淞海军学校、烟台海军学校、南京鱼雷枪炮学校学习。1948年5月担任舰长，亲自指挥将重庆舰开回国内。他富有治舰、练兵经验，对内战极其反感。在塘沽时，蒋介石到舰视察、训话，他表现冷漠，受到侍卫官的严厉指责。对炮轰塔山，他态度消极，实际上是反对的。这一切，解委会的骨干们都看在眼里记在心上。当武定国、王颐桢找到邓兆祥时，他对舰上的变化已有所察觉。所以，待武、王二人说明了起义的有关情况后，邓兆祥稍作沉吟，随即表示：支持起义行动，帮助大家一起把军舰开往解放区。事后，与人谈起这个过程，邓兆祥说："毛主席的主张我不全懂，但要建立一个独立、民主、富强的新中国，我和弟兄们都拥护。所以，当弄清了他们要起义时，我坚决支持。……听说上海有人讲，邓兆祥和重庆舰起义是因为马尾派（福建籍官兵）不得势，其实不然，是由于中华民族不得势。"

有舰长加入，事情好办多了。随后，又解除了几个关键岗位军官的拘禁，让他们协助舰长工作。5点45分，重庆舰拔锚起航，在黎明前黑暗的掩护下驶离了吴淞口。

与此同时，解委会组织起草的《告士兵同志书》《告海员、技工同志书》相继发到了舰上各部门。接着，解委会向全体舰员广播了起义的目的和行动计划，动员大家支持并参加行动，在航行中保持正常的工作、生活秩序。当天晚上，为了稳定人心，解委会还按照每个人的薪水等级，从舰长800元、海员技工600元到新兵250元不等，向全体舰员分发了舰上存有的部分银圆。

1949年2月26日，起义后的重庆号轻型巡洋舰北上途中停靠在山东解放区烟台港

经过一天一夜的航行，重庆舰于26日7点抵达山东解放区烟台港。重庆舰的到来，受到烟台市军政领导和各界群众的热烈欢迎。中共烟台市委书记徐中夫当即把这一振奋人心的消息报告给党中央、毛主席，并与军分区领导一起登舰看望了舰上的官兵。

南京政府炸了窝，规避轰炸自沉海底

重庆舰起义开往解放区的消息一经证实，如同在总统府楼顶上投下一枚重型炸弹，南京政府炸了窝。此前还在为"重庆舰不知去向"议论纷纷的党国大员，从懵懂中醒过来，一片愤怒、指责和埋怨。

众怒所向的桂永清如坐针毡，哭丧着脸，扯着嗓子用无线电向重庆舰喊话："重庆舰的官兵们，政府深知你们待遇菲薄。只要你们回来，一切问题均可商量。请你们勿做历史上之大错，以贻笑中外……"

记者的耳朵是最灵的。就在桂永清及各界大员吵吵嚷嚷的时候，首先是英国路透社，继而美国、法国等各国主要通讯社，已通过无线电波把重庆舰"失踪"的消息送达到世界各地。

　　"退隐"奉化的蒋介石接到密报，如闷棍击顶，一迭声大骂桂永清"败家子"、"蠢材"。他顾不上再假装"不问军政大事"，当即下令：所有舰艇不准出港，速派飞机侦察、追踪。能追回则追回，不能追回就炸毁。桂永清见追回无望，为将功赎罪，亲自出面与空军司令周至柔策划，不惜代价派飞机弄清重庆舰的方位。"能拦截则拦截，不能拦截宁肯将其炸沉，也不能让它落到共产党手里！"

　　重庆舰抵达烟台的当天，即2月26日下午，国民党海军的飞机便尾追到烟台，进行了侦察、轰炸。重庆舰开炮还击，进行了第一次海空激战。之后一连几天，每天都有国民党空军的飞机前来轰炸。

　　3月3日，胶东军区东海军分区政委任克加遵照中共中央的指示到重庆舰上工作。当日，为规避敌机轰炸，任克加与邓兆祥一起指挥重庆舰驶离烟台北赴葫芦岛港。

　　在葫芦岛，东北军区正式任命邓兆祥为舰长，任克加为舰政委。重庆舰舰体用油漆进行涂抹，甲板上全部加盖树枝伪装，并调来一个陆军高射炮连配合防空作战，但重庆舰仍然很快就被国民党空军的飞机侦察发现。16日一早，十几架飞机飞临葫芦岛港上空轰炸。舰炮、码头上陆军高射炮一起反击，几乎打了一上午，军舰未受损。桂永清一气之下，于18日上午派来了大批美制B－29高空轰炸机。3架一批，分十几批次轮番轰击。重庆舰官兵全

1949年3月4日，重庆舰转往辽宁葫芦岛深水港。因多次遭到国民党空军飞机的轰炸，为保全舰体，经中央军委批准，于3月20日自沉于葫芦岛港。图为组织领导重庆舰起义的解委会全体成员在葫芦岛港码头列队，展开自己制作的白底红星起义旗帜合影

力反击，双方从上午9点一直打到下午5点。沈桂根、韩志铭、史德基、邱标、刘芳圃、黄海民等6名同志，在护舰战斗中光荣牺牲。舰体也遭受到了破坏。

翌日，接到中共中央指示，为了有效保存重庆舰，使其免受更大破坏，将其自沉海底。

这一决定令人痛心，但是无可选择。3月20日拂晓，守舰官兵们在连夜拆下舰上的重要仪器、设备后，含着眼泪打开海底门，随着海水滚滚涌入，重庆舰缓缓沉入海底。此后几天里，桂永清又先后派出潜艇、炮艇多艘到葫芦岛海域搜寻、破坏，由于防范严密，未能得逞。

起义官兵致电昭告天下，毛泽东、朱德复电慰勉

重庆舰起义是由解委会等两个组织发动的，但得到了包括舰长邓兆祥在内广大舰员的真诚拥护和支持，这一切使邓兆祥有种说不出的欣慰和激动。全舰人员只有2个士兵坚持反动立场，在从烟台开往葫芦岛的航行中自杀身亡。3月5日，邓兆祥率全舰574名官兵郑重向毛泽东主席、朱德总司令发电，表达满腔爱国激情。电报说：

敬爱的中国人民领袖毛主席、中国人民解放军朱总司令：

当我们重庆号五百七十四名官兵平安抵达解放区港口之际，请你们接受我们最诚挚的崇高的敬意。

在美蒋勾结的反中国人民内战中，幼年的中国海军，亦不幸被迫作为帮凶工具。但战争近三年来，国民党陆军消灭殆尽，空军起义风起云涌，而在战犯桂永清据为私人财产的海军内部，广大海军青年亦已不能再受其欺骗麻醉。复加蒋介石在政治、经济各方面的反动措施，已进入最后总崩溃而不可收拾，美英帝国主义的任何援助，也绝不能使之起死回生。全国人民解放斗争的胜利，指日可待。鉴于大势所趋、人心所向，重庆号全体官兵，不

甘再助纣为虐，咸愿秉诚赎罪，报效人民，乃于二月二十五日在国民党腹心地区内吴淞口外，毅然首举海军义旗，北驶开入解放区港口，参加中国人民解放军。今后誓当在中国共产党领导之下，东北解放区军政首长直接领导之下，贯彻毛主席八项和平主张，为彻底摧毁美蒋勾结的对中国人民的统治，完成全国人民解放大业而奋斗，为彻底改造自己、根除一切不利于人民事业的思想作风，建立一支强大的新中国人民海军而奋斗。相信我们重庆号已走过的航路，数百艘国民党海军舰艇，万千有志的海军青年，必将跟踪而来，团结在你们——普照着新中国领海领土领空的明灯周围。

重庆舰舰长、海军上校邓兆祥率

重庆号全体官兵五百七十四名同叩

三月五日

重庆舰起义撼动了蒋家王朝，更震醒了国民党海军广大官兵，对待命渡江的解放军指战员更是莫大的鼓舞。3月24日，毛泽东、朱德在率党中央机关撤离西柏坡前往北平的途中，联名电复重庆舰邓兆祥舰长及全体起义官兵，嘉勉他们英勇起义的革命行动。电文指出：

邓兆祥舰长并转全体官兵：

热烈庆祝你们的英勇的起义。美国帝国主义者和国民党的空军虽然炸毁了重庆号，但是这只能增加你们的起义的光辉，只能增加全中国爱国人民、爱国的海军人员和国民党陆军、空军人员的爱国分子的愤恨，使他们更加明了你们所走的道路乃是爱国的国民党军事人员所应当走的唯一道路。你们的起义，表示国民党反动派及其主人美帝国主义者已经日暮途穷。他们可以炸毁一艘重庆号，但他们不能阻止更多的军舰将要随着你们而来，更多的军舰、飞机和陆军部队将要起义站在人民解放军方面。中国人民必须建设自己强大的国防，除了陆军，还必须建设自己的空军和海军，而你们就将是参加中国人民海军建设的先锋。祝你们努力！

毛泽东

朱　德

一九四九年三月二十四日

名副其实的先锋，历史功勋载入史册

重庆舰自沉后，舰上留守人员连同此前到沈阳学习的官兵，再次集中在一起，中央军委下达命令，命名为黄河部队。

5月，中国人民解放军第一所海军学校安东海军学校（以下简称安东海校），在中朝边境的安东市（今丹东市）成立。黄河部队官兵及后来从香港抵达安东起义的灵甫舰官兵都集中到海校学习。同年12月学习结束，两舰官兵作为人民海军建设的技术骨干，被分配到已组建的华东海军及正在筹建的海军院校和部队。根据其业务专长，他们有的到院校当教员，有的担任了海军机关训练部门的领导，有的担任了舰艇长，在人民海军创建中发挥着自己的聪明才智。

在重庆号等舰艇的带动、影响下，1949年一年里，国民党海军起义、投诚的舰艇近百艘，几乎占了其海军总数的1/4，起义、投诚官兵达3800余人，几乎占了其总兵力的1/10。重庆舰成了名副其实的"中国人民海军建设的先锋"。

舰长邓兆祥，先是担任海军学校校长，后来到部队，先后任北海舰队副司令员、海军副司令员等职。1955年被授予海军少将军衔。1965年，他加入了中国共产党。从1983年起，连续担任中国人民政治协商会议第六、第七、第八届全国委员会副主席。他为中国人民海军的建设、为祖国的统一大业，献出了光辉的一生。

新中国成立后，中央军委很快研究了重庆舰的打捞问题。应中国政府的要求，中苏两国于1950年秋在北京举行谈判，就苏联协助打捞重庆舰一事达成协议。1951年3月，中国方面打捞工作准备就绪。苏联海军中校格里高利耶夫率领的苏联打捞队如期抵达葫芦岛。4月底，重庆舰被打捞出水，拖至大连造船厂。

经专家鉴定，重庆舰破损严重，加上经年海水腐蚀，修复费用相当高，且许多零部件难以买到，遂放弃了修复计划。此后，作为战舰，重庆舰在中国海军序列中消失了，但作为首举义旗的"中国人民海军建设的先锋"，则史册永志，彪炳千秋。

张爱萍写下人民海军第一页

1949年3月，中国人民解放军百万大军云集长江北岸，渡江战役爆发在即。到苏联养伤刚回国不久的华中军区副司令员张爱萍，乘坐吉普车(途经天津时，市委书记黄敬为他派车)日夜兼程，赶到渡江战役前线总指挥部委员会(以下简称渡江战役总前委)驻地蚌埠。作为一名久经沙场的将军，他完全清楚，解放战争已近尾声，饱经战乱之苦的中华民族即将迎来和平与安宁。他为此备感振奋，不顾自己重伤初愈，与司机轮换开车，风驰电掣赶到这里。他决意要参加这直捣京沪、最后埋葬蒋家王朝的关键一战。

张爱萍没有如愿。华东军区兼三野司令员陈毅，交给他的是另一项任务：主持组建中国人民解放军海军。然而，历史证明，张爱萍无须为没能参加具有伟大历史意义的渡江战役而遗憾。他为结束中华民族有海无防的屈辱历史所做出的贡献同样不朽。在中国人民海军史上，他浓墨重彩地写下了第一页。

4月23日这一天

组建海军的任务，中央军委、毛泽东主席原是交给三野的，但当时三野的主要领导人陈毅、粟裕和谭震林，均为渡江战役总前委成员。大战在即，如箭在弦，他们理所当然地把注意力放在战役上。所以，张爱萍便义无反顾地独立承担起海军的组建工作。

时间紧迫，刻不容缓！张爱萍理解军委的意图。此前不久，辽沈、平津等大战役没能全歼敌人，就是因为缺少海上武装，致使溃败的国民党陆军残余部队从海上逃掉。渡江之后将是一系列解放海岛的战斗,海军部队组建无论如何不能再等了!接受任务后,他火速前往三野司令部驻地江苏泰州白马庙,与在那里指挥渡江作战的三野副司令员粟裕,研究拟调海军的部队和干部人选。

将全部精力集中于渡江战役的粟裕,无暇与张爱萍具体商讨组建海军的细节。在听完张爱萍的汇报后,他单刀直入地说:"三野教导师师部调给你,但目前他们无人在这里。我想先叫几个人帮助你。一个是二十八军八十四师副参谋长李进,这个人有智有谋,是个好助手。另一个是野司作战参谋黄胜天,他是主管国民党海军情报的,可以帮你搞上海海军的接管工作。还有两个,军工部采购科长张渭清,机关管理员温礼芝,给你当后勤管家。可以先干起来,部队到江阴后再组建。"

就这样,组建海军人选就算敲定了。张爱萍立即与他们几个一一谈话,展开工作。

4月23日下午两点,组建人民海军的第一次会议,在白马庙三野渡江战役指挥所所在的2层小楼楼下召开,会场设在正厅。出席会议的共13人:

在华东海军成立大会上,张爱萍宣布华东海军司令部、政治部办公厅组成和华东海军临时党委组成及领导成员名单,并做了题为《为建设发展新中国人民海军而奋斗》的报告

张爱萍和确定参加海军组建工作的李进、黄胜天、张渭清、温礼芝,还有做服务工作的8名战士。由于粟裕及指挥所的主要领导已渡江南进,因此由张爱萍亲自主持会议,"自拉自唱"。他说:"今年1月份,毛主席就提出了组建海军、空军的任务。空军,四野已搞起来了。陈司令说,海军的组建要抓紧,越早越主动。从现在起,海军组建就开始了!"

据当事人后来追忆,这次会上,首先传达了军委和三野首长关于组建海军的指示,接着是出席会议的同志按照自己的分工发表意见,最后,张爱萍集中大家的意见做了总结讲话。会议简洁、明了，最后形成的决议主要有以下几点：时间紧迫，立即行动，一切从速从快；首先成立临时党委，部队边打边建；要尽可能吸收起义、投诚的国民党海军人员参加工作。翌日，张爱萍以三野前委的名义将会议情况报告了渡江战役总前委和中央军委。28日，在江阴召开的华东海军领导机关成立大会上，张爱萍将这些意见进一步归纳为组建海军部队的原则，即在共产党领导下，以人民解放军陆军为基础，团结起义、投诚的国民党海军人员，共同建设人民海军。一年以后，经军委海军司令员萧劲光补充（增加了吸收革命青年知识分子的内容）、完善，并报军委批准，定为海军的建军路线。

1949年5月，中国人民解放军上海市军事管制委员会军事接管委员会海军部成立，张爱萍任部长

5月4日，中央军委、总政发出电令，批复同意三野关于成立华东海军的意见和临时党委会组成人选，正式任命张爱萍为华东海军司令员兼政委。同时，任命冯文华为司令部办公厅主任、张元培为副主任，孙克骥为政治部办公厅主任、汪大漠为副主任，并批准华东海军司令部关防印信同军级。

1949年4月23日，在中华民族历史上是个值得纪念的日子：就在华东海军成立会议开始一个半小时后，即3点30分，国民党海军海防第二舰队司令林遵在南京笆斗山江面宣布率部起义（这是解放战争期间国民党海军规模最大的一次起义，30艘舰艇，1271人）。又过了3个小时，人民解放军胜利占领南京，鲜艳的红旗高高插在了蒋氏总统府的楼顶。这是张爱萍的有意选择还是历史的偶然？

40年后，即1989年2月17日，中央军委确定4月23日为中国人民解放军海军成立纪念日。

人民海军的第一份公文

组建海军，首先要有人。陆军部队是现成的。是时，仅三野就有4个兵团15个军近60万人，但急需的是懂海军，有海军知识、技术的专业人才。机关移驻上海后，张爱萍在主持海军接管工作的同时，就着手考虑吸收国民党海军起义、投诚人员参加海军建设的问题。

这时，曾在国民党海军做过地下工作的金声（任国民党海军总司令部办公厅主任），详尽地向张爱萍介绍了国民党海军的一些内幕。金声说，国民党海军司令桂永清撤离上海时，曾动员海军官兵随他一起逃往台湾，但其中很大一部分人没有走。他们或因爱国怀乡，或因不满国民党政府的反动统治，或因对国民党海军严重的门户之见、待遇不公心怀愤懑，总之毅然决然地留了下来。这批人，有的为安全起见逃到了外地，但大部分隐瞒身份分散在上海的各个角落。这种情况上海有，其他海军部队集中的地区，如青岛、福州、广州等地，也都有。讲到最后，金声特别强调："在福州还有一部分年事已高，但确懂技术、有经验的海军元老，是组建海军不可多得的人才。"

听了金声的介绍，张爱萍豁然开朗，当即说："眼前最重要的任务是把这些人集合起来，为我所用。你多动动脑子，想想办法。"

当晚，张爱萍便主持开会研究并报华东局党委批准，颁发了华东海军人字第一号文件，即《中国人民解放军华东海军司令部、政治部通告》，招募原国民党海军人员，并成立登记办事处，专事应招人员登记接待工作。通告由张爱萍以司令员兼政委的名义签署，刊登在上海1949年6月12日的《大公报》上。全文是：

南京上海，次第解放，全国胜利，为期不远。本部为创建人民海军，罗致海军人才，业已成立"登记国民党海军人员办事处"，不分畛域,广为容纳,俾免流离失所,并使其有贡献才力于建设人民海军之机会。凡一切曾在国民党海军中工作,而今后决心献身新民主主义革命事业,志愿为人民海军服务者,均可前往该处报到登记,以备量才录用。特此通告。

为了表示诚意和便于应招的原国民党海军人员登记,于次日又以登记办事处处长孙克骥等人的名义再次在《大公报》上刊发通告,具体说明了办理登记的时间、地点和要求,并郑重强调,"凡曾在国民党海军服务,不论脱离迟早,不论官佐士兵,或阶级高低,不论航海、轮机、制造、枪炮、通信、气象、测量、军需、医务,或其他行政人员,均可前来本处登记"。接着,又派人到青岛、福州、厦门、广州等地,在报纸上刊发以上两则通告,并设立登记办事处。

1949年5月起,华东海军在南京、上海、福州、广州、青岛等地设立办事处,招聘原海军人员,接收和整理各地的原国民党海军机构及设施。图为华东海军在上海设立的中国人民解放军华东军区海军司令部登记国民党海军人员办事处

一石激起千重浪。两则通告在报纸上登载后,在社会各界引起了强烈的反响。有识之士纷纷奔走相告,交口称赞共产党的眼光、气度、雅量。原国民党海军中的部分人开始不相信有这等好事,犹豫不决,后来听了已经报名的同事、朋友的介绍,也大着胆子报了名。短短不到两个月的时间,仅上海就登记录用了1000多人,其他地方的登记工作进展也很顺利。打开登记册,张爱萍看到报名的人中,有国民党海军总司令部参谋长曾以鼎中将这样的高级将领,也有具体操舰,有各种专长的校官、尉官和士兵,他满意地笑了……

登门求贤夜谈兵

通告发出后,前来报到的人越来越多,但有一个人与登记办事处比邻而居(上海重庆南路182号,原国民党海军服务社)却一直没有露面。他就是国民党海军总司令部办公厅副主任徐时辅。这引起了张爱萍的深思。

金声曾将徐时辅的情况向张爱萍做过比较详细的介绍:徐是湖北天门人,早年毕业于青岛海军学校。1943年赴美,先后入美国斯沃思莫尔大学、安纳波利斯研究院学习。1946年回国后,曾任国民党海军兴安舰舰长、海军总司令部办公厅副主任等职。他和国民党军政界上层陈果夫、陈诚等人过从甚密,与桂永清是结拜兄弟。通告发出以后,张爱萍每天听汇报,了解情况,希望他能前来登记。一个月过去了,却一直见不到他的影子。于是,张爱萍决定亲自登门拜访。

虽然这些天徐时辅一直没有露面,但并非不为通告所动,他也一直在思考着、苦恼着。从心底说,他热爱海军事业,愿意干海军,一起共过事的金声也一再劝他去登记,但他总是拿不定主意。桂永清是国民党的海军司令,他的结拜兄弟参加共产党领导的人民海军,别人能信任?这天晚上,徐时辅正在家里翻书解闷,张爱萍在金声的陪同下来到了他的寓所。

张爱萍跨进门来,人未落座便开诚布公地说明了来意。徐时辅双手抱拳,诚惶诚恐,一迭声地说道:"敝人不才,劳司令大驾,罪过罪过!"

张爱萍说:"海军初创,急需人才。如不能请你出山,那才是我的罪过。"

当晚,张爱萍与徐时辅在徐家客厅里进行了倾心长谈。张爱萍说:"你上学学的海军,毕业后干的海军,还亲自将一艘4000多吨的军舰横跨太平洋开回来,这都说明你的能力,说明你适合海军工作。至于经历如何,那已经是历史了,关键是今后怎么走。从另一个角度看,有经历才有经验,经历也是财富……"徐时辅见张爱萍情真意切、推心置腹,也大胆坦诚地吐露了自己对组建海军的看法。一方时用人心切、求贤若渴,一方时报国有志、相见恨晚,两人有问有答,越谈越投机,一直到深夜。

此后,徐时辅便全身心投入到海军的创建工作中。在张爱萍的推荐下,他先后担任了华东海军学校技术教育科科长、军区司令部军训处副处长。为使新组建的海军部队迅速成军、担负战斗任务,他独辟蹊径,大胆实践,做出了突出的贡献。军委海军组建后,他又担任了军事学院海军系司令部工作教授会副主任、海军学院军事学术研究部副部长等职,为海军发展壮大贡献了自己的一生。

把"废铁"变成军舰

海军离不开舰船。从陆军调入的部队陆续到位,应招报到的原国民党海军人员日益增多,舰艇来源成了海军组建的关键问题,也成了张爱萍必须解决的主要课题。

自1949年2月起,黄安、重庆舰,海防第二舰队等投诚起义的国民党海军带来的舰艇,加上在战斗中缴获的部分舰船和南京、上海解放以后接收的几十艘舰船,总共近百艘,数量不算少。但是,其中相当多的一部分原本就是购买的外国参加过第二次世界大战的二手舰,年久失修,又缺少配件,已不在航。有些原本开得动的,又遭到国民党海、空军疯狂的轰炸。有些被炸沉了(有的为保护性自沉),有些虽没沉也已千疮百孔。撤逃前,桂永清的命令就是搬空、运光、炸毁,给共产党留下"一堆废铁"。而现在,面

华东海军接收的国民党海军遗留在江苏镇江的部分炮艇

张爱萍(左)与官兵一起打捞起义后为躲避国民党空军飞机轰炸自沉于长江燕子矶以东的长治舰

对这些"废铁",张爱萍急切要回答的是:这些舰船能不能修好?怎样修好?什么时候才能修好?三野首长已明确表示,解放沿海岛屿海军要配合兄弟部队作战,当然,解放台湾更离不开海军。时间不等人啊!张爱萍一边召开党委会研究办法,一边向原国民党海军人员征求意见。

在张爱萍苦无良策的时候,金声走进了他的办公室。金声说:"解决舰船修理和装备问题,有一个人离不了。"

张爱萍眼睛一亮:"什么人?坐下,赶快说。"

金声一边落座一边介绍:"这个人叫曾国晟,原是国民党海军技术署少将署长。他早年留学日本,学的造船专业,后来又到英国进修过一段时间,是个真正的造船专家。这个人热爱、熟悉舰船维修,有爱国心。国民党军撤逃时桂永清极力想把他带走,他躲到乡下去了。"

金声话音刚落,张爱萍就急切地说:"他现在哪里?要设法找到他,请他出山!"

金声说:"我已托人与他联系,据说近日即可回上海。"

转眼几天过去了,曾国晟到上海的事仍无音信。张爱萍把金声叫到办公室,问道:"曾国晟什么时候来上海,要不要派人去接一下?"

金声说:"昨天他已到上海了,现住在他一个亲戚家里,过两天我去找他。"

张爱萍当即说:"不要等过两天了,现在我们就走,一起去看看他。"

于是,张爱萍与金声乘坐一辆破旧的吉普车,在上海的弄堂里七拐八拐,找了大半天终于找到了曾国晟。

对张爱萍,曾国晟近期已从熟人口中有所了解,知道他是文人、儒将,待人热情,爱才如命,但无论如何没有想到自己刚到上海,堂堂军区海军司令员竟会亲自登门拜访。张爱萍刚一见面,曾国晟有点不知所措了。

张爱萍开门见山地说:"听说你回来了,今天来看看你,冒昧了。大家都欢迎你到海军工作,给我们当老师呵!"

曾国晟客气地请张爱萍坐下,然后说:"老师不敢当,工作尽量做。张司令如此诚恳,我一定尽职尽责。明天我就可以上班。"

张爱萍高兴地拍了一下手:"好,就这么定了!"

若干年后,回忆起这段经历,张爱萍还对人说当年他在原海军人员中拜了3位老师:军事训练方面是徐时辅,操舰、航海方面是卢振乾,造船方面是曾国晟。这话是真诚的。曾国晟报到的当天,张爱萍就把自己多日来关于舰艇、装备方面的思考一股脑儿全摆了出来,与他进行了开诚布公的交谈。曾国晟边听边记,不时根据自己掌握的情况和经验提出意见和建议。张爱萍从谈话中真切地感受到了曾国晟的工作能力和诚恳态度。谈到最后,张爱萍坦率地提出:"为了尽快解决装备问题,准备成立一个舰艇调查修装委员会,请你当主任,希望你不要推辞。"

1953年5月,海军司令部颁发《海军舰船修理暂行条例》,海军的舰船修理工作逐步纳入正轨。图为打捞上来的长治舰在江南造船所抢修

长治舰修复后被命名为南昌号。图为南昌舰在试航中

舰艇调查修装委员会成立以后，曾国晟很快提出了一个调查修装计划，并带领委员会成员展开工作。开始，他沿袭以往在国民党部队的经验，大事小事请示机关，有时还请示张爱萍。对此，张爱萍毫不含糊地说："你是专家，又是主任，不必事事请示，一般问题自己定就行了。错了，总结经验教训，出了问题责任由我负。"不久，华东海军临时党委报华东军区批准，任命曾国晟为华东海军后勤部副司令员兼技术部部长，使他有了更大的工作主动权。

张爱萍知人善任，用人不疑，使曾国晟深受感动。他大胆开动脑筋，想出许多办法加快了舰艇修复和改装的步伐。在修复上，他提出修旧利废、因陋就简，综合使用修船厂所的力量，有效地解决了零配件不足、技术力量缺乏的问题；在改装上，他采取将舱隔缩小（以便于在作战中堵漏），加装陆地用的榴弹炮、高射炮、高射机枪的办法，把商船改成军用舰船。同时，还对外出买船和船厂建设提出了许多有价值的意见。

由于张爱萍高度重视，后勤部司令员陈玉生积极支持曾国晟的工作，各修造船厂所党组织发动工人群众突击攻关，舰艇修复、改装进展迅速。许多原本认为修复无望的舰艇，也很快整修一新出了厂。经过几个月的奋战，到1949年年底，修复、改装出厂的各类舰艇达71艘，有官兵无舰艇的局面初步得到了扭转。

真心用才不避嫌

通过公开招募、登门求贤，再加上林遵等人带来的起义官兵，到1949年10月份，投身到人民海军中来的国民党海军官兵（包括少数北洋、汪伪海军人员）已近5000人，专业齐全，各层次官兵都有，可谓"群贤毕至，少长咸集"。

在此之前，张爱萍曾从原国民党海军军阶较高、有专长的人中选定了几个，作为军区海军首长和机关的顾问。现在人多了，张爱萍决定把人数扩大，成立一个咨询机构，名曰华东海军研究委员会。

人员名单初步拟定后，张爱萍首先征求林遵（此前已任华东海军副司令员)的意见。林遵看了名单,沉吟着,久久不表态。原来名单上的名字依次是曾以鼎、杨廷钢、方莹、陈景芗、韩玉衡、何希琨、陈可潜、陈书麟、郭寿生等,共17人,并注明由曾以鼎任研究委员会的主任委员。就海军建设来说,这些人各有所长,是难得的人才,但从政治着眼,确有点非同一般。如曾以鼎,原为国民党海军总司令部中将参谋长,杨廷钢曾任广州护法军政府大元帅孙中山的少将侍从,方莹原是国民党海军上海军区少将司令,陈景芗是原国民党海军总司令部军需处少将处长。韩玉衡、何希琨、陈可潜、陈书麟,则分别是原国民党海军马尾造船所少将所长、原国民党海军青岛军官学校上校教育长、原国民党海军上海无线电台上校台长、原国民党海军总司令部第六署代署长。参加海军组建工作后,林遵从张爱萍身上真切地感受到了共产党人的博大胸怀、用人不疑,但长期游走于国民党官场的阅历却使他对将这样一些人集中起来,作为军区海军首长和机关的智囊团,不能不有所顾忌。在张爱萍的一再追问下,林遵才讪讪地说:"太复杂了,应避嫌。"

听了林遵的话,张爱萍笑了。他说,大家都是为了建设人民海军走到一起来的,有这一共同目的就够了。我们要真心实意请他们做老师,也希望他们放开手脚出主意、拿办法。这用不着避什么嫌,也没什么嫌可避。如果大家没有不同意见,就这么定了,最多再派一名干部去当秘书长,为他们服务,做联络员。

在张爱萍做了充分说明后,华东海军研究委员会名单在临时党委会上一致通过。人民海军第一个咨询机构就这样诞生了。按照张爱萍的要求,对研究员做到了充分信任,有职有权。在生活上,他们均享受高级干部的待遇。在当时经济相当紧张、部队实行供给制的情况下,研究员均实行薪金制。家属愿意随军的都给予安排,还给研究委员会专门配了一辆小卧车。在工作上,放手发挥他们的专长。若干年后,曾当过研究委员会秘书长的李天钧回忆说:"当时张爱萍司令员、袁也烈副司令员(兼参谋长)经常带着各种问题来研究委员会请教他们,有时委派副司令员林遵带着有关课题来研究委员会磋商,几乎每次都能带着答案满意而归。我记得比较大的几项工作:一是军区海军、舰队、基地、水警区、巡防区等指挥系统的组织编制、舰艇编组编队方案,二是审查修改海军舰艇部队官兵训练大纲,三是审查修改海军学校教学大纲,四是审查海军舰艇修装、制造等方案。此外,还请他们给机关干部讲海军业务课,到学校和舰艇上进行辅导教学和训练,到造船厂检查监督修船情况。他们在人民海军初创阶段,的确发挥了不可缺少的咨询、参谋作用。"

翌年,军委海军成立后,萧劲光司令员也采取了这种做法,成立了海军研究委员会。华东海军研究委员会的成员,大部分被调往北京,参加了海军研究委员会的工作。

同心协力医"跛子"

海军初组建,部队成员主要是两部分:一部分是从解放军陆军部队选调来的。这部分人属于大多数。经过长期革命战争的考验,对党的事业忠诚,具有人民军队的优良传统、作风,但文化程度普遍偏低,不懂海军知识、技术。另一部分是起义、投诚和招募来的原国民党海军官兵。这部分人有海军知识、技术,有的人还有较长时期的海上工作经验,但是,他们对中国共产党不够了解,对解放军的性质、宗旨和优良传统、作风,缺乏应有的认识。所以,张爱萍说,按照一个德才兼备的海军战士的标准,这两部分人都不合要求,都是"跛子"。"建设合格的人民海军,第一个课题就是大家齐心协力医'跛子'。"

两部分人朝夕相处,首先遇到的是对那些起义、投诚、登记入伍的原国民党海军官兵的称谓问题。初始,从陆军来的同志总爱用"国民党部队的"、"旧海军"等来称呼他们,使这些同志感到很受刺激、很反感,有时甚至争吵起来。这引起了张爱萍的注意:称呼什么,直接关系到感情问题。感情不融洽,不同心怎么协力?经过反复思考,他确定了一种叫法,即称这些人为原海军同志。从国民党海军来的叫原海军,从解放军陆军部队来的自然是新海军,这样称呼起来不是既方便又亲切吗?这种称呼在首长讲话和公文行文中使用后,很快被广大官兵接受,原海军同志理解首长的良苦用心,感到说不出的温暖、亲切。

为了加速人才培养,尽快医好两个"跛子",经中央军委批准,于8月中旬组建了中国人民解放军华东海军学校,张爱萍亲任校长兼政委。同年9月14

1949年8月15日,华东海军在南京挹江门原国民党海军总司令部旧址成立海军学校,张爱萍兼任校长和政委。图为张爱萍在开学典礼上讲话

日,海校正式开学。按照计划,组织原海军官兵学习社会发展简史,进行系统的思想政治理论和解放军优良传统教育;对从陆军调入的战斗骨干和部队,则主要突击进行海军知识和技术、技能培训,帮助他们掌握操艇出海急需的专业技术。此时担任学校教育科科长、司令部军训处副处长的徐时辅,在张爱萍的鼓励支持下,大胆创新,针对时间紧、学员文化低的特点,提出了一个先学"怎么做"、后讲"为什么"的突训方案,收到了事半功倍的效果。加之广泛开展原、新海军的同志结成对子,互相学习、互相帮助,培训学习进展十分顺利,学员进步很快。通过不到3个月的突训,11月5日,结业典礼没举行,便出动多艘炮艇和登陆艇在长江口横沙岛作战,赢得了俘获敌船3艘,俘敌官兵28人的出色战果。11月8日,第一批学员顺利结业,2000多名学员初步摘掉了"跛子"的帽子,被编配上了7艘护卫舰、9艘炮艇,编成两个舰艇大队。至时,人民海军第一支战斗舰艇部队胜利诞生了!

1949 年 10 月 1 日,由安东海校和华东海校学员组成的海军方队,代表海军参加开国大典和陆海空三军阅兵式。图为海军方队分列式通过天安门广场开国大典检阅台

参加开国大典阅兵式后,海军代表队在北京留影

开拓海军文化处女地

张爱萍向来重视部队文化工作。他在任新四军第四师师长时领导创办的战地报《拂晓报》,曾一时誉满华中。创建海军的百忙之中,他没有忘记文化工作,在遍发通告招募原海军技术人员的同时,也在留心招募文化工作人才。4月末的一天,他率领最初参加海军组建工作的十几个人抵达苏州,没料到当天

就与三野第十兵团司令员叶飞发生了争一个管弦乐队的小插曲。

1944年前后,日本控制下的伪满洲国为了满足日本人和皇亲国戚观赏、娱乐的需要,在宫内府养了不少娱乐人才,其中的管弦乐队是由当时日本国内著名的指挥家训练的。这些人经过严格培训,不仅功底扎实,而且能演奏不少世界名曲。1945年日本投降,宫内府管弦乐队无所依附,历经周折到了苏州,被慧眼识珠的进步民族资本家荣毅仁收留。苏州解放后,荣毅仁主动把它交给了苏州政府。因其住在苏纶纱厂的饭店裕社,所以当时被称为裕社交响乐团。苏州解放前后,裕社交响乐团演出过几次,名气很大。渡江战役结束,第十兵团在此休整。这天晚上,叶飞与张爱萍(前往江阴,路过苏州)一起出席了苏州市庆解放音乐会。晚会结束,解放军中两位有名的儒将同时登台,向裕社交响乐团发出了邀请。

对乐团已有所了解的叶飞,几句赞扬过后,握着乐团指挥李伟才的手说:"你们到部队来吧,十兵团欢迎你们!"

在演出进行中,张爱萍就拿定主意要带走这一乐团了。见老战友叶飞也想要,便立即说:"还是到海军来吧! 十兵团已有一个文工团了。你们去了,叶司令他们是锦上添花。海军刚组建,做文化工作的人还一个没有,你们到海军来那是雪中送炭,你们的全班人马我们都接受!"

叶飞见张爱萍情真意切、理由充分,乐得做个顺水人情。这样,裕社交响乐团就归了华东海军。同年8月2日,以乐团为基础,加上新招收的上海、南京等地的一批有音乐天赋的大中学生,正式成立了华东海军文工团。时过不久,三野第三十、第三十五军的文工团先后调入,华东海军文工团又进行了扩大整编。整编大会借用南京铁路局的礼堂进行。当时华东海军文工团人数达600多人,其中不乏指挥家、作曲家、小提琴家,歌剧、话剧、舞蹈等各种表演人才更是应有尽有,可谓人才济济。

在招揽人才组建华东海军文工团的同时,张爱萍还请来了著名木刻家、诗人卢芒,画家月甫,摄影家薛伯青、高一鸣等一大批各门类专业人才,陆续办起了《人民海军》报、《人民海军画报》、《人民海军》杂志、歌刊《海洋歌声》等报刊。 正如时任华东海军宣传部副部长的夏平所说:"一时间,华东海军不仅招募海军建设人才,军事技术训练红红火火,海军文艺处女地上也是一片生机勃勃。"特别是华东海军文工团,在不断提高《白毛女》《三世仇》等传统剧目演出水平的基础上,适时结合形势排演了大量新节目。一场演出接着一场演出,不仅红了上海、南京,享誉华东,而且在全军、全国也小有名气。及至后来,华东海军文工团的管弦乐队被总政连锅端走,成为全军军乐团的骨干和重要基础。

人民海军庆首创

1950年4月23日清晨,南京晴空万里。

华东海军司令员兼政委张爱萍早早起了床,带着警卫员直奔草鞋峡。今天要在那里举行人民海军诞生以来最盛大的庆典——庆祝华东海军成立一周年及军舰命名授旗典礼。今天华东局和驻地党政军领导都将出席活动,数十艘舰艇驻泊在一起,要防敌人突然的空袭和破坏。他要亲自做最后一次检查,确保万无一失。

一年前的今天,华东海军还没有一兵一舰,于今已是有几万人的部队了!今天命名的舰艇大大小小加在一起134艘。护卫舰、炮舰、登陆舰、扫雷舰,主要的水面舰艇几乎都有。有的是被炸坏的舰艇修复的,有的是购买运输船只改造的。几个月来,为了整修这些舰艇,广大官兵、船厂的技术人员和工人师傅,不知熬过了多少个不眠之夜。它是大家的心血,是人民的宝贝……想到这

张爱萍向舰艇长授予命名状和军旗

些,张爱萍感到既兴奋又激动。

大会会场设在草鞋峡江面。数十艘舰艇整齐地排列在江面上。大型登陆舰井冈山号(原为 538 号舰)为大会司仪舰。舰上插满了鲜艳的红旗,舰桥周围挂着华东地区党政军领导送的锦旗和贺幛。欢快、热烈的气氛笼罩着丽日碧水相映的江面。

9 点,华东海军第一副司令员林遵宣布庆祝华东海军建军一周年暨军舰命名授旗典礼开始。顿时,江面上所有的战舰同时拉响了汽笛,江岸上围观的人群情不自禁地放声欢呼。在张爱萍致开幕词后,命名授旗仪式在雄壮的《解放军进行曲》中拉开了帷幕。华东海军副司令员袁也烈宣读中央军委对各舰的命名,张爱萍将命名状、解放军军旗(代海军旗)、舰首旗、舰长旗,郑重地授予各舰舰长、政委。随之,遮盖着各舰名钢牌的红布被一一揭开,南昌、延安、瑞金、遵义、井冈山等一个个具有特殊意义的舰名,在阳光照射下银光闪闪。在最后一名舰长接过命名状、军旗的刹那间,随着大会主持人洪亮的口令声,全体官兵昂然肃立。张爱萍大步走到毛主席、朱总司令像前,举起右手,带领全体官兵庄严宣誓:

我们是中国人民的海上武装,在中国共产党领导下成长起来。我们坚决执行毛主席、朱总司令的命令,完成人民交给我们的使命;我们要努力学习马列主义和毛泽东思想,坚定为人民服务的立场;我们要具有人民解放军团结一致、遵守纪律、艰苦朴素、英勇善战的作风;我们要具有熟练的航海技术,准确的舰炮射击技术,勇敢的损害管制技术。随时准备作战,在解放东南沿海岛屿、解放台湾中,创造辉煌,为军旗争光……把中国人民海军胜利的旗帜插遍祖国的海洋!

宣誓完毕,华东军区、三野副司令员粟裕,军委海军副政委刘道生,中共南京市委负责人江渭清,分别代表各方致辞。粟裕在致辞中指出,希望华东海军全体同志,更加亲密地团结起来,互助互学,改造思想,继续提高技术,壮大人民海军的力量,配合陆、空军为肃清残敌,解放台湾,保卫国防而奋斗。他们热情洋溢的讲话不时被热烈的掌声打断。

粟裕在命名大会上讲话

刘道生在命名大会上致辞

庆祝华东海军诞生一周年典礼结束后,张爱萍回到办公室后依然激动不已,心潮难平。

1951年1月21日,萧劲光视察华东海军第六舰队

1951年2月15日,中央军委颁发命令,任命张爱萍为解放军第七兵团司令员兼浙江军区司令员。张爱萍不得不离开他尽心竭力领导创建起来的华东海军。如果说两年前(实际上张爱萍在海军只有22个月)他接受创建海军的任务时并不情愿,现在他真有点舍不得离开了。原海军的老师、新海军的战友、日益发展壮大的海军部队,都使他由衷的留恋,但他再次义无反顾地走了。历史证明,他仍然无须遗憾。在以后的岁月里,他以自己的胆识和才华为新中国的国防建设、为中华民族的振兴,创造了新的辉煌。

南京江面上的壮举

1949年4月23日下午,正当人民解放军百万大军以排山倒海之势渡过长江,向国民党政府首府南京展开最后进击的时候,国民党海军海防第二舰队大小舰艇30艘、官兵1271人,在其司令林遵的率领下在南京东北笆斗山江面宣布起义,加入了人民解放军的行列。

内战中诞生的海防第二舰队及其司令林遵

国民党海军的实力,在抗日战争中几乎损失殆尽。抗战胜利后,通过同盟国统一分配日本残余的军舰,接收美英的赠舰、租借舰等,才陆续重建起来。至1947年,海军舰艇部队重组为海防第一、第二舰队,江防、运输等4个舰队和8个炮艇队。海防第二舰队是在1947年7月组建的。

初始,海防第二舰队仅辖惠安、安东、永绥、吉安、营口号等数艘军舰和几个炮艇队,舰队机关设在上海,主要担负北起江苏连云港,南至广东沿海的防务。海防第二舰队所属的官兵,除国民党军事当局为控制部队安插的少数政治骨干,甚至军统、中统特务外,大都是抗日战争期间招收的青年学生。他们是抱着抵御外侮、保卫海防的爱国热情入校、入伍的。令他们没有想到的是,经过多年的学习培训,一登舰履命接到的就是蒋介石"戡乱建国"的动员令,面对的就是"剿共"的内战烽火。官兵们感到说不出的困惑和失望。1948年二三月间,国民党当局为了阻挠人民解放军渡江南下,将其调进长江,担负江苏江阴至江西湖口之间500余公里的江防任务。为弥补其兵力不足,将江防舰队的部分舰只调归海防第二舰队指挥,同时,舰队机关也由上海迁至镇江。置千里海防不顾而构筑长江防线,协助陆军消灭共产党游击队,阻击解放军南下,海防第二舰队完全成了国民党的内战工具!至时,官兵的惶惑、不满情绪进一步加剧。从舰队机关到舰艇的各位官佐,在海军经营多年,他们了解国民党海军乃至军政上层的昏庸腐败、派系斗争,现如今国民党竟要挑起内战,他们备感失望和愤慨。

海防第二舰队司令林遵,福建福州人。抗日战争以前,中国海军是分属各个军阀和政治派别的。国民党海军重组后,依然循例按照封建畛域观念和毕业院校不同,将官兵划分为马尾、青岛、电雷系等若干派系。为了掌握海军的控制权,蒋介石决心重建海军。他采取的第一个大动作,就是罢黜资深望重的闽系前海军部长、海军总司令陈绍宽,而由根本不懂海军的陈诚、桂永清任总司令和代总司令,执掌海军。因此,福建籍、马尾系官佐均不同程度地遭受贬斥和排挤。身为福州人又曾就学于马尾海军学校,且颇受陈绍宽赏识的林遵,之所以不仅留在海军还当了舰队司令,实是蒋、桂的无奈选择:林遵不仅治军有方,更主要的是他的名气实在太大了!他不仅在烟台、马尾海军学校进行过系统的海军知识、技术学习,且曾于1929年和1937年赴英国、德国学习海军知识和潜水艇技术。毕业回国后,他从军舰航海官、副舰长起步,一直干到国防部、参谋总长办公室的研究员和参谋、驻美国大使馆海军副武官。1946年春夏之交,他以中国海军接舰指挥官的身份,率领美国援助的太平、太康号等8艘军舰,横渡太平洋直抵上海吴淞港。同年10月,他又作为中国舰艇编队指挥官,收复巡视了西沙、南沙群岛。如此经历、资望,令他名震朝野,声播海外。将这样一个人弃之不用,岂不是太明显了吗?更何况江防吃紧,正当用人之际!当然,精明的海军代总司令桂永清不会放心、放手。他先是给林遵安排了一个所谓海军点验委员会主任的闲缺。1948年初,海防第二舰队被调进长江打内战了,才突然宣布林遵为海防第二舰队司令,且晋升少将军衔。而在林遵履任不久,桂永清即从陆军调了精干亲信多名(后来被称为海军的黄埔系),安插在舰队司令部机关及性能较好的军舰上"协助"林遵工作。对此,林遵心知肚明。

不过,林遵也确有令桂永清们不放心的地方。抗日战争时期,林遵就曾同皖南新四军打过交道,得到解放区人民群众的掩护和帮助。在这过程中,解放区政治清明、共产党廉洁奉公,给他留下了深刻的印象。抗战胜利后,国民党发动内战"剿共",他从思想上很是抵触。他在私下不止一次说过:"作为一个指挥官,当他良心尚在的时候,下令炮轰生我养我的国土和同胞,于心何忍?"当亲眼看到自己千里迢迢接回来的一艘艘战舰弃海防安危不顾而被调到渤海、黄海打内战时,他郁愤满腔:"国民党不亡,是无天理!"1948年夏,眼见国民党军在战场上节节败退,社会上物价飞涨,一片混乱,桂永清一伙却凭着蒋介石的宠信专横跋扈,结党营私,林遵心里有说不出的鄙视和厌恶:"中国海军早晚要败在这些人手里!"对国民党政府的彻底失望,令他产生了起义的念头。他急切希望能与共产党高层机关建立联系。

时任海防第二舰队司令部总轮机长的阚晓钟,与林遵是同乡、同学,彼此交厚。他在了解了林遵的想法后,遂不露声色地开始寻找各种关系。阚晓钟晚年的回忆录中这样说:"1948年夏,我常住舰队在镇江的岸上司令部,我的三弟阚巍观也在镇江江苏学院学习,因此我们时常见面。当我们一起议论海军情况、派系矛盾时,谈到了策动第二舰队起义、投向共产党一事,我就问三弟有没有这方面的关系。他说,在他的同学中有干中共地下工作的,可以帮我问问。我把这件事告诉了林遵,他表示同意,但他强调说,必须找到共产党中央的关系才能联系起义的事。"暑假后开学没多久,阚巍观就按照阚晓钟的想法联系了同学吴平,商定了帮助林遵联络起义的事。

当年11月中旬,吴平与其妻子曹一飞北上潜赴解放区,阚晓钟即遵照林遵的意愿,通过阚巍观将联系起义的任务交付给了他。时过不久,吴平夫妇即抵达解放不久的济南,并在那里考取了正在招生的华东军政大学。入校后,他们当即向校领导汇报了海防第二舰队准备起义的事,并写了一份详细报告,由校领导转呈华东局。此后,吴平夫妇又多次衔命南下北上,充当林遵与解放区党组织的联络员,传递双向情报,为解放军渡江、海防第二舰队成功起义做出了重要贡献。

中共中央首长高度关注，地下党组织多头渗入

作为中国共产党诞生地的上海，虽然毗邻国民党首都南京，但地下党组织的力量很强大，颇具战斗力。就在林遵急于寻找共产党组织时，中共中央驻沪地下党组织也在密切关注着林遵。

1948年9月，中共驻沪地下党组织获悉了林遵反对打内战、有起义的想法后，便将其列为策反工作的重要对象。上海情报机构负责人吴克坚经过慎重考虑，将任务交给了深富地下工作经验的林亨元（曾用名林觉生）。林长期以来一直以律师、生意人等身份作掩护在上海一带活动。他不仅熟悉各方面情况，地下工作经验丰富，而且与林遵是同乡。但为了万全起见，林亨元没有直接与素昧平生的林遵联系，而是按照吴克坚的安排，通过一位党外朋友的介绍，首先结识了同为福州人、与林遵交厚，且长期在海军服务的郭寿生。

郭寿生时任《中国海军》月刊社社长，上校军衔，家住虹口公园附近。林亨元在朋友的陪同下到过他家几次后，就自行到他家看望，一起聚餐、出席舞会。交往中，他们由家事谈到国事，由飞涨的物价谈到政治形势，双方颇有共同语言，谈得很投机。同时，林亨元还通过其他渠道了解了郭的经历和为人。郭寿生与林遵不仅是同乡，且是烟台海校的先后同学（郭比林遵高两届）。他长期在国民党海军做编译工作，主持《中国海军》月刊的出版。以此为基点，郭与若干倾向进步的海军官兵保持联系，与林遵关系尤其好。

10月初，林亨元将他与郭寿生交往的情况向吴克坚做了汇报，吴很满意。此前，吴克坚已向西柏坡发报，将有关情况报告了党中央，遂对林亨元说："适当时候，你可以公开自己的身份。"接下来，林与郭联系的性质就变了。晚年忆及这段往事，林亨元说："有一天，我向郭寿生公开了自己的身份。我对他说你可能估计到，我是共产党员。我今天是奉组织的命令来跟你谈话。接着郑重地对他说：'周恩来同志请你归队。'郭听后非常兴奋。我又告诉他，我来这里和你交朋友也是有目的的，因为你过去有过一段革命经历。他马上说：'是的，北伐时期在上海举行武装起义时，我和周恩来同志在一张办公桌上，面对面地

坐着搞工作,周恩来同志很了解我。他叫我归队,我愿意归队!'"林亨元遂向郭寿生传达了争取林遵起义的任务。

郭寿生接受任务后,很快便专程前往镇江,以为《中国海军》月刊约稿的名义会见了林遵。与郭寿生在旗舰惠安舰会面后,林遵察觉其言犹未尽,于是相约择日详谈。两天后,郭寿生去南京公干结束重返镇江,林遵履约陪他一起游览了镇江名胜金山寺。他们一路走来,边走边谈,从海军内部复杂的人事关系一直谈到国民党军前途堪忧的内战形势,不觉已抵金山顶。郭看看四周无人,便转入正题,用福州话说:"我从不对你隐瞒什么。最近周恩来派人向我传话,叫我归队。中共中央的地下党组织还要我做你的工作,希望你起义投向人民。"林遵原本已有此意,郭寿生的谈话也在意料之中。于是,他当即表示同意起义。至于如何行动,则须审时度势,见机行事。

获悉林遵已明确表态率部起义,吴克坚迅即报告了党中央。是时,中央也已收到了华东局联络部门转去的吴平、曹一飞夫妇的报告。依据这两方面的情报,周恩来亲自代中共中央、中央军委起草了复电。12月13日,华东局、中共中央华中分局及吴克坚均收到中央的电报:"你们可以选派得力干部去与林遵接洽。我们的态度是欢迎他们起义为人民立功。起义一个舰队即编为一个舰队,起义一个分队即编为一个分队。起义的时机,待接洽好后再定。"

之后,郭寿生又先后几次到镇江,就起义具体问题与林遵进行磋商密谈,并且约定,为避免引人注意,由海防第二舰队总轮机长阙晓钟作为林遵的代表,与郭寿生、林亨元并上海地下党组织联系。阙晓钟家住上海四川北路,正好与郭寿生家相距不远。阙便以回家为掩护,往来于上海、镇江之间,通过郭寿生、林亨元和中共地下党组织联系,提供海军的情报,传递林遵的意见、要求。双方一起遵照上海地下党组织的指示,磋商如何配合解放军渡江及起义的时机、做各舰长的工作办法等具体问题。

1949年元旦,西柏坡中共中央指挥中枢是在高度紧张的战斗中度过的:空前规模的淮海战役尚未结束,举世瞩目的平津战役则在边打边谈中拉开序幕,全国其他战场也战报、捷报不断。然而,在这样的繁忙中,中共中央的首脑们仍在密切关注着酝酿中的海防第二舰队起义。1月1日下午,中央五大书记毛泽东、刘少奇、朱德、周恩来、任弼时，集体分析研究了上海情报工作站的情况报告，共同审阅签发了给吴克坚的电报指示："关于长江第二舰队准备起义事，请仍按中央前电所告原则办理。林遵所提接头办法，既系林自己主张，不必改变。最重要的是要林隐忍待机，切勿暴露，免在事前遭受不必要的损失。"

接到中央的电报指示，林亨元当即向郭寿生、阙晓钟做了传达。对"隐忍待机"的要求，都深受感动。考虑到既要能配合大军渡江，又要争取尽可能多的舰艇参加起义，一致认为，时间选在解放军渡江前后为最好。鉴于至时战斗打响，情况复杂，郭寿生提出如因形势变化，京（南京）沪交通、音讯断绝，起义部队如何与解放军联络配合，这个问题必须先行解决。林亨元将这一问题报告了吴克坚，吴迅即以上海地下党工作站名义致电中共中央："应请华东军区指派军事代表能直接和第二舰队林遵同志发生联系，方不致误了戎机。"时过不久，中共中央即将任务下达给三野。三野政治部经过精心挑选，将任务交给了第二十九军第八十五师政委孙克骥、华中（即苏北）军区政治部联络部副部长兼华中工委书记杨进。2月中旬，孙克骥、杨进伪造了国民身份证，化装为理发员、生意人从苏北江都渡江潜赴镇江，以陈毅司令员代表身份与林遵接头。

初始，孙克骥、杨进打算通过福建籍同乡和亲属关系直接与林遵接洽，由于环境复杂，未能实现（林遵未敢贸然见面）。后辗转到扬州、上海，在上海地下党组织负责人杨帆等同志的安排下，与阙晓钟进行了密谈。阙晓钟向他们通报了林遵对起义的基本思路，孙克骥、杨进则向阙晓钟介绍了全国的战局，以及中央领导、三野首长的指示，商定了林遵与三野首长联系的途径和办法。最后，孙克骥郑重地敦请阙晓钟向林遵转达陈毅司令员的问候，并请其转告林遵："对国共和谈不应抱任何幻想。第二舰队的出路只有光荣起义，将来还可以为建设新中国的海军贡献力量。"4月初，渡江战役在即。孙克骥化装潜入南京，试图通过任永绥舰舰长的表兄邵仑牵线与林遵面谈。因林遵奉命去了安庆，再次失去了直接会晤的机会。孙克骥随即向邵仑传达了陈毅司令员的三点要求，请邵转告林遵：一、舰艇不要开出长江，二、战斗时不能攻击人民解放军，三、如果国民党飞机来轰炸，可将军舰移靠北岸浅水处停泊。邵仑如实传达，林遵均表示同意。从2月中旬直至4月23日起义，孙、杨一直通过阙晓钟、邵仑与林遵保持着密切联系,指导、协助整个起义行动。

在此期间,中共中央上海局策反委员会地下工作人员何友恪通过海防第二舰队参谋组组长欧阳晋,此前已与中共地下党组织有联系的国民党海军总司令部少将署长曾国晟,通过永绥舰舰长邵仑也在分头做对林遵的争取工作。由于一则与三野直至中共中央的联系已经接通,二则也担心多头联系走漏风声,林遵未在这几条线花费太多的精力。

林遵与桂永清斗智斗勇,起义时机水到渠成

1949年1月31日北平和平解放后,随着决定中国命运的三大战役胜利结束,国民党陆军主力部队已所剩无几,原本思想就已混乱的海军部队更加动荡起来。进入2月后,舰艇起义频频发生:12日,护航驱逐舰黄安舰在山东青岛港起义;17日,长山岛巡防处201号扫雷艇在山东南长山岛鹊嘴港起义;22日,接29号舰于青岛港起义;25日,国民党海军最大的军舰重庆号巡洋舰于上海吴淞口起义。接连不断的起义,使桂永清焦头烂额,坐卧不宁。特别是重庆舰起义后,防叛逃几乎成了这位海军总司令工作的重心,对林遵的警戒、控制更紧了。首先,他以便于紧急情况下统一调动部队为借口,规定林遵的一切行动都要报告海军总司令部及他本人,不许林遵直接调动舰艇。其次,他以督察、备战为由,频频给林遵下达任务,今天去沿江"点验"部队,明天去安庆前线"协同陆军作战",忽而又要林遵将旗舰惠安舰停靠在南京下关码头,让林遵疲于奔命,无暇他顾,置于自己的严格监督之下。再次,他将海防第二舰队所辖的舰艇划分为两个编队,分别指定由惠安舰舰长吴建安、兴安舰舰长刘宜敏牵头,直接受他指挥,借以制约、分散林遵的权力。第四,他利用安插进来的亲信、耳目监视干扰林遵的行动。借惠安舰修理的契机,他亲自点名由永嘉舰作为海防第二舰队的指挥舰(该舰舰长陈庆堃反对起义,最后带头率舰逃走),并将一个全副武装的警卫连派上美盛舰。与此同时,他抓紧一切机会向林遵表示亲近、器重。

对桂永清的"良苦用心",林遵心知肚明。他一边审慎地虚与委蛇,一边将

计就计,有条不紊地为起义做准备。第一,以确保舰艇满员提高部队战斗力为由,把过去与自己共过事、信得过、拥护起义的人,陆续调到自己身边。与其私交甚好的同乡、老部下欧阳晋、戴熙愉,分别从重庆、太平舰调到海防第二舰队司令部当参谋。受过桂永清迫害的王熙华,则被寻机调到身边当了副官。第二,利用桂永清在重庆舰起义后的惊惧心理,向其建议把所有舰艇都集中在长江下游的几个大港口,并且停止巡江,使长江下游留出许多空隙,为解放军渡江提供有利条件。第三,借桂永清要求"校阅"、"点验"、"协同陆军作战"的机会,到各舰上看望官兵,召开官兵座谈会,解决士兵的福利问题,并向熟悉的军官打招呼,使他们有起义的思想准备。同时了解海军在各驻地的兵力和设防情况,向中共地下党组织、三野首长提供情报。第四,力争使尽量多的舰艇集中在长江内,以增加参加起义舰艇的数量。4月初,京沪杭警备总司令汤恩伯在常州召见林遵。林遵提出:"海军到了长江里用处不大,长江防线长,军舰太少,防卫力量非常薄弱。"汤听后非常惊慌地说:"我马上跟桂永清讲,多派军舰给你,增强长江防务。"很快,桂永清就增派永嘉、永定号等12艘军舰进入长江。第五,尽力与桂永清以党务工作人员等名目派进舰队的耳目搞好关系。其中不少人到海防第二舰队不久即要求到江北探亲,林遵统统批准(有些人直到部队起义也未回来)。此外,林遵还故意让周围一些人散布自己如何反动、顽固,如何死心塌地跟着国民党走等,以麻痹、迷惑桂永清安插在身边的亲信、耳目。与此同时,放手让阙晓钟、欧阳晋、戴熙愉等起义骨干,分头与林亨元、孙克骥等联系,提供海军情报,磋商起义具体事宜。

4月中旬,中国共产党代表团与国民党政府代表团和平谈判一开始,即宣告了李宗仁划江而治腹案的彻底破产。桂永清、林遵都清楚,渡江战役在即。林遵更清楚,起义的时机就要到了。林遵与桂永清斗智斗勇也达到高潮。

进入4月后,桂永清几乎一天也没有让林遵停歇过。4月10日,林遵刚从安庆支援陆军作战回到南京,18日,桂永清又命令其到芜湖增援。当时,旗舰惠安舰借口检修不能出航,桂就命令林遵改乘美盛舰前往,并决定由已在芜湖的永嘉舰作为指挥舰。接受命令后,林遵立即找来阙晓钟,交给他三项任务:一、与三野代表保持联系,二、做营口舰舰长邱仲明的争取工作,三、争取海防第二舰队参谋长麦士尧。继而又找来参谋组组长欧阳晋,要他连夜赶往上海找郭寿生,请郭与其一起去与中共地下党组织的林亨元见面,汇报海防第二舰队起义已准备就绪,约定届时舰艇与岸上解放军联络的暗号等。对其他几个可靠的军官,也分别做了交代。傍晚,林遵带着戴熙愉乘美盛舰离开南京,于19日早抵达芜湖,在距芜湖下游四五公里的广福矶江面抛锚。是时,已有几艘军舰先泊在那里,其中有已拟为旗舰的永嘉舰,还有永修、太原、安东号等舰。见林遵抵达,各舰长迅即前来看望,均反映连日来都在芜湖上游江面20~30公里的水道上巡逻,未发现有特殊情况。事实果不出林遵所料,这次所谓增援只是桂永清担心林遵老在一个地方日久生事安排的一次行动。只是桂永清没有料到,他的这一安排反倒为林遵准备起义提供了难得的契机。一路看下来,林遵把国民党军江防部署,哪里火力集中、哪里容易突破等,都通过身边人员向上海地下党组织做了汇报。他甚至还具体提出建议,可能的话要及早夺取江阴要塞,以阻止长江内反对起义的军舰逃往吴淞口。

在芜湖稍停,林遵便上岸会见了驻守当地的第七绥靖区司令张世希。张称解放军已迫近江岸,中共的游击队已到芜湖附近的黑沙洲一带活动,希望舰队协助加强江面巡逻,防止渗透等。林遵只得耐着性子在这里巡逻。刚过了两天,4月22日下午3点多钟,张世希又紧急约见,向林遵传达了海军总司令部的电话通知:共军已突破长江,政府本日已全部撤离南京,海军总部也将全部撤走,令林遵将芜湖至安庆的所有舰艇迅速集中到南京,并与23日拂晓前到海军总司令部报到。

林遵闻此一惊一喜。惊的是形势发展如此之快,喜的是起义的机会就要到了!他立即返回码头登上改为指挥舰的永嘉舰,召集在芜湖的美盛、永修、太原、安东等4舰舰长开会,传达海军总司令部的命令。晚7点许,林遵指挥各舰拔锚起航离开芜湖。午夜后,他们便抵达南京海军下关码头。此时下关码头设施已遭破坏,稀疏暗淡的灯光下,几艘舰船正在乱哄哄地装东西,好像是海军总部机关的人员忙着登船逃命。林遵跨下跳板,早有一辆吉普车在岸上等候。他当即带着参谋戴熙愉前往挹江门海军总司令部。所有舰船,除留旗舰永嘉舰在码头等候林遵外,其余各舰均驶往南京以东的笆斗山锚地。

　　林遵、戴熙愉到达挹江门时，已是23日黎明。此时，海军总司令部机关一片混乱：各办公室门户洞开，纸灰、碎纸满地，桌椅家具东倒西歪。林遵连穿两个院子，没见到一个人影，只有总司令办公室里桂永清和参谋长周宪章，作战署署长王天池、副署长林祥光及几个秘书，或站或坐，焦躁不安地等候着林遵的到来。

　　林遵一出现，在场的所有人顿时都松了一口气。桂永清像久别重逢见到老朋友似的紧赶几步，一把抓住林遵的手："啊，你们可来了，我等好久了。"接着一口气说下去："共军大部队已经过江，国府已迁往广州，总部今天也要迁广州，我马上乘飞机去上海。现在已将这边的舰艇集中在笆斗山，交给你指挥。你务必于今日傍晚率队驶往上海。这是党和总统交给你的重任，在这危难的关头，当不畏艰险为党国效忠。"听了桂永清的一番话，林遵不由得一阵暗喜，但为了不使桂永清生疑，故意面带难色地推辞道："南京舰艇庞杂，有些还不是第二舰队的。卑职才疏学浅，实在不堪担此重任，还是总座亲临坐镇为宜。"桂早已准备乘飞机逃走，哪肯冒这个风险！于是连忙说："大可不必，你一人足矣，不必多虑。"林遵又故作诚恳地提出请参谋长或作战署署长等上舰协助，王天池、林祥光均以"年老力衰，平时很少上舰"为由极力推脱。最后，桂永清断然表态，故作郑重地对林遵说："就交给你啦。只要你把舰队带到上海，哪怕只剩下一艘军舰，我也报请总裁升你为中将海军副总司令，授青天白日勋章。"短短十几分钟的谈话期间，桂的副官3次进来催促："机场来电话讲，7点前一定要起飞，晚了恐有意外。"桂看看表，不耐烦地挥着手说："好了，好了，就这样了，你们赶快回吧！"

　　林遵转身离开桂的办公室，没走出多远，副署长林祥光又追上来交给林遵一封信。信是桂永清亲笔写的："尊之（林遵的字）兄：着你率队于23日傍晚驶离南京。江阴炮台已于21日易手，已命空军轰炸，并派空军掩护你们下驶。你们务必于23日夜驶离此地，以免空军发生误会。"林遵看罢，明白是桂永清诱哄加恐吓，毫不理会地直奔码头。他巴不得迅即乘永嘉舰驶抵笆斗山锚地。

　　林遵在回码头的途中，一个念头突然出现在脑海里：起义时机到了！他在晚年的回忆文章中这样写道："就在我回码头的途中，起义的时机在我脑子里突然涌现出来了。我认为这是一个极好时机,另一个时机可能是在吴淞口。但目前这个时机已经是现实,而吴淞口的时机则尚需等待。虽然将来在吴淞口有可能集中的舰艇更多一些,起义规模更大一些,但是正像外国谚语所说的:'一鸟在手,胜于二鸟在林。'多得不如现得,机不可失,时不再来,现在必须采取行动! 我估量着,当时的形势对起义是极其有利的。集中待命的各舰舰长中,有一部分我确能掌握。为把大家都笼住,我确定采用召开舰长会议的办法决定起义行动。"

林遵巧运筹因势利导,大规模起义如期举行

笆斗山江面,在南京东南数公里处。这里北面是八卦洲,南面是江岸,靠近江岸有一座小山名笆斗山。缘于此,这一段江面叫笆斗山江面。江面水道是长江的南航道,南北宽1.5～2公里。江面上游1公里多处,就是南京的名胜燕子矶、草鞋峡。

林遵乘永嘉舰到这里时,天已大亮。江面上已集结着包括先一步到达的美盛、太原、永修、安东等4舰在内的11艘军舰和第一机动艇、第五巡防艇两个炮艇队。永嘉舰刚靠好码头,惠安舰舰长吴建安就急匆匆赶来会见林遵,探询行动方案。林遵简略地讲了自己的想法,吴建安心领神会,完全赞成,当即转告永嘉舰舰长陈庆堃发信号,请各舰长和艇队队长到指挥舰上开会。

上午8点许,停泊在笆斗山江面的12艘军舰的舰长,第一、第五两个艇队队长,舰队参谋戴熙愉等人,集合在了永嘉舰会议室里。吴建安宣布开会,开门见山地说明会议的议题是讨论眼前的形势,研究如何行动,然后请林遵讲话。林遵首先说明了在海军总司令部与桂永清会面的情况,传达了桂永清交代的任务,接着介绍当前的政治形势。会议进行了一个小时的样子,永嘉舰值更官走进会场报告:从安庆下驶的永定、江犀、联光、吉安号4艘军舰到了。接到报告,林遵喜出望外:来得好! 这几个舰长是赞成起义的。他们的到来不仅增加了参加起义舰艇的数量,更壮大了支持起义的力量。林遵当即宣布会议暂停,迅速派艇将4名舰长接来参加会议。

　　会议重新开始时，舰长增加到16名。吴建安再次说明开会的议题、目的，林遵也把会议开始时讲的话又重复了一遍，很快转入正题。他说："整个形势，大家应该都知道了。昨天下午，我在芜湖会见了张世希司令，他痛苦绝望，像要落泪的样子。他对我说：'长江天险都守不住，无险可守的沪杭一线，更是无可阻挡。'看来是都看到了这一步，政府已撤离南京，总部机关、桂总司令、周参谋长他们都已走了。总司令让我将第二舰队和在长江内的舰艇带往上海，并且许诺只要将一艘舰带出去，也要提升我为中将海军副总司令。话是这样讲，怎么走？江阴要塞已经易手，三江营和仪征一带都有重炮扼守。江道狭窄，舰艇航速大小不一，能否过得去？走还是不走？不走，怎么办？请各位舰长发表自己的意见。这不只是我们个人的事，应该从大处着想，为国家、为民族着想，为自己和下属的前途着想。桂永清许诺给我的东西我不考虑，对他们这种不顾部队自行逃走的做法，我非常鄙视。"林遵这样一讲，基本上等于表了态，接下来还是发生了激烈的争论。对国民党大势已去，反动政府即将灭亡，共产党将接管中国，大家认识一致；对海军腐败、桂永清无耻，大家一样愤慨，但具体到走还是留，形成了旗帜鲜明的两派：一派主张留下，即起义投靠共产党；另一派执行桂永清的命令，撤逃去上海。

　　主张留下的几个舰长抢先发了言。他们是惠安舰舰长吴建安、江犀舰舰长张家宝、永绥舰舰长邵仑、太原舰舰长陈务笃、联光舰舰长郭秉衡等人。长期积蓄的怨气、近日的见闻，一时间都化作了愤慨，他们态度明确，言辞激烈。发言内容，归纳起来主要有四点：一、中国近几十年来，每次政权变动，海军的爱国官兵都是投靠新生的革命政权；二、国民党贪污腐败已到了顶点，连年的战争已使人民贫困不堪，继续打内战于国于民于己都不利；三、海防第二舰队军舰虽然破旧，但都是人民的财产，应该交还给人民；四、目前仅有上海、舟山等地可退，再往后就只剩下台湾孤岛了。"我们应该自己抉择自己的前途，没有必要继续充当内战工具为国民党卖命。最明智的选择，就是留下来，投靠解放军、共产党。"

　　力主撤逃的，以永嘉舰舰长陈庆堃最活跃，其他还有永修舰舰长桂宗炎、兴安舰舰长刘宜敏、永绩舰舰长陈清生、武陵舰舰长刘征等人。他们发言的要点是：一、第三次世界大战难免。一旦大战爆发，美国必胜，苏联必败。共产党靠苏联，投共没有出路。二、受国民党培养多年，值此国难当头，寸功未立，却起义投降，良心上说不过去，要被子孙后代骂为贪生怕死。三、无法预测共产党会怎样对待我们。四、很多人家属在上海，不走不能与家属团聚，家属还可能遭到国民党迫害。辩论中，有的舰长感到身家不保，前途无望，号啕大哭起来。

双方各执一词，互不相让。还有几个人表示，既不跟国民党走，也不投共产党，干脆把军舰开到公海去"打游击"，或者到第三国港口当"白华"，或者将军舰开到上海交给国民党，然后脱离海军去干商船。林遵两手握在一起，静静地坐在桌案前听大家发言。眼看已到中午，会议还在僵持着。林遵扫了会场一眼，宣布休会、吃饭，一个小时后继续开会。大家陆续离开会议室后，林遵与邵仑、吴建安、张家宝等舰长碰头交换了意见，要他们分头去做几个反对起义的舰长的工作。

会议继续开始后，气氛缓和了许多。林遵意识到，几个舰长私下做工作起作用了。为团结多数舰长，争取一起参加起义，他仍然没有表明自己的态度，更没有透露与中共党组织联系的情况，继续因势利导地说："如果将舰队带出去，跟国民党走，我个人既有荣誉又有奖赏，但怎么走呢？从形势看出长江确实有困难。想来想去，我还是决定尊重大家的意见，各位舰长都表个态，大家同意留就留、同意走就走。"林遵讲到这里，戴熙愉不失时机地建议说，现在有两种方案，一是走一是留。到底走还是留，是否可以通过无记名投票决定？在林遵点头同意后，戴熙愉便把早已准备好的票发给大家，同时说明，同意留的写1，要走的写2。投票的结果，8票是1，2票2，6票空白。林遵当即宣布：根据多数舰长的意见，舰队留下不走。但同时说，如果有个别舰长非走不可，我们也不阻拦。接着推选江犀舰舰长张家宝起草与解放军联系的信函。早有准备的张家宝一挥而就："解放军驻浦口部队钧鉴：海军驻京（南京）全体官兵，鉴于频年内战，人民不胜倒悬之苦，根据贵军'八条二十四款'第××条。我部愿意放弃战争，进行局部和谈。兹派我部×××、×××前往贵部洽谈，请查照见复为荷。"大家一致通过后，决定由惠安舰派人送出。林遵宣布散会，要求各舰长回去向官兵传达会议精神，做好官兵的稳定工作。

这一切结束，时间是4月23日下午3点30分。连日来精神高度紧张、睡眠不足的林遵，至此时才感到了疲惫、困倦。他向参谋戴熙愉、副官王熙华打招呼，令他们注意反应，即回舱室休息，但很快被叫起来：戴熙愉在永嘉舰军官休息室巡视时发现，舰上军官行动诡秘。他当即向林遵报告了这一情况，为安全起见，林遵在戴熙愉的陪同下迅速离开永嘉舰，转移到原指挥舰惠安舰休息。

就在林遵离开一个多小时后，永嘉舰突然悬起起锚的信号旗，发动机器拔锚起航。经过串联的永修、永绩、永定、美亨、武陵、兴安号等舰，也一起行动，纷纷起航逃向上海。由于此前永嘉舰担任过指挥舰，林遵离开时匆忙中没有降下表明司令官位置的司令旗，加之永嘉舰又借机升起了"跟我走"的旗号，永绥、楚同、美盛、安东等舰舰长误以为林遵仍在永嘉舰，情况有了变化，遂也匆忙拔锚起航。发现这一情况后，林遵亲自用报话机连续呼叫，向下驶的军舰说明真相。永绥、楚同、安东、美盛号等舰听到呼叫，明白上当立即掉头，很快都开了回来，其他几艘舰则越发加快航速向上海驶去。结果，兴安、永绩舰在镇江被解放军的岸炮击中起火，一沉没，一搁浅，两舰官兵被解放军俘虏。其他5艘舰，也多被击伤，但最后都逃到了上海。

永嘉等7艘舰逃跑后，林遵立即在惠安舰上召集留下的各舰舰长开会。会议进行中，惠安舰上又有七八个士兵闹事。嚷着找舰长、找引水员，要求军舰起航去上海。一个士兵端着枪冲到林遵的房间，蛮横地逼着林遵下令开船。他的主要理由是，官兵中很多人家在上海和南方，要回去与家人团聚，不愿意留在南京。林遵神色不动地望着这位战士，耐心地说："我家也在南方，我也想回去，而且我把舰艇带走还能得到高官厚禄，但是我不能这样做。我要为国家、民族着想，为舰上的多数官兵着想。大家都不愿意跟着国民党打内战，再说沿江许多地方都有解放军的炮，走也走不出去。所以，你就是开枪打死我，我也不能下开船的命令。"舰长吴建安及赞成起义的军官也都积极配合做工作，骚乱终于被平息。

接连发生反起义的叛逃、骚乱后，林遵更急于与解放军取得联系。经再三斟酌，决定由王熙华、戴熙愉两人乘坐第一机动艇队比较可靠的4号艇，连夜前往对岸浦口镇与解放军联系。当晚10点，他们即见到了解放军第三十五军联络部副部长张普生，并迅即陪同张普生一起返回笆斗山锚地。在旗舰惠安舰上，张普生受命代表三野接受了海防第二舰队起义，会见了林遵及各舰艇队长。初步统计，参加此次起义的舰艇25艘。其中，驱逐舰2艘：惠

1949年4月底，三野第八兵团司令员陈士榘(右二)在国民党起义将领、海防第二舰队司令林遵(右一)陪同下，视察起义的永绥舰

安、吉安舰；炮舰5艘：楚同、永绥、江犀、安东、太原舰；登陆舰2艘：美盛、联光舰；第五巡防艇队所辖炮艇、巡洋舰等艇只5艘，第一机动艇队所辖炮艇、步兵登陆艇等艇只11艘；官佐、士兵共计1271人（最后核实，起义舰艇为30艘，初始统计第五巡防艇队5艘炮艇遗漏）。

24日，林遵收到了解放军第三十五军军长吴化文、政委何克希、副政委张雄、政治部主任孔繁彬联名的复信：

林司令鉴：

来函敬悉。展阅之后，甚为兴奋。我们以万分热诚，向你们表示欢迎。贵舰队所走的这条路，是完全正确的，必须为建设人民的新海军而努力前进。为圆满解决此项问题，请你今夜12时到南京励志社来找我们，一切问题面商解决。顺祝胜利！

25日，林遵带着联光舰舰长、参谋戴熙愉前往解放军第三十五军驻地即原励志社社址，会见了第三十五军军政首长。吴军长、何政委等领导同志热情地接待了他们，向林遵等传达了三野党委、首长和党中央、毛主席对海防第二舰

队起义官兵的欢迎和慰问，传达了上级领导关于舰艇疏散防空的指示。何克希说，毛主席对海防第二舰队官兵的爱国行动表示高度赞扬。他强调，我们要的是建设海军的人才。当然军舰也很重要，要尽可能保存，但保存不住也不要紧，我们将来一定会有的。

听完传达的毛主席的指示，林遵十分感动。若干年后，他还说，是当年毛主席"要的是建设海军的人才"的话，打消了他起义后解甲归田的想法，下决心为建设人民的海军贡献一生。

惊世壮举永垂青史，起义官兵成为人民海军的"火种"

海防第二舰队起义后，为了防止敌机轰炸，林遵向第三十五军联络部副部长张普生提出，暂不发布起义消息，同时部署了官兵疏散，舰艇疏泊、伪装工作，并指示各舰继续保持与国民党海军总部的无线电联系。所以在4月26日以前，国民党空军飞机虽多次到锚地侦察，林遵及各舰长依然多次收到国民党海军总部的电报。

23日午夜，桂永清电告林遵："只要你能把舰带到上海，任何事情都有商量的余地。"林遵回电："舰艇有的受伤严重，有的机器故障，待整修好后下驶。"26日下午桂永清来电，则主要成了恐吓："限你们在26日子夜通过江阴下驶，届时有空军掩护，幸勿延误。"在此期间，国民党海军总部的一些官员也分别以亲友、同学、同乡的名义，向熟识的舰长、军官来电诱说，鼓动他们驾舰驶往上海。28日，桂永清确信海防第二舰队起义已不可挽回，遂于当日上午9点许，派出美制轰炸机6架，对各疏泊点舰艇进行了狂轰滥炸。留守在舰上的炮兵虽组织火力进行了英勇反击，但终因火力不济，惠安、楚同、永绥3舰被炸沉，留守舰上的炮员、士兵何友生、童如恒、吴本祥、陈一起、王幼琴、顾立卿等6人中弹牺牲，另有董福利、施依顺、陈善鑫等16人受伤。当晚，第三十五军通知"舍舰保人"，令所有官兵全部离舰。此后，4月30日~5月4日，国民党军飞机又多次前来轰炸，吉安、太原、安东舰被先后炸沉，但再无人员伤亡。

国民党飞机的轰炸，不仅没有使起义官兵屈服，反而更激起了大家强烈的

革命义愤。30日,就在吉安舰被炸沉的当天,他们发出了给毛泽东主席、朱德总司令的致敬电。全文是:

中国人民革命军事委员会主席、中国人民领袖毛主席:
中国人民解放军朱总司令:

当我们走进中国人民解放军的行列之际,请接受我们最诚挚崇高的敬意。

我们是一群被国民党反动政府统治着的海军。反动政府曾指挥我们以人民血汗换来的武器,来屠杀争取民族独立、民主自由的人民,保护卖国独裁内战反人民的蒋家小朝廷。可是,我们时常想到,用人民血汗建立起来的海军,应该是用来捍卫国家独立与人民民主的,为什么要拿美帝国主义供给的武器,屠杀自己的同胞,从事反人民的战争?我们怀疑、思虑、愤怒不平,想到有一天总会找到可能的机会回到人民的阵线,和人民站在一起。

这个期待的日子终于来到了。当人民解放军百万雄师胜利突破了长江,南京国民党反动政府逃窜的时候,我们舰队的舰艇集中在南京东北笆斗山下,二十三日在燕子矶高举义旗,参加了中国人民解放军。

怙恶不悛与人民为敌的国民党反动派,竟于我们起义后,不断驱使空军轮番轰炸,妄想阻止中国人民建立自己的海军。这更加暴露了国民党反对中国独立民主的狰狞面目,更激起了我们的愤怒,更坚定了我们为人民解放事业而奋斗的意志,今后誓愿在中国共产党与人民革命军事委员会和人民解放军华东军区领导之下,贯彻毛主席、朱总司令的进军命令,为彻底推翻在美帝国主义支持下的国民党反动统治,完成新民主主义革命而奋斗;为彻底改造自己,学习毛主席建设人民军队的原则思想作风,学习人民解放军一切优良的政治工作与指挥工作的制度,建立一支人民的海军而奋斗!

第二舰队少将司令　林　　遵

永绥军舰舰长　邵　　仑

楚同军舰舰长　李宝英

惠安军舰舰长　吴建安

江犀军舰舰长　张家宝

吉安军舰舰长　宋继宏

美盛军舰舰长　易元方

联光军舰舰长　郭秉衡

安东军舰舰长　韩廷枫

太原军舰舰长　陈务笃

第五巡防艇队队长　杜澂琛

第一机动艇队队长　张汝楒

暨全体员兵同叩

四月三十日

在林遵率海防第二舰队起义的同一天，人民海军的第一支部队华东海军，在江苏泰州白马庙镇宣告成立。翌日，两封电报同时飞到了北平中共首脑们的案前。毛泽东、朱德等中央首长兴奋之情难以言表。据说，他们在接过电报的那一刻，不约而同地说了同一句话："我们有自己的军舰、自己的海军了！"5月11日，新华社发出了关于海防第二舰队在南京起义的电稿；13日起，报纸、电台同时公开报道。毛主席、朱总司令则向林遵并起义官兵发出慰问电：

林遵将军、邵仑舰长、李宝英舰长、吴建安舰长、张家宝舰长、宋继宏舰长、易元方舰长、郭秉衡舰长、韩廷枫舰长、陈务笃舰长、杜澂琛队长、张汝楒队长和第二舰队全体员兵们：

庆祝你们在南京江面上的壮举。你们率领二十五艘舰艇，毅然脱离反动阵营，参加到中国人民解放军的大家庭来，这是值得全国人民热烈欢迎的行动。在巡洋舰重庆号于二月间起义并被国民党反动派于三月间炸毁以后，四月间又有你们的大规模起义，可见中国爱国人民建设自己的海军和海防的伟大意志，不是任何反动残余所能阻止的。希望你们团结一致，学习人民解放军的建军思想和工作制度，并继续学习海军技术，为中国人民海军的光明前途而奋斗！

毛泽东

朱　德

一九四九年五月十八日

两天后，即5月20日，先行起义的前重庆舰舰长邓兆祥暨全体同志也给海防第二舰队起义官兵发来贺电：

华东海军司令部张司令员转起义的国民党海军第二舰队林遵将军暨海军全体同志们：

在全国人民不断胜利中，传来你们光荣起义的消息。这消息兴奋与鼓舞着我们。我们中国人民解放军海军学校全体同志，谨向你们表示热情与真挚的欢迎，并致以崇高的革命敬礼。愿今后我们紧紧地携起手来，团结一致，在中国共产党与毛主席、朱总司令领导下，努力学习理论，提高技术，全心全意为人民服务，为建立强大的中国人民海军和为建设新中国而奋斗。

中国人民解放军海军学校及

前重庆号舰舰长邓兆祥暨全体同志

五月二十日

参加此次起义的舰艇30艘，几乎占了国民党海军全部在编战斗舰艇的11%（编入战斗序列的舰艇共计275艘）。这一事件严重削弱了国民党海军的有生力量，粉碎了国民党当局妄图凭海空优势划江而治的幻想，同时为刚刚诞生的人民海军提供了难得的舰艇装备和技术人才。

1949年5月,海防第二舰队部分起义人员在南京留影

1949年5月,华东海军遵照三野党委的指示对国民党海军起义部队进行了整编。海防第二舰队与在镇江起义的国民党海军第三机动艇队,均被编入华东海军第一纵队建制,一起集中在镇江谏壁镇进行整训。

8月,华东海军学校在南京成立。海防第二舰队起义官兵编为4个大队参加学习整训:舰队部和9艘军舰的校级军官为该校直属中队,尉官、士兵编为第一、第二、第三等3个大队,第一机动艇队和第五巡防艇队官兵编入镇江焦山的第四大队。

9月15日,中央军委任命林遵为华东海军第一副司令员。

11月初,华东海军学校第一期学员结业,海防第二舰队起义官兵均按照其实际工作能力水平重新分配了工作。其中,张家宝、郭秉衡、陈务笃、宋继宏、易元方、陈水章、戴熙愉、伍岳等,被任命为舰长;阙晓钟、欧阳晋被调入机关任参谋;邵仑、吴建安、王熙华则留在海校当教员。大家夙愿得偿,各尽其能,都以饱满的热情投入到人民海军的创建工作中,成为人民海军的技术骨干。

起义舰艇,除吉安、安东、楚同、永绥、太原号等5艘军舰被炸沉无法修复外,其余各舰,美盛舰改名黄河舰、联光舰改名古田舰、江犀舰改名涪江舰、打捞出水后修复的惠安舰改名瑞金舰,在逃跑中被俘获的永绩舰改名延安舰,连同堪用的所有炮艇,均列入人民海军的编制序列,成为新中国海军的第一代装备。

毛泽东特别召见

作为人民军队的领袖和统帅,毛泽东无数次会见过部队将领和基层官兵。这些会见大都是随机性的,出席会议、军事行动,或到部队调研、视察。把前线将领专门召至京都接见,在其一生中极其鲜有。唯其如此,1949年8月,毛泽东和参与华东海军建设的部分原国民党海军起义将领的会见,堪称是一次特别召见。

"这个建议提得好,见,一定要见"

1949年8月10日,为便于接受华东军区及三野的领导,组建不久的华东海军机关从上海迁至南京。办公地点设在原国民党政府交通部办公大楼。搬迁工作刚刚就绪,张爱萍就接到了中央军委的电报:"主席召见,偕林遵等赴北平。"

华东海军机关迁至南京后,张爱萍向华东军区司令员陈毅建议,请毛泽东主席等中央领导抽暇接见一下参加华东海军创建工作的原国民党海军起义将领,以教育、鼓舞他们投身人民海军建设的热情。毛泽东很快答应了这一要求。

接到毛泽东召见的电报,张爱萍心里分外激动。长期血火与共的戎马生涯,使

1949年8月,华东海军领导机关移驻南京。图为南京华东海军司令部旧址

张爱萍对毛泽东有一种特殊的感情。自 1937 年延安握别,他受命到上海组织敌后武装,至时已与毛泽东分别 12 个年头。于是,张爱萍迅即交代、部署工作,与林遵、曾国晟、金声以及华东海军司令部参谋黄胜天等,一起踏上了去北平的列车。

8 月 26 日下午,张爱萍一行抵达北平。他们刚住进北平饭店不久,一辆雪铁龙小轿车就停在了饭店门口,中共中央副主席周恩来看望大家来了。得到周恩来前来看望的消息,林遵、曾国晟等一起迎出来。周恩来高兴地和大家亲切握手,一一问候。随后,他径直走进张爱萍的房间,关切地询问张爱萍头部受伤的恢复情况。待张爱萍简约地汇报了自己受伤和在苏联养伤的情况后,周恩来说:"你们到来的消息已向主席报过了,主席让我先来看看大家,要让同志们休息好,有什么困难尽管提出来。朱总司令、少奇同志都要见大家。毛主席 28 日还要请同志们到他那里做客。"

那些日子毛泽东是最忙的:开国大典行期日益迫近,江南的战斗还在激烈地进行,白天来访的客人络绎不绝,夜间还要亲自动笔写一些重要文稿。但即使这样,陈毅转达了张爱萍请求毛主席接见原海军将领的建议后,他仍然一口答应:"这个建议提得好,见,一定要见!"当即给张爱萍发了电报。经过统筹安排,毛泽东接见张爱萍、林遵一行的时间定在 8 月 28 日下午,地点是中南海怀仁堂正门的大厅。

会见、交谈进行了两个小时

在幽静的中南海里,经过初步整修的怀仁堂显得格外典雅、庄严。林遵、曾国晟、金声,以及此前请了假在北平结婚的原国民党海军办公室代主任徐时辅等人,在张爱萍的陪同下早早来到怀仁堂大厅,静等着毛泽东主席的到来。毛泽东极富传奇色彩的人生经历、大智大勇的人格魅力,使在座的每个人心情既激动又紧张。

由于毛泽东要会同朱德、周恩来等中共中央主要领导人,去火车站迎接前来参加全国政协会议和开国大典的宋庆龄女士，直至下午4点接见才得以进行。毛泽东高大的身影一在客厅门口出现，大家都不约而同地站起来，向毛泽东敬礼。毛泽东一边微笑着点头，一边和大家一一握手，随即在对面的沙发上坐下来，招呼大家就座。他首先向张爱萍简单地询问了路上和到北平后的情况，接着便依次询问每个人的姓名、籍贯、原来做什么工作，等等。张爱萍一一做了介绍。

发现大家比较拘谨，毛泽东便和蔼地望着大家问道："你们中间有国民党党员吗?"听到毛主席问话，大家一时不明白是什么意思，都默不作声。

见没有人讲话，毛主席含笑扫了大家一眼，诙谐地说："要说做国民党党员嘛，在座的恐怕你们谁也没有我资格老。"接着，他简要地介绍了第一次国共合作的历史。他说："当时我们共产党员参加国民党，是为了给它输血，把它搞活，促使它推进革命运动。后来，它不革命了，反革命了，我们就与它分开来，划清界限，走自己的路。"听着毛泽东随和而又精辟的话语，大家不知不觉中消除了拘谨，进而领悟到毛主席话中的深切含义：在目前情况下，脱离国民党营垒，加入解放军行列，是完全正确的；起义人员过去的表现，共产党会历史地看，个人不必老放在心上。想到这些，林遵、曾国晟等人感到有种说不出的亲切和温暖。

讲到这里，毛泽东抬头望着林遵：高颧骨、大眼睛、腰板挺直，两手抚膝，一派训练有素的军人气派，于是赞许地说："你是林则徐的侄孙，久闻你的大名啊！你们的先人林则徐是抗英英雄，中华民族的英雄啊。你率部起义，为解放军渡江和南京解放，为解放战争的胜利，做了大贡献，立了大功。"

听了毛主席的赞扬，林遵脸红了，有点难为情地说："决定起义后有六七艘舰艇又走了。国民党把许多军舰都炸沉了。我不能保存军舰，把军舰完好地带过来，很惭愧。我原以为疏散隐蔽起来能避免轰炸，减少损失，没想到损失更严重。"

毛泽东说："不要难过，只要人在就好。有人就会有军舰，可以造军舰，最宝贵的是人。你们1000多人起义，比多少艘军舰都宝贵。"说着，毛泽东一边把香烟递给坐在对面的林遵，示意大家自己拿烟，一边自己点燃了一支烟，继续说："今天请大家来,是想和大家商量建设海军的事情。从1840年到今天,100多年了,鸦片战争、甲午中日战争、八国联军侵华战争,都是从海上打进来的。中国一败再败,屡次吃亏,割地赔款,就在于政府腐败,没有一支像样的海军,没有海防。"讲到这里,他稍停顿了一下,加重语气说:"我们一定要建设一支强大的海军!"

"怎样才能建设一支强大的海军?"毛泽东凝视着张爱萍问,"请你们出出主意。"

借着毛主席的提问,张爱萍简要汇报了华东海军组建的情况。重点介绍了海军部队现有的舰艇、兵员数量,讲了在党的领导下,以人民解放军为基础,充分发挥原海军人员的作用,共同建设人民海军的原则。最后,他特别强调自己缺少海军知识,没有经验,华东海军的创建,原海军的同志,特别是在座的各位,都做了大量工作。并且具体讲了曾国晟、金声、徐时辅在舰艇整修、原海军人员招募等方面所做的工作。

毛泽东赞扬张爱萍工作有成绩,办法对头。继而对林遵并曾国晟、金声、徐时辅等人说:"你们有丰富的海军知识和经验,有专业技术,是国宝、国家的财富。我们新海军的同志要很好地向你们学习,人民解放军有优良的政治工作传统和作风,你们老海军也要向新海军学习。新、老海军团结一致,互相学习,取长补短,共同建设强大的人民海军,保卫海防,防御敌人从海上发动侵略中国的战争。"

张爱萍看到毛主席讲得绘声绘色,灵机一动,拿起照相机抓拍了一张照片。

毛主席看了一眼,遂以张爱萍为例,讲了海军官兵的培养。他说,张爱萍同志本来是我们的"红小鬼"。他经历了革命战争的锻炼,在人民军队里学习、成长,提高了政治、军事、文化水平,现在成了华东海军司令员。目前解放军中的大部分干部都是这样成长起来的。现在调入海军部队的原先在陆军部队的同志,通过学习锻炼也完全可以成为合格的海军战士。

转眼已近两个小时了。张爱萍知道毛主席正在忙着筹备召开全国政协会议和建立新中国的大事,工作日程排得很满,一再提议结束会见,请主席休息。毛主席摆手制止了他，坚持把话讲完。他说，我们反对侵略战争的战略方针，是积极防御的方针。不失时机地向敌人进行有力的进攻，积极防御，才是有效的防御。我们实行的反侵略战争，仍将是人民战争。只要我们坚决依靠人民，打人民战争，就一定能取得最后胜利。

1949年8月28日，毛泽东(右一)在中南海接见林遵(右二)等原国民党海军高级将领。左起：曾国晟、金声、徐时辅

1949年8月28日，毛泽东(右三)与张爱萍(右四)、林遵、曾国晟、金声、徐时辅等在中南海合影

讲到这里，毛主席问大家还有什么要说的。张爱萍提出，大家希望和毛主席合影，毛主席愉快地答应了。先是在厅内坐在沙发上照了一张，考虑到光线效果，又到厅外面站着照了一张。

尔后，中央办公厅主任杨尚昆代表毛泽东请大家共进晚餐。进餐厅前，张爱萍向毛主席提出，回去后准备办一张报纸，请主席题写报名，同时给部队题个词。毛泽东说："你回去帮我想想，看题什么内容好。"

党中央首长第一次为人民海军题词

晚上，张爱萍、林遵一行回到北平饭店后，对题词内容进行了种种设计。经过集体讨论，草拟了三条，其中一条是表示建设强大海军决心的，两条是反映海军建设宗旨、目的的。据此，毛泽东经过调整合并，题写成一条："我们一定要建设一支海军，这支海军要能保卫我们的海防，有效地防御帝国主义的可能的侵略。"报头，题写了"人民海军"4个字，共3张，竖排1张，横排的2张。毛泽东在自己比较满意的一张上勾了一下，但对张爱萍交代的是："用哪一张，你们自己选。"

回到南京后，参加筹建报社的林彬、赵文菲、陆其明等人，经过比较，最后选了毛泽东做了记号的一张上的3个字，从另一张上又选了1个字，横排在一起，做了华东海军机关报的报头。毛泽东的题词，连同8月27日张爱萍、林遵一行晋见朱德总司令，刘少奇、周恩来副主席时，他们给部队题的词（朱德："虚心学习，努力工作，建设一支人民的海军"；刘少奇："建设人民

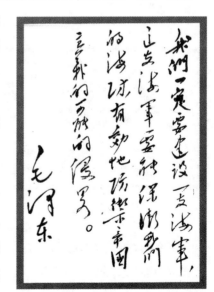

1949年8月28日，应张爱萍的请求，毛泽东为华东海军题词："我们一定要建设一支海军，这支海军要能保卫我们的海防，有效地防御帝国主义的可能的侵略。"

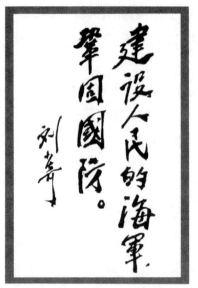

1949年8月，中央军委副主席刘少奇为华东海军题词："建设人民的海军，巩固国防。"

图为毛泽东题写的"人民海军"

的海军，巩固国防"；周恩来："为建设中国人民海军而奋斗"），一并刊登在华东海军《人民海军》报1950年1月1日的创刊号上。

同年4月，海军领导机关在北京成立。当年11月海军党委创办了《人民海军》杂志，1952年5月，华东海军的《人民海军》报遂停刊，报社的工作人员大部分调到北京，毛泽东题写的报名做了杂志的刊名。1957年2月，在《人民海军》杂志的基础上创办了海军党委的机关报《人民海军》报，继续沿用毛泽东写的报头。

作为国民党海军重要部门、关键岗位的将领，林遵、曾国晟等人都曾不止一次见过蒋介石。回想蒋召见时的威仪赫赫、咄咄逼人，动辄训斥甚至骂娘的情景，他们更感到毛主席平易近人、可亲可敬。这一次历史转折关头的特别召见，给参加接见的每一个人都留下了终生难忘的印象。若干年后，已担任了海军东海舰队副司令员的林遵，谈起这次接见仍然激动不已。他说："酝酿起义的时候，党组织派去的同志问我，起义后有什么打算。那时候，我只想避免内战，中国人不开炮打中国人，使我的部属有个妥善的安置和出路。至于个人进退，就想事成之后急流勇退，解甲归田。见了毛主席，听毛主席讲要建设强大的海军，这是中国历史上从没有过的机会。而且毛主席又这么看得起我们，寄希望于我们，我不能不听从这个召唤，不能不跟着去实现中国几代人的海上强国梦。"

40多年后的1992年,已从海军学院军职领导岗位上退下来的徐时辅,就这段历史写了一篇回忆文章。文章中说:"这次接见,毛主席的话,一字一句都深深打动着我们的心。我们静静地听着,倍感亲切。我们这些人,从青年时代就带着富国强军、报效国家的梦想,到国外学习海军,但是多年的事实告诉我们,国民党的军队挽救不了国家。毛主席鞭辟入里的谈话,使我们真切地感到,共产党确实是为人民的,是民族的希望,只有共产党才能救中国。在中国共产党领导下的人民海军,一定能够由小到大,由弱变强。从而暗暗下定决心,要为这一目标奋斗终生。"

新中国海军第一校诞生

新中国军史上多载:人民海军是在战火中诞生的,名副其实的白手起家、边打边建。部队如此,院校更是如此。新中国海军第一校,即而今被誉为"海军军官的摇篮"、"中国西点"的海军大连舰艇学院(始称中国人民解放军海军学校,以下简称大连海校)的创建,即是生动的一例。

张学思不期然成为海校创始人

几乎无人不知开国大将萧劲光是人民海军第一任司令员,但却鲜有人知道,萧劲光在海军的第一个任职命令并非海军司令员,而是大连海校的校长兼政委。这后一个任命,即校长兼政委的任命(1949年11月22日)比海军司令员的任命(1950年1月15日)整整早了53天。只是具体主持建校工作的并非萧劲光,而是副校长兼副政委的张学思。

张学思又名张昉,辽宁海城人,是著名爱国将领张学良的同父异母兄弟。张学思青少年时期即投身革命,逐步由一个封建家庭的叛逆者,成长为一名优秀的共产党员和卓越的军事指挥员。1948年11月2日,辽沈战役胜利结束。时任辽宁省人民政府主席兼辽宁军区司令员的张学思,怀着无比激动的心情投入到城市接收、整顿的工作中。当时,他意识到全国解放的日子已为期不远,曾兴味十足地对家人和身边的工作人员说:"新中国成立后,首要的是恢复生产,搞经济建设。镜泊湖那个地方我去过,可以办一个很好的农场。到时候,我可以申请到那里去,开发镜泊湖,在经济建设方面做点工作……"(据有关资料载,张学思于1949年初确曾就辞去军政领导职务,就开发镜泊湖一事向中共中央东北局和东北军区打过报告,但档案无考)。

然而,张学思的这一想法很快便被打消了。

1949年的4月底至5月初,新民主主义青年团第一次全国代表大会在北平召开。张学思出席了这次大会并在会上见到了分别多年的中央书记处书记、中央军委副主席周恩来。交谈中,张学思汇报了自己的工作情况,坦诚地讲了自己解甲搞建设以及开发镜泊湖的想法。他说:"全国胜利了,国家的主要任务是经济建设。我国是农业大国,我想钻一钻农业。"周恩来听得很认真,但张学思到地方搞建设的话,被不留余地地否定了。周恩来说:"全国解放,军队就没事了?海军部队现在已由三野在着手组建。海军是一个技术性很强的军种,建院校、建部队,需要一大批有文化、有能力的干部。你不想到海军干干?"

1949年5月,中央军委决定以重庆舰起义官兵编成的黄河部队为基础,创办安东海校。图为安东海校学员列队走向教室

张学思自少年时代就热爱大海,向往当海军,调海军工作自然无意见,作为一名共产党员,也不允许他有意见。

5月初,东北军区遵照中央军委指示,创办安东海校,行使军级职权。重庆舰原舰长邓兆祥任校长,辽西军区副司令员朱军调任政委,张学思任副校长。

8月1日,张学思受中央军委派遣,与刘亚楼、张爱萍一道赴苏联考察,并与苏方磋商聘请顾问帮助中国创办海军学校及打捞重庆舰事宜。张学思在莫斯科、列宁格勒等地参观了多所海军学校,就课程设置、教员选聘、教学组织等建校问题做了认真调查。9月初,在与苏联海军部等有关方面达成协议后,返程回国。

中央军委首长在听取张学思访苏汇报后,明确告诉张学思,由他牵头主持海军学校的创办工作。10月中旬,张学思在北京下榻的饭店拟定关于建校问题的意见报告。在这里,他见到了进京接受毛泽东主席召见的萧劲光。他们是解放战争中东北战场血火与共的战友,而今相见,分外亲切。交谈中,张学思获悉毛泽东已属意萧劲光主持组建海军,非常高兴。张学思当即提出:"军委已决定筹建海军学校,让我当校长。建校和建军历来是一致的。由司令员兼任校长,许多事情都好办。我要向军委提建议,报请任命你兼任海军学校的校长。"

11月14日,张学思在征求华东海军司令员张爱萍的意见后,向中央军委报送了《关于海军学校教育的初步意见》的报告。报告在陈述建校的规划、设想的同时,提议由萧劲光任海军学校的校长。11月22日,中央军委正式批复,接受张学思的建议,任命萧劲光为校长兼政委,张学思任副校长兼副政委。建校筹备工作,由张学思全面主持。

校址由周恩来总理亲自出面敲定

创办海军学校,校址选在哪里是首先要解决的问题。

当时,中央机关和东北军区领导都倾向于设在安东。主要考虑是,既然以安东海校为基础,不妨就建在安东,在原有基础上调整、补充教学人员,招收学员。安东海校的驻地,原系伪满时期安东县县政府,房舍有一些,扩建也容易,但张学思不赞成这一意见。他认为,安东海校房舍有一些不错,但不适合教学。更主要的是,这里远离出海口,没有海军部队,教学、实习不方便,不适合建设正规的海军学校。否决这一方案后,中央军委同意由张学思自行选点。

1949年10月25日,按照中苏双方协定,苏联第一批专家抵达沈阳。张学思赶到沈阳迎接,并在这里与专家们商讨了海军学校的建设计划。之后,张学思与苏联专家、顾问一起乘苏式飞机沿渤海和黄海海岸考察了大连、烟台、青岛等港口城市。经过权衡比较,最终决定将校址选在大连老虎滩畔一个驻着苏军炮兵部队的院落。

这是一个依山傍海的大院落,面积约1平方公里。背靠卧龙山,自由河穿过院子,3座钢筋水泥桥横贯河上。日本占领大连时期,这里曾是日军高级军官的栖所和一所日本中学的旧址。日本投降后,苏军进驻大连,这里成为苏军一个炮团的驻地。院中有可用于办公、科研和学生宿舍的日式平房楼房240幢,有总面积达8000多平方米的3层教学楼1幢。同时,这里还有码头和不少空地,供今后建设发展之用。从大环境看,大连和相距数十公里的旅顺一样,有优良的港口,具有造船和现代工业基础,出海实习、到工厂实习都方便。市内有高等院校、科研机构,文化科技较为发达。此外还有一条,海校建设要借助苏联的支持和帮助,而苏军就驻在大连、旅顺,这里海陆交通也方便。

但是,张学思能搬得动苏军的炮兵部队吗?就连当时的苏联专家都表示怀疑。张学思经过认真调查思考,将选定校址的意见报告了中央军委。军委代总参谋长聂荣臻认为可行,考虑到会牵涉苏联驻军的问题,遂报告了兼任外交部部长的政务院总理、军委副主席周恩来。周恩来亲自出面与苏联驻华大使馆武官兼驻中国总军事顾问柯托夫进行了协商。柯托夫很友好,当即将这一意见报告国内,苏方很快便向苏军炮兵团下达了搬迁的命令。

与此同时,聂荣臻根据张学思的汇报,于11月16日向毛泽东呈送了《关于创办海军学校问题》的报告,就建立大连海校的办学方针、教育计划、招生条件和名额分配等问题,提出了具体意见。

毛泽东当日即批示:"刘、朱、周阅后退聂。"周恩来副主席于18日批示:"再从起义人员选一些政治可靠青年知识分子入普通班与速成班,然后才能鼓励来着,望注意。"

11月22日,中央军委正式批准了聂荣臻的报告,并电令中共中央东北局和东北军区着手海校的筹备工作。电文提出:

> 关于创办海军学校问题,经与柯托夫将军及四位苏联海军顾问商谈的意见如下:
>
> 一、校址问题,同意设大连之原日本中学旧址,现驻该处之苏联炮兵部队,柯托夫已允去电莫京转令迁移。……

接下来,张学思又与旅大特区党委书记欧阳钦和旅大行政公署主任韩光协商,为苏军炮兵团找到了迁入地。同时,为苏军搬迁新址修建营舍,提供经费3.6亿元(关东币)。12月上旬,苏军炮兵团陆续从院内迁出,张学思率领以杨超时为组长的先遣组也抵达大连,接收校址及建校筹备工作即行全面展开。

最困难的教员问题迎刃而解

当时建校最困难的是教员招聘问题。连年战火,"偌大华北放不下一张平静的书桌",有知识、有文化的人太少了。抗战期间,全国各地有不少知识青年到了延安、到了根据地,成了部队的文化、技术骨干,但远远不能满足部队、地方对人才的需求。不管从哪个角度看,一下子就集中几百个可以教大学、管大学的人,实在不是件容易的事。幸有军委首长高度重视,未雨绸缪,问题得以顺利解决。

学校的教员,主要是通过三条途径解决的:一是从原国民党海军起义人员中选拔。重庆舰是国民党海军最大、最先进的战舰,舰上相当一部分军官经过正规的院校教育,有的还在国外留学过。大连海校建校启动后,在安东海校集中学习的重庆舰及灵甫舰的军官,除留下部分人准备在重庆舰捞起修复后做基干、少量送华东海军司令部分配工作外,469人调来大连海校从事教学工作(干部119人、学员128人、战士和勤杂人员222人)。其中,15人直接从事教学,其余人员分别组建了政治部、教育处、队列处、总务处以及航海指挥系和机械工程系。

二是从苏联聘请。张学思访苏期间经与苏联海军部协商,议定从苏联聘请海军专家参与办学。第一批以克洛契柯夫为首的苏联顾问、专家84人于12月初陆续抵达大连。其中除少数人担任校、系的顾问外,大部分从事专业课教学。

三是从全国各地高等院校中招聘。建校筹备工作开始不久,海校政治部主任李东野便遵照军委指示带领刘建民、汪秋瑞等人到达北京,组织招聘教员。中央宣传部部长习仲勋热情地接待了他们,并立即为他们开具了到教育部和清华、北大等高等院校物色教员的介绍信。

由于北京刚刚解放不久,一些高级知识分子对部队院校尚不了解,不愿意到部队院校任教。经过多方工作协调,在清华教务长钱伟长教授的帮助下,动员了强明伦、慈云桂、李安宇等五六位教授、讲师来校任教员。另外还通过教育部,从归国留学生接待站招聘了刚从美国科罗拉多州立大学研究院回国的俞懋旦教授等两人,从北大、唐山交通大学招聘了郭沂曾、郭日修等教授来校任教。

在这期间,萧劲光又通过湖南军区,从湖南大学招聘了一批教师,其中有留学德国的光学博士曹修懋教授,余潜修、邓必仪副教授等。大连大学和大连船渠(现大连造船厂前身)也派出十几名人员作为海校的代课教员。

这样一来,在不到一个月的时间里,就调集了专职和兼职从事各学科教学工作的教助人员100余名,基本上达到了初次开课的要求。

经两个多月的紧张筹建即正式开课

建校开始时,解放战争尚未最后结束。刚刚诞生的人民海军不仅要配合陆军部队作战,还面临着解放沿海岛屿,特别是解放台湾的任务。所以下达任务时,军委首长就向张学思明确交代:一是要办正规海军院校,二是以最快速度搞起来。尽快开学,尽快培养出海军建设急需的人才。海军机关成立需要人,各类海军部队组建更需要人。

在这种精神指导下,张学思对先遣组和提前到达的安东海校的工作人员,做了明确分工:政治部主任李东野带领部分人员前往北京选聘教员,协调招生;教育科科长叶林等去上海等地购置教学设备、器材;自己带领余下人员组织整修校舍、营房,在苏联顾问的帮助下制订教育计划、教学大纲、准备教材,做开学准备工作。大家都清楚,非常时期须有非常效率。每个人都各负其责,加班加点,全力以赴完成自己的任务。

由于人员缺乏,许多方面条件不成熟,学校组织机构一时难以全部组建,仅设政治部、教育处、队列处、总务处等几个部门，及航海指挥、机械工程2个系。在苏联专家的帮助下，拟制了培养海军初级干部的指挥、蒸气、内燃3个专业的2年制和3年制教育计划、教育大纲，并突击完成了急需的部分课程教材和讲义的翻译工作。

由于整个社会文化水平较低，学员招收也非常困难。对此，军委在指示中做了明确要求：

> 学期分普通班与速成班两种，均以训练海军初级干部为目的。普通班规定三年毕业，人数为一百五十人。条件：在政治上以党员和新民主主义青年团员为基干，起义的政治上可靠的份子亦可以吸收。文化上一定要高中毕业和同等学力，年龄在十八到二十一岁，身体健壮，心脏及视觉听觉健全者。速成班学生一百人，二年毕业，除政治及身体条件同普通班外，文化上须大学理工院二年或以上学历有学校证明者，年龄二十到二十五岁，个别人亦可以二十八岁者。

随后中共中央又按照这一条件向各中央局专门发文，下达招生任务，催促各地考核合格的学生到东北军区报到，参加入学考试。经过审查和统一考试，从全国各大区选送的427人中录取了245人（其中，在读大学生83人、高中生144人、初中生18人，平均年龄21.6岁，均系党、团员）。各地学员选定后，从2月1日起陆续到校报到。在大家的共同努力下，仅仅用了两个多月的时间，开学工作已基本就绪。1950年2月1日，举行开学典礼。6日，多数班即正式开课。

同月，经东北军区党委批准，学校临时党委成立，张学思任党委书记，李东野任副书记。学校行政管理、教学机构也逐步健全。

萧劲光履职视察部队第一站

1950年4月中旬，军委海军领导机关成立大会刚结束，司令部、政治部、后勤部、卫生部等机关各大部及其所属许多业务部门尚在组建中，萧劲光就踏上北去的列车，赶赴大连海校视察。

这时，首先开课的几个班已正式上课两个多月。为充实、储备海军建设骨干，从陆军选调经过战斗考验的英雄模范、战斗骨干、优秀基层干部战士，经过补习文化，然后再转入本科或专科学习的预科班，4月12日起也已陆续开课。

萧劲光首先听取了张学思和李东野的工作汇报。在他们的陪同下，萧劲光视察了学校的校舍和环境，看望了苏联顾问和专家。而后几天里，分别召集处系领导、教职员、学员进行了座谈。在对学校情况有了总体了解后，4月21日，萧劲光在全校教职员工大会上讲了话。

萧劲光说："今天我要说的第一句话是感谢大家的工作。从中央军委下达建校命令到正式开学，前后仅仅70天，整修房舍，选调教员、学员，拟定教学计划、方案，都完成了，开课了。行动快、效率高，作为校长，我谢谢大家！作为海军司令员，我更要谢谢大家。海军组建到处都敞着口要人哪！"接下来，他围绕着建校方针与教学思想讲了五方面的问题：一是要树立以教学为中心、为学员服务的思想。学校的主体是学员，办学的目的是培养干部。学校的各项工作都要为这一目的服务，围绕着教学进行。二是要正确处理政治与技术的关系。政治是主导，技术是从属。技术可以发挥政治力量，政治工作必须保证技术学习。二者必须结合，密不可分。三是要正确处理学习苏联海军的经验和发扬解放军优良传统的关系。四是要从严治校，严格教学管理中的纪律制度。五是要树立建立强大海防的责任感、使命感。他说："学校工作是海军建设中心的中心。工业建设首先要有钢铁。鞍山是我们国家的工业基地。大连海校就是我们海军建设的鞍钢。我在机关讲过，宁可其他工作往后推一下，也要先把培养干部、培养技术人才的工作抓起来。担负这样的任务责任重大，是你们的光荣。希望教职人员要恪尽职守,学员要刻苦学习,大家要团结起来,发奋图强,共同为建设强大人民海军奋斗。"

随后,萧劲光与张学思、李东野等学校领导,又系统地研究、探讨了如何把学校办好,快出人才、出高质量人才的办法和措施。在萧劲光的关注下,学校的经费,实习用的舰艇、枪炮、无线电等器材,逐一得到解决。学校教学秩序逐步走向正轨。

1951 年 6 月,周恩来(中)和邓颖超(左)在张学思(右)陪同下,视察大连海校时乘坐炮艇参观

1950 年下半年起,大连海校又逐步增设了 1 年制专科班和参谋班以及 2 年制专科班,开设航海、枪炮、鱼水雷、通信、内燃、蒸汽机、透平机和电机等专业。1951 年初,本科又增设了造船、电工两个专业。

1950 年 12 月 15 日,经中央军委批准,海校所属之指挥系和机械系分别扩编为指挥分校和机械分校。指挥分校仍在原址(袁意奋任政委,孟平任副校长,何澄石任教育长),机械分校设在大连寺儿沟原大连市第二初级中学和第二十完全小学旧址(严似海任校长,康庄任政委,王澈任教育长)。1952 年 9 月 16 日,两分校分别改称为中国人民解放军海军学校第一分校、中国人民解放军海军学校第二分校,并授予师级军旗各一面。

1954 年 4 月 11 日,总参命令,撤销原海军学校机构,大连海校所属之第一、第二分校分别组建为海军指挥学校(今海军大连舰艇学院)和海军机械学校(今海军工程大学),分别使用第一、第二海军学校番号。海军指挥学校负责培养海军舰艇初级指挥军官及轮训在职军官,海军机械学校负责培养海军舰艇初级机械军官、专科军官。从此两分校开始独立办校。

1953年9月19日,朱德(中)、董必武(右)在刘华清(左)的陪同下检阅大连海校学员和机关干部方队

1955年11月,彭德怀(前排左七)、贺龙(前排左八)、聂荣臻(前排左四)、粟裕(后排左四)、谭政(前排左三)在萧劲光(前排左二)的陪同下,看望在大连海校工作的苏联专家

1955年11月,彭德怀(右一)、贺龙(右二)、聂荣臻(右三)等在萧劲光(右四)的陪同下视察大连海校

萧劲光主持成立海军领导机关

华东海军成立后,初始属华东军区建制,由华东军区领导。直到1950年4月,直属军委领导的海军机关(时称军委海军)才在海军司令员萧劲光的主持下宣告成立。

海军领导机关成立时间最后确定

组建人民海军,是毛泽东、朱德等中共领导人的夙愿。选在解放军百万大军渡江南下期间首先组建华东海军,也是他们经过认真研究的慎重决策。一方面大军渡江后,首先面临的就要解放南京、上海,这些地方都是国民党海军首脑机关、部队的重地,接管国民党海军港口、装备设施的问题。同时,国民党海防第二舰队司令林遵率部起义也在这期间,这是事先已经知道的。另一方面部队打下去,要在沿海作战,还要解放岛屿,需要有自己的海军部队。实践证明,华东海军率先成立,很及时,这一决策非常英明、正确。但成立军委海军机关,这时时机尚不成熟。这也有两方面的因素:一是当时不仅东海、南海沿海港口,岛屿尚在国民党军手中,就是北边港口重镇青岛一带也还没有解放,不可能一下子有多少海军部队;再则当时部队作战任务还很重。比如后来成为组建海军机关主要力量的第十二兵团,许多部队直到1949年底,甚至接到调海军的命令时,还在参加清剿匪特、歼灭国民党军政残余势力的战斗。在这种情况下,把军委海军领导机关的架子搭起来,还为时尚早。

还有,即海军司令员的人选问题。虽然早在1949年10月毛主席就电召萧劲光进京,与他商谈了海军组建问题,告诉他军委考虑由他担任海军司令员,但那只是"打招呼",最后真正定下来,是在1950年1月毛主席访苏期间。经过慎重考虑,与苏联军方,特别是海军方多次接触,毛泽东才最后做出决定。1月13日,中央军委接到毛主席从莫斯科发来的"可即任命萧劲光为海军司令"的电报,而后正式下达命令。这样,萧劲光在湖南交代完工作到北京,已是2月中旬了。

但这时,直接与组建海军领导机关有关的两个大问题,或者说两个根本问题,还没解决。第一个问题是,准备成立的海军机关,是一个战略决策机构还是军委、总部的一个业务部门?换一种说法,就是海军在解放军这个大棋盘上,是军种还是兵种?第二个问题是海军机关设在哪里?是设在北京,还是设在沿海的某个城市。当时对这两个问题,军委、总部分歧很大。初始,占主导性的意见是认为海军只是一个兵种,海军没有必要单独成立各大部门一应俱全的领导机关,只成立一个数十人的班子,作为总参的一个业务部门就可以了。至于驻地,有人主张设在北京,认为这样方便军委内部协调工作,也有人认为海军机关应该靠近海、靠近海军部队,可以设在天津、青岛这些沿海的港口城市。

在这两个问题上,萧劲光看得远。这可能与他的经历有关。他两次出国留学,看书多,了解情况也多。他始终坚持,海军应成立独立的领导机构,海军机关设在北京。为此,他不仅与刘道生副政委商量研究,统一思想,还在机关召开会议,听取部门负责人的意见。最后亲自到总参向代总参谋长聂荣臻汇报陈述自己的想法——当时总参谋长是徐向前,他因病修养,聂荣臻代理主持总参工作。聂老总很重视萧劲光的意见。由于问题重大,萧劲光汇报后,他立即通过电话报告了在苏联访问的毛主席。据说,毛主席回答很明确:"萧劲光是对的。海军是一个军种,海军机关是一个决策单位,应单独成立司令部。至于机关驻地,当然要设在北京!"聂老总及时向萧劲光传达了毛主席的指示。3月,毛主席访苏回京后,萧劲光前去汇报海军机关成立筹备情况。毛主席对机关的编制人数、机关建设启动经费等,都有具体指示。这两个问题才终于解决了。

当然,在这前后成立机关的工作一直在做,研究机构设置,选定各部门干部、工作人员。4月初,选调作为海军机关、直属队基础的部队全部到达北京。只是军委选定的海军领导,只有司令员萧劲光、副政委兼政治部主任刘道生两人。但考虑到全局工作的开展,不能再等了,于是报军委审批,海军机关成立大会于4月14日举行。军委很快批复同意了这一意见。

成立大会在协和医院礼堂举行

成立海军领导机关是大事,毋庸置疑应搞得隆重些。但当时,海军不仅没有礼堂,连会议室都没有。机关研究问题,开个稍大点的会,就到麻线胡同4号萧劲光的住处去。他那里房子稍宽敞些——有一幢小楼,他们家人、部分工作人员住楼上,楼下有一个可容纳二三十人开会的会议室。萧劲光、刘道生等领导同志研究问题,各部门的负责人(当时还没有具体任命,都是指定的负责人)集体办公也在那里。所以召开成立大会只能借地方,经秘书班子的同志联系,决定借用协和医院的礼堂。

1950年4月14日,海军领导机关在北京正式宣布成立。图为海军领导机关成立大会借用的北京协和医院礼堂

组建海军机关的主要部队,是第十二兵团司令部机关的部分机构和第四野战军(以下简称四野)后勤二分部。当时第十二兵团与湖南军区是两块牌子一套班子,人员就是从这套班子中抽的。刘道生是第十二兵团兼湖南军区副政委。他亲自主持选人,时任湖南省委书记、湖南军区政委的黄克诚非常支持。

黄克诚说,组建海军领导机关是大事,你们尽管挑,需要谁就调谁,需要多少就抽多少。政治部抽了260多人,司令部300多人,兵团卫生科、供管处也是300多人,警卫团3个连近400人,军政干校七八百人,再加上四野后勤二分部的部分干部(二分部调的人多,有三四千人,基本上都直接去了青岛),共两千来人。成立大会在4月14日上午举行。除了值勤、值班的,处理紧急工作的,都参加了大会。礼堂不大,差不多坐满了,有1000多人的样子。大家来不及换装,也没有衣服换。由于人员来自不同单位,官兵衣服新旧不一,甚至颜色的深浅也不完全一样,无法整齐划一。每人在陆军帽子上换了一个铁锚的帽徽,就是海军了。礼堂舞台上摆两张桌子,连个会标也没有。9点左右正式开会。刘道生副政委宣布大会开始。首先由萧劲光宣读中央军委关于成立海军领导机关的命令,萧劲光任海军司令员、刘道生任副政委兼政治部主任的任职命令,然后发表讲话。

萧劲光的讲话经过认真准备,没有讲话稿,几张纸上写着提纲和相关资料。他从新中国为什么要建立一支强大海军讲起,分析了创建人民海军的有利条件、不利因素,讲了建设强大海军的方针和当前面临的主要任务。最后号召大家齐心协力,从各方面打好海军建设的基础,要虚心学习,埋头苦干,使自己成为真正的海军,把海防建设得坚不可摧,把每一个岛屿都变成不沉的航空母舰。总之,讲话内容很丰富。会后将讲话内容存了档案,后收入《萧劲光军事文集》。萧劲光讲了一个多小时,非常鼓舞人、感动人,讲话多次被大家热烈的掌声打断。

接下来,刘道生即席讲话。他主要强调,人民海军是解放军的一个组成部分,因此,我们要保持和发扬人民解放军的优良传统和作风。今天,我们虽然从陆军加入了海军,从陆地战场转向海洋战场,但要实现从陆军到海军的转变,要经历一个艰苦的过程,我们每个同志要尽快实现这个转变,旱鸭子要做大海蛟龙、海空雄鹰,要在海疆建功立业。

会场不排场,但会议很庄重、热烈。大家都很振奋,豪情满怀,心里憋着一股劲。可惜的是,这么重要的会议连张照片也没有留下。华东海军成立没有照片,可以理解,是战争环境,渡江战役正打着呢!军委海军机关成立时不同了，新中国都成立半年多了，有条件搞得更隆重一些，至少应该拍张照片。当时领导就萧劲光、刘道生两人，他们忙得很，不可能考虑那么细，应该说这是无法弥补的缺憾。

机关部门按照陆军相应编制设置

海军领导机关的编成和干部配备是逐步进行、完善的。机关成立时，海军机关编制表还没有颁发——也不可能颁发，也来不及具体研究制定。好像是到1950年底（档案载11月5日）机关编制表才正式发下来。机关成立时，部门、机构设置完全是按照陆军一套搞的，和当时陆军部队机关的机构一样。上至萧劲光、刘道生，下至部门领导、机关官兵，大家都是从陆军调来的，绝大部分人连海都没有见过，更不用说军舰了。海军机关到底应设哪些部门，每个部门的具体职责有哪些，从上到下谁也不清楚。所以，机关编成完全沿用陆军一套，设了四大部：一是司令部。参谋长罗舜初，下设办公室、作战、情报、通联、军训、军务等十几个处。海军机关成立大会时，罗舜初还没到，是6月初到的。二是政治部。刘道生副政委兼政治部主任，下设组织、宣传、保卫、文化、青年等，也有十来个处。三是后勤部。张汉丞任部长，下设财物、军需、运输、营房、军械、工程等十几个处。四是卫生部。仍然沿袭战时的做法，卫生部是大部，丁世芳任部长，下设办公室、医政、保防、教育、材料、总务等处室单位。其中后勤部是5月份在青岛成立的，10月迁到北京。

四大部之外，还有一个秘书处，直接服务首长、党委，下设机要室、资料室、秘书室等单位。到了年底，又增设了一个干部管理部。这是学苏联，干部管理部与政治部平行，也是大部，部长由刘道生兼任。机关成立不久，苏联专家、顾问陆续到了。从海军首长到机关各部门都有苏联顾问。干部管理部作为大部，是接受了苏联顾问的建议的。当然，客观上，部队新组建，干部工作任务也确实多一些。机关业务部门组建需要干部，各兵种学校陆续开学，学员数量很大。那时部队官兵文化程度低，大部分是文盲、半文盲，有点文化、能够进学校学技术的人很缺,不好找。

　　尽管不懂海军,缺乏相关知识,但大家积极性很高。经过认真准备,3个多月后,8月10日,就召开了研究海军全面建设的工作会议。因为这次会议集中研究决定了关系海军建设全局和长远发展的一系列重大问题,如海军建设的组织路线、海军装备建设方针、海军三年建设计划及如何向苏联海军学习的问题等,故军史上均称这次会议为海军建军会议或八月决策。

新中国自行建造的第一代巡逻艇诞生

海军机关成立后，接下来自然是组建各兵种部队，在海防线上布兵、设防。这就出现了两个大问题：一是要有人，二是要有舰艇、装备。不管要求多高，人的问题总好解决，可以调、可以招，而舰艇、装备就不那么简单了。于是，海军开始了第一次装备攻坚战，由此诞生了新中国自行建造的第一代巡逻艇（炮艇）。

海军临时党委断然决策

初始，萧劲光一方面通过外交途径千方百计谋求进口苏联的舰艇装备，另一方面组织专人到香港活动，联系购买西方国家的舰船。由于此前华东海军已接通关系，开始谈判比较顺利，短短两个来月就从香港购进美、英、日等国建造的舰船40余艘。这些舰船大都比较破旧，战斗力谈不上，学习训练可以用，但很快这条路就行不通了。1950年6月，朝鲜战争爆发，西方帝国主义国家对新中国实行禁运政策，与英国人已经谈好，决定卖给中国的4艘护卫舰、4艘扫雷舰，不卖了。英国公司甚至命令谈判人员：宁将其拆散，也不卖给中国！其他谈判，自然也无法再进行。

随着朝鲜战争爆发，野心勃勃的美帝国主义在以联合国军的名义侵入朝鲜的同时，把战舰悍然开进了台湾海峡。惊魂初定的蒋介石集团喜出望外，一边蠢蠢欲动，企图伺机反攻大陆；一边频频派出飞机、舰艇、小股匪特，在东南沿海一带袭扰。海军部队的护航、巡逻任务越来越重。各部文电纷至北京海军司令部，急切要求装备巡逻艇以满足日益增加的巡逻、护航任务。

现实使萧劲光进一步意识到解决舰艇装备问题的紧迫性,同时深深感到,解决海军装备问题,向国外购买是必要的、重要的,但单靠这一条路不行。一则给不给、给什么样的,主动权都在别人手中,再则即使同意卖给,就目前国家的经济条件,经费也是个大问题。要建设海军,从根本上解决装备问题,必须自力更生,走自己建造舰船的道路。造不了大的,可以先从小的开始。8月,海军临时党委召开的海军建军会议,把这一思想写入会议决议:"三年建军中,必须从自力更生的思想出发,但又必须争取外援。所需舰艇,除非十分必要从外国购置外,力求自己修装、改装及自造部分船只。因此,建议政府发展造船工业,整理充实现有之江南、大连、黄埔、青岛等造船厂,并请求将黄埔、青岛二厂及上海修理厂移交海军,作专门修理船只及制造小型舰艇用。"

在这种思想的指导下,海军建军会议结束后,萧劲光带着几个人到上海、青岛等基地修造船厂做了调查后,更坚定了这一信念。9月中旬,萧劲光回到北京的当天,亲自动笔连夜给总参写了一个报告:

> 目前蒋军、海匪不时袭扰,海情异常复杂,部队巡逻任务繁重。但海军现有艇只时速只有七八海里,确实速度太慢,一年须修船三四次,且仅能在近海岸活动。在艇只数量上,亦相差甚远。为了更好地完成海上巡逻任务,急需从速解决巡逻船只问题。为此,我们要求利用现有条件,建造几艘小型巡逻艇。

报告很快得到军委的批复。其间,萧劲光向国务院总理周恩来做了口头汇报,周恩来也表示支持,认为是个办法,可以一试。海军临时党委经过慎重研究,把任务下达华东海军,交给了江南造船厂。

江南造船厂受命破冰

江南造船厂(1949年5月上海解放前称江南造船所)坐落在上海市黄浦江

边,占据着沿江1000多米的水面和相邻陆地。其前身是19世纪中叶清末两江总督李鸿章开办的江南船坞。在以后直至新中国成立的80余年里,随着中华大地的风风雨雨,数易其主。抗日战争胜利后,国民党政府从日本人手里接收过来。是时,厂里拥有船坞3座、造船台9座,年造船能力达1万吨。国民党军队溃退前,桂永清歇斯底里地下令"搬空、运光、炸毁",对工厂进行了疯狂的破坏。待修船只及电厂、船坞、闸门等设施,均被炸毁。机器设备凡能够搬运的被拆卸一空(有关资料载,主要机器设备被运走8万多台、件),余下的部分破坏惨重,七零八落;所长、总工程师连同200多名技术骨干被赶上船,强行带往台湾。偌大一个工厂,剩下的只是残垣断壁、成堆废铁和数以千计衣食无着的工人。上海解放,华东海军接管后,通过整顿,江南造船厂为抢修舰艇做了不少工作。至于造舰艇,一无设备二无技术骨干,困难显而易见。

华东海军仍然愉快地接受了任务。张爱萍亲自主持会议,调整、加强领导力量,组织设计班子,进行思想动员。经过紧张的准备,1950年12月中旬投入建造工作。进入组装阶段时正值严冬,邻近出海口的船厂寒气袭人。由于国民党撤退前的轰炸破坏,工厂不仅生活条件差,一些必需的工作条件也不具备,但广大职工热情高涨。许多技术人员、工人骨干,常为解决一个环节上的问题几天几夜不回家、不休息。华东海军机关业务部门的干部也一起参加会战。在部队、工厂各方人员的共同努力下,花了3个多月的时间造出了两艘42吨的三桨巡逻艇。

1951年3月18日,第一艘巡逻艇建造完工,举行试航。结果刚一下水,尚未离港便翻沉了。经检查分析原因,发现主要是设计船形系数小,导致艇体稳定性不够。于是,在第二艘艇上加装了6吨压舱铁,再重新进行航行试验,结果问题得以解决,试航成功。之后,按照这一方向做了进一步调整、改进,使巡逻艇功能基本上达到了设计指标要求。接下来,在总结试制经验的基础上,又设计制造出了50吨的巡逻艇(又称小炮艇),定名为52甲型。

海军修造部部长加伍参研

就在江南造船厂第一艘艇试航翻沉后，即1951年3月底，海军又将研制巡逻艇的任务交给了青岛造船厂，并委派新到任的海军修造部部长林真，前往领导巡逻艇研制工作。

林真原名林志中，1936年入学的燕京大学理学院学生。抗日战争爆发后，他毅然离校参加了八路军，之后进入抗大学习。此后10余年里，参加过若干战斗。新中国成立后，他在陆军某炮兵师任政委。萧劲光亲自找军委首长，把他调入海军。接受研制巡逻艇任务后，林真住进了青岛造船厂，与厂里的技术人员一起搞设计，参与制造和试验。通过几个月的突击攻关，于当年8月造出了一艘43吨的巡逻艇，并一次试航成功。

萧劲光参加了试航典礼。面对试航成功的巡逻艇，他抑制不住内心的高兴和激动："艇很小，但是我们自己造的，中国海军自己可以造舰艇了！"萧劲光当场把参加设计和建造的骨干人员召集来，与他们一一亲切握手，表示感谢、祝贺，在现场发表了热情洋溢的讲话。他说，江南造船厂的巡逻艇成功了，我们青岛厂的也成功了。虽然这几艘艇很小，航速不高，但它是我们自己造的，它解决了我们的急需。有小的就会有大的，有慢的就会有快的。只要我们总结经验，不懈努力，以后就一定会造出更大、更先进的舰艇！萧劲光还当场表示，舰艇设计制造中做出突出贡献的技术人员、工人骨干，要表扬、要记功！

当时，朱德总司令正在青岛出席海军首届政工会议。萧劲光向他汇报了青岛造船厂自行设计建造巡逻艇的情况，朱德非常高兴，说："这很好，解决了执行巡逻任务的需要，还可以摸索经验，把我们自己的造船工业搞起来。"并明确表示："经费问题，你们可以给我写报告。"

毛泽东热情鼓励、支持

获悉海军自造巡逻艇成功后,毛泽东也很满意。1952年2月14日视察海军机关时,他当场向萧劲光等海军领导表示了肯定和支持。

那是一个大雪过后的下午,萧劲光上班不久突然接到了空军司令部办公室的电话通报:毛主席到海军机关视察,现在已经从空军机关出发了。

当时海军机关驻在贡院东街,与空军机关相距不远。放下电话,萧劲光立即收拾起桌子上的文件,整装下楼前往迎接。毛泽东一行,包括公安部部长罗瑞卿、空军司令员刘亚楼等,已经到楼梯口了。

毛泽东显得很兴奋,一边随萧劲光、刘道生往会议室走着一边说:"海军成立两年多了,我还没来过。今天来这里,一是看看大家,看看我们海军领导机关驻在哪里;二是有件要紧的事要和你们商量。"

落座以后,毛泽东望着室外的皑皑白雪,惬意地说:"瑞雪兆丰年,看样子今年是个好年景!"随即和大家交谈起来。

他首先问了问正在开展的"三反"运动的情况,萧劲光做了汇报。随后,毛泽东郑重而又亲切地说:"要和你商量的是这样一件事,原计划花几亿卢布给你们买几艘驱逐舰、买几十艘鱼雷快艇。现在抗美援朝急需飞机,中央打算集中财力解决一下空军的问题。这样一来,外汇就不够用了。是不是先给空军买飞机,你们要买的舰艇再往后推一推,怎么样?"

事关抗美援朝大局,毛主席亲自来做工作,萧劲光还能说什么? 他当即表示,拥护主席和党中央的决定。萧劲光说,海、空军都是党的军队,事情有缓有急,就把有限的财力先给空军买飞机吧。在场的海军其他领导,副司令员王宏坤、副政委兼政治部主任刘道生等,也一致表示赞成。

听了大家的表态,毛泽东很满意,轻轻扫了大家一眼,说:"好,就这样定了。国内的钱,有,你们可以买些材料自己造一点,上海的厂不是可以造快艇吗?"

刘道生说："上海江南厂，还有其他几个造船厂，现在都可以造几十吨的小艇。去年青岛造船厂也造出了几艘小艇，质量还不错。今年我们打算让江南厂试造大一点的船。"

毛泽东高兴地说："好，先造小艇，来得快，又实用，花钱也不多。逐步积累经验，把我们的造船工业搞起来，将来就可以造大的。"

据此，海军于1952年4月拟定计划并经军委批准，正式向江南、青岛两厂下达任务：突击生产30艘巡逻艇，以满足部队战备训练急需。到第二年春天，50吨的巡逻艇26艘、43吨的巡逻艇4艘，按时下水，这一任务胜利完成。

同年秋，在林真的主持下，海军舰船修造部设计室主任徐振骐、副主任戴世伦等对52甲型巡逻艇进行了优化设计，使其性能有了较大的改进提高。改进后的巡逻艇称53甲型，航速达到11.5节。

后来，海军舰船修造部根据南海海区气候条件的需要，对53甲型巡逻艇图纸又做了修改，定型为54甲型（有的也仍称53甲型）。由于中南军区海军（以下简称中南海军）辖区缺乏造船的技术力量，江南造船厂为其建造巡逻艇采取了两步走的办法：先在上海分段把艇体做好，然后将所有部件和设备运到广州，由江南造船厂派出技术人员到广州进行装配、合拢。用这种办法，1954年为中南海军建造54甲型巡逻艇16艘，均在年内交付使用。

以上这两种型号的巡逻艇，在海军装备发展史上统称人民海军第一代巡逻艇。应当说明的是，这些艇上的主要主机、火炮仍需从苏联进口。这批巡逻艇的建造下水，不仅在当时执行战斗任务、训练、护渔、护航、巡逻等繁重任务中发挥了重要作用，而且为以后进行转让制造和自行设计建造各种大型舰艇，打下了坚实的基础。

朱德总司令的海军月

　　新中国成立时,解放军总司令朱德已近63岁,当属花甲老人了。此前几十年里,他基本上是在战争烽火中度过的——从辛亥革命、护国战争到抗日战争、解放战争,名副其实的戎马倥偬、席不暇暖。直到1951年,他才平生第一次休了疗养假。

1951年3月,萧劲光等海军领导在青岛接见驻青岛地区海军部队、院校的领导干部并合影。二排左起:雷永通、宋景华、朱军、邓兆祥、郑国仲、赵一萍、易耀彩、刘道生、萧劲光、王宏坤、杨国宇、胥治中、刘中华、傅继泽

　　原来这年春节前后,朱德患了比较严重的肺炎。经治疗痊愈后,身体仍较虚弱。据此,中共中央政治局根据中央保健组的建议做出决定:朱老总脱离工作,到外地疗养3个月。就这样,在毛泽东、周恩来的一再建议、督促下,朱德于同年8月初抵达青岛,在这里度过了他平生第一个疗养假。

　　8月3日,朱德带秘书等一行数人乘火车抵达青岛,下榻在太平角一路一幢欧式小楼里(1957年,朱德再次来青岛仍住这里,故该楼后被称为朱德别墅)。朱德此行是第一次到青岛。当天,青岛市领导即提出安排时间汇报工作,并建议安排时间到崂山等地观光。朱德明确表示:"不去崂山,你们那里也不去了。这次假主要在海军休,看看新组建、新成立的海军部队和学校。"

翌日,朱德在住处接待了前来拜访的萧劲光和刘道生,听取了他们关于海军首届政工会议准备情况的汇报,并议定了视察海军部队的大致日程。

8月6日,海军首届政工会议在青岛海水浴场旁边的东海饭店召开。会议由刘道生主持。参加会议的,有华东海军、中南海军、青岛海军基地、海军各学校和海直机关各大部领导及部分舰队(即舰艇编队,后分别改称支队、大队)和舰艇的政委,共114人。军委对海军首次政工会议非常重视。总政主任罗荣桓、副主任萧华专程到会指导。朱德出席了开幕式。

会议自即日起,历时25天,至31日结束。在这期间,朱德听了大会发言,参加多次分组讨论,并在30日下午的总结大会上发表了重要讲话。

他说:"中华人民共和国成立以后,仅两年的时间,我们的海军就建立起来了。目前这支海军的力量虽然还不够强大,但它是按照现代化的标准建立的。……我们相信,经过一定时期的努力,中国人民也必将拥有一支强大的、和陆军同样英勇善战的海军部队。……中国过去不是没有海军,但却没有真正的海防。今天我们有了人民的海军。它虽然建立不久,舰船不多,一切设备还不够完善,许多事情还需要从头做起,但却担负着保卫海防的光荣任务。今天我们保卫国防的第一项重大任务就是防守海岸线,保卫领海。这个任务是艰巨的,需要海军的指挥员和战斗员一致努力,也需要海军同陆军、空军相互配合,共同来完成。我这次来,看到你们各方面的建设都有很大成绩,这是全体同志努力的结果。"

他结合近日了解的部队思想情况,对海军官兵提出希望和要求:"海军虽是新建立的军种,但它从陆军调进了大批的骨干,因此也就继承了陆军的优良传统。这对于海军的建设是有极大好处的,但同时也就形成现在海军中有不少同志对于海军的技术生疏的现象,所以就必须好好学习。党调你们来海军工作,这是光荣的使命,你们应准备长期干下去。从你们的司令员起到每个战士,都要从头去摸索、去学习,学会现代化的海军技术,学会在海上生活,把自己锻炼成一个坚强的海军军人。"

朱德特别强调发挥政治工作的保证作用。他指出："海军政治工作的首要任务，是要在海军中保证党的领导，要使全体人员具有忠于人民、忠于祖国的思想和严格的革命纪律性。还有很重要的一项任务，就是要保证全体指战员学会现代化的海军技术。……海军接触的主要群众是沿海的广大渔民。海军的政治工作就应该把渔民工作做好，从政治上文化上提高他们，他们将成为你们的侦察队和游击队。必须记住，有了技术，还要与群众保持密切的联系，并得到群众的爱戴，才能获得战争的胜利。"

朱德最后还具体阐述了海军的作战方针："最近几年内，我们的海军还不可能有大的登陆艇、大的战斗舰和航空母舰。因此，我们在战略上只能采取防御的方针，但单纯的防御是不行的，要以攻为守。快艇、潜艇配合飞机、大炮，这都是攻防作战最有力的武器。海军的同志们要有信心和决心，去配合陆军和空军，依靠坚固的海防工事去歼灭来犯之敌。"

朱德铿锵有力的话语，字字敲击着与会人员的心弦，多次激起雷鸣般的掌声。会后，这次讲话经整理很快下发到海军各部队。后来，以《建设海军，保卫海防》为题，编入了《朱德军事文选》。

8月7日，在萧劲光和青岛基地首长的建议下，穿了40年黄军装的总司令，今天第一次换穿了全身海军夏服。健壮的身材、微黑的面孔，配上大盖帽、全白的海军夏装，朱德显得异常庄重、精神。

上午，朱德在青岛基地机关会议室里接见了基地领导。基地司令员易耀彩、政委段德彰、第一副司令员赵一萍、第二副司令员郑国仲及基地机关各大部领导，都怀着无比崇敬、激动的心情参加了接见。

易耀彩向朱德做工作汇报。他说，组建青岛基地，军委是去年8月底的命令，9月9日正式组建，10月10日在汇泉体育场召开了成立大会。基地机关下设司令部、政治部、供给部、卫生部等4个大部。机关干部以第二野战军（以下简称二野）第十一军军部机关为基础，绝大多数干部都是从那里调来的。在军委海军的直接领导下，经过半年多的努力，现在海岸炮兵部队、工程部队、两个水面舰艇中队、机关警卫团及学校、医院等，都已组建起来，流亭机场也做了修整。但当前工作还很多，机关、部队都在集中力量抓紧业务建设,争取尽快把各方面关系理顺,真正担负起战备值班。

朱德听得非常认真,不时插话、提问。汇报结束,基地领导请他作指示。朱德说:"这么短的时间你们就铺开摊子,搞起来了,很有成绩。海军的任务很重,希望你们抓紧。我还要到部队看看,今天主要是听你们的,不讲了。"

8月10日,青岛大港码头薄云蔽空,海风轻拂。9点多,朱德在萧华和萧劲光的陪同下,乘车抵达码头。朱德按照礼仪接受基地首长报告后,健步登上停泊在港内的西安舰。

西安舰是华东海军第六舰队的一艘护卫舰,不久前来青岛海域训练。朱德依次看望了舰上每个战位的官兵,向舰长、政委询问了训练情况。尔后,西安舰由基地4艘快艇护航,缓缓驶离码头。朱德乘坐着西安舰开始了对胶州湾、青岛东部海域的考察。

这是戎马半生的总司令第一次乘舰出海。航行中,他一边细心地观察岛岸、海面,一边兴致勃勃地提问题、了解情况,与陪同在身边的海军官兵交谈。他说,现在海军刚刚建立,你们要好好学军事技术,一定要把它全部学会,搞明白,预防帝国主义及其走狗可能的冒险侵犯。要让中国人民不受任何敌人的威胁、阻挠,来好好建设自己的国家。军舰驶过大公岛后,他指着辽阔的海面说:"海洋是丰富的资源。海军在不妨碍战斗和工作学习的条件下,可以好好地组织生产,捕点鱼,这样既能改善部队生活,又能减轻人民负担。"

西安舰在海上航行了3个多小时,下午1点返回大港码头。离舰前,朱德再次和大家一一握手,满脸含笑地连说"谢谢、谢谢",并和随行人员一起与舰上官兵合影留念。

8月14日,朱德综合到青岛一个多星期来所了解的情况,给毛泽东写了封信。

信上首先介绍了胶州湾的情况:

> 青岛市的胶州湾,是我国最好之军港。可容纳百只军舰,水深、湾大、口子很小。又是很好的商港,可容纳二三万吨的大船,可直靠

码头。码头有六个,每月进出均有二十万吨上下,比上海、天津的出口均好些。我国能大量出口又有起重装备之港口,仅有青岛、大连两港口。又是工商业区,工商各半;又是风景休养地区,由胶州湾往东至崂山沿海一带,皆是风景区。德日帝国主义及中国封建官僚资本家所建的别墅很多,将来可为疗养区。

之后,朱德从战略高度对青岛地区军事设防及海军部队长远建设,提出了具体规划设想。

8月29日,朱德视察了海岸炮兵学校。朱德在萧劲光的陪同下,检阅了全校教职人员、学员队伍。看到学校环境整洁、秩序井然,教职人员、学员个个精神饱满,朱德十分高兴,连连向官兵问好。教职人员差不多都是第一次见到心仪已久的总司令,显得格外激动。大家齐声回答朱德的问候:"首长好!"

海岸炮兵学校学员进行游泳训练

接着,朱德由王效明校长、宋景华政委陪同,视察学校的教室、实验室、教职人员办公室,观看学员们的岸炮操作表演。学员操演完毕,朱德走上前去和大家亲切握手,询问火炮的性能和舰艇上其他武备的情况。

视察结束,朱德在学校会议室里听取了学校领导关于教学训练情况的汇报。王效明校长说,学校的校址是原先国民党海军的青年之家,面积小、条件差,但全校同志工作热情很高,完成任务不打折扣。为组建部队急需人才突击训练的第一批学员,今年5月份已毕业了。由我校代管的海军预科总队1400多人,近日将到校,有关教职人员正在准备接收工作。我们要总结前段的经验，抓紧工作，尽快开训，把这次预科培训搞得更好，满足院校、部队组建的急切需要。

海岸炮兵学校学员学习观测技术

汇报结束，朱德做了简短的讲话。他说："现在我们海军舰艇还很少，保卫海岸线就要靠海岸炮兵。你们的工作很重要、很有意义。"他特别强调了炮兵训练问题："海军和陆军不同，在海洋上作战，炮占有特殊重要的地位。海战中白刃战的机会是很少的，甚至没有，但炮的用处却很广泛。有了海岸炮，有了鱼雷，有了军舰上的各种火炮，加上空军的掩护，就有可能打败敌人从海上来的进攻。有人说，炮是'战争之神'，这话很有道理。因此，必须重视海军中的炮兵训练工作。……海军建设要以陆军为基础，要发扬我军的优良传统，政治工作要保证教学任务的完成。"

讲话最后，朱德高度赞扬炮兵学校发动教职人员自己动手制作模型、教具，进行形象教学的做法。他说，学员文化水平低，单是抽象地讲理论，不一定听得明白。你们这种教学训练方法，很形象、很具体，理论联系实际。突击训练，时间短，又要学到实用的东西，这种做法好。其他单位也应该来学习，要推广开!

此次在炮兵学校的讲话内容，朱德在海军政工会议结束时的讲话中，再次做了强调。历史证明，在舰艇力量还相对弱小的形势下，重视发挥炮兵的作用，加强海岸炮、高射炮部队建设，是英明正确的。由此始直至20世纪60年代中期，"两杆炮"在保卫海防建设中发挥了重大作用。

8月30日上午，青岛晴空万里，水碧天蓝。朱德这天的视察活动，根据气象条件做了调整。

9点许，朱德在萧劲光的陪同下乘车抵达海军航空学校。为了欢迎朱德的到来，校长赵汇川、政委桂绍彬组织了隆重的阅兵式。朱德在沧口机场检阅了学员和机场的部队，观看了飞行学员驾驶初级教练机（雅克－18）的飞行表演。建校不到一年的时间，学员即可做娴熟的飞行表演，朱德非常高兴。之后，从机场到学校，他依次视察了学校的教室、宿舍、教学设施。

11点，视察结束，朱德在学校会议室里听取了赵汇川等学校领导的工作汇报。朱德热情地称赞航空学校取得的成绩，勉励学校领导和教职人员发挥创造性，把工作搞好，把航校办得更好。教育学员刻苦学习，努力提高军事技术，为建设强大海军、保卫海防做出贡献。

8月30日晚，经过近一个月的实地考察，朱德对青岛军事环境，驻青海军部队、学校的情况有了基本了解。他在灯光下再次给毛泽东主席写了封信。信是用毛笔写的，工整的行楷书。全文是：

毛主席：

第一信谅达。我们在此看了海军，上了一只八百吨的小舰，并上了鱼雷快艇，在海上转看青岛的形势，是很险要的。在岸上的设备，也看了两个国防工事，是钢骨水泥建筑的，能充分发扬火力，但不能隐蔽本身。只靠伪装掩饰，是不够的，必须以陆、海上飞机掩护及本身高射，并配合高射炮，就可以抵制任何敌人的海空军的攻击。如对进口各航线加以布雷，再设潜水艇一部，加上鱼雷快艇的放射，是可能有在敌人进攻时击败它的力量的，这是在国防前线应该重视的。

海军目前因为经济条件及国内工业条件不够，不能足用地去建设它，也不可能，但是在海防第一线上，是海军接触敌人，我们应尽可能地去建设海军的防卫力。

海军同志们的要求，我国建设空军的比例，应有百分之二十是海军的空军。海军空军可有两用，陆上海上都是一样的，可以航海、布雷、侦察、战斗。陆上空军到海上去多迷失方向，不熟悉海上情况，这个请求是可以允许的。另外，海军的军事工业似应开始，我国上海、青岛、汉口的造船厂，均可造小艇，鱼雷快艇、扫雷艇、潜水艇、巡逻艇，亦均可以造。苏联海军顾问说苏海军部已答应给我们四种小艇的图纸，并派工程师来帮助完成。这一计划因我们没有钱而暂停，能在明年计划中添设。造小艇花钱不多，开始办是必须的。

他们这两个要求都是合理的，我们也能办到，也是急需的，请你指示。专此，祝你健康。

朱 德

一九五一年八月三十日

9月4日，朱德离青返京，前后整整一个月的时间。至此，由中央保健组郑重提议、政治局决定，拖了数月方成行的三个月疗养假宣告结束。

按照相关规定，加之在中央领导层属年长者，之后，朱德又多次休疗养假。借疗养的机会，在当地部队、工厂做些调查，也成了朱德的惯例，但很少像这次一样，集中一个月的时间对一个地区新组建的部队进行如此深入、细致的考察研究。所以，一位军史专家在认真研究了这段历史后，动情地说："从朱老总这一个月的实践及由此给海军发展带来的影响看，1951年8月，可以毫不夸张地称之为总司令的海军月。"

第一个《海军五年建设计划》制订经过

人民海军成立后，囿于当时的政治环境、经济条件，创建伊始可谓举步维艰。海军第一个五年建设计划的编制、落定，不仅牵动中共中央主席毛泽东、国务院总理周恩来直接参与，而且让身居党政军领导要职的十几位开国元勋进行了一场大讨论……

遵照军委要求及周恩来、朱德的指示，
海军拟就三年建设计划

海军领导机关于1950年4月成立后，萧劲光一边组织"搭架子"、"铺摊子"，一边就兴致勃勃地考虑制订海军建设计划的问题。

1949年底至翌年初，毛泽东、周恩来率政府代表团访问了苏联。在此期间，斯大林为支持新中国建设海、空军以遂行拟于1950年下半年进行的解放台湾战役，答应"以优惠条件"给中国贷款3亿美元。中苏两国政府《关于贷款给中华人民共和国的协定》签字后，毛泽东、周恩来当即决定，将其中的一半，即1.5亿美元用于海军建设，并接着与苏方签订了购买1.52亿美元海军装备的协议。1.5亿美元，别说在当时，即使在今天也是一笔不小的数目。获悉这一消息，刚刚到位履职的司令员萧劲光、副政委兼政治部主任刘道生、副司令员王宏坤、参谋长罗舜初等，既振奋又兴奋。大家通过碰头会（海军临时党委6月22日成立）研究，达成一致意见：立即着手编制计划，利用这笔经费把急需的部队先搞起来，以适应解放台湾战斗的需要。

然而，他们谁也没想到，计划编制工作启动不久，事情就发生了变化。

1950年6月25日，朝鲜战争爆发。30日，即朝鲜战争爆发后的第五天，周

恩来在中南海西花厅约见萧劲光,向他传达了中央对形势发展的估计和中国的态度。周恩来说:"形势的变化给我们打台湾增添了麻烦,因为有美国在台湾挡着。但也有好处,因为我们自己也还没有准备好。现在我国的态度是,谴责美帝侵略台湾、干涉中国内政。我们军队的打算是,陆军继续复员,加强海、空军建设,打台湾的时间往后推迟。"并具体提出,假如以50万人打台湾的话,即使分两次运,海军也还要准备几十万吨船。我们看待当前的形势,"惧无根据,喜不麻木",才是正确的态度。随后,萧劲光汇报了工作打算:初步考虑近期召开一个党委扩大会,具体讨论研究一下海军建设的实施方针和规划问题。周恩来表示同意萧劲光的想法,说应该抓紧开个会,理理头绪。海军建设要从长远打算,制订一个三年建设计划。

获悉海军制订三年建设计划,朱德于7月13日给萧劲光等海军领导写了一封信。信中指出,要加强海军建设,"就必须有造船厂、飞机厂","有了这两种厂能自造还不够,必须要有石油厂,才能强化起来","你们应有计划地请求燃料部,在三年至五年内,必须设油管"。接看了信函,萧劲光专程去中南海,向朱德报告制订计划的初步设想,请示工作。朱德又当面作了指示:"应该利用现有的时机和兵力,首先把沿海海岸各要地及岛屿的防御工事、防御设备建立起来,把各基地组织起来。这一任务应成为当前的工作任务,且应成为首要任务之一。……不能单从打台湾打算,而忘记了海军的基本建设……海军的防卫在海上……要在海上建立生产、建立家务。"最后,他郑重提醒:"向军委打个报告,要求重工业部注意发展燃料工业。"

周恩来、朱德的具体指示,为海军把握形势、制订三年建设计划提供了重要依据。主持计划起草的罗舜初等,加班加点突击工作,7月中旬,"以执行作战任务之最低需要为基本依据"的《海军三年建设计划(纲要)》基本完成。计划中,确定了三年内要建立多少支舰队、多少个航空师、多少个海岸炮兵团;提出了自造、改装和购置的舰船、飞机、岸炮数目;确定了建设多少个基地、水警区、巡防区,修建多少个码头、仓库、机场、阵地,以及开办哪几所学校、培养多少名干部,等等。同时,还拟定了海军建设、装备发展须遵循的方针、原则。如在处理自力更生与争取外援关系方面,计划明确指出:"三年建军中必须从自力更生的思想出发,但又必须争取外援。所需舰艇,除非十分必要从外国购置外,力求自己修装、改造及自造部分船只。因此,建议政府发展造船工业,整理充实现有之江南、大连、黄埔、青岛等造船厂,并请求将黄埔、青岛二厂及上海修理厂移交海军作专门修理船只,及制造小型舰艇用。"整个计划为海军在三年内之基础建设,描绘出了一幅令人可喜的蓝图。

8月10日~8月30日,海军临时党委在北京召开了决定海军发展方向、大政方针的建军会议。作为会议的重要议程,与会人员,机关各大部领导、华东海军、大连海校等单位的领导,对《海军三年建设计划(草案)》进行了充分的讨论。对其中的许多内容,从每个项目的具体数字到文字表述,都做了认真修改、补充。会后,萧劲光与王宏坤、刘道生、罗舜初4人联名,将《海军三年建设计划(草案)》与建军会议情况报告,一起报送军委并周总理、毛主席。

《海军三年建设计划(草案)》原本即是遵照军委要求及周恩来、朱德的指示拟定的。海军建军会议前的8月9日,萧劲光还和罗舜初一起带着计划初稿向周恩来及主持总参工作的聂荣臻做了汇报,对计划内容做了具体磋商,按说即使送审计划也不会有太大的变化了。没想到,刚过两个月,《海军三年建设计划》就做了第一次大调整。

海军经费一减再减,三年计划改为五年计划

10月26日,周恩来与聂荣臻一起约见萧劲光等海军领导,共同研究海军建设计划及翌年装备订货问题。由于是时中央已决定出兵朝鲜,而苏联政府不同意出动空军入朝掩护中国军队作战,中央决定集中加快空军建设,以利与美军争夺制空权,保障地面作战和交通顺畅。据此,周恩来提出,海军三年建设计划要适当压缩。且具体提出,为了集中人力、财力加速空军战斗部队建设,使其能尽早开赴战场,海军要暂缓成立歼击机航校和海军航空兵司令部,目前可以在海军司令部成立一个管理海军航空部队的部门,成立水鱼雷机航校。同时,周恩来还说:"装备购置需苏联提供,所以三年计划须先提请苏联海军帮助审查。为缩短时间,萧劲光可带着《海军建设三年计划》前往莫斯科,与

苏联海军方面负责人面商。"

战争是大局,萧劲光等海军领导自然无意见。回机关后,他们迅即按照周恩来的指示精神对《海军建设三年计划》做了调整。11月下旬,萧劲光、罗舜初带着海军建设计划稿(题目改为《建设中国海军的初步计划》)抵达莫斯科。但由于在抗美援朝问题上认识不尽一致,抑或其他原因,苏军方未对中国海军建设计划明确表态,只是就翌年提供海军防御设备的项目、数量等问题,进行了磋商。这样,萧劲光以为海军建设计划可能就这样敲定了,结果回北京一个多月后,又发生了新的更大变化。

1951年1月的一个深夜,周恩来在住处召开紧急会议,传达了毛泽东的指示:为了集中人力、物力支援朝鲜战争,将原准备给海军订货的经费大部分抽出,主要用于解决朝鲜战场急需的空军和炮兵。1951年只能给海军少量经费购买教育器材、训练干部、准备条件,待朝鲜战争结束再来发展海军。

这是一个果断的决策。对矢志建设强大海军的毛泽东来说,也是一个痛苦的抉择。从大局看,这一决策无疑是正确的,但对海军建设无异于一次"急刹车"。这样,就不是像数月前暂缓航空兵建设似的局部削减,而是整个计划大变,海军整体建设大大推迟,但海军没有选择的余地。会后,萧劲光等海军领导立即召开会议,统一认识,讨论压缩计划事宜——经过此次压缩,海军建设计划连原计划的1/3也不到了。

然而,经过这样压缩的新的三年建设计划,当年年底又发生了更大的变化。

1951年11月16日,中央军委整编工作会议在中南海居仁堂召开。会议就海军建设计划再次做出决定:一要缩小,二要推迟。周恩来做了说明:根据毛主席提出的"战争必须胜利、物价不许波动、生产仍须发展"的战略方针和国家的财力,海军的三年建设计划要到1955年完成。换句话说,就是要将三年的计划改为五年完成,而且数量上还要减少。

按照这一精神,海军于会后将三年计划改为《海军五年建设计划》,并大大减少了购置舰艇、飞机和岸炮等装备数量,缩小了部队基础建设规模。12月12日,周恩来审阅了《海军五年建设计划》并将其转报毛泽东、朱德、林彪,同时附函说明:"现送上请主席审阅批准,以便按此计划分五年订货,并拟在一九五二年先订五分之一约二亿零三百万卢布的货。"次日,毛泽东批示"同意"。

之后,按照惯例,将《海军五年建设计划》电传苏联帮助审查。苏方反馈消息说,斯大林认为"计划小了,应搞大一些"。1952年初,海军经请示军委批准,根据斯大林的建议,又对五年建设计划做了扩充。这样,海军建设计划才算基本确定下来。

磋商落实一波三折,最后达成《六四协定》

海军建设计划一变再变,但两个基本点没变化:一是主要用苏联的贷款,二是装备由苏方提供。基于这两点,加之《海军五年建设计划》按照斯大林的意见做了扩充,所以最后的落实仍需请苏联海军帮助审查。为此,萧劲光于1952年4月~1952年6月再次率团访问了苏联。

考虑到落实五年装备订货计划有许多具体问题要磋商,这次代表团增加了人数,行前做了比较充分的准备。萧劲光亲为团长,参加人员除罗舜初外,海军修造部部长林真、政务院重工业部船舶局副局长罗叔平等,也一齐赴苏。他们此行在莫斯科待了一个多月,与苏联海军部部长库兹涅佐夫、苏军副总参谋长法金及各方面专家等,进行了多次会谈、磋商。当时中苏两国关系非常密切,彼此了解,几乎无秘密可言。所以会谈一开始,萧劲光就介绍了中国海军建设的战略方针、五年建设计划的主要内容,坦诚地提出请苏联海军帮助审查中国《海军五年建设计划》等问题。此后,代表团或合或分,与苏联海军领导及有关人员具体磋商了当年订货、此后几年内需要购置的武备和希望转让的技术问题。总的来说,这次访苏是成功的,双方先后进行正式会谈6次,还多次非正式地就技术问题交换意见。最后,当年订货定下来了,苏方对中国《海军五年建设计划》表示赞同,并且对承担转让项目需要设立哪些机构等,提出了一些有价值的建议。遗憾的是,没有签订落实订货的书面文件。访问结束前,罗舜初委婉地向法金提议双方签一个供货协议,法金回答说,这次会谈的结果,他们还要向政府汇报,所需经费也要由政府核准,待政府批准后双方签订正式协定,然后才能执行。

尽管代表团回国后,毛泽东亲自给斯大林写了信、打了电话,以表示感谢并敦促协商成果的落实,但迟迟没有得到苏联政府通过核准的通知。于是,罗舜初于同年8月、翌年初又两次访问苏联,与苏联海军领导进行了长达数月的谈判和磋商。直到1953年6月4日,双方才达成共识,以两国政府的名义签署了《关于海军交货和关于在建造军舰方面给予中国以技术援助的协定》。后来,按照签订时间,通称《六四协定》。

《六四协定》是由在苏联访问的政务院财经委副主任、重工业部部长李富春代表中国政府与苏联政府签订的。其主要内容是:

苏联政府保证在1953～1955年内向中国提供海军装备和建造军舰技术上的援助。具体内容、项目,按协定的3个附件所列执行。

附件一,苏联政府交付中华人民共和国各类舰艇(成品)xx艘(合计xxxxx吨)。其中包括,07型驱逐舰x艘、C型鱼雷潜艇x艘、M型鱼雷潜艇x艘、123k型鱼雷快艇xx艘;各种飞机xxx架,机场地面设备车67辆;各种火炮150门,鱼雷、水雷、深水炸弹、各种炮弹、观测、通信、航保、防化、防救等各类配套设备器材若干(具体数目从略)。

附件二,交付各类成套造舰材料(又称半成品舰艇)由中国船厂装制的舰艇xx艘(合计xxxxx吨)。其中包括,01型护卫舰x艘、03型潜艇x艘、122-比斯型驱潜艇(又称04型猎潜艇)x艘、254k型基地扫雷舰x艘、151型江河扫雷艇xx艘、183型鱼雷快艇xx艘。苏联方面无偿地给中国方面以建造军舰和生产水雷的转让权。

附件三,苏联方面无偿转让制造舰艇技术图表和工作图表,以及生产水雷、安装火炮等技术文件。并将在1954～1955年内,派遣不少于150名苏联专家到中国,以资在中国工厂建造舰艇方面给予技术援助。在修复重庆舰方面,给予中国政府以技术援助(条件由双方另行商定)。

同时,《六四协定》还规定,在本协定有效期的每一年度中,交货价值的1/3,将由中国方面按中苏贸易协定的条件,于同一年内由中国向苏联交付货物的办法偿付之(即交付现款);交货价值的2/3,则由苏联政府根据本协定的目的给予中国政府的贷款偿付之。贷款额为6.1亿卢布,年息2%。从1954年1月1日起,按每年同等数量,十年内偿付之。

关于《六四协定》的内容,有两点需要说明:一是直接购置装备的项目、数量,与上年磋商过的《海军五年建设计划》有了很大减少;二是装备订购计划只签订了3年。

其第一个问题,即购置装备项目量减少,主要是受斯大林逝世(1953年3月5日)的影响。斯大林对中国海军建设是支持的。特别是1951、1952年,他为中国人民在抗美援朝中表现出来的国际主义精神、大无畏的英雄气概所感染,多次表示苏联政府要尽一切可能帮助中国建设海军。正是基于这一思想,他主动提出中国《海军五年建设计划》"应搞大一些",致使军委、海军机关一些人把后来扩大了的海军建设计划称作斯大林计划。斯大林逝世后,苏方一再强调困难,无法按中方计划要求提供装备,新上任的苏联领导人马林科夫,甚至讲不知道斯大林曾提议中国扩大海军建设计划及苏方曾审定过中国《海军五年建设计划》的事。所以《六四协定》签订的数量,也是经罗舜初再三申明意见、全力争取才落实的。

至于《六四协定》中装备订购计划所以由五年改为三年,苏联方面强调,主要是因为"苏联第五个五年计划已过了两年,订货计划只能安排三年,而余下的两年,须待下一个五年计划另行商定"。

看到《六四协定》文件后,萧劲光对比核算了一下,文件最后确定的购置装备数量,舰艇是原五年计划的1/3,驱逐舰砍掉了一半,而飞机仅仅只有原计划的1/6。还好,这只是五年建设计划的一部分——三年的订货,余下的两年或许可以增加一些!

然而,萧劲光的这一想法很快被打消了。接下来,海军装备订货的经费,再次被削减。

开国元勋共议海军发展,海军第一个五年计划最后敲定

《六四协定》签订后,萧劲光等海军领导遂组织机关业务部门按照协定中

所列各项,制订落实计划,部署工作。结果一个多月后,即1953年8月,海军又接到军委通知:根据中央财经会议精神,为了做到外汇平衡和发展重工业,军费将有所削减。军队各大单位要处理好需要与可能的关系,重新考虑原定的五年计划,使之更加符合国家的实际情况和中央的要求。海军应本此精神将中苏两国签订的海军三年订货计划(即《六四协定》),再行缩减,以减少经费尤其是外汇开支。

接到这个通知,萧劲光很着急。联想到部队日益繁重的护渔、护航任务和面临的解放浙东沿海岛屿的战斗,他感到有必要向中央反映自己的想法。经过慎重思考,萧劲光于8月24日,直接给毛泽东主席,朱德、周恩来、彭德怀副主席,写了一封信。信中说:

> 自海军建立以来,恰值朝鲜战争时期,海军建设处于极次要地位,原来海军在苏订货之经费,大部转拨建设空军。海军建设四年以来,新增力量仅有四十六艘快艇(其中旧的三十六艘)、螺旋桨水鱼雷机三十二架(今后只能做教练机用)。小口径海岸炮四个团。如果再将三年计划缩小的话,现在我们已建设的各种学校,都很难维持下去。为了国家重工业建设削减军费,我们认为是应当的,但海军建设是否可以从整个军费内适当调整,以使其逐渐生长,以应付海上斗争的需要……

萧劲光的信报送上去后,中央领导层高度重视。毛泽东在中共中央政治局12月4日召开的扩大会议上,亲自主持了对《海军五年建设计划》的审查。在与会人员一一发言(多数人同意萧劲光的意见,认为不能再削减,也有部分同志感到经费上有困难)后,毛泽东总结大家的意见,作了指示。他说:"为了肃清海匪的骚扰,保障海道运输的安全;为了准备力量于适当时机收复台湾,最后统一全部国土;为了准备力量反对帝国主义从海上来的向我国的侵略,我们必须在一个长时期内,根据工业建设发展的情况和财政的情况,有计划地逐步地建设一支强大的海军。"同时,毛泽东提出,军委和政务院有关部门要召开会议,对海军建设问题进行一次专题讨论研究。

遵照毛泽东这一指示,周恩来于1954年1月23日分别致函彭德怀、黄克诚和萧劲光:"根据毛主席指示,拟于军委高干会后,四中全会开会前,商谈一次海军建设计划问题(具体时间另通知)。现将毛主席一九五三年十二月四日在中央会议上对海军建设指示的纪要及海军提出的海军五年建设计划的规模和第一机械工业部(以下简称一机部)提出的造船工业发展计划的报告材料共四件送上,请抽暇先阅。"

接到周恩来的信函,萧劲光深受鼓舞,迅即召集业务部门研究,起草了一个详细的介绍五年计划依据的汇报提纲。

2月12日,中国共产党七届四中全会刚结束,周恩来在中南海西花厅主持召开了专题研究海军第一个五年建设计划的会议。

这次会议出席人员规格之高、与会领导人之多,是空前的(后来的实践证明也是绝后的)。他们是:军委、总部领导彭德怀、刘伯承、贺龙、陈毅、聂荣臻、谭政、黄克诚,政务院副总理兼财政部部长邓小平,中央财经委员会副主任李富春,一机部部长黄敬、第二机械工业部(以下简称二机部)部长赵尔陆,重工业部部长王鹤寿;海军参加会议的有,司令员萧劲光,副司令员罗舜初、方强,参谋长周希汉;总参装备计划部部长万毅、军委办公厅主任萧向荣等,也出席了会议。

会议由周恩来主持。他点名萧劲光首先发言,介绍相关情况。

萧劲光首先介绍了《海军五年建设计划》的内容。计划分为两部分:一部分是前三年,即1953~1955年,按照《六四协定》执行,购置规定武备及半成品材料;另一部分即五年计划的后两年,即1956~1957年,依此前与苏联方面的约定,再从苏联订购一批舰艇和造舰材料。前后两部分加起来,共需13亿多卢布,约合人民币12.6万多亿元(旧币)。到会的海军其他领导,方强、周希汉等也分别发言、插话,做了说明、补充,表示赞同萧劲光的发言。

萧劲光等海军领导发言后,大家便围绕海军的计划展开讨论。执掌政务院财政大权的邓小平先讲。他说:"毛主席指示,第一个五年计划内国家机构经费最后要做到不超过国家支出的30%。根据这一原则,军费今后只能每年递增 4 万亿元。不管你想干什么，钱就是这些，否则只有改变 30% 的比例。"

黄克诚以副总参谋长身份兼任着总后部长，掌管军费全局。他接着补充："按邓小平同志所说，第一个五年内的军费，除去经常性经费必须开支外，现各兵种提出的五年建设计划尚差七八亿元。"

听他们几个说明情况后，主持军委日常工作的军委副主席彭德怀简单介绍了各兵种五年计划概况，而后强调指出："第一个五年内国家机构经费最后做到不超过国家支出 30% 的原则不要动摇。应以此为标准拟定各兵种的均衡发展计划。"

黄敬先向大家介绍了国家造船工业的情况，继而提出："第一个五年计划内，除海军要求造军舰 3 万吨、辅助船 6000 吨以外，民用方面要求制造民船 48 万吨。从造船工业的发展速度来看，无法满足上述要求。"

随后，陈毅、贺龙、刘伯承、李富春等同志相继发言，一致主张第一个五年计划期间应集中国家的财力发展重工业，各特种兵建设应尽可能缩减。

最后，周恩来归纳大家的发言，做了总结讲话。他说："从我国造船工业发展速度、国家财政能力和与苏联订有三年协定等情况出发，《海军五年建设计划》应该是在五年时间内实现中苏三年海军订货，即以苏联根据协定供应的海军装备作为我国海军五年建设计划方案，不可能再增加新的两年订货计划。"同时，他责成彭德怀召集中央军委有关部门开会，研究从空、陆军部队抽调部队和干部，支援海军建设。

4 月 15 日，周恩来将这次讨论的情况和主要意见，向毛泽东、刘少奇并中央做了报告，中央很快批准了这一方案。从此，中国海军开始进入以执行《六四协定》为主的第一个五年计划的全面建设时期。

毛泽东首次视察海军舰艇部队

　　1953年2月，毛泽东带着中央办公厅主任杨尚昆、公安部部长罗瑞卿、总政保卫部部长杨奇清等数人，简从离京，进行了新中国成立后第一次较长时间的工作视察。这次对长江中下游沿岸地区视察，是乘坐华东海军长江号炮舰（洛阳舰护航）进行的。横穿四省，航程千里，毛泽东食宿舰上，与诸多地方领导同志交谈、听取他们的汇报也在舰上，借此契机，他对海军舰艇部队从装备设施到官兵生活，进行了第一次全面视察。

走遍长江舰每个战位，与官兵广泛交谈

　　1953年2月19日，瑞雪初停后的武汉三镇，银装素裹，空气清新。或许尚在春节假日期间的缘故，往日喧嚣的江汉关码头，今天舟楫不繁。丽日蓝天下，4号码头停泊的两艘军舰——华东海军第七舰队的炮舰长江号、第六舰队的护卫舰洛阳号，庄严威武，分外引人注目。它们是作为一个舰艇编队于两天前抵达这里的，受命前来执行一项重要的政治任务。

　　17日上午，编队停靠码头不久，罗瑞卿便在海政保卫部副部长杨怀珠陪同下来到长江舰，向率编队前来的华东海军参谋长马冠三、舰艇大队大队长王德祥及长江舰党支部成员宣布："中央和海军领导交给你们的是一个极其重要而又光荣的任务：护送我们伟大领袖毛主席沿江考察，直至南京！你们要切实把各方面工作做好，要绝对保证毛主席的安全。"任务一下达，舰政委刘松、副舰长王内修等，都惊喜、激动不已。时逢春节，又风雪千里赶来，护送党和国家领导人，这几天他们差不多已经猜测到了，只是没有想到竟是做梦都想见到的毛主席！小小长江舰竟成为毛主席的坐舰，接受毛主席的检阅、视察！大家都为

自己的幸运高兴,也为心爱的战舰自豪。两天来,官兵们满怀激动和兴奋的心情擦拭武备,清洁保养舰体,做主席视察的准备工作。

19日早饭后,毛泽东身边工作人员将两条长凳、一张木板床、一把帆布椅、一套火车上用的卧具(薄棉垫、白棉布床单、深绿色缎面被子、普通毛毯)搬上长江舰,安置在舰政委办公室。洛阳舰驶离开码头至江心漂泊。长江舰全体舰员则列队站坡,迎候毛泽东的到来。

江汉关大钟响过11下,3辆小汽车停在码头外沿江大道上。毛泽东走下车,在罗瑞卿、杨尚昆、杨奇清等陪同下,大步向码头走来。长江舰上翘首以待的官兵们,情不自禁地鼓掌、欢呼起来。毛泽东接受副舰长王内修报告后,跨下趸船,登上长江舰。11点30分,随着一声汽笛长鸣,长江、洛阳舰同时驶离码头,长江舰在前,洛阳舰伴随护航,顺流向下游进发。

作为三军统帅,毛泽东挥师百万,但乘坐军舰今天还是第一次,也是第一次来到海军舰艇部队官兵中间。上舰后,他没有进安排他起居的舰政委办公室,几乎一刻也没有休息,就在马冠三等陪同下从前甲板到后甲板,从驾驶台到炊事房,到舱室和战位看望官兵,与大家亲切交谈。时任长江舰政委的刘松,晚年的回忆文章中有一段生动的记述:

(下午)1时40分,毛主席来到前甲板,迎着寒风向江面远眺。陪同人员拿来一条深咖啡色带白格的围巾给他围上。主席站了一会儿就从舰首来到前主炮旁察看炮的部件。前甲板的同志立即围上来。马冠三参谋长叫人去找枪炮长。枪炮长跑步赶来,主席迎着他伸出手,枪炮长连忙举手敬礼,主席一边还礼一边问:"你是干什么的?""我是'长江'舰枪炮长,叫贾荣轩。""你是负责指挥这门炮的?""是的。"主席又问:"这是什么炮?""日本造的八八式高射炮,是陆军用的。"

接着,主席又仔细询问了炮上的各种部件及炮的性能,贾荣轩做了颇为详尽的回答。主席倒背着手,身子微倾,听得十分认真。贾荣轩报告说:"这炮的平衡钢丝断了,不能用。"主席说:"不能用放在这里干什么?"贾荣轩说:"是摆样子的。"

"噢,是摆样子的。"毛主席的话一出口,大家都笑起来。主席转身对马参谋长说:"这门炮不能用,发生情况怎么办? 要换一换啊!"马参谋长回答:"回去就换。"

毛主席对大家说:"五年之后,就可以装我们自己造的炮了。"大家立刻热烈鼓掌。

……毛主席从右舷登上驾驶台,我双手扶着主席的右臂到了舰桥,主席站定向四处眺望。航海长刘兴文正在观察航标,一见主席上来连忙转身举手行礼,主席微笑还礼。我向主席介绍说:"这是我们航海长。"主席问:"航海长是干什么的?"我报告了航海长的职责,主席听后问刘兴文的名字、从哪里来、是否经过海校学习,刘一一回答。之后,毛主席说:"听你们萧司令说,你们陆军来的有些同志不安心干海军,你愿意干海军吗?"刘兴文回答:"我们愿意干海军。"毛主席笑着点点头说:"应当安心干海军。过去帝国主义侵略我国大都是从海上来的。现在太平洋还不太平,我们应当有一支强大的海军。……帝国主义如此欺负我们,我们要争气,要认真对付;我国的海岸线这么长,一定要建设强大的海军。"

……王内修同志从驾驶台左侧走到主席身旁,我向主席介绍:"这是副舰长王内修,他是原海军起义过来的。"主席说:"噢,你是老海军。下面的徒弟都听你的话吗?"王内修没听懂主席的话,我向他重复了一遍后,他忙回答:"都很听话。""听话就好。"主席又问他,"他们都肯学习吗?"王回答:"都学习得很好!"主席嘱咐王内修道:"你要好好带徒弟啊!"王大声回答:"是!"

主席在询问了舰上有几个部门之后,用商量的口吻对王内修说:"我们到各部门去看看好吗?"王高兴地说:"请主席视察。"主席在马冠三参谋长和王内修的陪同下走出驾驶台来到上甲板,询问了人力舵的作用,并亲手转了转舵轮……

毛泽东在饭前、饭后两次视察了炊事房。他亲切地询问炊事员的工作情况、官兵伙食情况:"吃几个菜?干部战士是否吃的一样?"勉励炊事班的同志说:"炊事工作很重要、很辛苦,要搞好伙食,保证部队身体健康。"他向陪同视察的舰上领导一再强调,要关心官兵生活,"官兵一致",要发扬我军的优良传统。

14点30分,毛泽东再次来到前甲板,各战位休更的同志迅即围拢过来。大家崇敬地望着毛泽东,有些拘束、紧张。毛泽东见状,随和地和大家说笑话:"这么瘦,没吃饱?穿这么少,冷不冷?"一阵哄堂大笑后,大家再也不紧张了。毛泽东关切地问大家一个月津贴多少、家里有无困难、结婚没有、是什么地方人、是从哪里调来的等问题,回答着问话,官兵们心里感到暖烘烘的。毛泽东扫了一眼全场,见围在身边的战士都只有二十来岁,高兴地说:"你们都很年轻。第一个五年计划、第二个五年计划,不行再来一个五年计划,到那个时候我们就有自己的军舰,你们也才只有三十来岁,也很年轻,你们是大有可为的。"听了主席的话,同志们情绪异常兴奋。毛泽东又说:"我们过去没有空军,也没有海军,现在我们已经有了飞机,有了军舰,只要大家一起努力干,前途是非常光明的。……现在我们的海军还不够强大,只要大家一起努力,我们的国防力量就会一天比一天强大!"一位水兵插话:"靠毛主席领导。"毛泽东说:"靠大家一齐努力干!"

甲板上风越来越大。大家关切地对毛泽东说:"风大了,请主席回舱吧!"毛泽东抬头眺望了一下江面笑着说:"这风吹在身上很舒服。"他向大家微微点点头,转身从左舷向政委办公室走去。

当日18点,编队到达湖北黄石港,长江舰靠上黄石港码头,洛阳舰在江中抛锚。毛泽东上岸视察了大冶钢铁厂,两小时后又回到舰上。随后,编队进入夜航。

20日凌晨3点,长江舰编队停靠在江西省九江码头。发动机停了,舰上一片寂静。长江舰是一艘老舰,用煤做燃料。夜间锅炉要保持一定气压,保持正常通气,需不断加煤。锅炉班的同志担心铁锹铲煤声大影响主席休息,干脆用手加煤。……当日上午,毛泽东在舰上召见两位当地负责人谈话。就在这期间,洛阳舰副政委胡玉成代表全舰官兵向毛泽东随行人员提出,请毛主席也乘坐他们的军舰。毛泽东有意尽可能多地接触海军官兵,当即答应了。

换乘洛阳舰，重点了解舰上政治工作及官兵思想情况

20日午饭后，停泊在江中的洛阳舰发出信号，请求主席去他们舰。经请示毛泽东同意，长江舰发出答复信号。洛阳舰接到信号立即起锚，靠在长江舰右舷，全舰官兵站坡迎接主席上舰。

毛泽东穿过长江舰甲板登上洛阳舰。洛阳舰舰长丛树生大步向前向毛泽东报告："洛阳舰干部25名、战士145名。全舰准备完毕，请主席检阅。洛阳舰舰长丛树生。"毛泽东还礼，与丛握手，又向站在旁边的胡玉成伸出手，挥手向站坡的官兵致意。

编队起航了，洛阳舰在前，长江舰在后护航，继续顺流下行。像在长江舰一样，毛泽东没有立即进舱休息，在丛、胡二人的陪同下到各个战位视察，看望官兵们。

视察完驾驶台后，毛泽东走进会议室，向胡玉成询问起官兵们的思想和政治学习情况。胡玉成汇报说，有些同志刚来海军，要求学技术的心情很迫切，都希望很快地掌握军事技术。毛泽东亲切地说："还是要首先注意政治教育，提高同志们的政治热情。要使大家懂得，过去帝国主义大都是从海上来侵略我国的，现在太平洋不太平。我们一定要建设强大的海军，要把我国海岸线筑成'海上长城'，这样

1953年2月19日，毛泽东首次视察海军舰艇部队，并乘长江、洛阳号等舰自武汉沿江而下，航行四天三夜。图为毛泽东(左)与洛阳舰官兵亲切交谈，勉励大家努力建设人民海军

帝国主义就不敢欺负我们了,太平洋就太平了。……战士们的政治觉悟提高了,掌握技术就快了。"毛泽东强调,建设海军要坚持以陆军为基础,以工农为骨干,团结教育原海军人员。只有这样,才能搞好人民海军建设。交谈一会儿后,毛泽东喝了一口茶,又问道:"你们舰上学习情况怎样?"胡玉成回答:"我们舰上军事、政治、文化学习,都进行得很好……"毛泽东说:"请你把一个战士所看的全部书籍都拿来,给我看一看。"

很快,胡玉成拿来了报务员萧和清的书:《论共产党员修养》《怎样做一个共产党员》《论党》《社会发展简史》《中国革命与中国共产党》《实践论》《毛泽东选集》《钢铁是怎样炼成的》《俄罗斯水兵》《朝鲜通讯》,还有几本军事技术书。毛主席接过书翻了一下,把一本《头门山海战英雄艇》的连环画(介绍华东海军414号艇不畏强敌,单艇击沉敌机帆船的事迹)匆匆看完,对胡玉成说:"你看过这本书吗?"胡回答"看过"。毛泽东接着说:"这本书虽然很小,但是它的意义很大,它又适合战士的水平,你们也要好好地看看。"最后,毛泽东说:"这些书都很重要、很好。这说明同志们学习得还不错哩!"

开展文娱活动的时间到了,水兵们欢快地聚在后甲板上奏乐、跳舞。毛泽东来到水兵中间,与大家无拘无束地交谈。舰上的信号兵赵莱静在日记中动情地记下了这一幕:

大家正跳得起劲的时候,毛主席由会议室从后甲板的过道里走过来了。……同志们惊喜交加,停止了跳舞,每个人的脸上都是红喷喷的,眼睛里漂着泪花,望着自己敬爱的领袖。

毛主席走过来亲切地问道:"都会跳舞吗?"本来我们有点拘束,一听领袖这样和蔼温暖的声音,就自然多了,齐声说:"都会!"毛主席笑了,同时称赞道:"好,都很活泼!"毛主席又问:"你们有些什么乐器?"大家都高兴地抢着回答:"有胡琴、小提琴、笛子……"马代义从背后挤上前来说:"还有锣鼓!"毛主席望着马代义说:"是啊!扭秧歌可少不了锣鼓。"毛主席顿了一下又说:"没听你们说有钢琴,要是没有,这只是暂时的,以后可得有,开展文娱活动可少不了这东西!"

……毛主席把身子移近我们问道:"同志们都到北京受过检阅吧?"几个参加过检阅的同志回答:"到过!"毛主席轻声地笑起来,并富有风趣地说:"那咱们早就见过面了!"这时,马代义一点也不感到拘束,口快地说:"就是天安门太高,看不太清楚!"毛主席向马代义探了下身子,瞅着他的脸和蔼地说:"这回可看清了吧!"马代义的脸唰地红到脖根,回答说:"看清啦!"同志们都哈哈大笑起来。……毛主席转过身来又望着大家关切地问:"舰上工农同志多少?青年学生多少?大家举手看看。"同志们都分别举了手,毛主席点头说:"一半,一半。"又问道:"同志们没有隔阂吧?"同志们互相看了一下,笑着说:"毛主席,我们团结得可好呢!"毛主席满意地说:"应当好好团结。今后就更好了,工农分子知识化,知识分子工农化,知识分子和工农分子的界限,慢慢就消失了。"

军舰稳稳地前进,轮机舱的轰隆声清楚传到后甲板。毛主席要到机舱去看同志们。临离开前,他再次关切地问道:"同志们都习惯海上生活了吧?"我们齐声回答:"习惯了!"他点了点头,再次教导大家:"过去在陆地上,我们爱山、爱土,现在是海军,在水上了,就应该爱舰、爱岛、爱海洋!"

20日22点,编队到达安徽省安庆市。军舰靠码头后,毛泽东又回到长江舰。此前,安庆地、市委的领导同志已在码头等候。毛泽东将他们请上舰,在舰政委办公室里听取了他们的工作汇报,与他们交谈到深夜。

完成官兵交给的"任务",为战舰题词,与官兵合影

毛泽东送走安庆地、市委负责人时,已过了子夜。回到舱室,秘书已在案前摆开了笔墨、宣纸。毛泽东若有所悟地笑道:"哦,他们交给我的任务还没完成呢!"

原来就在毛泽东到长江舰的第一天,洛阳舰党支部就以全体舰员的名义给毛泽东写了一封信,信中提出3个要求:一是请主席登舰视察,二是请主席为战舰题词,三是与主席合影。毛泽东说这是大家交给他的3个"任务",都答应了。而今,第一个已兑现,其他两个自然也要完成。

毛泽东扫一眼摊开的文房四宝,在舱室轻踱几步,像是自语又像是征求秘书、卫士他们的意见:"写点什么呢?"秘书、卫士笑着谁也不说话。毛泽东坐下来点了一支烟,与秘书们谈了起来。毛泽东说,中国在清朝以前没有真正的海军,有海无防。清朝后期,鸦片战争惨败,搞了海军,很快给洋人打垮了。甲午海战,北洋水师全军覆没。100多年来,帝国主义列强一次次入侵,一个又一个不平等条约签订,一部中国近代史,就是帝国主义列强的海上入侵史,就是中华民族的屈辱史。转眼一个多小时过去了,已是21日1点了。秘书、卫士离开后,毛泽东才挥笔写下了后来广为人知、影响深远的题词:

为了反对帝国主义的侵略 我们一定要建立强大的海军

题词一式2张,写在8开的宣纸上,竖排成3行,落款在题词左下方。翌日一早,毛泽东告诉秘书,长江、洛阳舰各1张(后来报刊上发表的是长江舰的1张)。秘书整理舱室时发现,除写好的2张外,另有4张撕毁丢在纸篓里。其中1张与留用的内容、格式基本一样,另外3张上面多了"人民"两字,即"为了反对帝国主义的侵略,我们一定要建立强大的人民海军"。如此改,仅属修辞还是其他考虑,不得而知,但足见毛泽东经过了认真的思考、斟酌。

21日天一亮,长江、洛阳舰的水兵早早地就起床换衣服,"梳妆打扮"。他们昨晚已经接到通知,毛主席今天将与大家合影。

这一天天公作美,碧空如水,万里无云。唯其如此,让人越发觉得干冷。陪同人员担心主席在江面站得太久,向毛泽东建议:"天气太冷,两舰各照一张就行了。"毛泽东不同意:"还是分批照吧!"他考虑的是,照一张,值班人员就无法照上,再者人多地方小,也很难照得清楚。

上午9点许,毛泽东首先来到靠在长江舰外舷的洛阳舰。他看到官兵们

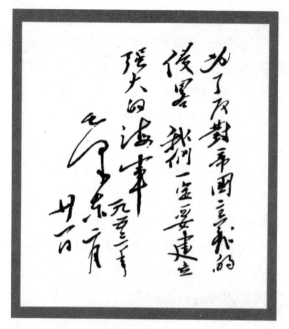

1953年2月21日，毛泽东为长江、洛阳舰题词："为了反对帝国主义的侵略　我们一定要建立强大的海军"

已有序地站好，便径直走进队伍中间空出的地方。站在后排的一个战士怕照不上往前挤了一下，毛泽东随之向前跨了两步，转过身来说："你们站好，一次照不上分几次照好了。"

毛泽东转身回到队伍中，照相机咔嚓一声，第一张照下了。这是一张全舰官兵的合影，从甲板到驾驶台，官兵们像站坡一样分了4层。接下来，按部门照，依次是轮机、航海、舰务、观通部门等。最后，毛泽东又单独与舰上的干部合影。大家既兴奋又激动，每照一张，就响起一阵掌声。

洛阳舰合影结束后，毛泽东又返回长江舰。已有先例，按部门分批照。枪炮部门整队时，毛泽东对记者说："要每人给一张。"记者马上回答："每人都有，每人都有。"毛泽东怕大家不放心，风趣地说："他要是不给，你们找我。"记者忙说："一定给，一定给！"同志们都笑着用力鼓掌。

前后用了两个多小时，毛泽东和两个舰的官兵们照完相。照相结束，大家再次将毛泽东围起来。两天多的共同生活，官兵们不再像初见时那样拘谨。信号兵小王见毛泽东深黄色的呢子大衣褪了色，满是褶皱，袖子还露出织线，亲昵地说："主席，您的衣服还没有我们的好。"毛泽东幽默地笑着说："它跟随我服役多年，参加过开国大典，是老革命了！"官兵们都笑起来。

午饭后稍事休整，14点，编队驶离安庆港，顺流向下游进发。当晚，编队到芜湖时，军舰在江中抛锚。按毛泽东的要求，用汽艇把当地党政负责同志接上长江舰,与他们进行了工作交谈。

22日凌晨3点,编队抵达此行的目的地南京下关码头。这时,华东军区司令员陈毅、参谋长张爱萍等军区领导同志早已在码头迎候。毛泽东通过刘松向全舰同志表示感谢:"同志们,辛苦了,谢谢大家!以后有时间再来看望你们。"遂与

毛泽东与长江舰官兵合影

陪同的罗瑞卿等人离舰上岸,前往市内视察、参观。

视察"最大舰",检阅鱼雷快艇战斗操演

2月24日下午,古城南京,稀疏雨丝笼罩下的下关码头,整齐地停泊着7艘战舰:华东海军第五舰队的黄河号登陆舰,第六舰队的南昌、广州号护卫舰,快艇一大队的101、104号鱼雷快艇,以及毛泽东乘坐的长江、洛阳舰。

两天前,长江舰编队航行途中,毛泽东向一路陪同的华东海军参谋长马冠三提出,到南京看看海军最大的军舰和海军的新装备。马冠三报告了华东海军,经请示军委海军机关批准,决定将南昌号等5艘舰艇调来南京,接受主席检阅。其中,南昌舰是一艘日本建造的军舰,排水量1350吨,不久前换装了苏式130毫米主炮,是华东海军的旗舰;广州舰是由加拿大商船改装的,前后加装了130毫米舰炮,排水量达1920吨,是华东海军战斗舰艇中吨位最大的;黄河舰是一艘中型登陆舰,与南昌舰一样原是国民党海军起义舰艇,排水量912吨,功能也较好;101、104号两艘快艇,是新接收的苏式123-比斯鱼雷艇。在

苏联海军虽早已有了替代产品，在中国海军却仍属先进装备。这些舰艇接到命令后，通宵达旦紧急备航，连夜赶到这里接受检阅。

14点30分，南昌舰主桅升起红旗，各舰司号员吹起军号。毛泽东在华东军区司令员陈毅、军委海军副司令员王宏坤陪同下，首先检阅了码头上列队的华东军区陆海空三军军以上干部，然后迈着矫健的步伐登上南昌舰甲板。陈毅指着华东海军司令员陶勇向毛泽东做了介绍，毛泽东紧握着陶勇的手说："你就是陶勇同志，我久仰你的大名，你仗打得好啊！"接着，毛泽东与政委袁也烈等华东海军领导同志一一握手，询问他们的情况。

15点，以南昌舰为前导，广州、洛阳、长江、黄河号等各舰，101、104号两艘鱼雷艇，依次离开码头，组成单纵队向燕子矶江面驶去。

江面波澜不惊，军舰在细雨中平缓行进。已对舰艇有了初步了解的毛泽东，冒雨依次到舱室、战位看望官兵。很快，编队抵达燕子矶江面，海上检阅开始：黄河、广州号等各舰成单纵队，依次从南昌舰旁驶过。101、104号两艇在中队长高东亚指挥下，先组成纵队，继而组成横队、梯队，用三种双艇编队形式、以36节的航速在江面上跑了3个来回。望着小艇飞驶江面犁起的层层浪花，毛泽东很是高兴："快艇不错，速度快、能放鱼雷，价格又比较便宜，发展这个好！"

鱼雷艇操演结束，编队返航。毛泽东兴致勃勃地参观了南昌舰后主炮。看到几个身强力壮的炮手熟练地操炮，毛泽东连声说"好！好！"走至冒着蒸气的机舱口，毛泽东提出到机舱下面看看，被陶勇、袁也烈劝阻了。于是，他们一起穿过走廊走进南昌舰会议室。在这里，毛泽东听取了华东海军各级领导同志的汇报，与大家进行了话题广泛的交谈。

南昌舰副政委陈友仁首先对舰上情况做简要介绍。讲到舰上官兵思想状况时，毛泽东问道："从陆军部队转来的同志是否都愿意当海军？"陈友仁说："现在都愿意当海军了。因为大家都感到大陆解放了，没有仗打了，海军还要解放台湾，有仗打。"毛泽东当即指出："还有帝国主义呢！"接着，他再次向大家讲起了中国的近代史。毛泽东说，我国有辽阔的海洋和漫长的海岸线，但长期有海无防。从明清以来，帝国主义侵略我国大多是从海上来的，日本鬼子进攻上海也是从金山卫登陆……我们国家一穷二白,钢铁很少,海防线很长,帝国主义就是欺侮我们没有海军。现在我们有了海军,有了我们自己的海军、人民的海军,你们要好好干,把它建设成强大的海军。

大家围绕毛泽东提出的话题议论一番后,毛泽东问陶勇:"你们这个华东海军有多少人?"陶勇报告了部队的简要情况,当讲到部队官兵成员主要是陆军转来的、新入伍的知识青年和原海军人员三部分时,毛泽东问:"这几个方面的人关系处得还好吧?"袁也烈、陶勇一齐回答:"很好!陆军来的同志能虚心、刻苦地学习技术,原海军的同志也不保守,肯教。"毛泽东满意地点点头,说:"对原海军人员要多从思想政治上帮助、团结、教育,发挥他们的长处,为海军建设服务。"

毛泽东喝了口水,话锋一转,问近前的几位干部是哪个部队的。大家都报告了各自的简历。毛泽东接着说,听你们萧司令员讲,有人瞧不起你们,说你们是土包子,不能干海军。有人回答"有些人的确曾有过这种看法"。毛泽东说,没关系。你们有政治觉悟,有战斗经验,过去爬雪山、过草地都过来了,这点困难还克服不了?有的同志插话说:"经过这几年时间,不论干部战士,基本上都掌握技术了。"毛泽东听了高兴地说:"好!好!大老粗同样可以掌握技术。要注意培养技术骨干。要边学边干,边干边学,文化、技术都可以学到。你们出过海没有?"大家分别回答"出过"、"没有"。毛泽东说:"你们是海军了,干海军就不要怕风浪,一定要到大海里去锻炼。"

听了主席的教诲鼓励,同志们都十分激动,情不自禁地一次又一次鼓掌。

毛泽东问起造船工业的情况。一位负责同志说,军舰所需的技术装备,还不能自给。毛泽东说:"可以自己造,光靠人家是不行的。海军建设一定要放在自力更生的基点上。……要学习外国的先进经验,但是不要认为什么都是外国的好。海军是有自己的特点,但是不能强调海军特殊。我军好的传统要发扬,不能丢。陆上有群众,海上也有群众,渔民就是群众。海军也要依靠群众,依靠渔民,要到群众中去扎根。"

毛泽东还关心地询问了舰员的生活情况。说舰员体力消耗大,应该有足够的营养,以保持他们的健康。现在的伙食费是否够用?如果不够,还可以考虑增加。

转眼一个多小时过去了,毛泽东走出会议室登上驾驶台。与舰长曾泉生握手见过后,毛泽东问起南昌舰的情况。曾泉生说,这艘舰是1949年起义官兵带来的。在国民党海军时叫长治舰。一边说着,便把起义的主要领导人陈仁珊介绍给毛泽东:"陈仁珊现在是舰上的航海长,已经入了党,进步很快。"毛泽东高兴地再次与陈仁珊握手,询问起当时起义的经过。陈仁珊介绍着,激动得热泪盈眶。

时断时续的毛毛雨似乎大了些,站在驾驶台上的毛泽东衣帽渐渐浸湿了,但他仍蛮有兴致地与官兵交谈着。直到曾泉生、陈友仁提出:"同志们请主席为战舰题词。"毛泽东才随他们走进雷达室:海图桌上,整齐地摆放着重磅道林纸、毛笔和研好的墨。

毛泽东拿起笔,沉吟片刻,便一气写下来:"为了反对帝国主义的侵略,我们一定要建立强大的海军。"内容、连同章法布局,与3天前给长江、洛阳舰的题词完全一样,只是落款改为"一九五三年二月廿四日"。

毛泽东刚放下笔,异常欣喜的曾泉生又告诉毛泽东:一起接受检阅的广州、黄河舰的指战员们,也想请主席题词。毛泽东理解官兵的心情,连说"好!好",提起笔一字不改地又依样连写了两张。

接下来,毛泽东冒着雨到前甲板与官兵们合影留念。

下午4点多,南昌舰靠上浦口码头。毛泽东与曾泉生等舰上领导、同志们握手告别。下舰后,他边走边对陪同的陈毅等领导同志说:"看到海军已掌握在可靠、年轻的干部手中,我放心了!"

毛泽东走下活动码头,上了引桥,回头看到官兵们仍目不转睛地望着他。他又动情地连连挥手,与官兵们告别。

圆了中华民族百年潜艇梦

1954年6月19日,在人民海军史,不,在中国军事史上,是个值得纪念的日子。就是从这一天开始,中华民族有了自己的潜艇部队。

潜艇是一种高度机动、隐蔽,具有强大攻击力的作战舰艇。在海军装备大家族中,举足轻重。自17世纪初潜艇问世以来,世界各海军强国均倾全力研制、发展。在两次世界大战中,潜艇均大显威力。据军史载,在第一次世界大战中,由潜艇击沉的运输船达6000余艘,约1400万吨;击沉的战斗舰艇192艘,其中包括战列舰14艘、巡洋舰20艘、驱逐舰36艘。在第二次世界大战中,由潜艇击沉的运输船5000余艘,达2000多万吨;击沉的大中型战斗舰艇381艘,包括航空母舰17艘。潜艇的惊人战绩令世界军事家扼腕长叹:没有潜艇就没有海军!

中国人期盼拥有有自己的潜艇部队,久矣! 19世纪中叶,西方帝国主义列强用坚船利炮打开了闭关锁国的中国大门。从那时起,"睁眼看世界"的朝野有识之士就献策朝廷,为建立中国的强大水师而做着种种努力。然而,自1880年开始,从清朝政府、北洋军阀政府到国民党政府,先后5次派人赴欧美考察学习潜艇技术,均无功而返。近百年来,潜艇梦深深扰着有志于中华民族振兴的志士仁人。

1950年8月,人民海军首次建军会议郑重做出决定:海军建设,"以飞机、潜艇、快艇三项为重点"。由此开始,建立潜艇部队的计划便正式列入人民海军建设的日程。

同年12月,在充分协商的基础上,中国政府发文向苏联政府正式提出购买潜艇及帮助培训潜艇技术人员的要求。1951年元旦刚过,苏联政府便明确答复,同意向中国提供4艘潜艇,并由苏联驻旅顺海军部队帮助中国海军培训艇员和指挥、保障等相应人员。

这一消息鼓舞人心。军委关于选员学习潜艇业务指示下达的当天,海军党委便立即召开会议,研究潜艇学习大队组建工作。萧劲光亲自主持学员选调。在首次召开的学员选调会上,萧劲光激情满怀地向在座的同志介绍了有关潜艇的知识和建设潜艇部队的意义。他说,迄今为止,潜艇已诞生300多年,广泛应用于实战也已几十年。第一、第二两次世界大战中的海上争夺,很大程度上是潜艇战。旧中国政治腐败,海军弱小,装备潜艇无从谈起。中国人的潜艇梦,不可能实现。现在苏联愿意帮助我们建设潜艇部队,机会太难得了! 我们一定要把人员选好,把各方面工作做好。讲到最后,他斩钉截铁地说:"如需要,宁可叫几艘军舰开不动,解散几个学习单位,也要满足这次选调潜艇学员的需要。"

1951年3月,海军成立潜艇学习大队。这是中国海军组建潜艇部队的开始。图为潜艇学习大队部分学员合影

学员选调工作很快在海军部队和院校展开。海军机关部队都非常重视潜艇学员的选调,许多领导同志破除本位主义,自觉积极地推荐人才。经过反复筛选,按照政治素质好、年纪比较轻、体质符合艇员标准等条件,最后选定学员275名,以此组建了潜艇学习大队。这些学员中,党员占59%,团员占37%,政治素质非常高。文化水平,大学占7%,中学占60%,小学占33%。用现在的眼光看,文化程度似乎不高,但在当时相当部分干部几乎是文盲的情况下,已属不易。

潜艇学习大队设在当时苏联海军太平洋舰队驻旅顺潜艇分队的老虎尾基地。作为一个特殊的单位,潜艇学习大队直接归军委海军领导,教学由苏联海军提供的实习潜艇艇长马斯罗夫中校（马斯罗夫调离后，为格洛瓦乔夫上校）具体负责。中苏双方原议定培训时间为2年，即1951年5月～1953年6月。后来根据情况延长1年，于1954年6月结业，实际学习时间为3年。从海军到军委，直至中央领导，对潜艇学习大队都非常关心。周恩来、朱德、彭德怀、刘伯承、罗瑞

潜艇学习大队学员当年居住的宿舍楼

1953年春，朱德视察潜艇学习大队

卿、萧华等，先后到潜艇学习大队视察。萧劲光有计划地到潜艇学习大队听取汇报，与苏方人员一起研究训练教学。苏联军方对此次培训也异常重视。在中国大革命时期曾担任过孙中山海军顾问的苏联太平洋舰队司令潘齐列夫海军上将，也亲临潜艇学习大队视察、检查、指导培训工作。

　　潜艇学习大队的官兵，对潜艇学习有着强烈的自豪感和使命感。他们牢记海军首长关于学习潜艇是"领袖所嘱、全军所托、全民所望"的指示，克服文化低、语言不通等多种困难，刻苦钻研，加班加点地探讨训练。通过3年的集中培训，所有参学人员均按照分工，熟练掌握了操艇、指挥、岸勤管理、技术保障等相关业务技术。多年后，他们基本上都成了潜艇部队和各级领导机关的技术骨干，其中59名干部担负了海军师、军级以上领导职务。

1954年6月18日,潜艇学习大队结业。19日接收了苏联两艘中型旧式潜艇,分别命名为新中国11、新中国12号。中央军委发布命令,成立中国人民解放军海军独立潜水艇大队,归海军青岛基地建制领导。从此,海军第一支潜艇部队宣告诞生。图为中苏两国海军举行潜艇交接签字仪式

1954年6月中旬,潜艇学习大队如期结业。19日,中央军委颁发命令,将拟接收的从苏联购买的两艘斯大林型潜水艇C-36、C-49号,分别命名为新中国11、新中国12号,并批准成立中国人民解放军海军独立潜水艇大队。任命傅继泽为大队长,张虎臣为参谋长,崔景波为政治处主任。从此,人民海军有了自己的潜艇部队。

24日,旅顺口西港码头舰船挂满旗,四周彩旗飘扬。中苏潜艇交接仪式在这里举行。出席仪式的,苏方为驻旅顺海军基地的负责人及驻旅大区苏军最高指挥官斯维尔佐夫上将、大连使馆代办克瓦列夫斯基;中方除海军参谋长周希汉率领的海军机关代表团外,还邀请了旅大市委书记欧阳钦等地方党政领导。

下午两点,交接仪式隆重开始。中方代表傅继泽、苏方代表格洛瓦乔夫分别代表本国政府在交接证书上签字完毕后,奏响中国国歌,五星红旗在新中国11、新中国12号潜艇上冉冉升起……服装一新、队列整齐地站立在码头边的潜艇学习大队官兵们,一个个激情难抑,热泪盈眶。

28日,又一个应该记住的日子。这一天新中国11、新中国12号潜艇在学员们的操纵下昂然驶离旅顺港,在茫茫大海上画出中国潜艇的第一条航迹,劈波斩浪向新筹建的青岛潜艇基地驶去。

海军潜艇部队诞生后，党和国家领导人多次到青岛潜艇部队视察、作指示。7月23日，中央军委副主席、华东军区司令员陈毅，视察了青岛潜艇基地。大队长傅继泽请他题词，他略加思索，便激情如涌，赋诗一首：

1955年9月，贺龙(左二)在青岛视察海军潜艇第一支队

人口六万万，立国太平洋。

面对侵略者，必须有海防。

水上多舰艇，空中能飞航。

海底深千尺，潜水亦所长。

件件皆掌握，样样是内行。

严整陆海空，捍卫我边疆。

和平可确保，建设日辉煌。

战贩如伸手，必定遭灭亡。

大战新中国，指日富且强。

此后一年内，中国海军又陆续接收了从苏联购置的6艘潜艇。1955年9月，潜水艇独立大队改编为潜水艇第一支队。当年底，潜水艇第一支队参加了总参在辽东半岛举行的海陆空三军抗登陆战役演习，并以4枚鱼雷全部命中目标的优秀成绩，向祖国和人民做了汇报。

拔除国民党军浙东沿海最后防线

1955年1月，华东海军在副总参谋长张爱萍(1954年10月前为华东军区参谋长)的统一指挥下，协同驻浙陆、空军部队发起解放一江山岛的战斗。由此入手，解放了浙东沿海全部岛屿，彻底拔除了国民党在浙东海上的最后防线。

毛泽东说："形势变了，要准备打大陈"

新中国成立至1953年，由于一则新成立的人民海军力量弱小，二则军队集中精力于抗美援朝，无暇他顾，浙东沿海很大一部分岛屿仍被国民党残余部队占据着。为达到长期固守的目的，台湾当局以大陈岛为中心，在东矶列岛、一江山、积谷山、南麂山等诸岛设防线120余海里，部署了步兵、炮兵、工兵等各兵种部队5个团和6个突击大队，兵力达3万余人。驻守在岛上的国民党军凭借暂时的海、空优势，不时出动飞机、舰艇袭扰，劫掠大陆船只，破坏海上运输和渔业生产，还派特务登陆岛、岸侦察军情，袭扰群众。

朝鲜战争停战后，毛泽东对军委说："形势变了，要准备打大陈。先解决浙江沿海岛屿，估计美国不会有大的干涉，你们就准备吧!"大陈，即上下大陈岛，是东矶列岛、一江山、披山等岛国民党军指挥中枢大陈防卫司令部所在地。遵照毛泽东的指示，华东海军于1954年5月协同陆军发起解放东矶列岛的战斗，一举攻占了头门山、田岙、蒋儿岙等岛，拔掉了大陈岛国民党军的前哨据点，给驻守在大陈、一江山等岛上的国民党军以极大的打击和震慑。台湾当局为稳定局势，一边全力强化各岛屿防御，一边积极活动，妄图与美国政府签订所谓的《共同防御条约》，假美国之手阻遏人民解放军进一步解放沿海岛屿和台湾。

形势的发展，促使中央军委进一步加快了解放浙江沿海岛屿的进程。1954年7月，中央军委命令华东军区以海、空军轰

张爱萍(左)、聂凤智(中)和曾克林(右)在浙东前线指挥部前合影

击上下大陈岛，借以警告美国政府和国民党当局：中国人民不会屈从于帝国主义的压力。8月27日，华东军区遵照军委批示成立了浙东前线指挥部(以下简称军区前指)：华东军区参谋长张爱萍任司令员兼政委，军区海军副司令员彭德清、军区空军副司令员聂凤智为副司令员。华东海、空军分别成立了前线指挥所。海军前线指挥所由彭德清与军区海军参谋长马冠三分任正副指挥。同时，海军舟山基地与陆军第二十军、空军第十一师，组成登陆指挥所。参战的海军航空兵部队在华东军区空军前线指挥所的指挥下组成了大场、宁波指挥所。

1952年4月，海军航空部(1955年10月改称海军航空兵部)在北京成立。图为海军航空部第一任司令员顿星云(前排左六)和部分飞行员及苏联专家在一起

9月10日，华东军区经请示军委批准，正式下达作战预案，要求军区海、空军尽快夺取战区制空、制海权。接到命令，军区前指立即召开了由各军兵种指挥员参加的作战会议，具体研究夺取战区制空、制海权，进而解放大陈诸岛的战役部署。由此，人民解放军第一次陆海空三军联合作战进入紧张的备战日程。

突破口，选定一江山

依次解放大陈诸岛，彻底拔除国民党军在浙东沿海的最后防线，是战役的总目标。那么，仗该怎么打？从哪里突破？是先打大陈岛还是先打一江山岛？初始，军区前指各参战部队指挥员意见不一。

大部分人认为，应先打大陈。理由是，上下大陈岛是国民党军在浙东占据的最大的岛屿，位处各岛之中，且是其防卫司令部所在地。大陈岛附近岛屿总兵力2万余人，有一半在大陈岛。只要把大陈岛攻下，其他各岛便唾手可得，迎刃而解。少数同志建议先打一江山。他们认为，攻占大陈难度较大，且易多方受敌。而一江山岛面积小、兵力弱，且距头门山和不久前解放的东矶列岛比较近，有望一举攻占。拿下一江山，攻打大陈就有了依托……权衡比较，张爱萍肯定、支持了少数人的意见。

张爱萍说："我赞成首先攻打一江山。一江山岛是大陈的前哨，拿下一江山，大陈岛便孤立了，我参战部队再无后顾之忧，只要调整一下部署，即可以一江山为依托全面出击，拿下上下大陈。退一步，即使战斗不顺利，一江山岛离我军据守的头门山岛仅有5海里，撤回部队也不会受太大损失。上一次我向军委首长汇报时，彭总有一句话：'这次我们就是要用宰牛的刀去杀鸡。'什么意思？我理解，就是要集中兵力稳扎稳打，不战则已，战则必胜。"经讨论，最后大家一致同意首先攻占一江山岛。接着，军区前指研究拟定了华东军区陆海空三军联合、协同登陆一江山岛的作战方案。上报总参后，这一方案得到了军委和毛泽东的批准。

攻打一江山作战方案批复后,军区前指迅速展开艰苦细致的侦察工作。海军部队不仅在头门山设立了固定观察哨,全天候了解国民党驻一江山部队的活动情况,还先后7次派出侦察分队,伪装潜伏到一江山岛周围的大茶花、百夹山、雷鼓礁、琅玑山等无人岛礁,进行抵近侦察和观测。通过侦察和向熟悉情况的渔民做调查,军区前指很快便比较详细地掌握了一江山岛上国民党军的活动规律及岸滩、底质、水文和敌人的防御设施等情况。

一江山岛位于浙江省椒江口外,距大陆13海里,距大陈岛7.5海里,距台湾208海里。一江山岛又分为南江和北江两岛,中间相距250米。北江面积稍大,约1平方公里,岛上无居民,驻有国民党军一江山地区司令部及所属反共救国军第四大队和炮兵第一中队等部,兵力1000余人。部队官兵多系惯

一江山岛战役是人民解放军陆海空三军的第一次联合作战。图为张学思(前左)在前线指挥所研究作战方案

匪和逃亡地主,政治上极为反动。岛四周均为岩岸,岩坡陡滑,可供登陆的地段不足千米。近岸水深流急,抢滩登陆非常困难。岛上构筑有永久性和半永久性地堡154个,配设各种火炮51门,组成三道防御阵地、四层火力网。南江、北江分别独立守备,互为依托,成掎角之势。

据此,军区前指组织负责登陆指挥的陆、海军指挥员王坤、陈雪江等,对登陆地段、登陆时机等,在充分讨论研究之后决定,登陆地段以北江为主,主要在主峰山脚的突出部。这样虽然登陆难度大些,但可避开岙部沙滩地段的火力封锁,一举夺取制高点;登陆时机,按外军战例,大都选在拂晓、黄昏,甚至夜间。开始,有人提出登陆时间宜选择在夜间,"夜战是我军的拿手好戏,有利于避免敌人来自海上、空中的袭击"。参加讨论的苏联顾问也坚持这种意见。但多数同志认为,我们海军的舰船装备参差不齐,又是第一次三军多兵种联合作战,放

在白天利于组织指挥,利于部队协同。张爱萍赞成白天登陆,并且须是能见度较好的白天。他实事求是地分析了敌我情况和战争态势,说服了苏联顾问。

1954年11月30日,总参正式下达了关于攻占一江山岛的命令。军区前指对各参战部队的作战任务、兵力编成、战斗保障、战前训练演习以及隐蔽指挥等,进行了系统研究。同时做出决定,1951年12月18日~1955年1月10日前为战役准备阶段,视情于1月中下旬发起一江山登陆战斗。

全力备战,打响战斗前的战斗

既是跨海作战,海军部队自然一马当先。按照军区前指的部署,华东海军除航空兵要协同空军夺取制空、制海权外,还要担负五方面的任务:第一,筹集登陆工具,输送登陆兵登陆;第二,保障登陆兵航渡和登陆安全;第三,组织炮火直接掩护登陆兵的战斗行动;第四,组织鱼雷艇在战斗之前和战斗实施时,相机攻击敌水面舰艇;第五,协同陆军巩固占领的岛屿。

这些任务,早在总参作战命令正式下达前已基本明确。所以一进11月,华东海军即相继打响了两场战斗。

其一,遵照军区前指统一部署,协同空军夺取战区的制空、制海权。

战斗于11月1日12点打响。随着空军前指一声令下,海军航空兵和空军混合机群41架飞机从几个方向同时起飞,以迅雷不及掩耳之势轰炸了大陈岛。出其不意、大编队行动,使岛上国民党官兵霎时一阵慌乱。战后,国民党军俘虏说:"一片飞机黑压压扑来,当时我们都傻了。大家就清楚,从现在开始,安稳日子没了!"

同日17~18点,驻头门山海军岸炮部队4门130毫米大炮同时开炮,集中火力轰击了一江山岛;与此同时,大麂山、羊屿的炮兵也开炮突袭了披山岛。

11月2日,海军航空兵和空军再次出动混合机群——4架强击机、16架歼击机,对一江山岛进行了俯冲扫射和轰炸。

连续两天大规模突袭,大陈防卫区司令刘廉一被打得晕头转向,不知所措。于是,连夜召开会议研究对策,部署军舰和侦察分队多头出击,以摸清"共产党兵力变化",弄明白"共军到底意欲何为"。11月3日午夜,接受了侦察任务的国民党海军永春号扫雷舰,借着浓重的雾霭一步步向头门山一带逼近。10点许,华东海军驻头门山海岸炮兵发现了永春舰,当即开炮,予以迎头痛击。短短几分钟,100多发炮弹飞向永春舰,永春舰连中数弹,摇摇欲坠,仓皇逃回大陈岛。

14日夜,在高岛海域隐蔽待机的华东海军某快艇中队,发现敌护卫舰太平号在高岛西北海面巡逻游弋,遂命4艘鱼雷艇同时发起攻击,太平舰被鱼雷击中,当场沉没。从此,国民党军舰艇胆战心惊,夜间再不敢在一江山岛以北、渔山岛以西海域巡弋骚扰了。

军区前指为了迷惑敌人、隐蔽战役企图,于11月18日、20日又两次派海军航空兵第一师和空军第二十、第十一师的飞机,分别对渔山、披山岛的敌舰和炮阵地进行了编队轰炸。

1954年11月1日~1955年1月17日,为战斗准备阶段。在这两个多月的时间里,海军航空兵协同空军出动飞机260余架次,先后对大陈、一江山、渔山等岛军事目标及停泊舰艇进行轰炸,投掷各种炸弹1600余枚,击沉、击伤敌舰船5艘,大量军事设施被毁。加上鱼雷艇不时出击和海岸炮的配合,迫使国民党军舰艇白天远离分散,夜间龟缩锚地,活动地点也由北转南(披山到南麂山海面);其飞机也不敢在白天越过大陈岛以北空域。从此,彻底改变了国民党军飞机、军舰在浙东海面横行无忌的局面,为登陆一江山岛创造了条件。

另一场战斗,比夺取制空、制海权更艰巨复杂,那就是筹集登陆作战所必需的舰船。

按照军区前指的作战方案,完成登陆保障任务至少需要180多艘舰船,而军区海军是时堪用的登陆、运输舰只,大大小小共有38艘登陆艇和19艘渔轮,还不到所需舰艇的1/3。更不用说,除参战舰船还必须有一定数量备用的舰船了。所以,从萧劲光到华东海军机关,都高度重视参战舰船的筹集。萧劲光已下令从广州、青岛等全海军范围内抽调登陆舰船。只是这些单位装备比华东海军还差得多,也抽不出几艘。

11月21日,华东海军司令员陶勇亲自召集会议,专门研究舰船筹集问题。军区海军各部门主要领导人,参谋长马冠三、政治部主任苏启胜、后勤部部长申元军、修造部部长任秀生等,出席了会议。

陶勇简单讲了解放一江山岛战役的重要性和海军的任务后,便直奔主题:"这次海军的任务有许多条,哪一条也离不开船。船不够怎么办?两个办法,一是把我们现在所有的舰船都检查修理好,此外还要马上征用、改装一批船只,大概100艘左右。要有足够数量的舰船,并且还要一律做到开得动、打得响,得上!时间只有两个月,只能提前不能拖后。"最后,他斩钉截铁地强调:"舰船筹集、抢修,也是一场战斗,而且是决定解放一江山战斗能否打得胜的战斗!今天开会,就是要请大家都参加这场战斗,一起打胜这场战斗!"

很快,在陶勇的亲自指挥下,经过党、团组织层层动员发动,一场规模空前的筹集、抢修舰船的战斗,在军区海军机关、部队,修船厂车间、码头,全面打响。

舰船的维修、改装遇到的第一个难题是缺少必需的设备、器材和配件。为了解决这一难题,修造部采取了三种办法:一是发动机关、部队和工厂一起清仓查库。凡属舰艇维修所需的物资、器材、配件,不管是部队、工厂哪个单位的,一律统一调度使用;二是派专人深入到各地的工厂、商店等有关单位调查了解,凡有舰船修理、改装所需设备和器材,当即协商购买;三是鼓励船舶修理厂所技术人员根据需要大胆创新,修旧利废。通过各方共同努力,短短几天就筹集购置各种急需设备5万多台(套、件)、各类器材配件70多万件,保证了舰船抢修、改装的需要。

民船的征用、改装,是整个舰船筹集工作的关键环节。任秀生首先组织机关业务部门研究制订了征用船型、改装方案和承修工厂等计划,继而由5名技术骨干牵头组成购船小组,分赴沿海码头、长江两岸,现场寻找适用的船只。一旦发现适用船只,便本着"边找、边定、边修"的原则,立即与有关单位协商征用,交由既定工厂修理、改装。具体手续,随后补办。在当地政府、工厂的大力支持下,不到一个月顺利征用、成功改装各型登陆艇船达100多艘。同时,还改装了消磁船、修理船、充电船等特种船只多艘。这些艇船都抢在战前编入战斗序列。

华东海军在航、能够直接参战的舰艇不多，但大大小小的舰艇加起来却也有300余艘。只是有的过于破旧，部分在厂修理，部分已准备淘汰。为了满足战斗急需，应付可能出现的复杂情况，必须对这些舰船武备进行全面的检查、试验和维护保养，有的则需进厂突击抢修。时间紧迫、技术力量有限，军区海军党委便组织打"人民战争"，发动机关部队官兵都积极支持、参加舰船抢修工作。只要是抢修舰船需要，不管是人力还是物力，机关哪个部门、部队哪个单位，都全力以赴，竭尽所能。任秀生等修造部领导带领技术骨干深入船坞、码头，和工厂职工一起加班加点，现场解决问题。许多技术骨干、老工人身在家门口，却一个多月不回家。由于部队、工厂齐心协力破关攻难，连续作战，所有舰船检查、抢修都保质保量地按时完成。自1954年11月21日筹集舰船会议召开，到战斗打响前三天的翌年1月15日，前后55天时间里，共抢修、改装舰船466艘（含改装征用的地方船）。

1955年1月12日，军区前指召开会议，再次研究了战斗编组和行动方案，最后确定了陆海空各部队参战兵力。会议决定，海军各种兵力加在一起，共计4000人。其中，海军航空兵5个团；头门山、白岩山等岛海岸炮兵一部。参加战斗的舰船，共计188艘。其中，战斗舰艇46艘（包括护卫舰4艘、炮舰2艘、鱼雷艇10艘、巡逻艇24艘、火箭炮船6艘），各型登陆舰艇、辅助船142艘。

会后，海军前指调整、补充了登陆舰船，确定了备用的舰船。

1月16日上午，张爱萍、彭德清、聂凤智等军区前指领导最后一次听取了各参战部队关于模拟演习和战斗准备的汇报，下达了参战各部队按预定方案展开部署的命令。各登陆运输队经过一天多的紧张集结、航渡，全部于18日子夜前后抵达待命出发地头门山、蒋儿岙锚地。与此同时，张爱萍、前指参谋长王德及海、空军前线指挥所的工作人员，也全部到达头门山前沿指挥所。

炮上膛，舰待发，受命出击的官兵们静等着进攻号令。跨海登陆战斗，如箭在弦！

三军协同，全歼一江山岛守敌

1月18日清晨，浙东天气晴朗，海面波澜不惊。大战前的头门山指挥所里，静谧如凝，每位指挥员、参谋人员都庄严地守候在自己的岗位上。门前山坡上，一条巨幅标语分外醒目："同志们，为祖国立功的时候到了！"

按照作战方案，第一个回合是实施直接火力准备，为登陆部队扫除障碍。8点整，随着张爱萍"战斗现在开始"一声令下，待命出击的海军航空兵和空军的数十架轰炸机、强击机，挟风带雷拔地而起。一个编队飞临一江山岛上空，进行大面积轰炸突击，另一个编队则对大陈驻军防卫指挥部及远射程加农榴弹炮阵地等重点目标，进行轰炸和冲击。12点许，飞机轰炸停歇未久，头门山岛由海岸炮兵和陆军炮兵组成的支援炮兵群55门大炮，轮番向一江山岛发起轰击。在飞机、大炮的交替轰炸下，一江山、大陈岛上的防御工事，通信枢纽和指挥系统等，悉数被毁，大半被夷为平地。接着，由护卫舰、炮舰、护卫艇和火箭炮船等38艘舰船组成的混合编队，又抵近一江山岛，从不同角度向敌阵地进行了直接的清障轰击……

12点15分，张爱萍下达了第二道命令："登陆运输大队起航！"命令一下，装载着登陆兵第一梯队待命头门山的第五登陆输送大队率先起航。它是由浙江军区的木壳登陆艇和机帆船

1955年1月18日，海军航空兵3个轰炸机大队协同空军对大陈、一江山岛国民党军重要军事目标实施轰炸，拉开了攻占一江山岛战斗的序幕。图为参战的海军航空兵第一师第四团大队长周克林(左一)和飞行员杜九安(左二)、刘良杨(左三)、任旭利(左四)

组成的，航速较慢。半个小时后，第一梯队的另外3个大队，即第一、第二和第三登陆输送大队相继起航。满载着3600多名登陆官兵的100多艘舰船在海面上依序排开，各大队成双纵队，在飞机、巡逻艇和

准备渡海解放一江山岛的部队

邻近岛礁海岸炮的掩护支援下，声威浩荡地向一江山岛挺进。12点55分，装载登陆兵第二梯队的第四登陆输送大队由蒋儿岙起航，驶至头门山西北漂泊待命。

近14点，登陆运输大队第一梯队遭到大陈国民党炮兵的拦阻射击。华东海军驻白岩山海岸炮当即开炮支援，以猛烈的火力将其压制住。接下来，由空军和海军航空兵组成的混合机群再次飞临北江岛上空实施第二次航空火力准备。与此同时，率先赶到的火箭炮船队、战役掩护队和直接火力支援队，在飞机的掩护下，抵进至北江、南江四五百米处，对预定登陆地段的火力点、炮兵阵地、防御工事等，进行了轰炸和重点攻击。

14点30分左右，各登陆输送大队陆续抵近预定登陆点。在飞机和火炮的掩护下，登陆部队迅即由航渡队形变换为战斗冲击队形。第一登陆输送大队运送陆军第一八〇团第二营在南江胜利村、田岙湾以西登陆，在抢占滩头时遭到敌暗堡火力射击，在输送艇掩护支援下，很快成功登陆；第三登陆输送大队两个分队偏离预定登陆点，遭到敌人三面火力夹击。登陆艇艇员和登陆官兵一起展开英勇反击。212号登陆艇艇长于延增双腿被炮弹炸断，仍坐在甲板上坚持指挥。于延增牺牲后，操舵兵柏文昌主动代理艇长指挥战斗，在艇首中弹、住舱进水、艇员伤亡半数的情况下，仍按时把登陆兵送达登陆点。至14点37分，各队登陆兵均在预定区域登陆，展开背水攻坚。战斗向纵深发展时，除南江岛敌人组织了两次小股反击外，其余敌人均被压制在支撑点内。大部队登岛后，敌人再无反击之力。陆军第一七八团第一营很快攻占了北江岛的主

峰203高地。陆军第一八〇团第二营上岛不到半个小时，也把红旗插在了南江岛160、180高地。至17点30分，南江、北江岛礁各地均被攻占，被国民党称为固若金汤的一江山岛，回到了人民手中。

16点许，大战后的一江山岛硝烟袅袅。张爱萍不顾参谋人员的阻拦，与前沿指挥所的陆海空三军指挥员王德、马冠三、黄朝天等，一起乘登陆艇抵北江，巡视了各登陆点战场，慰问了部队伤员。

其间，粟裕总参谋长从北京来电话要求报告战果。张爱萍当即做了报告：共击毙国民党一江山地区司令部司令王生明以下官兵519人，生俘567人。缴获各型火炮27门以及大批弹药和军用物资。华东海军参战部队被炸沉登陆艇1艘，伤舰船20艘；牺牲官兵13人，伤131人。

报告完战果，富有诗人气质的张爱萍回想一天的跨海鏖战，仍激动不已。

兵不血刃，美军舰队掩护下大撤军

一江山岛解放，举国欢腾。杭州、宁波及浙江沿海城镇，连日举行大小集会欢庆胜利。接连几天，前往参战部队慰问的群众络绎不绝。在一片欢呼和赞扬声中，张爱萍于1955年1月21日在宁波军区前指作战室召开会议，着手研究攻打大陈及其外围各岛的方案部署。

会议开始，首先由侦察处处长介绍台湾及岛上国民党军对一江山岛登陆战的反应和动向。侦察处处长说，由于战斗一开始我航空兵就实施火力准备，先行炸毁了一江山、大陈等岛的通信设施，直到战斗结束，台湾也没有任何反应。第二天（19日），我海军航空兵第一师9架飞机再次袭击大陈岛后，大陈防卫区司令刘廉一向台湾报称："共军出动了200架以上飞机，是第二次世界大战后最大的一次空袭。为了攻击宝应号炮舰，共军动用了数十艘鱼雷快艇。"台湾当局更是借助外国媒体大肆宣扬这次登陆战"已较韩国著名伤心岭、铁三角之战为大"，是一场"大规模战争"，"动用海空军兵力及发射之大，为历次战役——包括朝鲜战场，所未有"。

听了侦察处处长介绍，张爱萍一针见血地指出："刘廉一谎报军情，台湾当局对一江山大加渲染，目的一样，一是为自己失败开脱，二是为下一步行动造舆论。不管他们出于何种目的，我们都必须做好随时攻打大陈的准备。"

会议根据一江山岛作战经验进一步讨论调整了大陈岛作战部署。但数天后，军区前指接到了国防部部长彭德怀的电话指示："暂停对大陈本岛的攻击。"

何意？军委意图有了新的变化？张爱萍疑惑不解。事情很快弄清，原来台湾当局一力指靠的美国政府态度变了。

在台湾国民党当局关于大陆海上防线的棋盘上，大陈岛的分量是很重的。他们一向认为，"大陈是台湾的北大门，一江山则是北大门的门闩"。蒋介石更称："保卫台湾，必先固大陈，要守住大陈，必确保一江山。"一江山岛解放，北大门的"门闩"被拔掉，台湾危险了！驻大陈、渔山、披山等岛屿上的国民党军无不人心惶惶，度日如年。危情之下，蒋介石寄希望于刚刚与台湾签署了《共同防御协定》的美国政府。未料几天前还令其第七舰队扬威大陈外海、妄图阻挠解放军解放大陈的美国政府，意识到国民党军保大陈无望，转而要蒋介石放弃大陈，将部队撤往台湾。为此，美国国务卿杜勒斯急急忙忙跑到莫斯科摸底，探问苏联外交部部长莫洛托夫：美军如协助大陈国民党军撤退，中共军队会不会阻挠？并委婉地表示，希望在国民党军队撤离大陈岛时，解放军不要攻击。莫洛托夫幽默地答复："这是中国政府的事，你应该去问周恩来总理。"同时将信息通报了中国。周恩来考虑到复杂的国际关系，为防止战争扩大化，经报请毛泽东批准，默许了美军协助国民党军撤逃的做法。基于此，彭德怀给张爱萍打来"暂停对大陈本岛的攻击"的电话。

弄清了事情的原委，军区前指于1月30日再次派飞机轰炸了大陈、披山岛，以试探虚实，侦察敌人动向，并通知部队继续做好攻占这些岛屿的准备。

"友邦"靠不住，单凭自己的力量守住大陈实不可能。蒋介石只得接受美国政府的建议，将部队撤离大陈岛，并且还煞有介事地搞了一个所谓的"金刚计划"。这样，一个在美舰掩护下的大撤军行动开始了。

2月5日，美国总统艾森豪威尔正式给其第七舰队和空军第五航空队下达了掩护国民党军从大陈撤退的命令。从2月8日开始,在美国第七舰队司令普赖特的指挥下,出动各型舰只122艘(国民党海军35艘)、大型飞机738架次,运输和掩护国民党军撤退。美国驻台湾特使兰金、军事顾问团团长蔡斯、美国海军少将隆宾等军政官员,都先后到大陈岛协助部署、监督撤退行动。至2月12日,大陈、渔山、披山等岛上的国民党官兵2.5万人,及被掳走的居民1.5万余人全部撤至台湾。撤逃时,国民党官兵将岛上的营房、民房等一应生活、防卫设施悉数破坏,四处埋设地雷,在水井中投放了毒药。

2月13日,华东海军分别派出台州、石浦、温州等地几个巡逻艇大队,配合陆军部队进驻上下大陈及渔山、披山等岛屿。

国民党军从大陈诸岛撤逃时,曾心犹不甘地向邻近福建沿海的南麂山岛运送了大量战备物资,并在岛上赶修了防御工事。企图凭借海、空军支援,继续固守南麂山岛,与福建沿海所占的马祖、金门等岛相呼应,构成新的岛链防御体系。2月中旬,华东海军在进驻大陈诸岛的同时,相继进占了台山列岛、北龙山岛和北麂山岛,使南麂山岛陷入了解放军的三面包围中。接着,军区前指又派出飞机对其进行了侦察、轰炸。台湾当局眼见固守无望,遂于2月23日~2月25日,也将南麂山岛国民党军4000余人及胁迫岛上居民2000余人,分批撤逃台湾。

至此,国民党军在东南沿海占据的岛屿,除福建前线的澎湖、金门、马祖外,已全部解放。随着国民党军在浙东海面最后防线的拔除,闽浙之间沿海的南北航道完全打通,海上航运、渔民生产再也不会无端遭受劫掠和骚扰了。

旅顺口·一九五五

旅顺口地处辽东半岛南端,与庙岛群岛、山东半岛北侧蓬莱角共扼渤海海峡,构成北京、天津和渤海海岸的锁钥屏障。这里有闻名中外的天然良港:地势险要、码头隐蔽、易守难攻;港内水深波平、终年不冻、飓风难侵。近百年来,凡到过旅顺的中外军事家无不合手称奇,认为这里是不可多得的海军驻泊地。

然而,驻守在这里的人民海军基地,是在全国沿海各地海军主要部队已先后组建、海军领导机关成立5年以后的1955年才组建的。

对这样一个举世瞩目的战略要地来说,岂不是太迟缓、太疏忽了吗?

不!这绝不是共和国领袖们的疏忽。

对军港旅顺口来说,1955年,是个值得永远纪念的年度。

风雨六十年,一张不可忘记的时间表

旅顺口历史悠久。

早在战国时代,环旅顺口地区就以将军山为名,进入燕国辽东郡统辖的地方行政区划。此后随着朝代的更替,曾先后易名马石津、都里镇、狮子口,直至明朝初年,改名旅顺口。据传,当年曾有一批山东渔民出海打鱼,在这里的口岸内躲过了一场特大风暴。事后,渔民感念不忘,遂称其为旅顺口,取旅途平顺之意。后传播开来,得到行政机构认可,并正式定名,沿用至今。长期以来,旅顺口一直是北方渔民避风躲浪、卸货补给的重要锚泊地。

19世纪中叶,两次鸦片战争的惨败,震动了与世隔绝、故步自封的紫禁城。在李鸿章等部分洋务派人物的倡导、推动下,清政府开始注重海军和海防建设。经多方勘查比较,决定在旅顺建造船坞、炮台、码头及铁路、电报局等军事设施,使其成为新创建的北洋水师的主要根据地。整个工程自1880年10月动工至1890年11月竣工,前后历时10年,耗费白银430余万两。虽因法国承包商偷工减料,致使工程质量远没有达到最初设计的要求,但在当时已是相当现代化的了。军港竣工后,旅顺口一时名播海外,被称为"东方第一要塞"、"世界五大军港之一"。

然而,举世瞩目的现代化军港,带给旅顺人民乃至中华民族的并不是骄傲和自豪,而是帝国主义列强的激烈争夺,是无尽的血与火的灾难和耻辱。

1894年秋,即旅顺港竣工后的第四年,日本侵略者在占领朝鲜后进而向中国大举入侵,在鸭绿江口大东沟(今属辽宁东港市)附近黄海海面与清政府的北洋舰队交火,爆发了海上战争,史称中日甲午战争。海战中,北洋舰队全军覆没。日军取得制海权后,分两路进犯辽东,相继攻陷金州、大连,占领旅顺口。继而,在旅顺进行了4天疯狂的大屠杀。

曾目睹了日军屠城的英国人詹姆斯·艾伦后来愤慨地记述了当时的惨状:"被屠杀的难民中有很多妇女。我看见一个抱着孩子的女人拼命向前扑,一个日本兵用刺刀把她捅穿。她倒下去时,日本兵又刺了一刀,把一个约两岁的孩子刺穿,小小的尸体高高挂在刺刀上。"史载,此次大屠杀,旅顺城尸横满街,血流成河,全城2万余众仅有36人幸存了下来。而这36人,是被日军留下来掩埋尸体的!此后,日本政府为使侵略占领合法化,强迫清政府于1895年4月签订了贻害无穷的《马关条约》。条约规定:"中国割让辽东半岛、台湾全岛及附属各岛屿、澎湖列岛给日本。"自此旅顺口沦为了日本的殖民地。

日本帝国主义捷足先登,割占了辽东半岛,这让对中国东北觊觎已久、垂涎欲滴的沙皇俄国大为光火。于是,沙俄便令其驻日公使伙同法德驻日使节向日本政府施压,"劝告"日本政府"放弃领有辽东半岛"。经过甲午战争,日本财力、军力都消耗很大,已无力对抗三国的强力干涉。为避免僵持下去,避免丧失已在中国攫取到的其他利益,日本政府只得发表声明,同意放弃对辽东半岛的永久占领。1895年12月25日,在清政府交付了3000万两白银的赎地费

（清政府自己花钱赎买自己的土地）后，日军无奈地撤出了旅顺，撤离了辽东半岛。

弱肉强食，虎去狼来。日军撤离旅顺口刚刚两年，1897年12月，心怀鬼胎的沙皇俄国，悍然把军舰开进旅顺港，抢占了大连。尔后，俄国政府用50万两白银买通执掌清政府军政大权的李鸿章，先后签订了中俄《旅大租地条约》《续订旅大租地条约》，将旅顺口、大连湾及附近水面租与俄国，租期25年。并明文规定："在租地及附近海面，地方军政完全由沙俄官员管理，中国军队不得在内驻扎。"从此，旅顺又沦为沙皇俄国的殖民地。

日军当初撤离，原本出于无奈，而今沙俄占领旅顺、大连，日本政府更是忿忿不平。经过数年休养生息、扩充军备，日本自觉羽翼丰满，遂策动其海军于1904年2月8日夜，向停泊在旅顺港内的俄国舰队发起突然袭击。一场争夺旅顺口占领权的帝国主义战争全面爆发。自即日起，日俄双方竭尽军力，水陆并进，在旅顺地区的山野村镇、旅顺口近海，展开了血腥大火拼。经过将近一年的激烈争夺，1905年1月初，日军攻陷旅顺口（史载，在这场战争中，旅大地区无辜民众死伤达50余万人）。同年9月，日俄两国背着清政府在美国朴次茅斯签署《朴次茅斯条约》，彼此分割了在中国东北的势力范围。日本以战胜者的面目逼迫沙俄交出了旅大地区的租地权："俄国在旅顺口、大连一带的租借权以及长春至旅顺口间的铁路及其所属权益在清政府承认的条件下让与日本。"从此，旅顺口再次易手日本。日本军国主义开始了对旅顺地区长达40年的法西斯统治。

1914年，第一次世界大战爆发。贪得无厌的日本政府眼见欧洲列强和美国忙于战争，无暇东顾，感到进一步扩大在中国侵略利益的时机到了。当年8月，日军出兵山东。11月，强占了原德国人抢占的青岛，并以武力控制了胶济铁路。翌年初，日本政府更肆无忌惮地向北洋军阀政府提出了旨在灭亡中国的"二十一条"，要求延长旅顺、大连的租借期限及南满、安奉两铁路的期限为99年。至此，日军的狼子野心昭然若揭：永远独霸旅顺、大连，进而以此为桥头堡，逐步占领全中国。信息传出，举国愤怒，抗议、游行浪潮席卷全国。在全国人民的反对声中，尽管北洋政府大总统袁世凯"予以承认"，"二十一条"最终也未能付诸实行,但日本在大连、旅顺口的殖民统治却延续了下来。

1945年初,世界反法西斯战争进入最后阶段。中国战场上的日本侵略军节节败退,日暮途穷。2月10日,苏、美、英三国首脑斯大林、罗斯福、丘吉尔,在苏联克里米亚半岛的雅尔塔签署了《关于远东问题的协定》(又称《雅尔塔协定》)。他们背着中国国民党政府私下商定:"大连商港须国际化,苏联在该港的优惠权益须予保证,苏联之租用旅顺港为海军基地须予恢复。"以此为条件,苏联于同年8月8日对日宣战。日本宣布投降以后,苏联海军太平洋舰队遂进驻旅顺港,接管了原由日军占领的海军根据地。为赢得苏联政治上的支持,维护自己的统治权,国民党政府签约承认了这一事实。从此以后,旅顺口便置于苏军的管理之下。

在长达半个多世纪的时间里,战争的烽火吞噬着旅顺口,殖民统治的锁链捆缚着旅顺口。"旅顺"两个字像巨石一样压在中华民族志士仁人的心头。早在1939年12月,毛泽东在延安窑洞里伴着如豆烛光写成的《中国革命和中国共产党》一文中,痛心地历数了近百年来帝国主义侵略中国的一次次战争后,笔力沉重地写道:"用战争打败了中国之后,帝国主义列强不但占领了中国周围的许多原由中国保护的国家,而且抢去了或'租借'去了中国的一部分领土。例如日本占领了台湾和澎湖列岛,'租借'了旅顺,英国占领了香港,法国'租借'了广州。割地之外,又索去了巨大的赔款。"继而,毛泽东又严正指出,为了把帝国主义驱逐出中国,使中国得到完全的解放,全国人民,首先是中国共产党,必须"担负起坚决奋斗的责任"。1944年底,共产党的领袖们在抗日战争胜利的捷报声中研究《一九四五年的任务》时,又一次议论到了旅顺的问题。八路军总司令朱德说:"新一年里,我们唯一的任务是配合同盟国打倒日本侵略者,把日本侵略者驱逐出中国。"毛泽东则进一步指出:"等抗战胜利了,把日本人赶跑了,收回台湾、澎湖、旅顺,要真正把大门看起来。现在就要着手研究海防的事情。中国再也不能敞着大门,听任别个随随便便,轻而易举地打进来。"

他们热切期待着旅顺口命运掌握在中国人自己手里的这一天!

几经变更，中苏防务交接的时间终于议定

中国人自己掌握旅顺口命运的这一天终于到来了！解放战争的胜利、新中国的诞生，把解决旅顺问题历史性地提上了议事日程。

早在1949年夏天，新中国的成立尚在运筹中，中共中央书记处书记刘少奇就受命秘密访问了苏联。在这期间，刘少奇与斯大林就旅顺问题进行了坦诚的交谈。作为社会主义阵营的主要领导人，斯大林理解中共领导层对这一问题的关注（同年2月苏共特使米高扬秘访西柏坡时，毛泽东等中央领导同志已提出过旅顺问题），他直率地承认，"1945年的中苏条约是不平等的，那是和国民党政府打交道"。同时表示，旅顺驻军，是为了抵制美国和蒋介石的武装力量，既保护苏联，同时也保护中国革命的利益。当时苏共中央内部就决定，一旦对日和约签订，美国从日本撤军，苏联也从旅顺撤军。如果中国同志提出要求，苏联军队现在就可以撤走。

归国后，刘少奇如实地向中共中央书记处报告了斯大林和苏联政府的态度，毛泽东深感欣慰。

同年12月，毛泽东亲率中国政府代表团登上北去的专列，开始了访问苏联的行程。

这次访问，毛泽东在莫斯科逗留了两个多月，直到翌年2月底方返程回国。其间，毛泽东、周恩来（后期抵达）与斯大林及苏联部长会议副主席莫洛托夫、马林科夫等苏联领导人，就中苏关系、国际形势、历史遗留问题及援华贷款等，广泛交换了意见。在双方多次会谈和私下交谈中，旅顺问题始终是重要话题之一。经过反复磋商，双方终于达成一致意见。1950年2月14日，周恩来、维辛斯基（苏联外交部部长）分别代表本国政府在克里姆林宫里签署了《中苏友好同盟互助条约》和《关于中国长春铁路、旅顺及大连的协定》两个重要的历史文件。

《关于中国长春铁路、旅顺及大连的协定》规定："缔约国双方同意一俟对

日和约缔结后，但不迟于一九五二年末，苏联军队即自共同使用的旅顺口海军根据地撤退，并将该地区的设备移交中华人民共和国政府，而由中华人民共和国政府偿付苏联自一九四五年起对上述设备之恢复与建设的费用。……至于大连的行政，则完全直属中华人民共和国政府管辖。……现时大连所有财产，凡为苏联方面临时代管和苏联方面租用者，应由中华人民共和国政府接收。"

消息传到国内，举国上下一片欢腾。这一协定，是半个多世纪以来关于旅顺问题的若干条约中，唯一一个收回土地、收回主权的正式文件，也是由此上溯百余年里，中国与外国政府签订的第一个收回土地、收回主权的正式文件。毛泽东非常高兴。回国后，他在全国政协常委会和中共七届三中全会等场合，几次满意地讲到中苏这两个条约和协定签署的重大意义。

然而，风云突变。1950年夏，朝鲜战争爆发。美国借机寻衅，以所谓联合国军的名义大举侵入朝鲜，并派其海军第七舰队侵入台湾海峡。在美国的纵容鼓励下，日本军国主义也蠢蠢欲动，远东的政治形势陡然呈现一派波谲云诡。美国不甘心失败，抗美援朝战争短期内不可能结束，议定的苏联从旅顺撤军的最后期限就要到来，旅顺问题怎么办？1952年8月，周恩来率领政府代表团再次访问了苏联。

按照史书的说法，当时正值"中苏关系史上的黄金岁月"。中国代表团规格高而庞大，成员包括政务院副总理陈云、政务院财经委员会副主任李富春、解放军总参谋长粟裕和海军、空军、炮兵的首长，及政务院主要工业部门的负责人，总计60余人。斯大林对中国代表团的来访也异常重视，专门派出3架军用飞机和1架民航飞机前往迎接。会谈内容广泛，气氛友好。

第一次会谈，周恩来就开诚布公地向斯大林通报了中国政府代表团访苏的愿望和要求："关于中国国内形势和五年经济建设计划问题，代表团准备给苏联同志提交一个书面报告，待报告提交后再谈。考虑到日本只和美国及其他资本主义国家缔结和约，而拒绝与中苏缔结和约，同时考虑到朝鲜战争的现状，中国方面希望苏军继续留在旅顺口。"

斯大林当即答复："这是可以的。但延长苏联军队使用旅顺口海军基地期限的动议，应由你们提出。在旅顺我们是客人，而客人是不便提这样问题的，只能由主人提出挽留。"

在这一原则的基础上,中苏双方经过具体磋商,于9月14日签署了《于延长共同使用中国旅顺口海军基地期限的换文》《关于中国长春铁路移交中华人民共和国政府的公告》等文件。换文说明,为了支持配合抗美援朝战争,制止和打击帝国主义的侵略阴谋,中苏双方同意在1952年末的基础上延长两国共同使用旅顺口海军基地的期限。苏联军队撤离旅顺的时间,另行议定。

1954年,中国人民在抗美援朝的凯歌声中迎来了新中国成立5周年。苏共中央第一书记赫鲁晓夫(一年前斯大林已逝世)于9月底率政府代表团抵达北京。在参加了国庆5周年庆祝活动后,中苏双方领导人就双边关系、国际形势及旅顺撤军问题举行了会谈。

在首次会谈中,毛泽东即发言说:"适值我国国庆之际,赫鲁晓夫同志率团访问我国,我们非常感谢。一般地说,我们之间的问题、意见,都是随时提出随时解决,没有积累下什么问题。今天借这个极好的机会再交换点意见。现在国际形势,总的说来对我们有利。这与苏联对我们的支持和帮助是分不开的。"接下来,毛泽东转入主题:"朝鲜战争时期,斯大林同志应我们的要求延期撤退驻旅顺口的苏联海军,我们非常感谢。现在他们的任务已经完成,我们将热烈欢送他们回国。"

赫鲁晓夫是一个很精明的人,为了树立自己的国际形象,巩固苏联在社会主义阵营的地位,这时的他表现出对中国相当重视和宽宏大量。所以,毛泽东的话一讲完,他当即表态:"毛泽东同志讲得完全对。中国作为一个独立的主权国家不应驻有外国军队。我们的军队1952年没有依约从旅顺撤走,是应中国同志的要求。现在形势变了,要研究撤军问题。"并且表示,除新安装的海岸炮群外,愿意将旅顺、大连的一切设施全部无偿地移交给中国。他强调:"安装这些新式海岸炮群,花了我们一笔相当可观的钱。"

经过具体会商谈判,10月12日,双方代表在中南海颐年堂签署了《关于中苏会谈的公报》和《关于旅顺口海军根据地问题的联合公报》(以下简称《联合公报》)。这是一个少有的隆重仪式:毛泽东、刘少奇、朱德、周恩来等中国主要领导人,赫鲁晓夫率领的政府代表团成员布尔加宁、米高扬等全体成员,都出席了签字仪式。

《联合公报》指出："双方议定苏联军队自共同使用的旅顺海军根据地撤退,并将该地区的设备无偿地移交中华人民共和国政府。……苏联军队的撤退和旅顺口海军根据地地区的设备移交中华人民共和国政府,应于一九五五年五月三十一日前完成。"

历经5年多的时间,随着国际形势的发展,中苏双方就苏联军队从旅顺撤离的问题进行了几次谈判。是时,旅顺口移交时间终于最后议定。

军委指示: "学习好、接收好、团结好"

中苏两国关于旅顺口问题的《联合公报》发表时,距双方交接的最后期限,满打满算还有半年多的时间! 送走苏联代表团,国务院、中央军委便立即召开会议,研究、部署接收旅顺地区防务及组建驻旅海军部队事宜。

转眼1955年元旦就到了,接收旅顺口进入倒计时,各项工作迅速全面展开。首先,按照《联合公报》的约定,由中苏双方各派出一个代表团组成联合军事委员会,协商处理防务交接事宜。苏方主席为驻大连苏军司令别洛博罗多夫上将,中方主席为国防部副部长、海军司令员萧劲光。同时,中国成立了由萧劲光和解放军副总参谋长邓华为负责人的旅大防区接收委员会总会。总会下面设陆海空3个分会,分别处理军种部队有关问题。

海军旅顺基地部队装备复杂,是整个防务交接的重点。为此,特别加强了海军分会的力量。由海军参谋长周希汉任主任委员,海政主任段德彰及担负中国海军旅顺基地筹建工作的罗华生、彭林、邵震、宋景华等为副主任委员。为了接收工作的顺利进行,海军分会还按照驻旅苏联海军的组织编制情况,相应地成立了分会办公室及快艇、潜艇、岸炮、水警总队、通信勤务、海道测量、后方勤务等12个接收工作委员会。海军装备的具体接收工作,由接收工作委员会按照业务对口分头进行。

与此同时,中央军委发出指示,在有关部队普遍开展"学习好、接收好、团结好"的教育。要求广大官兵把交接的过程当成向老大哥部队学习治军经验、学习军事技术的过程,当成加强两军团结、加深两军友谊的过程。一边进行教育,选定的接防部队陆续从全国各地调往旅顺。

周恩来总理是整个接收工作的总指挥。从《联合公报》发表的那天起,他就把旅顺防务接收列入工作日程,每一步都有具体指示。2月17日,他亲自主持国务院全体人员会议,讨论研究《慰问和欢送驻旅顺口地区苏军工作计划》及对接防部队组织教育等问题。会议决定,苏军建军节期间,国务院派出以副总理兼国防部部长彭德怀为团长,宋庆龄、贺龙、郭沫若、聂荣臻等为副团长的慰问团到旅顺地区慰问苏联驻军。会上,周恩来发表了重要讲话。他说:"苏联驻军旅顺,对中国的解放和远东的和平有很大贡献。解放了东北,打垮了日本,又给我们看大门,特别是在抗美援朝的时候。我们也都希望他们晚些撤退,但从整个世界情况来考虑,现在撤退有好处。这是件震动世界的大事情。撤退并不表示我们软弱,而是表示我们和平力量的强大,表示我们防卫力量的加强。旅顺接收过来,就可以防卫,仍然是东方的重要港口。"

苏军建军节是2月24日。22日,彭德怀率领慰问团抵达旅顺。这时的东北地区仍然有些寒冷。慰问团乘坐的专列抵达旅顺时,天空还飘着零星雪花。慰问团不顾旅途的疲劳和寒冷,依次看望了苏军各部队,并于翌日在旅顺礼堂召开了盛大的慰问大会。慰问团首席副团长、全国人大常委会副委员长宋庆龄,在会上发表了热情洋溢的讲话。她说,中国人民对苏联红军走过的道路和光辉业绩,表示崇高敬意。苏军在击败日本帝国主义和维护亚洲和平的斗争中,给予了中国人民巨大的援助,中国人民将永志不忘。中国人民解放军要学习兄弟的苏联红军的好思想、好作风,为建设强大的国防、保卫世界和平做贡献。驻旅苏联海军司令库德良夫切夫少将满含深情地致了答词。会前会后,大家热烈拥抱,互致问候和良好的祝愿。会场内外,一片情意融融。

2月25日,中苏两国军队装备交接工作全面展开。

此前的一个多月,从各地调至旅顺的解放军官兵1万余人已先后到位。这些官兵,除少数骨干来自华东海军、中南海军和青岛海军基地外,大部分是从天津、沈阳等地的公安部队和其他陆军部队调来的,属地道的旱鸭子。根据接收的装备和防卫任务的需要,海军分会将接防部队依次组建为快艇、护卫舰、潜艇及海岸炮、高射炮、航空兵等各类编队、分队。为了尽快熟悉手中装备,掌握必备的海军技术,各编队领导遵照毛泽东主席"要把苏军的一切先进经验学到手"的指示精神,把部队组织起来,本着"兵对兵、将对将"、接收什么学什么的原则,拜苏军官兵为师,争分夺秒、夜以继日地学习钻研军事技术。中国官兵热情高,学得刻苦;苏军官兵责任心强,教得认真,从课堂到阵地、海上,整个码头、军港,到处是一派热气腾腾学军事、练技术的生动景象。

随着向苏军学习活动的深入开展,接收部队各编队(师、团)领导对本单位所接收的装备的性能等有了比较清楚的了解。从3月中旬开始,海军各接收工作委员会和各编队主管干部即开始与苏联海军进行装备交接。

当时中国海军初建,装备极其缺乏。所以对苏联的装备,萧劲光确定的原

中苏海军对口移交旅大海防阵地

则是"切实搞清弄懂,争取完整接收","即使不能用于作战、执勤,也可作教学、训练用"。按照这一原则,苏联海军驻旅顺部队的装备,中国基本上都留下了。当时苏联海军在旅顺地区有水鱼雷飞机70多架,要不要接过来,接收总会起初犹豫不决。主要原因是所需经费数额较大,需军委、国防部审批。彭德怀到旅顺慰问期间,萧劲光亲自向他汇报了这一问题,建议全部接收下来。他说:"我们的航空兵正在组建,非常需要这批飞机。现成的飞机、现成的鱼雷,武器装备配套,从其他地方花多少钱也买不来。"彭德怀表示同意,后来就用这批飞机组建了海军航空兵第x师。

按照有关规定,中国方面接收的装备分有偿、无偿两部分。有偿接收的有:小型鱼雷艇39艘(堪用的17艘)、护卫艇9艘(堪用的5艘)、各型辅助船18艘,水鱼雷飞机、教练机等78架,各种型号的海岸炮54门、高射炮122门以及弹

药、鱼雷等其他物资,各种装备共需经费2.7亿卢布。无偿接收的有:布雷舰1艘,护卫舰、护卫艇各2艘以及码头、阵地、营房等设施和器材。

在中苏双方部队各中队、大队(即营、团)官兵对口学习、交接的基础上,以编队为单位分别举行了交接仪式。4月上旬,海军基地各部队的装备交接工作基本完成。

中苏两国在旅顺进行防务交接,震动了世界。不仅多国的报刊、电台舆论纷纭,驻在日本和南朝鲜(今韩国)的美国飞机、舰艇也活动频繁。所以,接收工作一开始,中央军委和海军党委就明确指示,接收旅顺、大连要以战备姿态进行。临近尾声,中苏双方首长愈加提高了警惕。本着"外松内紧"的原则,一方面中苏海军官兵各种友谊活动,签名、照相、赠送纪念品,举行联欢晚会、电影晚会,照常进行;另一方面加强海上巡逻警戒,随时准备携手迎敌,打击入侵的敌人。

4月15日,中苏两国海军防务交接签字仪式在旅顺海军基地水兵俱乐部前的大操场隆重举行。

这一天,旅顺口东西港码头所有的舰船都挂满旗,宽阔的操场布

萧劲光(右)向苏军代表赠送中苏友谊纪念章

置一新。中苏两国海军官兵列成一个个整齐的方队,威武雄壮,士气高昂。在庄严、肃穆的气氛中,中国海军接受分会负责人罗华生、苏联海军旅顺基地司令库德良夫切夫,分别代表本国在《辽东半岛协议地区海军防务交接证书》(以下简称《交接证书》)上签字。

《交接证书》郑重宣告:"苏联海军已将辽东半岛协议地区之海军防务移交中国人民解放军海军,并自1955年4月15日24时0分起,由中国人民解放军海军旅顺基地首长负责该地区沿岸之防务。"接着,军乐队奏苏联国歌、中国国歌,苏联国旗从旗杆上缓缓降下,五星红旗在乐声中冉冉升起……

1955年4月15日，罗华生代表中国人民解放军海军在《辽东半岛协议地区海军防务交接证书》上签字

同日，国务院发出电令，授予中国人民解放军接收旅顺防务部队番号：中国人民解放军海军旅顺基地，并将其正式编入中国人民解放军的序列。

自1895年4月中日《马关条约》签订，辽东半岛被割让日本，至1955年4月旅顺在友好的气氛中得以顺利接收，整整过了60个年头。于今，旅顺港才真正掌握在中国人民自己的手中。举行交接仪式的当日，旅顺城乡各界群众不约而同地家家举杯欢庆，纪念这一盛大节日。许多饱经沧桑的老人抚今思昔，激动不已，泪湿满襟。

旅顺港八一军旗飘扬，新组建的海军基地接受祖国检阅

1955年5月3日，国务院颁发命令，分别任命接收分会负责人罗华生、彭林为旅顺基地司令员、政委。继而，基地和各编队首长任命分别下达。旅顺基地成为当时海军中一支少有的装备齐全的战斗部队。

1955年夏，旅顺港军旗猎猎，战歌嘹亮。新组建的人民海军旅顺基地的官兵，开展了轰轰烈烈的大练兵运动。为了锻炼部队、检阅苏军撤走后辽东半岛

的防务，军委训练总监部于11月在辽东半岛组织进行了一次大规模的抗登陆军事演习。

陈赓(左二)和萧劲光(左一)在演习指挥所观看演习

这是新中国成立以来第一次组织进行陆海空三军联合演习，中央、军委高度重视。演习由总参组织，国防委员会副主席叶剑英元帅担任总导演，总参谋长粟裕及有关方面领导陈赓、邓华、甘泗淇、萧克担任副总导演。总导演部下设陆海空3个导演部。参加演习的三军部队共4.8万人。全军各部队800余名高中级干部云集旅顺，随演习部队一起作业和参观见习。演习的课题是，在使用原子、化学武器的条件下，诸兵种合同抗登陆作战。

整个演习分两个阶段进行：第一阶段的课目是登陆、抗登陆。蓝方运输队以登陆舰运输一个陆战师，在其他水面舰艇组成的支援编队和警戒分队的协同下，以海军航空兵为掩护，于预定地点强行登陆。红方海军岸防部队，高射炮部队协同陆、空军部队实施抗登陆打击。第二阶段的课目为海上阻击作战。海军导演部组织扮演红方的海军主力部队，出动潜艇、鱼雷快艇、海军航空兵等，在海上对蓝方运输队实施打击。

参演海军部队由萧劲光、周希汉统一指挥，旅顺基地司令员罗华生、副司令员邵震、副政委宋景华等军政首长及司政后机关业务部门主要干部，均直接参加演习。基地主力战斗部队，包括鱼雷快艇22艘、护卫舰2艘、护卫艇9艘、布雷舰1艘、海岸炮、铁道炮、高射炮部队计22个连和1个探照灯连等，都按照各自使命参加了作战演习。此外，基地还派出潜水工作船和其他辅助船，担负演习部队的后勤保障任务。

演习中，通过突击训练的旅顺基地官兵，士气高涨，敢打敢冲，熟练地驾驭着手中的武备，与东海舰队、青岛基地参演部队密切协同，积极配合，按照预定方案圆满地完成了演习任务。参加演习的苏联专家、顾问看到大批半年多前才从陆军调来的干部战士,学会了海上作战指挥,对武备运用自如,深表敬佩。演习中,他们不时伸出大拇指连声称赞:"学得快,掌握得好,很好!"

演习期间,党和国家领导人刘少奇、周恩来、朱德、邓小平、彭德怀、刘伯承、贺龙、聂荣臻、徐向前等,都亲临现场观看了演习,检阅了部队。全国人大常委会委员长刘少奇、国务院副总理邓小平,还视察了旅顺基地参加演习的潜艇、水面舰艇和岸防部队,乘坐长春号驱逐舰巡视了旅顺口军港和辽东半岛海域的防务。在视察鞍山舰和402号潜艇时,刘少奇、邓小平应官兵的要求先后两次联名题词:"同志们! 共同努力,为建设一支强大的海军而奋斗!""按照毛主席的指示,一定要建立强大的海军。"

刘少奇(前排左一)、邓小平(三排左三)、贺龙(四排中)、叶剑英(前排左二)等领导人乘坐鞍山舰观看演习

1955年的旅顺口,风云际会,举世瞩目。从中苏防务交接到三军联合演习,共和国的党政要人、身经百战的三军将帅,一批又一批来到旅顺口。他们脚踏古战场,回首旅顺口风雨沧桑,语重心长地对旅顺基地的官兵们说:"旅顺的近代史就是中国的近代史,就是中华民族的近代史。希望你们记住这段历史,发奋图强,把旅顺建设好、保卫好!"

面对军港猎猎飘扬的八一军旗,回味首长们的谆谆教诲,官兵们无比激动。庄严的誓言写在了码头、炮台的石壁上,也深深地刻在了官兵们的心上:

"牢记昨日的历史,不负人民重托!"

"苦练军事技术,建设强大海军!"

人民海军官兵首次授军衔

1955年,经过数年的酝酿、论证,中国人民解放军实行了军衔制、薪金制和义务兵役制,时称"三大制度"。其中,社会影响最大、最受关注的是军衔制。

军委决定实行军衔制,海军党委率先行动搞试点

早在1950年9月,朱德就在总干部管理部全体会议上,提出了实行军衔制的问题。他说:"部队三等九级的等级制必须建立,尽量争取在明年的服装上把阶级标明出来。"据此,总干部管理部在同年12月30日给毛泽东、刘少奇、朱德、周恩来的工作报告中正式提出,把"研究军衔实施的准备工作"列为1951年的工作项目。此后,建立军衔制工作便从评定干部级别入手,逐步展开,并拿出了初步方案。

1953年底至1954年初,全国军事系统党的高级干部会议在北京召开。在这次长达55天的会议上,全军军级以上干部第一次系统地讨论研究了实行军衔制、薪金制和义务兵役制问题。一年以后,军委扩大会议正式做出决定,全军于1955年实行"三大制度",并颁发3个革命时期,即土地革命战争时期、抗日战争时期和解放战争时期的勋章和奖章。

1955年元旦过后,军衔评定,颁发勋章、奖章等工作便紧张地展开。1月23日,中央军委发出《关于评定军衔工作的指示》和《关于颁发勋章、奖章工作的指示》,具体部署了全军评衔等工作。2月8日,全国人大常务委员会第六次会议审议通过了以实行军衔制为主要内容之一的《中国人民解放军军官服役

条例》。条例明确规定,从 1955 年 10 月 1 日起,中国人民解放军正式实行军衔制。

是时,海军刚组建 5 年多,许多方面尚在创设过程中。官兵成分比较复杂,有从陆军部队不同单位调来的,有正常征召入伍的,有特招的青年学生、知识分子,还有相当一部分是起义和招募来的原海军人员。同时,一些技术人员,特别是部分舰艇部队专业职位,应属于军官还是军士,尚不明确。根据苏联军队的做法(当时军衔制很大程度上是学习、仿效苏军的),军事指挥员授海军衔,政工干部授陆军衔,至于秘书人员、技术干部授什么衔,需具体研究决定。鉴于这些情况,海军党委认识到,海军的军衔评定工作与其他军兵种部队比起来,难度要大得多。所以,海军党委、首长,对军衔评定工作十分重视。老首长们说,军委、总部的正式文件还没有到,海军党委就提前行动了,可谓闻风而动! 在 1 月初召开的党委扩大会上,便对授衔工作做了专题研究。萧劲光司令员在总结中强调,军衔评授工作要作为各级党委 1955 年的中心工作之一,主要领导要亲自抓,要"形成带有运动式的声势"。会后,从机关各大部抽调一部分具有一定政治和业务水平的干部,组成了海军军衔办公室。当月中旬,就派出工作组,首先选了几个不同类型的单位进行摸底、试点。

海军副政委兼政治部主任苏振华亲自主持抓试点,指导工作组总结经验。2 月 9 日,海军党委批转了海政和海军干部管理部依据试点经验制订的《执行军委〈关于评定军衔工作的指示〉和〈关于颁发勋章、奖章工作的指示〉的实施计划》(以下简称《实施计划》)。《实施计划》明确提出,干部军衔等级的评定以现级别为主要依据,"德才并重,照顾资历",结合现职进行总的衡量;调整干部级别,由军衔、任免部门共同负责,业务部门配合,以干部部门为主办理。同时,《实施计划》对各级干部军衔的评定、审批程序、审批权限、完成时间以及住学干部、参战部队、新调干部、军士等不同人员的军衔评定工作,都做出了明确规定和具体分工。

4 月,海军军衔评定工作普遍展开。在这一阶段,各级党委都做到了"周周有安排,步步有检查";许多单位主要首长直接参加审查,机关各部门都积极配合、支持。因此,整个评定工作进展较快。至八九月间,多数干部的军衔经批准陆续敲定。在评定过程中,始终贯彻了集体领导、依靠群众、重调查研究的方法,每位干部都经过自下而上,自上而下的反复衡量、评比。按程序,一名校官的军衔从初评到上报军委,一般需经过10次集体讨论研究;一名尉官,一般也要经过7次之多。严格的程序规定,切实保证了绝大多数干部军衔评得公正、合理、恰当,使评授军衔的过程成为官兵受教育的过程。

10月,除因肃反发现历史问题未做结论及少部分专业职位军官、军士职务不明等原因外,绝大多数官兵的军衔均评定完毕,开始办理命令公布手续。

海军第一个授衔典礼,在新建的海军礼堂隆重举行

海军第一批被授衔的军官,是萧劲光、苏振华等55名将官。他们的军衔是1955年9月27日在中南海由国务院总理周恩来亲自颁授的。由于程序等方面的原因,直到11月22日,海军部队第一个授衔仪式,即海军机关、直属部队校官授衔仪式,才在北京海军机关大院隆重举行。

1955年9月27日,毛泽东(左二)在北京中南海中国人民解放军元帅授衔和将官授勋典礼上,向海军青岛基地副司令员郑国仲(左一)颁发勋章

那时,海军机关刚刚搬入新建的办公大楼,机关礼堂也落成不久。上午8点刚过,海军机关各大部、直属部队的将军以及各单位官兵代表等参加海军驻京机关部队校级军官授衔典礼的官兵,便陆续集合在礼堂前。

9点整,授衔仪式在庄严的军乐声中开始。海政副主任段德彰海军少将,宣读了国防部授予海直机关部队大校、上校、中校、少校等各级校官的命令,国防部副部长萧劲光大将代表国防部部长彭德怀元帅,把××名校级

军官金光闪闪的肩章——授予各位校官。

授衔完毕，海军副司令员罗舜初海军中将发表了讲话。他说，军衔是国家和人民给予每一个革命军人的崇高荣誉和重大责任。希望大家在接受军衔以后，谦虚谨慎，戒骄戒躁，发扬军民团结、官兵团结的优良传统，努力学习，进一步提高军事、政治素质和业务能力，做一个真正的现代化革命军队的军官。

接着，受衔军官代表、海政文化部部长柳夷上校发言。他说，国家把军衔授给我们，是对我们的无比信任。金光闪闪的肩章，是我们的光荣，也是革命的重担。我们一定不辜负党和人民的信托和期望，努力学习，发奋工作，为建设强大海军、为保卫祖国海防献出我们的一切。

翌日至12月1日，又分三批在海军礼堂举行了尉级军官授衔典礼。参加尉官授衔典礼的，除海军机关、直属部队的各级尉官外，还邀请了海军战斗英雄陈立富海军大尉、王维福海军少尉及击沉国民党海军护航驱逐舰太平号的海上指挥员、某鱼雷快艇大队副中队长钱江海军上尉。之后，海直各单位又分别举行了军士、士兵的授衔仪式。

在此期间，东海舰队、南海舰队、青岛基地、旅顺基地等各部队、院校的校官，尉官的授衔仪式，军士和士兵的授衔仪式，也都陆续自行组织举行。

肩章、星徽引人注目，军衔制给部队带来新气象

海军官兵授衔，从9月27日海军司令员萧劲光等各级将官在中南海授衔开始，到全海军各部队官兵授衔完毕，前后用了3个多月，直到翌年初才基本授完。绝大多数授衔仪式，在11、12月两个月举行。

此次授衔，海军受衔的将、校、尉级军官，共xxxxx名。具体为：

将军60名。其中大将1名、上将2名、中将13名、少将44名。

校官xxxx名。其中大校88名、上校224名、中校xxx名、少校xxxx名。

尉官xxxxx名。其中大尉3879名、上尉xxxx名、中尉xxxx名、少尉xxxxx名、准尉xxxx名。

那时,部队官兵大都是从战争年代过来的,荣誉感极强,对"明码标价"的军衔自然格外重视。在荣誉考验面前,尽显每个人的思想情操。元帅罗荣桓,身经百战的战将徐海东、许光达、徐立清、孙毅等,上书中央直至毛泽东,诚恳要求降衔,当时影响教育了全军,成为千古佳话。华东海军政委袁也烈,是一位1925年就入党的老同志,参加过北伐战争。1927年八一南昌起义时,他已是营级干部。在土地革命战争、抗日战争、解放战争中久经战火,屡立功勋。此次被授予少将军衔,明显偏低。他不仅毫无怨言,而且还积极做其他同志的思想工作,对部队影响很大,多次受到党中央领导同志的表扬。但据有关资料,授完军衔哭鼻子的现象,也确实有。某部一位资历颇深的老红军听说内定方案给自己定的是少将军衔,曾不满地说"如真的给了我,我就把那个牌牌挂在狗尾巴上!"因此有了毛泽东一句传之甚广的名言:"男儿有泪不轻弹,只因未到授衔时。"

海军部队组建不久,官兵成分新,授衔过程中各种思想反应自然少不了。许多领导同志也主动提出了降衔要求,但也有部分同志非常计较。如有一位舰艇部队的营级干部,传达文件后公开说:"评少校积极干,评大尉干一半,评少尉就不干。"有人担心与领导关系不好会被压低军衔。有人埋怨"上学吃了亏,水平提高了,军衔降低了"。授衔后,有的干部嫌军衔低,不愿意戴,等等。但总体上看,授衔后效果是好的,对部队建设发挥了积极作用。据有关资料记载,这主要表现在以下几个方面:一、鼓励了干部的积极性和上进心。军政领导干部自觉严格要求自己,表率作用更强了,技术干部更刻苦学技术。如有的技术军官授衔后说:"不能戴着技术军官的符号不懂技术。要好好学习,争取成为一个名副其实的技术军官。"二、增强了部队战斗意志,官兵战斗积极性普遍提高。许多海防前线的军官在授衔后的座谈会上说,党和人民给了自己如此大的荣誉,"实在受之有愧",一致表示随时听从党的召唤,参加保卫祖国的战斗,在海军建设与保卫祖国的斗争中贡献一切。三、加强了部队的组织纪律性。授衔后,大大提高了官兵的荣誉感和责任心,部队游击习气相对减少,普遍反映"兵好带了!"四、有些后进干部受到激励和教育,也有了明显好转。个别以有病为托词,闹着要求转业的干部,"病"好了,表示"要积极工作,长期在部队服务"。

由于海军编制体制复杂等特点,加之初次进行军衔评定,经验不足,不可避免地存在一些问题。综合部队的意见,大家一致认为问题较大的是,虽对评定标准进行了反复研究,但对知识分子干部军衔的评定仍然不够恰当。特别是对文化水平较高的知识分子、参军的地方大专院校毕业生和中等军事业务技术学校毕业的学员,军衔评得偏低。航空兵某部有一个机械员,是1951年入伍的高中生,结果被评为正班级上士。授衔后,他即写诗一首:"五尺桐树不算高,不能为梁也能烧。枉读寒窗十余载,只落今日纱带飘(指水兵帽)。"发现这种情况,海军党委及时做了研究,下发了补救的文件。海军党委批转的海军干部部《一九五六年干部工作规划》中明确指出:"干部的军衔评定,绝大多数是恰当的,但对知识分子干部和部分技术业务干部的军衔评定,存在着偏低的情况。为了更好地发挥知识分子干部的作用,应根据他们现任职务和实际才能与学术、入伍后的思想改造情况和实际表现,参照以下标准(标准条文从略)适当地提前晋升其军衔,并要求于4月底前晋升完毕。"这一文件下达后,各部队均按照海军的要求迅速做了调整、纠正。

此次军衔制实行了10年。1965年5月22日,第三届全国人大常委会根据国务院的提议,通过了《关于取消中国人民解放军军衔制度的决定》,同日,中华人民共和国主席刘少奇签发公布。两天后,即5月24日,国务院又公布了关于全军改换着装的决定:全军官兵一律改佩全红五星帽徽和全红领章,一律戴解放帽。海军服装改为深灰色。与此同时,此前的帽徽、军衔肩章、军衔领章和军种、兵种及各种勤务符号,予以废止。这一决定,于当年6月1日付诸实施。至此,首次实行军衔制的历史宣告结束。

至于为什么取消军衔制,当时相关文件上并没有过多的记载。后来也大都笼统归结为受"'左'的思想影响",但事实上要比这复杂得多。时过境迁,现在看来,当时实行军衔制是适时的。那次军衔制对我军正规化建设产生了积极的影响,也为1988年我军重新实行军衔制提供了借鉴,打下了基础。

海军 1955 年授衔将军名录

海军大将1名： 萧劲光

海军上将1名： 王宏坤

上　　将1名： 苏振华

海军中将8名： 罗舜初　周希汉　周仁杰　饶守坤　方　强
　　　　　　　陶　勇　赵启民　刘昌毅

空军中将1名： 顿星云

中　　将4名： 刘道生　康志强　方正平　彭　林

海军少将15名：张学思　雷永通　张　雄　郑国仲　马忠全
　　　　　　　易耀彩　彭德清　高志荣　张元培　齐　勇
　　　　　　　王政柱　傅继泽　罗华生　邓兆祥

空军少将3名： 曾克林　梅嘉生　兴　中

技术少将1名： 赵一萍

军医少将1名： 丁世芳

少　　将19名：段德彰　谢甫生　李呈瑞　邱子明　吴　西
　　　　　　　刘中华　刘华清　朱　军　何　辉　苏启胜
　　　　　　　罗　斌　阙中一　桂绍彬　卢仁灿　黄忠学
　　　　　　　江　勇　宋景华　胥治中　袁也烈

说明：此为1955年9月27日海军第一批授衔将军名单。不含由于在学等原因缓授或在其他单位授衔的。

新中国海军首次海上大阅兵

1957年,是中国人民解放军诞生30周年。这一年,组建8年的人民海军在当时海军部队相对集中的青岛,举行了新中国第一次海上大阅兵。

海上阅兵列入建军三十周年庆典重要内容

1957年7月12日,毛泽东主席结束了杭州、上海等地的巡视后到达青岛,在这里召开了省、市、自治区党委书记会议。当时,北海舰队尚未成立,但青岛仍不失为年轻的人民海军比较集中的地区。自1950年下半年起,这里陆续诞生了新中国海军的第一支驱逐舰部队、第一支潜艇部队、第一支快艇部队。到1957年,军港设施逐步配套,流亭机场也已修建完工。1957年8月1日,是解放军建军30周年纪念日。军委把举行海上阅兵作为一项重要内容列入庆典活动,并在5月就已正式通知海军:建军节在青岛举行海上阅兵,届时中央领导将检阅海军部队。

毛泽东到青岛后,萧劲光立即从北京赶到青岛看望。毛泽东在海滨八大关附近原先由德国人建造的提督楼接见了萧劲光。萧劲光首先向毛主席扼要地汇报了青岛基地的建设和这次海上阅兵的准备情况。他说,海军经过8年的建设和训练,装备方面有很大进步,训练水平、官兵军事技术的掌握,也有很大提高。这次举行的海上阅兵,空、潜、快等主要的海军兵种都要出动,请毛主席检阅。毛泽东听后非常高兴,当即爽快地表示:"很好,我要去看看海军。"

"毛主席要来检阅海军了!"听到萧劲光传达的这个喜讯后,基地政委卢仁灿、担任此次阅兵总指挥的基地副司令员马忠全等领导和全体官兵都沉浸在无比的兴奋之中。在海军首长的具体指导下,阅兵指挥部完善方案,深入动员,组织部队反复演练,进一步抓紧了接受检阅的各项准备工作。

经反复论证研究,最后决定海上受阅的兵力是:青岛基地驱逐舰、潜艇、猎潜艇、快艇、练习舰等各支(大)队,分别派出驱逐舰4艘、中型潜艇4艘、猎潜艇3艘,远航、近航鱼雷快艇计15艘,登陆舰2艘;青岛水警区高速炮艇4艘;海军航空兵独立大队水上飞机2架;2个航空师轰炸机27架、侦察机1架、歼击机14架;在青岛海区训练的东海舰队猎潜艇3艘,总计舰艇35艘、飞机44架。另外,为保证阅兵的顺利进行,还部署了舰艇13艘、飞机6架担负安全警戒任务。

码头受阅部队主要由青岛基地司令部、政治部、干部部、工程部和后勤部的军官组成,共306人,编为3个方队。此外,还有防空部队战士组成的水兵方队和海军航空、炮兵、鱼雷快艇等学校组成的学员方队。

为使毛主席和中央其他领导同志能够看到各型舰艇,东海舰队司令员陶勇中将还亲率我国自己改装制造的昆明号护卫舰,从上海专程赶来青岛参加阅兵。检阅定于8月4日在胶州湾进行。为圆满完成受阅任务,各部队在按照预定课目分别进行训练的基础上,先后进行了两次预演。8月2日,经过全面检查、协同演练,阅兵准备工作基本就绪。萧劲光向阅兵指挥部传达了军委的通知:毛主席到青岛后,由于天气关系患了感冒,两天来高烧未退。经毛主席批准,军委决定委托周恩来总理赴青代表毛主席和党中央检阅海军部队。

周恩来代表军委检阅驻青海军部队

8月4日的滨城青岛,空明澄碧,风平浪静。海军军营、码头、机场、阵地,都披上了节日的盛装。

9点30分,周恩来在萧劲光的陪同下来到大港3号码头。周总理听了马忠全的报告后,首先检阅了码头上的军官方队,随后健步登上检阅艇。这时,胶州湾海面,挂满旗的艘艘战舰整齐地排列着,旗下指战员列队站坡,昂首挺胸接受总理检阅。当检阅艇稳稳地驶近受阅的每一艘舰艇时,站在驾驶台上的周恩来都以洪亮的声音向大家致以节日的祝贺和问候。"同志们好!""总理好!""中国共产党万岁!""毛主席万岁!"总理和舰员们的声音交汇在一起,响彻海空。

检阅完海面上的舰艇后,大约10点,周总理登上检阅旗舰——鞍山号驱逐舰,检阅了在甲板列队迎候的官兵,和已在旗舰上的国务院副总理乌兰夫、最高人民检察院检察长张鼎丞、山东省委书记舒同、副总参谋长韩先楚、空军司令员刘亚楼、武汉军区司令员陈再道以及海军副司令员刘道生、方

1957年8月4日,周恩来(左三)在萧劲光(左一)的陪同下,在青岛检阅了海军青岛基地和东海舰队的舰艇及海军航空兵部队。图为周恩来对受阅部队讲话

强,海军参谋长周希汉、青岛基地政委卢仁灿等,一一握手。萧劲光致欢迎词:

敬爱的周总理:

今天我们怀着庄严和愉快的心情,接受您的检阅。我代表海军全体指战员向总理致以崇高的敬礼和热烈的欢迎!

海军建设8年来,在党中央和毛主席的英明领导下,在全体官兵的努力下,已经成长起来了。在保卫祖国的海防线上做了一点工作,但是距离党中央和毛主席对我们的要求和期望还很远,需要继续不懈努力。总理这次对我们的检阅,是中国人民解放军海军史上最大的光荣,给了我们极大的鼓舞和信心。我们将遵循着党中央和毛主席的指示,努力学习,熟练地掌握军事技术,提高部队的军事素质,继续发扬解放军的光荣传统,为建设一支海上战斗力量,保卫海防,保

卫社会主义建设而奋斗！

接着，周恩来向指战员们发表了讲话。周恩来说：

海军司令员萧劲光大将同志、全体同志们：

中国人民解放军建军30年了。30年来，人民解放军在党的领导下，经历了英勇艰苦的斗争，保证了我国民主革命和社会主义革命的胜利，并且正在保卫着我国社会主义建设事业的胜利进行。目前我们国家正处在新的历史时期。在过去各个革命战争时期，我国人民依靠这支军队打败了国内外敌人。在社会主义革命和建设时期，我国人民还必须靠这支军队保卫祖国的安全。

中国人民解放军海军同志们：你们在建设海上武装力量上，在保卫海防和保卫社会主义建设上，已经取得了一定成绩，我祝贺你们！但是你们都知道我国的海岸线很长，美帝国主义还霸占着我国领土台湾，你们必须继续努力，为建设一支坚强的、足以自卫的海军力量，保卫祖国保卫亚洲和世界和平而奋斗！……

周总理的讲话不时被热烈的掌声和欢呼声打断。总理讲话刚停，两架水上飞机从旗舰右侧低空疾驰而过，然后在旗舰上空摇摆着机翼向总理致敬。接着，威武雄壮的海上分列式开始了。

航行在最前列的是刚刚投入战斗行列的潜艇编队。总理兴致勃勃地听取了潜水艇支队支队长傅继泽介绍潜水艇部队的成长情况。1953年2月，总理亲自视察了刚刚组建的旅顺潜艇学习大队，并鼓励学员们遵照毛主席的指示，克服一切困难掌握军事技术，学会潜艇作战。4年后的今天，年轻的人民海军已经有了自己的潜水艇部队。望着渐渐远去的潜水艇编队，总理格外高兴。

紧随其后的依次是猎潜艇编队、快速炮艇编队、鱼雷快艇编队。随着一艘艘舰艇飞驰而过，刘道生将每一类舰艇的性能、特点，向周总理一一做了介绍。最后的课目，是进行潜艇下潜、上浮表演和航空兵跳伞表演。潜水艇在官兵熟练的操作下,时而潜入海中,时而浮出海面,时而只有潜望镜带动的一条隐隐的浪花。正当人们的目光追逐着潜艇的航迹时,一架运输机呼啸着从西北方向飞来。刹那间,五彩缤纷的"花"从天而降,在碧海蓝天的映衬下,分外美丽壮观。

海上阅兵进行了两个多小时,12点按计划准时结束。周总理始终精神饱满,神采奕奕。他时而拍手、点头,时而向两侧的萧劲光和卢仁灿提问,脸上洋溢着满意的微笑。阅兵结束回到旗舰会议室里,官兵们向总理提出了题词的请求,周恩来欣然答应,当即挥毫写道:"中国人民解放军海军同志们:庆贺人民解放军三十周年纪念!庆贺中国人民海军的成长和壮大!希望你们为建立一支更加强大的足以保卫自己的人民海军,为保卫祖国的社会主义建设,为保卫远东和世界和平而奋斗不息!"

离开检阅舰前,周总理和舰上的党政军领导一起与鞍山舰的官兵合影留念。

毛泽东接见驻青海军大尉以上军官

阅兵结束后,毛主席听了关于海上阅兵的汇报,非常高兴。8月5日下午,在青岛汇泉体育场,感冒初愈的毛泽东接见了海军驻青部队大尉以上军官,同大家一起合影留念。因国事繁忙急于返京的周恩来总理,由于通往机场的路上河水暴涨,未能成行,改变了返京的计划,也参加了接见和合影。

参加此次接见的海军军官达数百人,是新中国成立以来,毛泽东、周恩来接见军队下级干部最多的一次。

上游1号舰舰导弹诞生记

作为现代海战中主要攻击武器的导弹,诞生于第二次世界大战末期。早在20世纪50年代,在苏美等一些技术先进的国家,多型导弹已广泛装备于海军部队。而中国海军,在差不多过了10年后才装备了国产舰对舰导弹——上游1号。

舰对舰导弹现通称舰舰导弹,即水面舰艇装备的巡航式反舰导弹,是舰艇的主要攻击武器之一。曾几何时,为使海防拥有中国人自己的舰舰导弹,中国科研、军工战线的专家,职工和海军试验部队官兵,经过了近8年的艰苦奋斗、忘我拼搏。

中苏签订《二四协定》,将海军导弹技术引入中国

1958年,年轻的人民海军经过9年的建设,水面、潜艇、航空、岸防等各兵种已陆续成军,但在装备上仍相当落后:缴获、接收的原国民党海军的武备不必说,即使新从苏联引进的护卫舰、扫雷舰等几型舰艇和武备,也大都是苏联部队已有了替代产品而基本停止生产的东西。熟悉国外海军发展情况的萧劲光、刘道生等海军首长清醒地意识到,要完成保卫海防、抗击强敌入侵的任务,凭这些装备是困难的。同年4月,萧劲光、苏振华等海军领导联名上书国防部、中央军委,建议由政府出面向苏联谋求海军装备新技术。其中特别提出,要争取获得核动力潜艇(时称原子动力潜艇)技术和海军导弹技术。

周恩来等军委领导很快批准了海军的建议,并出面与苏联政府联系。在征得赫鲁晓夫同意后,中国政府于1958年10月派出了一个以海军政委苏振华为团长、多名国务院工业部门领导参加的专家代表团赴苏会谈。当时,中苏两

国关系非常好,但谈判并非一帆风顺。关于引进核潜艇、导弹驱逐舰制造技术的请求,一开始便被苏方断然拒绝;关于海军导弹及装备导弹的几种小型舰艇的制造技术,双方各层次经过3个多月的反复会谈、磋商,才最终达成协议。1959年2月4日,苏振华和苏联部长会议对外联络委员会副主席阿尔希波夫分别代表本国政府,在《关于苏联政府给予中国海军制造舰艇方面新技术援助的协定》(史称《二四协定》)上签了字。这一协定规定,苏联政府向中国海军提供629型导弹潜艇、205型导弹快艇等五型舰艇制造技术资料及部分建造材料、设备,同时提供两种海军导弹,即629型导弹潜艇用P–11фM弹道式导弹(潜地)、205型和183P型导弹快艇用п–15飞航式导弹(舰舰)的制造技术资料和导弹样品及相关的技术阵地设备、工艺测试设备。

《二四协定》签署后,海军首长非常高兴。大家清楚,苏联提供的舰艇技术虽不是最先进的,但装有导弹发射系统,国内短期难以研制生产。而提供的两种导弹技术,则毋庸置疑属尖端武备范畴,是非常难得的。当年6月,海军党委便做出决定:在海军装备建设方面,主要抓《二四协定》项目,以便在消化、掌握此前引进的几型舰艇技术的基础上,进一步提高和发展;海军武备系统建设,以发展导弹为主。

困境中列为国家重点项目,非同寻常的仿制

1959年11月,按照中苏《二四协定》引进的导弹样机运抵北京。此前,为集中抓"两弹",即潜地、舰舰导弹仿制而成立的直属海军首长领导的海军技术部,业已正式成立。导弹仿制准备工作遂逐步展开。

鉴于当时尚没有专门的海军导弹研制、生产单位,军委、国务院领导指示,集全国科研技术力量搞好两型海军导弹的仿制。在分管国防科学技术委员会(以下简称国防科委)的副总理聂荣臻和分管国防工业的副总理贺龙的参与协调下,对海军导弹仿制进行了责任划分。整个仿制工程,由海军、第三机械工业部(以下简称三机部)和国防部第五研究院(以下简称五院)等单位为主进行。具体分工为:海军负责样机、资料的引进及提出仿制意见和建议,五院、三

机部分别负责仿制生产设计研究,解决技术难题和安排生产。此外,海军还负责了解掌握全面情况,组织协调工厂和科研单位间的协作,并派出驻厂军代表进行仿制、监造等工作。

1960 年 3 月,潜地、舰舰两种导弹仿制工程先后正式启动。按照《二四协定》的规定,苏联在提供相应资料、技术图纸的同时,还要派出专家、技术人员对关键性生产、使用环节给予技术指导。据此,海军技术部聘请了以施烈米尔为首的苏联专家 6 名,分别担任导弹装备的战斗使用、射击指挥仪、弹体、火工品及地面设备等方面的技术顾问。研究院所、生产厂家也分别聘请了相关技术人员。仿制开始时,各方面的苏联专家、顾问均已到位。这些专家、顾问,大都是从事导弹研制工作的技术骨干或军队中有实际工作经验的军官。在他们的指导帮助下,导弹仿制工作进展很快,短短几个月的时间,各单位就按照各自的职责任务形成了从仿制研究、部件生产到飞行试验等一套系统的组织机构。但不久,由于中苏两党政治分歧等原因,苏联政府于 1960 年 8 月单方面撕毁了两国所有援建项目的合同,召回了全部在华的专家、技术人员。同时,《二四协定》履行停止,很大一部分重要的技术资料,苏方不再提供。加之连年的经济困难、苏联催还所欠贷款和债务,使需要大量经费支撑的武备研制仿制工作陷入进退维谷的境地。

困难面前,国防工业委员会(以下简称国防工委)根据中央关于国民经济实行"调整、巩固、充实、提高"的方针,决定对国防工业采取"缩短战线、保证重点"的政策,暂停和削减一部分科研生产项目。根据这一精神,海军党委对导弹仿制任务进行了慎重的研究,决定暂停潜地导弹和先行开始的岸舰导弹的研制仿制工作,集中力量完成舰舰导弹,即п−15 飞航式导弹的仿制任务。国防工委接受了海军的意见,同时,考虑到资料和技术人员的不足,批准了三机部关于延长国产舰舰导弹交付部队期限的报告,将国产舰舰导弹的交付时间,由原定的 1963 年推迟至 1968 年。调整后,舰舰导弹仿制被列为国家重点项目,生产代号 5081 工程,仿制定型的国产弹命名为上游 1 号。

项目保留下来了,但苏联专家、技术人员已撤走,图纸、资料又不全,已不是原来意义上的仿制了,许多东西需研制、创制! 但所有参与研制仿制生产的单位,没有一个畏难和停顿。参研人员不分昼夜地跑图书馆、下车间,查找资料,集体攻关,解决仿制中的技术难题。通用资料,分头在国内相关单位查找;查找不到的,则按实物测绘,照样机进行"反设计"。不少单位把技术人员组织起来,通过消化已有资料,上专业课,反复拆装进口样机及对成件、全弹进行单元和综合测试等方法,解决技术难题,培训技术骨干。

解决图纸不易,把图纸变成部件更难。由于没有专门的生产厂,舰舰导弹仿制生产是由航空、兵器、电子设备等几十家工厂分头承担的。"反设计"的图纸有的难免有误差,加上缺少专用设备、特需材料,技术、工艺也要边干边摸索,每一个部件的生产都可谓困难重重。为了攻克这些难题,做到既节约材料、节省时间,又保证进度,各生产厂普遍采取了科研、生产、使用三结合,车间设计员、工艺员、工人三结合的方式,本着先易后难、循序渐进的原则,一步步攻关。有的问题一个厂解决不了,就打破厂际界限,几个厂的技术人员携手攻关。结构复杂、要求精密的舰舰导弹的每一个成件生产,都需经过由不同尺度的缩比到1:1的反复试验。有的部件则经过了上百、几百次甚至上千次的试验,历时几个月甚至几年的时间,最后才试制出符合设计要求的成品。于今40多年过去了,参与过上游1号舰舰导弹仿制生产的技术人员、老工人,回忆起当年的情景依然激动不已:"那时,为了搞出一个合格的部件,通宵达旦是常事。有时忙起来,没有上下班的界限。领导的工作不是动员加班而是劝大家休息,好多同志是夜里偷偷干。""连续十天八天加班,没有一个人叫苦说累,只是为浪费材料心痛,为不能提前进度心焦。国家穷啊!"

海军机关对5081工程更是高度重视。1961年初,为加强对舰舰导弹研制仿制的领导管理,海军专门发了指示。文件在要求机关业务部门加强导弹知识学习、积极主动配合做好导弹研制仿制和试验工作的同时,要求海军技术部牵头组织人员深入工厂,对承担仿制任务的单位实行"一学、二帮、三监督"。在征得国防工委、国防科委批准后,由海军技术部、训练基地、炮兵学校等单位抽调的174人组成工作队,分别深入到承担生产任务的26个工厂,一边进行专业学习,一边协助落实生产任务。这批工作队成员大都在厂里学习、工作了半年左右。他们发现好的经验和做法,就立刻帮助总结推广;了解到完成任务有困难,就及时向上级反映,协助解决,深受工厂欢迎。海军技术部处长张毅民等人在某厂学习、工作期间,通过对装备研制仿制及试验靶场建设等情况的调研,写出了《关于"5081"舰对舰导弹仿制程序的建议》,具体提出舰舰导弹仿制分三步走:第一步,以国内现有设备条件生产模型弹。即导弹的壳体,用以同导弹快艇和进口导弹成件进行协调,促进导弹成件的仿制。且可用模型弹发射,检验快艇甲板及其上层建筑的强度和对人体安全的影响。第二步,生产混装弹。即将国产件和进口成件、设备互相混装,以检验国产件并和进口件对比校验,同时为国产的关键成件攻关赢得时间。第三步,生产国产导弹,达到定型标准。海军技术部对这一建议很重视,专门派人向国防工业办公室(以下简称国防工办)、国防科委和三机部领导做了汇报。1964年6月20日,国防工办以《"上游1号"舰对舰导弹仿制程序》为题批转各相关单位,要求据此实施。

经过3年多边试边干,1963年底,各承制厂生产出了第一批零、组件。翌年3月,舰舰导弹总装生产和总体归口单位320厂开始组装。与此同时,三机部在320厂召开各承制厂厂际协调会,明确了各厂生产进度具体安排及其对使用单位的要求,各厂之间进行了技术协调。按照苏联技术资料要求,所有成件(含火工品)全部交总装厂,再由总装厂负责交付使用单位。这样做,使用单位简单、省力,但从整体上增加了中间环节和贮运费用。听取相关各厂的意见后,海军技术部提出,助推器(含药柱、药盒)、引信等易爆危险品和其他部分质量有保证、互换性能好的成品,经所在厂军代表验收合格后不必交总装厂,可以由承制厂直接发往部队。这样可以减少中转环节,节约时间、经费,且有利保障安全。这一提议得到与会人员的一致赞同。后来,这种交付方式也被海军其他型号导弹采纳,一直沿用下来。

审慎、严格的飞行试验,三个阶段均获一次成功

至1964年,舰舰导弹生产中关键环节的技术难题已基本攻克,接踵而来的是飞行试验问题。

苏联提供的资料中,原本有一个飞行试验大纲,但由于两国的自然条件不

一样,更重要的是生产条件、工艺不一样,因此苏联的大纲无法袭用,只能作为参考。为了解决这一问题,1964年夏,海军装备部(此前海军机关整编,海军技术部编入海军装备部,缩编为下属二级部)主持召开了由海军试验基地及相关科研单位、工业部门参加的会议。会议决定,上游1号导弹飞行试验遵照国防工办的批复,按模型弹、混装弹、国产弹顺序分3个阶段进行,并且具体制定了各阶段飞行试验大纲,明确了模型弹、混装弹、国产弹各阶段试验的性质、目的、任务、项目、发射弹数及评审标准等。

第一阶段试验,即模型弹飞行试验。为方便具体了解掌握各项试验参数,试验分陆上、海上两次进行:首先"以沙代海",在陆地试验,然后再在海上试验。

陆地试验于1964年12月在西北戈壁滩上国防科委某试验基地进行。试验前,在发射场地安装了固定发射架和模拟快艇甲板及艇面设备,在发射架周围和模拟舱室不同部位放置了羊、狗、猪等动物,配置了有线测量和光测设备。初冬的西北戈壁滩,天气寒冷、干燥。参试人员居住在没有电灯,更没有取暖设备的破碉堡里,研究资料、布置现场,披星戴月地忙碌着。12月7日上午9点,试验场天空晴朗,万里无云。随着指挥员"发射"口令发出,第一发模型弹拖着火光和浓烟滑出轨道,银白色的弹体在金色阳光的照耀下按预定弹道飞去。发射结束,察看发射架周围被助推器烟火考验过的动物,因距发射架距离不同而死伤各异。模拟舱室内的动物,均安然无恙。设计人员和各生产单位领导还一起察看了模型弹的落点:戈壁滩上冲击出一个直径近数米的大坑。破碎弹片四处飞溅,最远处达数百米以外。

11日上午9点,又发射了第二发。按试验大纲收集各种结果、数据,得出的结论与第一发基本相同。两发试验结果证明,模型弹助推器工作正常,弹体结构强度符合要求,各种参数符合试验大纲要求。

海上模型弹飞行试验于1965年10月由海军试验基地组织在渤海某海区进行。试验场设在基地试验靶场,以快艇某支队的国产6621、6623型快艇各一艘参加试验。

舰对舰,即从舰上发射打击敌舰,是上游1号导弹的使命。海上试验才是真正的试验。试验前,专门成立了上游 1 号导弹定型飞行试验临时党委。相关科研单位、工业部门和海军机关、部队,分别派人参加,海军试验基地司令员郑国仲任书记。临时党委遵照周恩来总理关于新武器试验必须做到"严肃认真、周到细致、稳妥可靠、万无一失"的指示精神,多次召开会议研究模型弹海上试验准备工作。各单位主要领导深入试验第一线,严格按技术要求抓试验每一个环节的工作落实,确保不带问题上天,不带疑问发射。

试验于 10 月 15 日正式开始。首先是停泊(又称系泊)试验,即将发射艇固定在一定方向上,艇上不上人,在艇上应有人操作的地方放置猴子等动物,由操作人员在另外一艘艇上遥控发射。第一发模型弹发射后,临时党委仔细研究了随艇试验的动物,发现除惊恐外没有一只受外伤。于是,临时党委决定发射第二发模型弹时派一个人上艇,具体了解模型弹发射的噪声和冲击波对人的神经系统和精神上的影响。

亲临发射艇感受发射试验,史无前例,危险是明显的,但现场的官兵们毫不畏惧,共产党员、技术骨干纷纷报名,请求上艇参加试验。临时党委经过慎重研究确定,基地试验部干部王照奉留在艇上……经过认真细致的准备,再次发射试验开始了。随着轰隆一声巨响,模型弹腾空而起,呼啸着冲云破雾向海上的目标舰飞去。"直接命中了!"遥控发射艇上的人们高兴地喊出声来。稍顷,大家想到了留在艇上的王照奉的安全,迅即操艇向发射艇靠去。未等靠近,便见有人从舱内冲出来,伸开双臂高呼:"成功了! 我们胜利了!"大家一看,不是 1 个人而是 3 个人——除了王照奉外,还有基地试验部政委申爱华、参谋朱耀洲。原来,申、朱两人要求上艇参试临时党委没有批准,他们便在上发射艇做试验准备时趁人不注意偷偷藏在艇上,直到所有人都离开发射艇时,王照奉才发现他们。王照奉强烈要求他们离开,申爱华坚决制止了他:"不要嚷了,我们下决心留下,再说船也开了。我是你的领导,你要听我的。"

两次停泊试验后,又进行了航行发射试验,即在舰艇正常航行状态下发射模型弹 3 发,也取得圆满成功。11 月 15 日,整个模型弹飞行试验结束。通过停泊、航行先后两次发射 5 发模型弹试验表明,模型弹在导轨上滑行顺利,助推段飞行正常,弹体结构完整,艇体强度和舱室防护可靠,艇上官兵安全。

这样,舰对舰导弹仿制试验就顺利进入第二个阶段,即混装遥测弹飞行试验。

所谓混装弹,即导弹各部的国产件和进口的成品件、设备,相互交叉混合装配,每发弹中都装有多少不一的国产件。通过发射这些混装弹,将国产件与进口件对比,检验国产件的质量和效能。试验于1966年4月开始,7月初结束。试验也分两个步骤进行,先在陆上对海上目标发射,后在快艇上发射。在准备发射的混装弹中,有一发弹原来只有自动驾驶仪一个部件是进口成件,其余均为国产件。连续发射几发混装弹后,临时党委现场决定,将这发弹的自动驾驶仪也换上国产件,使其成为完全的国产弹,进行发射试验。1966年6月26日,这发国产弹发射升空,直接命中了目标。这一结果庄严地向世人宣告:中国第一枚国产舰舰导弹仿制成功了!上游1号成功了!现场参试人员无不欣喜异常。大家欢呼、跳跃、握手、拥抱,不少同志流下了激动的泪水。

混装弹飞行试验,共发射了6发,5发命中目标。特别是其中的国产弹直接命中目标,实际上已给舰舰导弹仿制画上了圆满的句号,但科学试验容不得半点马虎,舰舰导弹飞行试验第三阶段,即国产弹定型飞行试验依然按计划进行。当然,准备工作的步伐大大加快了。

国产弹定型飞行试验,于混装弹飞行试验3个月后,即1966年11月在某部海上试验靶场举行。10月中旬,导弹发射艇和观察照相的直升机进驻试验靶场,试验弹也相继运到。定型飞行试验是全面检验国产导弹性能是否符合战术要求、能否装备部队的最后一关。整个试验均按照实战的要求进行。为确保试验万无一失,试验基地司令员郑国仲、副司令员杨国宇等各级领导都到了试验场,与专家和参试部队一起现场解决问题。海军参谋长张学思在试验发射前一天赶到试验部队,检查了试验准备工作,参加了定型试验的全过程。

11月9日,风和日丽,能见度高,为飞行试验提供了难得的好天气。下午两点,第一发弹准时发射。观测证明,理论命中。这一效果坚定了参试人员的信心。接下来,从11月14日至29日上午,先后又发射了6发。为了检验发射艇的承载能力和对导弹的影响,29日下午,艇两舷同时发射。双弹齐射,巨大冲击力掀起的气浪,冲破了快艇厚厚的玻璃窗,浓烟灌进了驾驶室,艇上人员除轮机兵头部负轻伤、标图员被震昏迷外,其他人多无大碍,而两发导弹全部命中目标,靶船被击沉。至此,上游1号舰舰导弹定型试验以九发八中的优异成绩宣告结束。

试验报告详细记述了整个定型试验的过程,对每发弹飞行的观察、测量和试验结果进行了详尽的分析。最后得出结论:上游1号舰舰导弹设计方案是正确的,仿制生产质量是好的;试验基地技术阵地、发射艇准备细致周到,各种测量和时统设备工作良好,组织指挥严密;各参试单位团结协作,配合密切;舰舰国产导弹上游1号质量、性能可靠。

定型生产、装备部队,成为一代海防武备中坚

按照试验程序,完成模型弹、混装弹和国产弹3个阶段的试验后,上游1号导弹仿制进入最后一个环节——生产定型。

此前,在着手准备定型飞行试验的同时,另一项试验,即全弹和成件运输试验也在进行。

导弹的各个部件由分布全国的若干厂家分别生产。各部件从这些厂到总装厂、成品导弹从总装厂到战斗部队,须经过公路、铁路、水上等多种运输工具。如此的长途运输对部件和全弹的质量、性能有无影响? 安全与否? 只有通过运输试验才能掌握第一手资料,了解其在各种运输环境中的适应能力。这一试验于1966年夏季开始,至翌年夏结束,为期一年。在这项非常艰苦而又默默无闻的工作中,广大参试人员为保护"特运"、掌握第一手资料,顶着酷暑烈日,冒着严冬风雪,有时饭吃不上,水喝不上,但都圆满完成了试验任务。

1967年6月28日~7月1日,上游1号舰舰导弹定型会议在北京召开。会议由海防导弹临时定型委员会主任、海军副司令员赵启民主持,定型委员会副主任钱学森、郑国仲、来光祖、黄志才及全体委员出席会议。会议听取了三机部、海军关于上游1号舰舰导弹的仿制生产报告和飞行试验报告,充分肯定了上游1号舰舰导弹仿制生产和飞行试验中的成绩,讨论了在设计生产中应当改进、解决的问题。会议认为,上游1号舰舰导弹设计方案是正确的,二类产

品(各成件)符合设计要求;一类产品(全弹、整个武器系统)性能良好。国产上游1号导弹质量、性能可靠,可以批量生产,装备部队。大家一致通过了上报国务院特种武器定型委员会(以下简称国务院特委)的上游1号导弹生产定型申请报告。国务院特委也很快批复,同意批量生产。

上游1号导弹定型投产后,首先装备了海军快艇部队。接着,又对在役的护卫舰和驱逐舰加装上游1号导弹武器系统。一段时间里,国产舰舰导弹上游1号成为新中国海军部队海上攻击武器的中坚。

海空雄鹰海南扬威

美国政府于 1961 年在越南发动所谓的"特种战争"后,战火不断扩大。1964 年 8 月,美国公然派遣驱逐舰肆无忌惮地侵入北部湾,并连续派出飞机轰炸越南北方,制造了震撼世界的北部湾事件。与此同时,美国无视中国政府的严正抗议,派遣军舰侵入南海海域,袭劫中国渔船、打伤渔民,并派出飞机对中国沿海和内陆进行侦察骚扰……中国南部边境的安全受到严重威胁。

萧劲光一面部署部队加强巡逻警戒,一面请示军委调集兵力打击美军的侵犯袭扰。

毛泽东主席点将,十团转进海南

1965 年 1 月中旬,军委值班人员把电话打到萧劲光的办公室:"毛主席看了南海的军情急电,提议调你们十团去海南。"

增加海南的防空兵力,是萧劲光多日来一直思考的问题。让他没有想到的是,日理万机的毛主席对南海的事竟如此关注,且决策意见这样具体。据说,从中国政府公开表态支持越南抗美斗争的那一天起,毛泽东就密切关注着这一事态的发展。那天看了电报,毛泽东说,他们来捣乱,就打,坚决反击。海军不是有个十团吗? 他们在哪里?

毛泽东所说的十团,即海军航空兵某部第十团,是时,正在浙东海防前线执行作战任务。

第十团原为空军的一个团,在朝鲜战场曾击落敌机多架,立下了卓越战

1958年2月18日,国民党空军RB-57型高空侦察机进入山东上空侦察,海军航空兵某部第十团中队长胡春生(右)和飞行员舒积成(左)驾驶歼-5将其击落

1958年9月24日,国民党空军出动24架F-86型战斗机分两批窜入浙江温州地区上空。我海军航空兵王自重单机与12架国民党空军飞机遭遇,击落国民党空军飞机2架。返航时,被国民党军飞机暗中发射的响尾蛇导弹击中,壮烈牺牲。图为王自重

　　1964年6月11日夜,一架P2V-7型电子侦察机再次窜入山东上空,海军航空兵某部飞行员陈根发、石振山升空拦击,采用低空照明攻击的方法一举将其击落。图为被击落的国民党军空军P2V-7型电子侦察机残骸

　　1964年6月12日,海军政委苏振华(中)等观看被我海军航空兵击落的国民党军空军P2V-7型电子侦察机残骸

功。抗美援朝战争结束后，调归海军，严格的海空训练让其战术水平有了进一步的提高。在解放一江山岛战斗和护渔、护航战斗中，先后击落敌机4架、击伤3架。1958年初，在山东胶东地区上空开创了在1.5万米上空击落敌机的先例。之后，第十团转战福建、浙东沿海。1964年12月，第十团副团长王鸿喜驾歼－6单机起飞，将窜入浙江温岭以南上空的国民党军RF-101型侦察机击中坠海，飞行员跳伞被民兵生俘。此后，毛泽东与朱德一起接见了王鸿喜等作战有功人员。毛泽东称赞王鸿喜"打得好"，并牢牢记住了第十团。

接到军委的指示，萧劲光迅即研究调整部署，命第十团转进海南岛，并通过电话明确指示："你们此去是毛主席点将。作战对象是美国空军不是国民党军，困难大得多。希望你们不要辜负毛主席、中央军委的信任，发扬十团的光荣传统，旗开得胜，打出威风！"

2月初，由飞行大队长张炳贤、副大队长舒积成等空地勤29人组成的第十团机动作战小分队，在师参谋长辛英元的带领下飞抵海南岛。此后，机动小分队和驻琼海军航空兵部队一起，与骄横的美军开始了不屈不挠的空中较量。

初战告捷，接连打掉美高空侦察机

3月23日，南海舰队航空兵作战指挥所接到敌情通报：美国高空侦察机24日中午前后有可能对海南岛地区进行窜犯。第十团机动小分队遂提前两小时，于当日上午到达了机场，做好一切准备，待命迎敌。

美军使用的是AQM-34A型烽火式无人高空侦察机。这种飞机，翼展3.91米，机长7.01米，飞行马赫数为0.96，飞行高度为1.86～2万米。它的机体较小，无人驾驶，全靠无线电遥控和程序控制。作战中，一般先由大型运输机充当母机，将其带到预定位置，然后脱离母机按既定航线自动摄影侦察。该飞机头部装有功能巨大的照相机，可以将纵横数百里空域下方的建筑、军事设施，清晰地拍摄在胶卷上。此前，驻岛海军航空兵部队装备的是歼-5型飞机。由于飞行高度、速度的限制，无法与美机交战，已多次眼睁睁看着敌机无所顾忌地侵入领空。

一次又一次侵入中国领空侦察得手,美军甚为得意。美军发言人在若干场合宣称他们的无人驾驶高空侦察机是"世界第一流的侦察机","能对付它的飞机,中国没有"。仅就飞机性能而言,这话不全是吹嘘。中国飞机确实无法与其相比。第十团装备的歼-6型战斗机,当时在海军航空兵部队是最先进的,但其实用升限也只有1.75~1.79万米。针对这种情况,南海舰队航空兵领导与机动小分队一起进行了分析研究和试飞训练。经过分析,大家发现,敌机有飞行高度和速度上的优势,但也有明显的弱点:只能按预定程序飞行,即使遇到攻击也不会机动规避,更别说反击能力了。因此,我们的飞机只要能达到敌机的高度,就有机会把它打掉。

为了解决歼-6升限高度不够的问题,部队采取了许多措施。先是拆掉了飞行员座椅的防弹钢板,后又拆掉了一门机关炮,以减轻飞机的重量,但飞行高度仍不够,最后只好从飞行员操作技术上进行突破……显然,这有非常大的危险,但视使命如生命、决心歼灭空中强盗以保卫祖国尊严的英雄们,顾不了许多了!

是日12点58分,美国无人驾驶高空侦察机果然又出现在警戒雷达屏幕上,并很快进入我国领海上空。指挥所果断下达命令,由飞行中队长王相一单机迎敌。

已待命多时的王相一接到命令后,以最快的速度开车,一起飞便使用加力爬高,扑向待战空域隐蔽截击。13点40分,王相一奉命投掉副油箱,一面爬高一面修正航向,接近敌机。当与敌机相距411米时,王相一瞄准敌机,按下了火炮按钮。敌机左翼冒烟了。王相一紧追不舍,再次开炮……被再次击中的敌机变作火球,从1.74万多米的高空歪歪斜斜向外海扎下去,坠入大海。

王相一接到返航命令时,飞机的油料已耗尽。遂按照地面指挥员的指挥,就近机场安全着陆。

美国无人驾驶高空侦察机被中国海军打掉了!消息传到华盛顿,白宫、五角大楼的首脑们惊诧莫名:这是真的?中国有什么秘密武器?他们不愿相信,更不甘心,于是在一个星期之后——3月31日,美军再次派出无人驾驶高空侦察机侵入海南领空。

13点48分,指挥所下达起飞命令,副大队长舒积成与王相一相继起飞迎敌。在总结初战经验的基础上,他们巧妙出击,步步逼近,大胆接敌。500、300米……110米,敌机的投影已超出瞄准具光环,舒积成果断按下炮钮。霎时,敌机左右两翼同时火光四溅。14点10分,美机燃烧着向海南岛三亚以北栽去。

从舒积成驾机起飞到把美机击落,前后只用了22分钟!

海军航空兵在一星期内打掉了两架美国无人驾驶高空侦察机!举国上下一片欢腾。4月3日,国防部授予舒积成战斗英雄的称号,并给王相一记二等功。萧劲光派专机将他们接到北京,毛主席、周总理亲切接见了他们。

再度出击,创下"三个第一"

接连被打掉两架无人驾驶高空侦察机,美军不能再无所顾忌了,然而其侵略本性决定了他们不会就此罢休。经过几个月的策划,同年8月21日,美国无人驾驶高空侦察机又一次出现在海南岛上空。接受前两次失败的教训,这一次,美军变了个花招。用一架C-130型运输机带着两架无人驾驶高空侦察机起飞,设定位置分两次在空中投放,一架作掩护,一架侵入海南上空侦察拍照。南海舰队航空兵首长识破了敌人的诡计,命令经验丰富的舒积成驾机迎敌。舒积成不畏艰险,直赴预定空域迎敌。在与敌机相距58米的形势下开炮射击,把敌机一举击落。

不到半年的时间,机动小分队先后击落美国无人驾驶高空侦察机3架,海军航空兵声名远播。世界舆论好评如潮,许多国际友人通过多种形式向中国表示祝贺和支持。

美军在频繁派出无人驾驶高空侦察机在海南上空侦察拍照的同时,还多次派战术战斗机飞临海南岛、广东一带上空,袭扰挑衅。美军经常出动的飞机是F-4型战斗机。这是美国新研制的第二代超音速战斗机(时称鬼怪式),最高时速达230多公里,实用升限1.8万米,作战半径1000公里,雷达、武备也非常先进,而海航的飞机无论升限高度还是飞行速度,都与美机相差甚远。基于这种情况,加上美机且多在中国领海上空做S形擦边飞行,忽进忽出,为避免打伤的敌机落在公海,引起纠纷,海军一度曾规定以驱赶为主,一般不先敌开火。美军发现这一点后,竟越发得寸进尺,对中国海空的侵犯袭扰越发地频繁和深入了。

1965年4月9日8点许,南海舰队航空兵部队警戒雷达发现,在榆林港正南150公里处,美军8架F-4B型鬼怪式战斗机,分两批先后从突击者号航空母舰上起飞,向海南岛逼近。南海舰队航空兵指挥所遂向驻陵水场站的航空兵某部谷德合中队(1号机大队长谷德合、2号机飞行员程绍武、3号机中队长魏守信、4号机飞行员李大云)下达命令:"起飞巡逻,监视敌机。"

美机离海南岛越来越近……第一批4架飞机在靠近莺歌海后突然掉头回返,循原航线逸去。第二批则径直向前,4架飞机相继侵入乐东地区上空。发现敌机已进入领空,谷德合等4人驾驶着4架歼-5,排开队形迎上去。

敌我双方飞机各4架,8架战斗机在空中同时相向排开,这在往常是很少有的。谷德合他们清楚,自己的飞机性能不能与美机比,必须用勇敢和智慧消灭敌机。谷德合中队4个人都是空中高手。大家凭着高超的技术、默契的配合,很快与敌机展开近战格斗。格斗中,李大云4号机被美军3号机咬尾,李发现后迅即转弯摆脱,美机扑空冲向前。李大云占据有利位置,反咬住了这架美机。这时,美4号机又咬住了李大云,并向李大云发射了导弹。令他们没想到的是,李大云动作敏捷,已巧妙地转弯避开,导弹直接命中了被李大云逼得左右机动、企图逃脱的美军3号机。美机瞬间起火向下坠去。李大云一边向指挥所报告"美军发射导弹",一边反扣咬住美4号机,美4号机见形势不利,慌忙下滑逃跑。李大云又掉头会同谷德合等一起扑向美军1、2号机,美2号机见势不妙,慌忙向谷德合等连续发射导弹4枚,均被有效摆脱,在谷德合等两机下方300米处爆炸。导弹打空,且被李大云等反扣追踪,美机更加惊慌,遂增速下滑,狼狈逃出我国领空。9点,谷德合中队4架战机奉命安全返回机场。

战后海军航空兵机关总结提出,此次空战创下了"三个第一",即"第一次在我领空与美军性能最好的飞机交战,第一次在同温层(同温层,是指1.2万米以上的一个高空空间。由于自然条件的限制,此前世界军史上尚没有在同温层空战的记录)与美机交战,第一次与美军带导弹的飞机作战"。近20分钟的交战中,海军航空兵的英雄飞行员谷德合、李大云等,严格执行上级不首先开炮的指示,未发一弹,而骄横的美军连发6枚麻雀型导弹,击落了自己的同伴,从而创造了空战史上的"奇迹"。

战斗结束,战况迅速上报到海军司令部、总参,直至中南海。毛泽东明确批示:"美机入侵海南岛,应该打,坚决打。……海军应该调强的部队去,不够就由空军调强的部队去。美机昨天是试探,今天又是试探,真的来挑衅啦!既来,就应该坚决打!"接到毛主席的批示,萧劲光在组织党委、机关学习贯彻的同时,主持起草了《关于处置海、空情况建议的报告》,建议改变原先"一般不予攻击"的做法,根据目前情况做出相应规定。报告报送总参、军委。时过不久,军委便重新修订颁发了《沿海地区海、空军情况处置原则》,要求各飞行部队高度警戒,严加防范,坚决打击、消灭入侵之敌。

打碎美"无敌战机"神话,荣获海空雄鹰团称号

军委《沿海地区海、空军情况处置原则》明确规定:"对侵入我大陆和海南岛上空的敌机,采取坚决打击的方针。但追击时不超出大陆和海南岛及其领海上空。"据此,海军改变了以往"只起飞监视,不主动攻击"的处置原则,任何敌机只要侵入我国领空,就坚决打。我军对沿海军情处置原则的重大改变,美军自然不可能知道。1965年9月,美军故技重演,再次派飞机侵入海南岛上空。

9月20日近11点,美国一架F-104C型战斗机飞临海南岛西岸,依旧沿中国领海擦边飞行,时而进入领空,时而飞出领空,进行袭扰、挑衅。南海舰队航空兵指挥所见时机已到,果断下令:"十团双机出击!"

随着绿色信号弹升起,第十团飞行大队长高翔、副大队长黄凤生腾空而起,直插云天。

F-104C是美国接受朝鲜战争的教训专门研制的一种新型战斗机。两倍

超音速,携带4枚响尾蛇导弹,美军自诩为"歼击机20世纪末代"。这种飞机自问世以来,还未曾遇到过敌手,是"无敌战机"。

高翔、黄凤生很快捕捉到了目标。他们在地面指挥员的引导下,凭着高超的技术在万米高空与敌人斗智斗勇。逼近、再逼近……距离敌机只有30公里了,高翔以最快的速度向正在爬高的美机扑去。"你放心打,后面我掩护!"黄凤生鼓励高翔。距敌机越来越近,只有300米了! 高翔手按射击按钮,从291米处开炮一直打到与敌机相距39米。"打中啦!"黄凤生一边高兴地呼喊着,一边迅速反扣,向坠落的敌机补了几炮。美机被连连击中,瞬间变成一个大火球,爆炸着坠落下去。由于相距太近,高翔的飞机被爆炸的敌机碎片损伤了10多处,致使右发动机停车,机身剧烈抖动。高翔小心谨慎地驾驶着,以单发动机胜利返回机场。

高翔以高超的飞行技术和大无畏的英雄气概,创造了空战史上短兵相接的纪录,成为世界上打掉F-104C战斗机的第一人。

美军飞行员菲利普·史密斯(军号4360)的飞行技术也相当高超。在飞机被击中的那一刻,他果断跳伞。在琼州海峡渔民一片"缴枪不杀"的喊声中,史密斯乖乖地捧出用13国文字印制的身份证,这是美国国防部发的"救命符"。史密斯做了俘虏。

跳伞后被俘的美军飞行员菲利普·史密斯

从"世界第一流"的无人驾驶高空侦察机到最先进的战斗机,竟连连被击落,五角大楼震惊了。此后一年多的时间里,美机再没敢轻举妄动。直到"文化大革命"开始后,美军才又在海南一带开始活动,企图趁中国内乱捞便宜,但仍然一次又一次被击落,没能逃脱失败的命运。事实证明,只要帝国主义的霸权野心一天不变,其侵入他国领海、领空的行为就不可避免。但有一点,美军已经明白:中国飞行员不是好惹的!新中国的领空不容侵犯!

当年国庆节,萧劲光派专机将作战有功人员高翔、黄凤生、王朝玉、王立珠、郑植暖、符气合等,接到北京参加了国庆观礼。10月3日、10日,周恩来总理、毛泽东主席先后接见了他们,并与他们一起合影留念。

机动小分队的赫赫战绩为英雄的第十团增光添彩。同年12月,国防部授予第十团海空雄鹰团的荣誉称号。

时光如水,转眼到了1989年。当年被俘的美国飞行员史密斯再次来到了中国。他是于1971年应访华的美国国务卿基辛格的请求被释放回国的。回国后,他做了商人,有了一笔不小的资产。此次到上海后,史密斯通过有关方面表示,希望见见当年的空中对手。中国满足了他的要求。在上海的一家高级饭店里,高翔与史密斯见了面。

遥想当年,他们还都是20多岁的青年,而今,两人都已两鬓染霜,年近半百了。谈起当年的战斗,史密斯说:"你们是为了自己的祖国,而我,当时并不愿意到越南打仗。……现在,我更不愿意看到美国和中国对抗,我希望中美友好。"高翔笑着说:"我们从来不愿意打仗,也不会无缘无故到别国去。但是你们非要来,我还会上天把你打下来。"史密斯开怀地笑着:"这我相信,你是世界上最好的飞行员!"

他们像老朋友一样,有说有笑地谈了4个多小时。高翔还请史密斯一起观看了海空雄鹰团飞行训练的录像带。看后,史密斯真诚地说:"败在你们手下,我不感到耻辱。这样的军队是不可战胜的。"

林彪集团夺权海军内幕

1979年7月，邓小平在海军党委扩大会上曾说，海军是"文化大革命"内乱中部队遭受破坏的重灾区。这话是非常真切的。在这期间，海军部队遭到了巨大的冲击，其破坏范围之广、程度之深，持续时间之长，林彪一伙插手之早，在全军少有。1966年夏天，全国范围内的"文化大革命"尚在发动阶段，林彪就插手海军，在海军党委扩大会上导演了一幕夺权丑剧。

海军没有"自己人"，是林彪的一桩心病

林彪，身为中央军委副主席、共和国元帅，在人民海军初创的前10年里，并没有给这个新建的军种以应有的关注。据案查悉，在1949～1959年期间，从毛泽东、刘少奇、周恩来等党和国家主要领导人，到身兼多职的诸位元帅、军委和总部领导，林彪是唯一一个没有正式视察过海军部队、没有对海军建设做过具体指示的人。但在此后，随着政治形势和个人地位的变化，特别是1959年9月他取代被错误批判撤销职务的彭德怀主持军委日常工作后，来了个180度的大转变。

据悉，1959年秋，林彪从庐山回到北京不久，曾不无得意地对妻子叶群说："在庐山，我抓到了毛泽东的活思想。"叶群似乎也心领神会："我也抓到了你的活思想，101（林彪在东北时的代号）要大展宏图了！"接下来，林彪有计划地在全军发起了政治攻势：作为就职宣言，上任伊始就在中央权威理论刊物《红旗》杂志上发表了洋洋大文：《高举党的总路线和毛泽东军事思想的红旗阔步前进》，在全国率先举起了总路线、毛泽东思想两杆大旗。继而，通过讲话、发文

件等方式，围绕着突出政治、学习毛主席著作大做文章。他提出，毛泽东思想是"现时代思想的顶峰"，学习毛主席著作是学习马列主义的"捷径"、"简便的窍门"，并强调学习毛主席著作要"带着问题学"，要"背警句"，等等。他把毛泽东当年在延安为抗大的两次题词，即"坚定不移的政治方向，艰苦奋斗的工作作风，灵活机动的战略战术"和"团结、紧张、严肃、活泼"捏在一起，名之为"三八作风"。他挖空心思揣摩毛泽东的意图，别出心裁地提出"政治挂帅"必须坚持"四个第一"（人的因素第一、政治工作第一、思想工作第一、活的思想第一）。这些提法、口号，不仅偏颇、牵强，而且有些甚至十分荒谬。可林彪为何要这样做，后来九一三的一声巨响后便大白于天下了。但在当时，他是得到了毛泽东的默认和肯定的。所以他有恃无恐、肆无忌惮地大打出手：总政主任谭政大将不赞成"三八作风"等的提法，结果遭到点名批判，被诬为"反党宗派集团头子"，降职处理；罗荣桓因对"带着问题学"、"四个第一"及"政治可以冲击一切"等观点有异议，遭到一次次批评和责难，最终被扣押总政主任的任命。在如此强大的声威面前，军委首长提不得相反意见，全军部队便只有"紧跟"、"理解的执行，不理解的也要执行"的份了！然而，林彪很快发现，在这些方面海军行动迟缓，"跟得不紧"。

从现存的大量资料来看，萧劲光等海军领导对林彪的某些观点、做法有自己的看法，"跟得不紧"（准确说是"不很紧"）是事实，但这绝非是他们刻意抵制，而是由海军的特点和实际情况造成的。海军是新创建的高技术军种，部队官兵大部分来自陆军，且文化水平偏低。当时沿海战斗任务频繁，军舰要出海，飞机要上天，没有系统的专业技术训练是万万不行的，而海上、空中训练又受气候的制约。为了确保训练工作落实，有时难免对政治学习、军事训练的时间做些调整，而按照新军委（林彪主持工作后的称谓）的规定，"政治可以冲击一切"，理论学习"雷打不动"，自行调整时间是不允许的。所以，林彪主持军委日常工作不久便发现海军"军政位置摆得不正"，缺乏"雷厉风行、闻风而动"的作风。思前想后，他得出结论：所以出现这种状况，根本原因在于偌大的海军没有"自己人"。一天，他颇为感慨地对身边的一个亲信说："三军少了一军不行，如果少一军，就可能出大问题。"

当时海军的政委是苏振华。苏原是二野一位很有名的战将。新中国成立初期曾任贵州省委书记，1954年调入海军，先后任海军副政委兼政治部主任、政委。林彪经过一段时间的观察，发现苏振华工作积极、负责，也有建树，但是"不很听话"。具体说，就是苏振华不仅听他的，也听贺龙（中央军委副主席）、罗荣桓（军委常委、总政主任）的。这让林彪心里很不是滋味，很不放心。一次，他在听取了海军的工作汇报后，特别强调："就按我刚才说的搞，别的都不要听！"林彪还想到，苏振华调入海军是由彭德怀提名、邓小平同意的。据此，他认为苏振华很难成为"自己人"。

时任海军司令员的萧劲光，原本是东北民主联军副总司令员、四野第十二兵团司令员，在东北战场上曾与林彪共蹈战火3年多。到海军任职虽非林彪推荐，却也是经他同意的。按说，这应该算"自己人"了。但林彪清楚，萧劲光很有自己的见解，不轻易听命于人，而且萧年龄比他大，资历也较他深（林彪进入黄埔军校时，萧劲光已留苏归来，就任国民革命军中将、师党代表），且与毛泽东有特殊的关系，指挥起来也不是"很方便"。

基于这些认识，初始林彪也曾试图通过个别交谈，在工作、人事调整上通过"配合"、"照顾"等方式，拉近与萧、苏的关系，使萧、苏逐步接受他的那一套。结果一段时间后，发现效果不明显，林彪遂考虑逐步削弱他们的权力，安插自己人。第一个大的动作，即于1962年初向海军派出了庞大的军委检查团。

1959～1961年，是新中国历史上三年困难时期。在这前后，海军东海舰队在训练中连续出了飞行员叛逃、潜艇沉没等几起重大事故。这些事故的产生，有部队管理上的原因，也有经验不足的问题，同时与当时社会上经济困难、思想混乱的大环境也有很大关系。这样的问题，海军部队有，其他大单位也有。对同时发生问题的其他大单位，林彪视而不见，唯独抓住东海舰队大做文章。

军委检查团是1962年4月2日派出的。以杨成武副总参谋长为团长，由总参军训部部长李作鹏、总政组织部副部长张秀川等41人组成。检查内容，最初说是检查思想政治工作，但很快就说不清楚了。检查团在不到一个月的时间里跑遍了东海舰队所属的20多个单位，然后起草了《关于海军工作情况的汇报材料》（注意：是"海军"，而不是"东海舰队"工作情况）的报告，上报军委、林彪。由于林彪在检查团里安插了自己人，报告完全是按照事先定的调子起草的，洋洋近4万言（系正文，另附详细材料不计在内），除开头用不足1000字的篇幅讲"成绩是主要的"外，均集中讲问题、事故，并特别以《中央、军委和林总的一些指示没有落实》为题，断章取义地把海军党委的文件、萧劲光等海军首长的言论，与林彪的讲话、批示一一对照比较（近万字），说明以萧劲光为书记的海军党委在部队建设中另搞一套，执行的军事路线是错误的，使"部队问题成堆，基层薄弱，关系紧张，风气不好"。最后上纲上线地做结："海军存在的最本质问题是：毛泽东思想红旗举得不高，'四个第一'没有真正摆在第一位；在海军党委的指导思想上存在着单纯军事观点的偏向。"4月底，林彪在军委装备会上长篇发言，据此对海军的工作进行了严厉的批评。指责海军"没有把'四个第一'摆在第一，而是把'四个第一'摆在第二"，"放着现成的药方子不用，另找药方子"，"懒婆娘管家，管得稀稀拉拉、乱七八糟"（后来被称为林副主席对海军工作的三条指示）。

军委检查团工作结束后，林彪以加强海军领导为名把李作鹏和张秀川留在海军，分别担任海军副司令员和海政主任。

副书记李作鹏成为海军党委的核心

李作鹏、张秀川动身来海军前，林彪专门召见了他们，并具体交代："你们到海军是加强领导。以后海军的工作，萧、苏他们的做法，你们认为对的就执行，你们认为不对的就不执行。"李、张心领神会，踌躇满志。

从资历上看，李作鹏、张秀川都算得上部队的老同志。特别是李作鹏，堪称典型的"红小鬼"。他1930年就参加红军，之后长期在高级军事机关做参谋。解放战争期间，李作为萧劲光的部属转战东北战场。围困长春时，他率部打援，任务完成得比较好，给萧劲光留下了不错的印象。令萧劲光没有想到的是，这个在战场上很有点子的人，在政治上更有手腕。此前海军原副司令员王宏坤,因工作上的分歧与萧劲光、苏振华有些矛盾。李作鹏到任后,很快便与王宏坤纠合在一起。他们一面互相吹捧,勾结起来在各种会议上搅闹,妄图把自己的一套强加给党委;一面在海军机关及舰队、基地等各级领导中分线划派。"李作鹏是林副主席信得过的人",这一信息很快传遍机关、部队。1963年初,在李作鹏的主持下,海军党委通过了《关于坚决执行林彪同志的三条指示,加强海军政治思想工作的决议》。以党委文件的形式,否定了海军此前十几年的工作,把部队战备、训练、后勤建设统统纳入所谓贯彻三条指示的轨道,以此"端正海军建设的方向"。李作鹏一伙无视军委、总部整体的规划部署,更不管部队的工作实际,一切唯林彪马首是瞻,动不动就给人扣上"反对突出政治"、"单纯军事观点"、"资产阶级军事路线"的大帽子。一时间,弄得海军,特别是中上层领导,抓政治工作怕"偏"(偏离方向),抓军事训练怕"单"(单纯军事观点),以致无所适从,空气异常紧张。在林副主席的"尚方宝剑"面前,萧劲光、苏振华动辄得咎,举步维艰。

林彪的支持、海军形势的发展,使李作鹏一伙头脑越来越热。至1965年,他们再不满意单靠舆论、靠帮派势力控制部队,而是妄图从组织上解决问题,要名正言顺地掌权。在李作鹏等人的一再坚持下,海军党委常委于1965年3月召开了整风会议。会议由李作鹏主持,萧劲光、苏振华等10名常委均出席,海军机关大部分主官列席。会议议题冠冕堂皇:集中讨论刘道生同志与党委在一些重大问题上的原则分歧。谁代表党委?刘道生与党委有什么原则分歧?题目是李作鹏出的,当然他们代表党委。而与党委存在分歧、需要讨论的,却绝不仅仅只有一个刘道生!

刘道生,1915年生,是红军、八路军中小有名气的年轻的优秀军事指挥员。海军初创时,他与萧劲光一起从湖南军区调入海军,任海军副政委兼政治部主任。1953年,赴苏联海军指挥学院学习,4年后毕业回国改任海军副司令员,分管军事训练,并先后兼任海军学院院长、海军航空兵司令员。他熟悉海军业务,资历深且年轻,在部队深孚众望,是呼声很高的海军司令员接班人。李作鹏清楚,要想攫取海军领导权,刘是最大的潜在威胁。整风会议以"主要解决刘道生的问题"为题,可谓一箭双雕,用意深远。

整风一开始,李作鹏等人就把刘道生多年来在会议上的一些讲话、工作中的一些言论罗织在一起,作为"单纯军事观点"的罪证逐一进行批判。且私下透露,要争取把刘道生搞出海军。对李作鹏一伙的企图,刘道生心知肚明。他通过系统的发言对李作鹏等人的无理指责进行了反驳。

刘道生说,1962年以前,海军工作有错误,但成绩是主要的。海军从无到有、从小到大,一次次海战、空战胜利就是铁证,这谁也否定不了。你们到海军后,做了工作,也有成绩,但是不能有成绩都是你们的,是"突出政治"的结果;出了问题都是别人的,是"单纯军事观点"造成的。这样讲,你们不觉得心虚吗?我工作中有缺点、有错误,但有缺点、错误就是资产阶级军事路线吗?搞军事训练就是资产阶级军事路线吗?不错,我讲过"快艇不快、潜艇不潜,将来还要飞机不飞"的话。那是针对军事训练工作不落实讲的。"突出政治"可以不要军事训练吗?政治是空的吗?有人说,政治觉悟高了,没有技术用头顶也可以把鱼雷顶出去,叫他顶顶试试!这么明显的问题,你们却故意搅浑,敢讲讲你们这样搞是为什么吗?

李作鹏理屈词穷,慌不择言地说:"刘道生不尊重人,一直不支持我的工作!"

刘道生见李作鹏越说越不像话,冷冷地回答:"作鹏同志,你来海军以后,开会让你做总结,走路让你走前头,吃饭让你坐上席,这样还不够尊重?难道要我喊你万岁不成?"

刘道生义正词严的发言说出了多数与会同志的心里话,大家暗暗叫好。王宏坤坐不住了,气得站起来,拍着桌子声色俱厉地指责刘道生是海军"单纯军事观点"的代表,萧劲光是幕后支持者。叫嚷"贯彻'四个第一'的阻力就在党委常委内部",这次常委整风"首先要破阻力、挖根子"。

被打在痛处的李作鹏更为恼火。他板着脸质问萧劲光:"刘的发言是什么意思,你听懂了没有?"

萧劲光说:"我没有听懂。"

"你是大知识分子,你听不懂,谁信?"李作鹏一边说着,转问萧劲光,"京剧中有一出戏叫《将相和》,你看过没有?"萧劲光冷冷地回答:"略知一二。"李作鹏遂挖苦地说:"可惜呀,我们现在有些人连廉颇都不如。"

萧劲光当即回敬道:"是可惜!可惜你不是蔺相如,我也不是廉颇!"自恃有靠的李作鹏霎时气得脸色苍白,双手发抖。

整风会议就这样在吵吵闹闹中开了20多天,于4月12日宣告结束。先搞臭刘道生,再逐步削掉萧劲光的权力,调整海军军级以上领导班子,"彻底地搞,大调动,老干部尽可能地外调",从而控制海军,是得到林彪指使和默许的一整套计划,也是李作鹏执意召开这次会议的主要目的。由于多数常委不赞成他们的意见,他们的计划无法如期实现,但在李作鹏等人的胁迫下,会议做出了一个非同寻常的决定,即向军委上报了《关于海军党委常委分工等问题的报告》。报告在重申了常委例行的组织生活、学习制度,笼统地提出"军、政工作由萧劲光、苏振华同志全面领导"后,明确规定:

> 日常军事行政工作由李作鹏负责处理。并建立海军首长集体办公制度,由李作鹏主持。
>
> 改变由党委书记、副书记轮流主持党委日常工作的情况,决定由苏振华、王宏坤主持党委日常工作。如他们不在家或身体不好时,则由李作鹏、杜义德负责。
>
> 今后不提海军党委以萧、苏为核心,而应强调党委是统一和团结的核心。

这一报告于5月29日得到新军委的批复同意。此后,海军司令员、海军党委第一书记萧劲光,海军政委、第二书记苏振华,再难以主持海军日常工作,副司令员、副书记李作鹏实际上成了海军党委的核心。

整风会议后,李作鹏身心疲惫,血压升高,心率也变得不正常,住进了医院。在病床上,回想林彪交付的任务和这次会议的全过程,他的心里很不平静。虽然没有完全达到预期目的,但有了这个分工的报告,总算暂时可以向林副主席交账了,而他们几个会不会见难退坡呢?反复思考后,他在医院给王宏坤、张秀川写了一封信,信中说:"林副主席对我们三人寄予了很大希望。如果海军工作垮下来,那就证明我们辜负了林副主席对我们的支持和信任,一切牛鬼蛇神就会纷纷倾巢而出。……只要林副主席了解我们,不管有多大困难,处境如何艰巨,也要在困难中辟出一条光明前途来,个人问题完全置之度外。"

事情很明白,既然是"林副主席信得过的人",当然不能辜负林副主席的期望。

上压下逼,要萧劲光、苏振华交权

1965年8月6日,海军进行了一次较大的海上作战。南海舰队某水警区部队在福建东山岛兄弟屿附近海面,击沉运载武装特务企图进行登陆袭扰的国民党海军猎潜艇剑门、章江号,毙俘敌巡防第二舰队司令胡嘉恒以下官兵200余人。南海舰队参战部队牺牲4人、伤28人,史称八六海战。

这类海战1960年前后在东南沿海是常有的。八六海战在战斗中采取了近战夜战的传统战法,以较小的代价换取了较大的胜利,总体来说打得不错。当然,由于部队间协同训练不足,也存在着处置不当的问题。战后实事求是地总结经验教训,是需要的、应当的。李作鹏却把海战当成为自己树碑立传,贬低、打击萧劲光和苏振华的契机,与林彪勾结在一起大做文章。

1965年8月17日,毛泽东等党和国家领导人在北京接见八六海战参战部队代表

八六海战结束的第二天,李作鹏就亲自跑到作战部队组织总结经验。他草草问了一下战斗经过,就按照预先想定的路子起草了《海军关于击沉蒋匪"剑门""章江"两舰战斗经验总结报告》。报告完全否定了海军长期以来教育训练的成绩:"这次战斗的

胜利,再一次证明了突出政治的强大威力。只要突出政治,就有敢于斗争、敢于胜利、不怕牺牲的精神,就能克服一切困难,战胜一切敌人。"

这一报告,甚得林彪欢心。9月8日,林彪的秘书给海军司令部办公室打电话:"海战经验总结,主席已阅,并退回来了。主席看得很仔细,并画了许多杠杠。送海军李作鹏同志一阅,并要特别看画了杠杠的地方,尤其要特别看画双杠杠的地方。"要不要送萧劲光、苏振华一阅,林彪的秘书没有讲。

至此,李作鹏等人还不满足。他们决计以此为契机,总结工作,与萧劲光、苏振华"以辨是非"。于是,提议召开了海军党委三届二次全体会议(以下简称三二会议)。

10月25日,三二会议在北京召开。出席会议的除全体海军党委委员外,另有机关部队军级以上领导干部47人列席会议。整个会议分两个阶段进行:第一阶段总结近三年来的工作,第二阶段研究作战和院校工作,交心通气,统一思想认识。为了震慑他人,会议一开始,李作鹏就宣布:"林副主席对我们这个会议很关心,每天都听我的情况汇报。"

所谓总结近三年来的工作,实际上就是要用会议和文字的形式,充分肯定李作鹏等人到海军后的功绩。会前,李作鹏组织起草了一个《关于贯彻执行一九六三年海军党委扩大会议决议的基本总结》(以下简称《海军三年工作总结》)。在这份材料中,他们割断历史,把海军的一切成绩都说成是他们到海军后才取得的,是他们"坚决贯彻林副主席指示"的结果。海军三年来取得的成绩,"充分显示了突出政治、坚持'四个第一'的巨大威力。雄辩地证明:只要我们突出政治,坚持'四个第一',使政治思想工作成为全盘工作的基础,就会一通百通",而部队存在的问题,"主要还是突出政治不够,在'四个第一'的落实上还有很多薄弱环节"。并且按照对待"四个第一"的态度,罗列出部队的十四种现象和问题,据此把海军团级以上干部划分为"高举的、犹豫的和反对"的三种类型。宣称要根据这三种表现,调整和配备各级,特别是军级以上领导班子。

对这样一份混淆是非、别有用心的材料,萧劲光当然不会同意。在会前和会议期间,他都旗帜鲜明地提出了不同意见。所以李作鹏说,萧劲光对这个总结报告,"态度是怀疑和抵触的,实际上是思想不通",但这并不影响会议的通过和上报，因为"林副主席支持"。林彪看了这个报告，果然大加赞赏。他亲自给李作鹏打电话："海军这几年工作有很大进步，不是很小进步。现在的样子和三年以前的样子明显不同。一个军种几十万人，这种进步和转变很不容易。"

按照会议通知，第二个阶段是研究工作，但实际上则成了对不同意李作鹏等人观点的海军常委萧劲光、苏振华、刘道生、杜义德等人的围攻。李作鹏和张秀川通过秘密串联和煽动，安排了60多人次大会发言，轮番对萧劲光等人"抵制林副主席指示"、"反对突出政治、坚持单纯军事观点"，进行"全面、深刻的批判"。

在李作鹏等人的欺骗、唆使下，少数干部忘乎所以。会上的发言不仅内容荒谬，且语言尖酸刻薄，有的甚至是谩骂。身经百战、以敢打硬仗著称的海军副政委杜义德，气得脸色铁青，几次怒不可遏地指出："这是党的会议！你们杀气腾腾的，想干什么？"兼任东海舰队司令员、海军副司令员的著名"虎将"陶勇实在看不过去，会议开了一半就借口前线形势紧张去了福建。一天大会结束时，被围攻了一天的萧劲光气得站都站不起来。他一边步履沉重地离开会场，一边小声自语："我写报告调走，把权让给他们。为什么非要把我的身体也搞垮？"

海军三二会议还在进行中，萧劲光和李作鹏都接到了前往上海参加中共中央政治局常委扩大会议（以下简称上海会议）的通知。萧劲光感到突然，李作鹏却是心中有数，面露喜色。后来得知，会议是林彪提议召开的。事前叶群按照林彪的旨意专程到杭州，向在那里疗养的毛泽东做了专题汇报，之后又分别与各大单位的"自己人"打了招呼。他们经过周密策划，欲置时任军委秘书长、总参谋长的罗瑞卿于死地。

上海会议由毛泽东主持，参加会议的人员除林彪、周恩来、邓小平等政治局常委外，其他均为军委、总部机关及海、空军等几个大单位的主要领导。会上，作为打击罗瑞卿的重磅炮弹，印发了李作鹏等人在林彪具体授意下，精心炮制的揭发罗瑞卿与萧劲光、苏振华"勾结"在一起，"反对林彪、反对突出政治，阴谋占领海军阵地的罪行"的材料。材料洋洋万言，纲目清晰，"罪行"有十条之多。很显然,他们经过充分准备。至时萧劲光才清楚,李作鹏为什么执意坚持在这个时间召开海军三二会议——不单单是抓住八六海战的机遇打击萧劲光抬高自己,更主要它是林彪部署的一部分。

按照李作鹏等人的设想,会上搞掉罗瑞卿,会议文件(连同他们提供的材料)一批转,萧、苏也就"从政治上、组织上解决了"。然而,他们失算了。根据叶群、李作鹏、空军司令员吴法宪等人炮制的材料,特别是叶群在会上长达10个小时的发言,毛泽东错误地同意了免除罗瑞卿军委秘书长、总参谋长的职务,"把问题先挂起来",但没有被李作鹏一伙编造的"萧劲光、苏振华与罗瑞卿勾结的罪行"所迷惑。毛泽东断然否定了他们企图将包括联系批判萧劲光在内的一些材料作为会议文件下发的提议,明确指出,会议涉及海军等单位高级将领的问题,一律不准向下传达,文件到此为止。会后,毛泽东特别召见了萧劲光。在例行的嘘寒问暖后,毛泽东结论式地说:"海军的问题与罗瑞卿的问题是两回事,不要相提并论。"获悉这一信息,李作鹏等人大为震惊,但他们不甘心。上海会议后,海军三二会议继续进行。在李作鹏等人的把持下,不仅通过了《海军三年工作总结》《海军一九六六年的工作纲要》,还堂而皇之地通过了《关于大胆提拔新生力量,调整加强军以上领导班子的决议》。他们下决心"彻底搞,把老干部统统调出海军",全面调整军级以上班子。

会议于12月21日结束,但李作鹏一伙夺权的步伐并没有停止,且进一步加快了。有林副主席的支持,他们无所畏惧,不达目的誓不罢休!

关于上海会议,萧劲光晚年的回忆录中有这样一段记述:

大约是离开上海的前一两天吧,我接到林彪处打来的电话,说林彪请我去谈一谈。当时我的心情很复杂,我是很想与林彪谈一谈自己的思想的,一方面检讨自己工作上的错误,一方面对李作鹏等揭发中的不实之词当面向林彪做一些解释。但同时,我也感到惶惑,就上海会议的一些突然袭击式的做法,我不知林彪的用意,也不知是不是会有什么灾难落到我的头上。待我如约到达林彪住处的时候,接待我的却是叶群。她说林彪近些天来身体很不好,正在睡觉,委托她与我谈一谈。谈到李作鹏等揭发的我与罗瑞卿的关系问题,叶群说我这些年来在突出政治问题上反对林彪,并说,希望我起来揭发罗瑞卿的问题。我对林避而不见的做法,不能不有所考虑。而且,我感到有些问题是不便与叶群谈的。所以,我只是一般地谈了谈自己对工作上"错误"的认识,对李作鹏揭发信中的一些情况做了些说明,请叶群转达林彪。临走时,叶群弦外有音地对我说:"你身体不好,工作上的事情就不要多管了,让李作鹏他们干去。"还说:"你回去后,不要参加三二会议了。你放心,李作鹏不会夺你的权。"这些说法不能不使我领悟到,林彪让我向李作鹏交权的用意。

有了这段记述,林彪及李作鹏一伙在海军三二会议期间的所作所为,就好理解得多了。

蓄谋已久,夺权丑剧终于出台

1966年5月,席卷全国的"文化大革命"风暴来临在即。首都北京,"风声紧,雨意浓,天低云暗"。坐落在西郊的海军大院,空气更加紧张:海军党委三二会议结束还不到半年,又召开了海军党委三届三次全体会议(以下简称三三会议)。虽然通知上议题变了,但参加会议的人都清楚,此次会议只能是上次三二会议的继续。

三三会议是5月27日开幕的。这时,"文化大革命"已开始从文化学术领域向政治领域发展。两个月前还是文化革命五人小组组长的彭真,在中央下发的《五一六通知》中已被点了名,并且在党内已有了"批判彭(真)罗(瑞卿)陆(定一)杨(尚昆)反党错误"的提法。与此同时,林彪的地位却越发显赫了。在这样的形势下,李作鹏等人已不把萧劲光、苏振华放在眼里。整个会议都是由李作鹏、张秀川、王宏坤筹划。后来的事实说明,虽然会前海军党委给军委的报告中按照中央的要求清楚写明,会议不讨论党委内部问题,其实李作鹏等人早就做好了"摊牌"、"从组织上解决问题"的准备。考虑到毛泽东的态度,为进退方便,在会议一切准备工作就绪后,李作鹏假称"心脏病犯了",遂前往庐山疗养,遥控指挥(后来张秀川检查时交代:会议期间,他与李作鹏每天通电话)。鉴于海军在两次批判罗瑞卿会议上暴露出来的问题,军委领导对海军三三会议异常关注。专门抽调叶剑英办公室副主任莫阳、总政组织部副部长刘德润、总政干部部副部长朱光等,组成军委联络组参加会议。

会议的中心议题是传达贯彻上海和北京两次"批罗"会议精神。由于上海会议是在海军三二会议中间召开的,主要精神已传达,所以重点是传达中央北京"批罗"会议精神。

北京"批罗"会议,是3月份在京西宾馆召开的,故而后来通称三月京西宾馆会议。中央决定,会议由邓小平、彭真、叶剑英主持。出席会议的是军委各总部、公安部、国防工办、国防科委、军事科学院和部分军区、军兵种主要负责人。按照规定,各单位副职领导不参加会议。李作鹏和张秀川提供"批罗"炮弹有功,林彪特别点名要其出席。这样,在这个全军一共只有42人参加的会议上,海军就有了萧劲光、苏振华、李作鹏及张秀川4人。会议内容,原定是传达上海会议精神,关于罗瑞卿的问题在高级干部中吹风、打招呼。结果,在林彪的指使和叶群等人的串联下,实际上成了对罗瑞卿的批判斗争会。少数别有用心的人和部分不明真相的人,突然变脸激愤地声讨、批判罗瑞卿"反对突出政治"、"篡军反党"的罪行。李作鹏、张秀川会同林彪的几员大将——空军司令员吴法宪、广州军区司令员黄永胜、总后部长邱会作及叶群,在会上做了充分表演。他们一次次强行发言,大喊大叫,诬称罗瑞卿是"大野心家、大阴谋家、大危险人物"。并且无视会议关于"只讲罗的问题不要牵扯别人"的规定,硬是把海军的问题和所谓"罗瑞卿反革命修正主义路线"联系在一起批。李作鹏煞有介事地在会上会下散布说,上海会议后有三种态度:第一种是反罗瑞卿的,第二种是罗瑞卿分子和半罗瑞卿分子,第三种是没有引起重视、无所谓的。话里话外暗示,萧劲光、苏振华是第二种人。与此同时,李作鹏、张秀川与王宏坤联名抛出了两份材料:《萧劲光与罗瑞卿关系十六条》《苏振华与罗瑞卿关系十一条》。他们决意在置罗瑞卿于死地的同时,也要置萧劲光、苏振华于死地。

由于会议主持人清醒地把握了中央原定的会议主旨,使得李作鹏等人的活动没能得逞。彭真在大会、小会上几次强调,发言时要讲大问题不要讲枝节问题,只讲罗的问题不要牵扯别人,只讲站得住脚的材料,不要讲无把握的材料。针对李作鹏等人的发言和某些人在会上过于激动的表现,他说:"海军一个时期工作中有缺点,这几年有改进。领导人之间有意见是另一个范畴的问题,主要领导有错误,那是工作中的问题。……现在愤慨的人,将来冷静下来是会后悔的,人在火头上和冷静下来的时候不一样。冷下来时,人们还想说什么,很难说。"这些讲话向不明真相的人敲响了警钟,也决定了彭真不久便像罗瑞卿一样遭受厄运。在当时,对李作鹏等人来说,这些话无疑是一瓢凉水。

两个月后,形势变了,彭真已经被撤职、批判,还有什么可顾忌的呢?三三会议一开始,受命代表李作鹏在会议上挂帅的王宏坤就大讲罗瑞卿在海军的"罪行",讲海军军事路线错误与罗瑞卿的关系。张秀川则以传达三月京西宾馆会议为名,大肆扩散他们给林彪提材料的内容,并一再撺掇大家发言,"敢于向错误路线做斗争"。他们一吹一打,左右着会议的方向和进程,使会场很快出现了一边倒的局面。有的人谎称上海会议的有些文件沿海军区传达了,这次会上没传达。有的则明确提出,听说上海会议前军队内部已有人察觉到了罗瑞卿的问题,李(作鹏)副司令员曾向林副主席写过报告。要求会议传达这个报告,将其下发部队。这些问题本来不难答复。会前海军党委给军委有报告,会议领导小组只需按照党委的报告、按照中央首长的指示和上海会议的传达要求,说明一下就可以了。萧、苏不便解释,而身为大会秘书长的张秀川却故意不讲。他不仅不讲,还疯狂地进行会外活动、地下活动。他上午找这个谈心,下午到会议代表驻地看人,到处散布"萧劲光、苏振华与罗瑞卿有共谋,企图占领海军阵地",鼓动大家"齐心协力揭开党委内部的盖子"。王宏坤军衔是上将,资格老,在海军时间长,更无所顾忌。他公然宣称:"党委内部的问题为什么不能扯?一定要扯,开除党籍、杀头也要扯!"并操纵会议领导小组,借部队同志的口给中央和军委写报告,要求扩大上海会议文件的传达范围。报告中杀气腾腾地写道:"海军内部长期存在着两种建军思想、两条建军路线的斗争。虽经一九六三年一月党委扩大会议和一九六五年十二月三二会议等多次批判斗争,但始终未得解决……问题不能解决,与罗瑞卿的影响干扰有极大关系。海军的问题不能再拖下去了！……一定要在党委扩大会上放手发动群众,充分发扬民主,彻底揭开盖子。……不论是谁,不论他的错误有多大,是什么性质,都要彻底查清,明辨是非。"

在通过这一报告的大会领导小组会议上,萧劲光明确表示不赞成报告的观点,不同意上报。王宏坤、张秀川等人疾言厉色,一起攻击萧劲光"心里有鬼",想"压制民主,捂盖子"。萧劲光生气地拍着桌子说:"你们这是民主？民主就是不要党的领导？就是不要纪律,中央的话也可以不听？你们这样下去,会搞乱部队,后果不堪设想!"说完,他拒绝表态,中途退出了会场。

尽管萧劲光、苏振华都不同意,报告仍然以海军党委的名义报送了中共中央、中央军委。

是时,林彪在上海休养,军委日常工作由叶剑英主持。叶剑英对海军的情况是了解的。看了报告,他敏锐地察觉到李作鹏等人极力要求扩大传达范围的用心,于是立即明确批示:"我意以照中央规定的文件传达为宜。"

张秀川、王宏坤和受李作鹏指使的几个人,满心希望他们的报告军委能予批复。那样,材料一传达,萧、苏的"问题"就可以公开,就能够"从组织上解决"了。没想到苦苦等了两天后,却等来这样一个批示。他们有点失望。当天就把这一信息电话报告了在庐山的李作鹏,李作鹏的"指示"意味深长:"这不是最后结果。这次解决不了,可以拿到下一段的党委扩大会上解决,让群众说话。"并一再强调,务必把握住党委扩大会的方向。"这次会议形势有利,机会很好,一定要解决问题。"

6月17日,三三会议扩大到师级以上单位主官,由党委全会转为党委扩大会,参加人员由原来的40余人增加到130余人。会议开始后,萧劲光为了维护党委的团结,争取主动,使会议能顺利进行下去,率先发言表了态,检讨了自己工作中的错误及执行罗瑞卿"错误路线"的问题。没料到受李作鹏操纵、指使的人竟对其发言抓住不放,一次次打断萧劲光的讲话,提问发难。张秀川频繁进行会外活动,私下在追随者中间定调子:"这次会议最主要、最本质、最核心的问题是萧、苏与罗瑞卿的关系问题。……现在检查路线错误已经晚了,要害是把他们与罗瑞卿的关系交代清楚。……这次会议就是要从政治上、组织上解决问题。"对部分"不够坚定的人",他连诱导带恐吓地说:"开了头就要干到底。打虎要打死,打不死跳起来要伤人。"因有这些人一味搅闹起哄,坚持正确意见的同志很少有发言的机会,并且一发言就被抓辫子、扣帽子,被称为"保皇派"、"罗瑞卿分子"。会场时常吵吵嚷嚷,气氛越来越紧张。会议简报的毛主席语录栏里出现了"凡是反动的东西,你不打它就不倒"、"坦白从宽,抗拒从严"等对敌斗争的语录。会议进行了两天后,会议领导小组正式做出决定:撤销会前海军党委向军委报告中关于扩大会议不谈常委内部问题的决定,提出"海军党委常委的团结问题,是两种建军思想、两条建军路线的大是大非问题","现在是解决问题的时候了"。这样一来,会议就完全成了对萧劲光、苏振华的揭发、批判。

7月2日,李作鹏一伙暗中安排的人争先恐后地发言,叫嚷着要抓"海军的罗瑞卿分子"。有的同志对他们无视事实的恶毒中伤难以容忍,发言反驳。会场乱到极点。上午会议行将结束时,有3个小组公开提议撤换会议领导。他们说,海军不能继续执行罗瑞卿路线。"萧、苏是批判重点,不适合领导会议,领导小组要调整,要由王副司令领导。"王宏坤一面假意制止,一面却说"要李作鹏同志回来领导"。见此情况,性情豪爽、脾气火暴的杜义德副政委怒不可遏,站起来大声说道:"这是在部队,是党的会议!希望大家冷静点,不要走得太远!"向来沉稳持重的海军参谋长张学思,也愤慨地对旁边的同志小声说:"没想到他们真敢在天子脚下下毒手,随便抓我们的'保皇派'、'黑帮',还有王法吗?"正是由于他的这一态度,事过不久便被关押起来,最后被迫害致死。

然而,谁反对也没有用。撤换萧劲光、苏振华,是他们蓄谋已久的。当晚,张秀川给在庐山遥控指挥的李作鹏做了电话汇报,这次李作鹏的答复明确具体:"群众这么要求,就按群众的意见办!"于是,会议材料组连夜加班,将3个组要求撤换会议领导(岂止是会议领导)的提议作为"群众意见"编成简报,正式报送军委、总部。

当时林彪在大连休养,无从知道他获悉这一信息后的心态和反应,而海军党委扩大会上李作鹏他们直接操纵、指挥的一伙人,是弹冠相庆、喜形于色的:只要军委一批,接下来便是萧劲光、苏振华被撤职,李作鹏等人上台。"海军要改朝换代了!"

刘少奇指出: "夺权是第一位的错误"

海军党委扩大会上的混乱局面和不正常举动,引起了军委联络小组的注意。

莫阳、刘德润、朱光他们为了弄清原委,分别与参加会议的各方面领导谈了话,并如实地向叶剑英等军委、总部首长汇报了会议的进展情况。莫阳后来说:"我们到海军去的时候,叶帅亲自交代的任务是带着耳朵去,多听大家的意见,做调查研究,了解情况,不要随便发表议论。我们不了解海军党委过去的情况,没有任何框框。我们只是凭着党性,凭着传统的观点,感到一个副司令、一个政治部主任,操纵着党委扩大会,搞地下活动,抓住党委一二把手工作上的缺点错误不放,一定要往敌我矛盾上整,甚至想通过会议罢官、夺权,很不正常。"因这次汇报及在海军党委扩大会上的鲜明态度,莫、刘、朱3人后来在"文化大革命"期间都受到了残酷的打击迫害。

会议的发展,使萧劲光越来越难以接受和理解。几年来,他知道林彪对自己有看法,对林彪所谓突出政治的一些观点、做法自己也确有些想法,但从没有意反对过,而还是努力在"跟",往好的方面理解。至于"反党",更是没有边际的事。林彪为什么总是抓住不放呢?如果说对别人不了解的话,李作鹏他是熟悉的。从东北战场到南下,他一直是自己的部下,怎么突然变成这样了呢?李作鹏他们搞的材料明显是假的,林彪那么精明的人怎么会相信、怎么会上当呢?把这些事情联系起来,一切都清楚了:他们要海军的领导权。自然接班等不及,要立即把领导权搞到手!否则,他们是不会甘心的。那么,像他们这样,能搞好海军吗?林彪、李作鹏口口声声"照毛主席的指示办事",毛主席是这样的意见吗?想到毛主席当年的嘱托和在上海的谈话,想到海军当前的局面和未来的发展,萧劲光从愤懑和痛苦中冷静了下来。不能任其下去,要向军委、总部反映!当晚,他与苏振华一起研究分析了会议的形势,并立即将会议要撤换领导的严重情况写成报告,连夜报送了党中央、中央军委。

对海军党委扩大会出现的局面,叶剑英似乎早有预料。7月3日一早,他就亲自打电话给萧劲光。告诉萧劲光,报告已看了,看来问题比较复杂。他将报告林彪、报告中央,然后决定处理意见。明天是星期一,可休会一天。最后,建议会议重新印发学习毛泽东1963年对海军党委扩大会的批示。

这一批示,是毛泽东于1963年5月2日在《军委关于海军问题向中央的报告》上批的。全文是:"关于海军问题的报告已看过,认为很好,照此执行,每年检查一次执行情况。希望海军各级党委同志们团结起来,以大局为重,焕发精神,努力工作,发扬成绩,纠正缺点错误,同其它军种一样,把海军工作做好。有错误并不要紧,只要改正就好了。"海军党委反复学过多次,每一句话萧劲光都记得很清楚。回味着这一批示,萧劲光基本明白了叶剑英对海军问题的态度,但他深深疑惑:这仅仅是团结问题吗?

当晚,叶剑英又与在大连休养的林彪通了电话,汇报了海军的问题。叶剑英旗帜鲜明地提出,通过一个会议撤换领导,是极不正常的。实质上操纵着会议的林彪,可能意识到条件还不够成熟,佯作不知情地问了下会上的情况,然后模棱两可地说:"海军现在的领导不能变,萧劲光、苏振华两同志的领导不能变。通过这样一个会议,把萧、苏撤了,全军就会乱了,此风不可长。海军领导每个人要自己洗澡,互相擦背,提高思想,但不能夺权。"接着又说:"李作鹏、张秀川同志到海军三年来,工作是有成绩的,工作是好的。如果撤换李、张,实际工作又没有人做。萧、苏要支持李、张去工作,李、张要维护萧、苏的威信。按照这个方针努力工作。如坚决执行这个方针,继续搞下去,如果再出现问题,就调离。"或许是为了避免李作鹏等人误会,林彪特别强调,传达他的意见时"要告诉他们,这是我们两人直接电话讲的"。与林彪通电话后,叶剑英又向党中央和毛泽东做了汇报。

海军党委扩大会的异常情况,引起了中央领导的高度关注。7月4日,由中共中央副主席刘少奇主持召开政治局常委会,专门研究海军党委扩大会的问题。除毛泽东、林彪不在北京,周恩来、邓小平均出席了会议,中央书记处常务书记陶铸,贺龙、陈毅、叶剑英、聂荣臻4位元帅列席会议。大家都为海军的复杂形势感到忧虑。会议一开始,刘少奇就严肃指出:"夺权是第一位的错误,其他错误都是第二位的。"经过讨论,由负责记录的邓小平综合归纳,最后形成了《对海军会议的三条指示》:一、不能够也不允许搞地下活动。应按党的民主集中制原则,公开讲自己的意见,进行批评和自我批评。二、萧、苏已经进行了自我批评,应欢迎。不够的以后再讲,其他同志也应利用这个机会洗洗澡。三、由会议本身做出决议撤换领导,这种方式是错误的。

7月7日,中央军委召开常委会议,专门研究海军三三会议问题。海军党委常委除李作鹏不在北京外,其他9名常委全部列席会议。会议在军委办公楼会议室召开,由贺龙主持。徐向前、聂荣臻、叶剑英均出席,陶铸及总参、总政的领导李天佑、王新亭、刘志坚、徐立清也参加了会议。叶剑英在逐字逐句地传达完中央的三条指示和林彪的指示后,做了近一个小时的长篇讲话。

叶剑英说,你们这次会议总的来说是好的,但出现了一些异常现象。特别是到7月3日,几个小组提出萧、苏不能领导会议,要王宏坤同志领导,而且登了简报。中央、军委、林副主席根据这种情况,认为有必要同海军常委的同志谈谈。会议的积极方面要继续发扬,消极因素要及时克服,使会议更健康地发展,所以7月4日,要你们休会一天。请同志们看看文件,再好好地想一想。

萧劲光、苏振华两位同志,在海军工作十几年,对他们工作的成绩、缺点如何看,这几年,一开会就搞这个问题。一个人只要做工作,或大或小、或多或少,总有错误。海军的问题,检查海军常委的领导,首先检查萧劲光、苏振华同志的错误,这样做也应该。因为他们是主要负责同志,海军工作做得好有他们的份,做得不好也有他们的份,而且是主要的。关键在领导嘛!……这次会议上,萧、苏检查几次,也比较深,挖了单纯军事观点、教条主义的问题。他们的检讨,中央、军委和常委都看了,我们认为是很好的。他们的问题,是认识问题,是工作中的错误。……但从这次会议反映出来的情况看,有这样一种趋势,极少数同志想把萧、苏划到罗瑞卿的圈子里面去,是"海军的罗瑞卿分子",这种做法在会议的过程中表现得相当顽强,相当坚持,似乎非把萧、苏搞成"黑帮",推到"罗瑞卿反党集团"里面不可。7月2日那天，3个小组提出萧、苏是批判重点，要王宏坤同志来负责领导。这个情况不仅是我耳朵听到的，而且登了简报，有文字可查。简报代表领导的态度，是指导会议的重要工具。你们准备把会议引导到哪里去？这样搞下去，把萧、苏搞成"黑帮"，罢了官，从领导岗位上赶下来，王宏坤上台，黄袍加身，这意味着什么？会是什么后果？你们想想吧！

最后，叶剑英对李作鹏一伙进行了尖锐的批评。他严厉地指出："王宏坤是个老同志，但由于个人主义严重，放弃党的原则。李作鹏利用王宏坤的老资格，在海军工作时间长，把他推到前台，自己在后边摇鹅毛扇子。意见好像是群众提出来的，这不能怪群众，因为领导上有人在引导。中央军委密切注意着你们会议的发展，认为很危险。危险的不是萧、苏，危险的是引导会议把萧、苏搞成'黑帮'分子的同志。你们的会议已到黄河边了！中央如果不管对党的事业不利，后果是不堪设想的。"

接下来，贺龙、聂荣臻、徐向前和陶铸也都讲了话。要求大家按照中央常委和林副主席的指示，同心协力把会开好，要多检查自己，给自己洗洗澡，使这次会议成为海军的一个转折点。认真学习贯彻毛主席的指示、批示，为建设强大海军做出努力、做出贡献！

为了切实把会议的方向转过来，第二天，叶剑英再次来到海军党委扩大会议上，亲自向与会人员传达中共中央政治局常委的指示、林彪的指示及军委常委会议精神。在这种形势下，与李作鹏沆瀣一气的几个海军常委只得立即刹车做检查。王宏坤说："要不是党中央、中央军委的挽救，就要从黄河岸摔下去，掉进黄河里了。实在对不起党，对不起萧劲光、苏振华同志。"7月中旬，李作鹏从庐山回京，在大量事实和各方面的压力面前，他不得不承认"搞了非组织活动"，表示"要承担责任，接受教训"。萧劲光和苏振华也在会上表示，要继续检查自己工作中的错误，并对前段会议扭偏方向时自己没有挺身而出，承担了责任。在对李作鹏一伙的非组织活动进行群众性的批评后，会议按照既定议程进行。

8月25日，海军三三会议以通过了《团结起来，以大局为重，焕发精神，努力工作》为题的大会决议而宣告结束。

李作鹏一伙的夺权阴谋失败了。然而，斗争并没有结束，就在会议期间还有两段耐人寻味的插曲。

一是林彪继续抓住李作鹏等不放。8月12日,在党的八届十一中全会上,林彪荣升为仅次于毛泽东的中国"二号人物"、"副统帅"。翌日,他在"文化大革命"百忙中对海军常委成员做出了评价:"李(作鹏)、王(宏坤)、张(秀川)是高举毛泽东思想红旗的,突出政治的,反对罗瑞卿有功的。……萧劲光、苏振华是反对我的。"并要求尽快传达给海军党委常委、海军领导。17日,林彪听说海军党委扩大会还在进行,还在对张秀川等人进行批评,遂在叶剑英副主席及代总参谋长杨成武、总政主任萧华的陪同下,在人民大会堂接见了海军常委。明确指示,海军会议可以结束了,对王宏坤、张秀川的批评可以结束了,"不要烧焦了,立即收兵停战"。并当场指定,李作鹏为海军党委第三书记。

二是毛泽东再次为萧劲光讲话。8月18日,毛泽东在天安门广场接见红卫兵,萧劲光、苏振华及李作鹏、王宏坤、张秀川都上了观礼台。毛泽东把他们叫到身边,一一握手,在简单地问了海军的情况后,严肃地对李作鹏等人说:"萧劲光是个老同志,苏振华是个好同志,你们老整他们干什么?"说着拉过萧劲光,两人照了一张合影。事后,李作鹏无奈地说:"凡是毛主席握过手、照过相的人,就是要保的人。"从此,他们打击、排挤萧劲光不得不有所收敛。

时过不久,苏振华、刘道生等海军领导、海军党委原常委的多数成员被打倒了。海军副司令员陶勇也被迫害致死。因有毛泽东的最高指示,萧劲光打不倒,李作鹏当不成海军司令员,于是在1967年改任为海军第一政委;1968年9月,中央军委再次颁发命令,任命李作鹏为副总参谋长兼海军政委,并于翌年取代萧劲光担任了海军党委第一书记。

李作鹏在林彪的支持下,主持着海军的全面工作。萧劲光等部分尚在位的老同志则按照军队的传统、纪律,努力管理着部队,支撑着局面。如同随着"'文化大革命'的逐步深入",全党、全军与林彪集团的斗争也越来越激烈一样,此后海军上层的斗争也越来越复杂。直到1971年九一三林彪叛逃后,才有了初步结论,海军部队的形势才出现转机。

陶勇"自杀身亡"的前前后后

"文化大革命"狂飙骤起的 1967 年 1 月 21 日,兼任着海军副司令员、南京军区副司令员的东海舰队司令员陶勇,突然死在舰队机关招待所院内一个宽仅容肩、深不及顶的井里。自杀?他杀?成了"文化大革命"开始后海军的第一宗大案。

与林彪集团的对立、斗争由来已久

20 世纪五六十年代,陶勇任司令员的东海舰队,是海军成立最早、兵力最重,也是担负战斗任务最多的部队。史载,自海军组建至 1962 年初的十几年里,东海舰队参加大小战斗 350 多次,击沉、击伤敌舰船 120 余艘,俘获敌舰艇 50 余艘,击落、击伤敌机 80 余架,是一支战功卓著、英雄辈出的部队。但林彪接替彭德怀主持军委工作后,于 1962 年 4 月派出庞大的军委检查团,走马观花地对东海舰队进行了近一个月的调查后,却得出结论:"问题成堆、基层薄弱、关系紧张、风气不好……中央、军委和林总(林彪)的一些重要指示没有落实。"

1960 年前后,东海舰队在训练中确实发生了潜艇沉没、飞行员外逃等几起较大事故,在工作中也的确存在某些薄弱环节。但对军委检查团的结论,陶勇不能赞同:这不是来检查工作、解决问题,是来找岔子、打棍子的。军委检查团结束调查临行前的汇报会上,陶勇当面提出了自己的看法。军委检查团领导私下里拍着他的肩膀说:"老兄不要紧张,检查团的结论不是冲你来的。我们不是针对你东海舰队,而是对着上面的。"他们隐约告诉陶勇,此次调查是林总亲自部署,目的是收集海军司令员萧劲光、政委苏振华的材料,准备解决海军问题的"炮弹"。听了这些，坦白直爽、胸无丘壑的陶勇更不能接受。明一套暗一套，还是共产党吗？他从心底里反感。

此次调查结束不久，6月10日，国防部即正式下达命令，将军委检查团几名主要成员及总参军训部部长李作鹏、总政组织部副部长张秀川等，调入海军。从此，李作鹏以海军常务副司令员的身份拉帮结派，在林彪支持下向萧劲光、苏振华步步发难，海军高层开始了激烈复杂的权力斗争。

陶勇不仅是海军三分天下的舰队司令员，还是海军的副司令员（1963年11月兼任南京军区副司令员），并且以其赫赫战功深受军委首长和老帅们的赏识。李作鹏当然清楚其在权力斗争中的分量。到职不久，他就派人给陶勇送去2斤长白山人参，结果被陶勇退回。随后，李作鹏又几次找陶勇个别交谈，要陶勇将舰队的工作交别人管，到北京一起抓海军的作战训练，陶勇断然拒绝。一次次碰钉子后，李作鹏真切地感到"陶勇头不好剃"，遂放弃拉的念头，将他与副司令员刘道生等一起划为"萧劲光、苏振华的人"。陶勇也越来越看清了李作鹏等人的嘴脸，对他们打击海军主要领导、争权夺利的行为，进行了坚决的抵制和斗争。

1962年12月，海军党委召开扩大会，"贯彻林副主席的三条指示"。李作鹏与几个常委纠结在一起，以军委检查团的汇报材料为据，对海军成立十几年来的工作和萧劲光、苏振华等海军领导此前讲话中的一些主要观点、重要提法，进行了无端的歪曲、批评指责。苏振华被迫做了检查（萧劲光因病住院未到会）。几名不赞成李作鹏等人做法的领导同志，以不同方式拒绝发言。陶勇则明确表态：对李作鹏等同志的发言"不敢苟同"。海军成立十几年来工作中有错误，但成绩是主要的，不存在"方向、路线性的错误"。这种态度赢得了与会多数人的敬佩和支持，却令李作鹏一伙大为恼火。

陶勇与李作鹏一伙的分歧、对立进一步明朗化，是在三二会议上。这次会议是李作鹏决意要召开的。是时，李作鹏已成了党委主持日常工作的核心。会上，部分党委成员在李作鹏等人的唆使下，以总结海军近3年的工作为名，对萧劲光、苏振华等海军领导进行了尖酸刻薄的贬斥、攻击，甚至谩骂。会议开了一半，陶勇气愤难耐，即以筹备召开崇武以东海战庆功会为由，请假回了部队。临行前,李作鹏点名要他对拟在会上通过的《关于贯彻执行一九六三年海军党委扩大会议决议的基本总结》(后统称《三年基本总结》)表态。陶勇毫不含糊地说:"毛主席的革命路线在海军始终是占主导地位的,海军建设、海军部队的战绩,有目共睹,我们不能割断历史。即便领导同志有错误,在党的会议上,出言不逊、杀气腾腾也是不妥当的。"说完,他愤愤地离开会场。这次会议决议,以"对林副主席指示、对突出政治的态度"为标准,将海军团级以上领导干部特别是高级干部,划分为高举的、犹豫的、反对的三种类型(由此,海军开了层层站队的先河)。陶勇理所当然地被划入"反对突出政治、反对'四个第一'"的一类。李作鹏亲自主持把会议上的分歧、争论写成《海军党委常委内部争论问题的情况报告》,报告了中央军委。

三二会议结束不到半年,海军党委又在北京召开三三会议,议题为肃清罗瑞卿的错误对海军的影响。接到通知,陶勇清楚,这次会议将是三二会议的继续,遂以身体不适为由拒绝到会。直到7月初,叶剑英元帅点名要他出席会议,陶勇才连夜乘飞机到京赴会。在会上,他先后几次发言,对李作鹏一伙拉帮结派、搞非组织活动的所作所为,进行了严厉的揭露和批评。他说:"你们搞地下活动,伸手要权,这是同毛泽东思想根本不相容的,也是党的纪律不允许的。"迫于形势,李作鹏一伙在会上做了检查,但他们并非甘心认输,在个人小账上给陶勇重重地记了一笔。

矛盾在"文化大革命"风暴中加剧

海军三三会议结束不久,军委副主席叶剑英就通过上海市委书记陈丕显传话给陶勇:"海军的风向要变!"

其实,三三会议还没结束时,海军的风向就已经开始变了。

1966年8月召开的党的八届十一中全会上,林彪被选为唯一的中央副主席,成了中国的"二号人物"。8月25日,三三会议草草通过了关于否定李作鹏一伙非组织活动的决议,宣布结束。深知李作鹏等人背后有靠的陶勇,对政治斗争之复杂、自己面临形势之危险,十分清醒。三三会议期间,一位老战友几次打电话要去招待所看他,他都坚决谢绝了。最后不得不在电话里解释:"他们(林彪、李作鹏等)正在设法整我,何必让他们多揪一个……"

三三会议之后,林彪通过看大字报(林于9月22日、23日先后两次到海军机关看大字报)、即席讲话等方式,一再表示对李作鹏等人的支持。很快,机关上下即无人不知"李作鹏、×××是坚定的革命左派",是"林副主席信得过的人"。翌年1月中旬,在林彪的支持下,海军党委改组,成立了以李作鹏等为核心的海军新党委,三三会议的决议便彻底被推翻了。

随着李作鹏等人左派形象的确立,海军、舰队(部分军单位)机关很快形成了阵线分明的两派:一是以李作鹏等人为核心的革命左派,控制了部队的领导权,左右着部队的政治形势;另一派则是与他们有不同意见的领导干部,被称为"海军苏记黑司令部"的人,被打入另册,非打倒即靠边。萧劲光被揪斗,苏振华、刘道生、杜义德等多数海军首长,司政后机关大部领导,相继被软禁、隔离审查。在东海舰队,拥护李作鹏等人的领导干部,自命"正确路线的代表",趾高气扬,一向深受部队拥戴的陶勇,说话不那么灵了。有的人为了取得左派首长的信任,甚至监视陶勇的行动,打陶勇的小报告。

东海舰队驻地上海市,是"文化大革命"动乱的发源地和风口,较之其他地方,风暴来得更早,波及面更广,社会秩序更混乱。1966年初冬,市委、市政府机关已陷于瘫痪状态。市委书记陈丕显、市长曹荻秋等地方领导人,被各单位造反派揪来揪去,无休止地批斗、游街,这让他们从精神到肉体都到了崩溃的边缘。面对这种情况,以坦荡无私、敢作敢为著称的陶勇当然不能坐视不管。一天,他听说市委召开领导干部会议找不到安全的地方,当即把电话打过去:"到我们这里来开,部队安全!"为防造反派冲击会场,陶勇还专门部署官兵站岗警戒;听说市委有的领导同志在批斗会上遭受殴打,陶勇便亲自到批斗会现场或派人暗中给予保护;刚做了肺癌手术在市委招待所休养的江苏省副省长惠浴宇,在造反派日夜不停的鼓噪声中寝食不安,陶勇便派人悄悄将他接到舰队机关保护起来……所有这一切,让地方造反派无比恼火,舰队机关唯李作鹏马首是瞻的左派领导也视其为"大逆不道"……很快,陶勇保护地方走资派、抵制海军左派首长领导等问题,被一一报告到海军机关。这对一直想拔除陶勇这枚夺权路上最大钉子的李作鹏等人来说,无疑是份极有分量的材料。李作鹏及其支持的造反派组织红联总(全称红色革命联合造反委员会),明里暗里多次向进京串联的海军院校的造反派透露这些信息,煽动他们造陶勇的反。经过多日串联、密谋,由海军高级专科学校等单位造反派组成的所谓"南下捉鬼队"一行5人,于1967年元旦后登上了前往上海的列车。

是时,陶勇因年底做了阑尾手术加之胃病复发,尚住在杭州的海军疗养院。他没想到部队形势会变化如此之快,更没有想到,险恶正向他一步步袭来。

死在院内深不及顶的井里

1967年1月,随着以王洪文为首的造反派夺取市委、市政府领导权的酝酿、实施,上海市动乱达到高潮。受此影响,东海舰队的文工团、体工队等单位,开始贴大字报,有人提出要全面开展"四大"(大鸣、大放、大字报、大辩论)。闻此情况,陶勇于1月14日晚迅即返回上海。

15日一上班,陶勇即主持召开舰队党委常委会,分析部队政治形势,研究保持部队稳定和新年度工作计划等问题。会议决定,从当日起,各常委分头到要求搞"四大"的几个单位、训练团、文工团、护士学校等,有针对性地做稳定工作。要宣传军委有关指示精神,强调有意见可通过正常渠道反映,但不能开展"四大"。此后几天里,陶勇大部分时间都在这几个单位活动,听取单位领导和群众代表的意见,传达、宣传军委相关文件精神。

19日上午,陶勇在舰队政治部会议室里同政治部副主任柳夷进行了一次非同寻常的谈话。他告诉柳夷,海军党委已正式做出决定,由李作鹏主持日常工作。两天前苏政委已被抄家、软禁了。稍停,他心情沉重地说:"柳夷同志,今天下午你得乘飞机去北京,由保卫员送你去。这是李作鹏亲自批的。你就受点委屈吧!"接着他又说:"海军三三会议后期你我都参加了。会上对李作鹏他们提了意见,说过他们搞地下活动、罢官夺权,这笔账李作鹏他们不会放过,一定要算的。柳夷同志,你前脚走,我也跑不了,说不定明天就会来揪我。没有什么了不起,无非是戴高帽、游街。这些吓不倒我们,我已做好了充分的准备。"送走柳夷后,陶勇心里有说不出的沉重:这还是我们的党吗? 这天晚上,他似有预感地对自己的儿子张小勇说:"我可能要带你上风波亭了……"

随着社会动乱加剧,地方造反派直接把手伸进了部队。接连两天,舰队机关两个曾在地方参加"四清"(清政治、清经济、清组织、清思想)工作的干部被地方造反派极其野蛮地扯下领章、帽徽,戴上纸糊的高帽子绑架而去。19日晚,陶勇主持召开舰队机关处级以上干部会议,专门讲了这一问题。他在会上强调,军队干部参加地方"四清"运动,是舰队党委遵照中央军委的指示决定的。如果这方面有什么问题、错误,由舰队党委,首先是我负责,这些干部本人没有责任,没有什么可交代的。地方造反派不能随随便便来部队揪人。如果有人来揪人,让他揪我。并当场宣布:舰队机关大院自即日起,加强警戒。要严格门卫、岗哨和值班人员制度,绝对禁止地方造反派随便进入营区绑架、揪斗干部。

21日早7点多,陶勇乘车前往舰队司令部机关。前一天,即20日,他在梅嘉生副司令员的陪同下,在舰队工程部所属的加工厂、护士学校等单位接见了工人和学生代表,做思想工作,忙了一整天。晚上,他又到训练团,与造反派代表谈话直至凌晨4点。担心因群众游行路上堵车,他和衣靠在沙发上休息了一下,草草吃罢早饭,就坐车出发了,但街上已经不断有大大小小的游行队伍穿过。往常从他住处到水电路的舰队机关大院只需十几分钟,这天却走了半个多小时。街上的混乱局面,让通宵未眠的陶勇的心绪有说不出的烦乱和疑惑:社会秩序全乱了,生产停止了,这是"文化大革命"? 8点一上班,他挂通了上海警备区司令员廖政国的电话:"听说张春桥还在上海,他在哪里? 我想与他谈谈运动问题。"廖政国回答:"好多人找他,只是不知在什么地方。不过,有军报和《红旗》杂志的两名记者在这里,他们是专门来调查了解运动情况的,有什么意见你可以向他们反映。"陶勇同意请他们到舰队来谈谈。

10点,两名记者在廖政国的陪同下来到陶勇办公室。廖政国做简单介绍后,陶勇即开门见山地提出了他思考多日的问题。他说,有些运动中的问题想通过你们向党中央、中央军委、文革小组反映一下,希望中央针对问题做出明确规定,以便我们掌握,使运动健康发展。第一,东海舰队是战备部队,中央明文规定不开展"四大",但有些单位不顾中央规定坚持搞"四大"。如舰队训练团,按其性质不属于"四大"单位,可是那里的一些学员、干部受海军院校南下造反派的煽动执意要搞"四大"。虽经多次解释、说服,有些人依然顽固坚持。类似这种情况怎么处理,中央要做出明确规定。第二,"四清"运动的成果要巩固。近来上海不少工厂、农村基层单位的造反组织不断到部队揪斗参加地方"四清"工作队的干部,扭打、撕领章帽徽,侮辱人格,很野蛮。参加"四清"的干部是执行舰队党委决定去的,他们是在按照上级的指示做工作,他们个人没有责任。希望中央早日做出不准揪斗他们的进一步规定。

讲到这里,陶勇沉思着停下来。记者看出他还有话要说,但又不便于启齿。廖政国心里清楚,下面的问题是:为什么要造社会主义的反、要夺共产党的权? 文革小组有人阳一套阴一套,中央首长、毛主席知不知道? ……面对眼前的形势,向来心直口快的陶勇也不得不掂掂这些问题的分量,他没有再说下去。

午饭后,陶勇送走了记者,又与廖政国聊起了上海的形势。陶勇说:"老廖,你看今天抓这个,明天抓那个,还有完没完? 听说老陈(陈丕显)也被抓起来了,毛主席知道不? 他能同意这样做?"讲到激愤处,陶勇一拍桌子:"照我的脾气,带上一个警卫排把老陈抢出来。"廖政国知道舰队情况复杂,难免隔墙有耳,见陶勇过于激动,遂提醒说:"你要多加小心。""怎么? 谁要给我戴高帽子,我的枪要走火!"陶勇手呈握枪状晃动着。

送走廖政国,陶勇又把训练处处长刘永久叫到办公室,交代了仪仗队训练、水兵训练等几方面的工作。随后,舰队政委、副司令员来到陶勇的办公室,就吴淞码头管理问题碰了头,做出决定:原定下午召开的常委会不开了,去人到吴淞码头了解一下情况……12点40分,陶勇提着公文包来到司令部办公室值班室,向值班秘书交代:"客人走了,我到后面休息一会儿,有事到招待所找我。"说罢,他径直向招待所走去。招待所后楼是一个接待首长的3层小楼,那里有陶勇长期使用的一个房间,中午陶勇在那里休息,有时忙了晚上也住在那里。

时过一个多小时,约14点30分许,突然,一阵惊人心魄的喊声从招待所后楼的小花园里传出:"陶司令跳井了! 陶司令跳井了!"

呼喊的是招待所所长。13点钟左右,陶勇让他找理发员前来洗头。当所长辗转找到理发员来到陶勇房间时,却不见陶勇本人。当他走过小楼前的水井时,无意识地朝里望了一下,见一个人低着头站在里边,军帽漂在旁边,像是陶勇。

水井是浇花用的,口很小,直径仅半米多,刚刚容得下一个人;水也不深,人站在里边挺直身子没不到顶,水面到地面不到1米。听到喊声,理发员、修理花木的职工等都飞跑过来。大家七手八脚把人拉上来,果然是陶勇……所长赶忙去打电话。

机关门诊部离招待所很近,医护人员几分钟就赶到了。在医生的指挥下,就近将陶勇抬进小楼105房间,做人工呼吸,紧张抢救。接着,医院救护车赶来将人拉到医院,但所有抢救手段均无效……威震敌胆、名震全军的陶勇就这样死了,死在一口小小的浇花井里。水都没有没到头顶!

噩耗传出,舰队机关上下一片疑云:陶司令死了,怎么死的? 自杀? 一个多小时前还在有条不紊地部署工作,还在找人洗头理发,转眼就投井了? 来不及留下只言片语? 他杀? 凶手是谁? 作案工具在哪里? 是井里淹死还是死亡之后移尸至井里?

大家都在想,不少人私下议论,有人压着火提出问题,但没有人理,更没有人深究。真是特殊时期啊! 最后的抢救还没有停止,有的领导便冷冷地宣布:"陶勇一贯争强好胜。这几天,他害怕自己卷到苏(振华)、罗(瑞卿)圈子里去,所以才走这条路。我看是畏罪自杀,抗拒运动,是叛徒行为。"据此,《关于陶勇自杀的经过和初步分析》电稿很快起草、签发,以特急件报北京海军机关、南京军区机关。接到报告,李作鹏很快将东海舰队的电报签字转发,通报部队:"陶勇自杀身亡。"并做结认定:陶勇是"叛逃,畏罪自杀"。

从停止抢救到海军通报发出,前后不到4个小时。一位被国民党悬赏百万大洋的共产党员,一位在枪林弹雨中拼杀了几十年的战将,一位身兼海军、南京军区两个大单位副司令员的海军舰队司令员,在任职岗位上,在日理万机的工作中无端死亡,就做结论、定性质,处理完了!

残酷的迫害没有止息

陶勇去世后,不知什么时候,所谓"南下捉鬼队"的成员悄悄溜走。但,对陶勇的批判没有停止,对陶勇家属的迫害更没有停。

当天,在宣布陶勇"自杀身亡"的同时,舰队机关造反派头头即明确宣布"三不准":不准向陶勇的遗体告别,不准开追悼会,不准搞任何形式的悼念活动。但对造反派们一系列令人发指的暴行,却无视广大官兵的情绪一律准行,甚至导演、支持。

抢救停下来不久,他们就将陶勇衣服扒光,身上涂满墨汁,脸上打叉,在机关院子里暴尸,并拍下照片,四处展览;继而,大标语、大字报、小字报一批又一批,铺天盖地,从机关办公楼一直贴到招待所;在左派领导的纵容支持下,一些单位不顾群众的抵制、反对,强行组织对陶勇的批判会,声讨"叛徒陶勇自绝于党、自绝于人民的罪行"。有的造反派还窜到陶勇抗日战争期间长期战斗过的江苏如东县苴镇一带,宣称清除陶勇的所谓"流毒",诬蔑陶勇是"老三反分子"、"日本特务"。直到被激怒的当地群众操起挑粪的扁担要打他们,才狼狈溜走。

与此同时,舰队机关和直属部队开展了"清查陶勇分子、肃清陶勇流毒"的活动。许多党员积极分子和专业技术骨干被扣上"陶勇死党"、"陶勇分子"的帽子,遭到关押、批斗。舰队司令部管理处副处长沈友才,只因在陶勇遗体火化时,为陶勇的遗体换了一套新军装,造反派就给他戴上纸糊的高帽子,押着在舰队机关大院游行,并且还要其一边走一边敲锣,口中喊"我有罪,我是陶勇分子……"机关、部队官兵以及职工100多人,因受陶勇株连,均受到撤职、关押等错误处理。

在无中生有地捏造事实对陶勇进行侮辱、攻击的同时,造反派们还卑劣地将黑手伸向陶勇的夫人朱岚及其未成年的子女。

陶勇的夫人朱岚,原名龚敬,是崇明县堡镇一位有名望的开明绅士的女儿。抗日战争期间,她的父亲不仅自己以各种方式积极参加、支持抗日活动,还把朱岚的哥哥、弟弟都送去参加了共产党领导的游击队。日军在一次扫荡中,把她的父亲、弟弟抓去,绑在树上严刑拷打,要他们说出游击队的驻地和活动情况,他们坚贞不屈,最终被凶残的敌人用刺刀捅死。父亲、弟弟牺牲不久,朱岚怀着强烈的国恨家仇放弃学业(县立师范),参加了抗日武装,加入了共产党,在新四军属下的崇启海常备旅政治部文工团工作。在那硝烟弥漫的日子里,朱岚既是宣传员又是战斗员,她用自己的智慧坚强无畏地写下了光辉的一页。造反派们却无视历史,肆意对其侮蔑、辱骂。在陶勇去世的3天里,造反派们连续几次对陶勇家进行抄家洗劫,监视居住。若干年后,一位当年的造反派供认:"1967年1月22日晚,对朱岚同志进行了第一次实质性的交锋,一线二线全体人员参加了审讯,对朱岚施行了体罚……竹板打断了几根。"面对血腥的打压,朱岚毫不退缩。她把陶勇死亡的许多疑点写成厚厚的材料,打算向党中央、中央军委报告。造反派们发现后非常恼火,于1967年8月将其带走,秘密关押起来。造反派们夜以继日地轮番围斗、不择手段地逼供,要朱岚揭发陶勇的所谓"罪行",承认自己是什么"日本特务"……朱岚忍无可忍,于同年10月从被关押的楼上跳下,用生命做了最后的控诉和抗争。她只在痛苦和煎熬中比陶勇多活了9个月。

陶勇和朱岚育有7个子女。在这种环境下,他们遭受的歧视、欺凌自是无法言说。他们被限制了自由,不能参加正常的学习和活动,有时连饭也吃不上。朱岚去世后,孩子们悲痛欲绝,更感到了无希望。4个年纪稍长的孩子跑到南京找到许世友,许破例安排他们当了兵。其他3个孩子也在父母的老战友和亲属们的帮助下安顿了下来,熬过了那段不堪回首的岁月。

彻底平反昭雪,但死因依然是谜

"文化大革命"初期,社会秩序异常混乱,由于对这一史无前例的运动不理解,被迫害致死、自杀的事件时有发生。即使这样,陶勇的死还是造成了很大的影响:不仅震动了海军、华东,而且波及全国,直至党和国家中央领导层。

　　或许是那个在战场上叱咤风云、威震敌胆的陶勇,那个大敌当前、亲自带着官兵与鬼子拼刺刀的陶勇,那个生性爽朗豁达、敢作敢为的陶勇,给人们留下的印象太深了,凡熟悉他的人,几乎没有一个人相信他是自杀,他会自杀?获知陶勇去世的噩耗,舰队机关管理处的一位老同志当场气得骂起来:“妈那个巴子,迫不及待、迫不及待了!”在场的所有人差不多同时说出一句话:“陶司令自杀? 鬼才信!”

　　接到陶勇去世的电报,南京军区司令员许世友当即电令东海舰队前往做具体汇报。当有人在汇报中讲到估计陶勇是“畏罪自杀”时,许世友气不打一处来,拍着桌子说:“屁话,陶勇有什么罪? 老子查清是谁杀了我的陶勇,我非枪崩了他不可!”

　　1968年初,一次国务会议上,陈毅见到了时任交通部副部长的彭德清(曾任东海舰队副司令员),说:“陶勇同志去世后,他家属情况怎样? 对他的惨死,你们一定协助搞清楚,以慰忠魂……这是一起冤案。陶勇这样一个人,他会自杀? 有事找粟司令,他现在还行,尚能说话……”

　　时过不久,粟裕将陶勇被迫害致死的事件向周恩来总理做了汇报,周恩来当即指示一定要搞清楚。他痛惜地说:“陶勇同志打日本帝国主义那么坚决,说他是日本特务,无论如何说不过去嘛!”

　　时间在动乱中逝去,转眼到了1974年。海军党委在关于“文化大革命”期间专案审查和结论复查工作中,对陶勇一案进行了第一次认真的调查、审查。由于时间已过了7年之久,没有当时现场的资料,这次审查没能搞清陶勇的真正死因,但在政治上明确做出了结论:“陶勇同志是被林彪死党李作鹏、×××打击迫害致死的,他们强加给陶勇同志的种种莫须有的罪名,应予全部平反。”1975年10月15日,主持军委工作的邓小平副主席审阅了海军党委关于陶勇一案审查的报告,当即批示:“陶勇同志是有战功的,要为陶勇同志昭雪。”遗憾的是,由于“四人帮”又搞起了所谓的“批邓、反击右倾翻案风”,为陶勇平反昭雪的事遂又拖了下来。

　　粉碎“四人帮”,全面拨乱反正,为陶勇平反昭雪的时机终于到了。1977年

7月18日,陶勇同志骨灰安放仪式在北京八宝山革命公墓隆重举行。中央党政军领导人李先念、韦国清、罗瑞卿、许世友、粟裕、萧劲光等和海军指战员代表数百人参加了仪式。海军领导同志代表海军党委对陶勇一生做了公正的评价:"陶勇同志是在党的培育下成长起来的优秀干部。他的一生,是革命的一生,战斗的一生。他参加了举世闻名的红军长征,参加了抗日战争、解放战争、抗美援朝战争。在长期的革命战争年代,他艰苦卓绝,无私无畏,英勇善战,为党为人民屡建战功。……陶勇同志光明磊落,作风正派,立场坚定,爱憎分明,大公无私,顾全大局,善于团结同志,密切联系群众,是海军全体指战员学习的榜样。……"

7月29日,海军党委向部队发出《关于为陶勇同志昭雪恢复名誉的通知》。通知简述了陶勇同志的革命经历,并郑重说明早在1975年10月15日,中共中央、中央军委即已批准陶勇被林彪及李作鹏迫害致死一案的复查结论。同时指出:"1967年以来,林彪、李作鹏等人盗用海军党委名义对陶勇所做的一切错误决定,宣布撤销。强加给陶勇的种种莫须有的罪名,是对陶勇的政治陷害,决定予以昭雪,恢复名誉。"

同年,朱岚所在单位也为其平反昭雪。部队、地方受陶勇株连被错误处理的官兵、职工100余人,陶勇的子女,也都平反纠正,落实政策,得到了应有的待遇和安置。

但是,至此仍没有完全解开人们郁积的心结:陶勇到底是自杀还是他杀,到现在也没有搞清,成了一起悬案。陶勇在1967年前与李作鹏一伙的斗争,文件中没有涉及。1979年2月,新任海军政委叶飞一到任,有人便提出了这一问题。叶飞是陶勇新四军的老战友。多年来,陶勇受迫害致死,死因不明,也一直让他无法释怀。于是,他亲自部署,再次组织力量进行了全面细致的调查。遗憾的是,虽然下了相当大的功夫,由于缺少直接证据,所谓陶勇"自杀"问题依然无突破性的进展。鉴于此前为包括陶勇在内的海军若干名遭受迫害的领导干部平反时,大家与林彪死党李作鹏等长期的斗争没有做结论,4月20日,海军党委专门召开会议,做出了彻底平反的新决定,即《关于为萧劲光、苏振华、杜义德、刘道生等彻底平反的决定》。

决定对林彪死党李作鹏自 1962 年到海军以来，为篡夺海军领导权所炮制的一系列错误文件，进行的阴谋活动，《三年基本总结》《海军党委常委内部争论问题的情况报告》，三三会议期间大搞罢官夺权，以林彪、李作鹏等为核心层层站队等，做了严肃的剖析和否定，指出："为肃清林彪、'四人帮'的流毒和影响，分清路线是非，拨乱反正，海军党委决定：所有强加给萧劲光、杜义德、刘道生……傅继泽等人的莫须有罪名和一切诬蔑不实之词，统统推倒，彻底平反，不留尾巴，恢复名誉。被迫害致死的陶勇、张学思……五人应予彻底昭雪，完全恢复名誉。"

至此，为陶勇平反昭雪的问题已彻底解决，但死因仍然是个谜。特别是他那些血火与共的老战友们，无论如何不能接受陶勇"自杀"的说法。但，他杀——证据呢？或许，某一天，历史会给出答案。

第一艘国产导弹驱逐舰传奇

坐落在青岛市莱阳路8号的海军博物馆,是全国唯——个设有海上展区的海军博物馆。跨进博物馆大门,首先映入眼帘的是海上展区一艘退役的国产驱逐舰——051型导弹驱逐舰济南号,舷号105(初下水时舷号223,正式列编后改为105,以下简称105号舰)。

105号舰是新中国自行设计建造的第一艘驱逐舰,也是海军第一艘导弹驱逐舰。列编在航的30余年里,它没有赫赫战绩,却屡受表彰,是科研单位和部队公认的功勋舰,位列新中国十大名船。这是一艘满载传奇故事的名舰。

孕育在困难时期,没有"户口","四大件"先行

有关史书记载,105号舰是1968年12月24日正式开工建造的,这诚然不错。但需说明的是,这主要是就舰体而言,而舰上的许多重要部件、武备,则要比这早得多。严格追溯起来,早在8年前的1960年年初就开始启动了。

新中国海军经过近10年的建设,到1958年,水面舰艇、潜艇、航空兵等诸大兵种,已基本成军。只是由于装备落后,出不得远海,其战斗力更无法与军事技术先进的西方国家相匹敌。其中最突出的问题是,整个海军部队各类舰船1000余艘,只有4艘驱逐舰。并且,这仅有的4艘驱逐舰还是购买的苏联20世纪30年代的产品,早已过了服役期,从主机到武备,主要技术在苏联均已淘汰。为了加快海军战斗力建设,以适应形势的发展,海军司令员萧劲光于1958年4月,与政委苏振华、副司令员罗舜初联名给国防部部长彭德怀和军委写了报告,建议以中国政府的名义向苏联谋求海军新技术援助。军委很快批准了萧劲光等人的报告,并于当年10月派出了以苏振华为团长的专家代表团赴苏

访问,协商解决海军装备技术援助问题。谋求建造导弹驱逐舰的技术、资料,是这次访问的主要目的之一。没有想到,谈判一开始,这一要求就与核潜艇技术一起,被断然拒绝了。苏方虽然委婉但毫无通融余地地答复:"在导弹驱逐舰方面,不可能予以援助!"

面对这一现实,海军党委进行了认真的分析研究。大家一致认识到,从第二次世界大战后水面舰艇发展的情况看,数千吨的驱逐舰是当前最成熟的舰种。它大小适中,不仅有强大的火力和应变能力,且有较大的续航力,遂行海战、御敌入侵必不可少,在平时也是执行友好出访任务最适当的舰只。既然苏联拒绝提供相应技术、资料,我们就下决心自己造! 经过与国务院船舶科研单位、相关工厂研究,萧劲光于1960年4月,主持召开了研制导弹驱逐舰工作会议。会后,以海军党委的名义正式向国防部、中央军委报送了关于建议研制导弹驱逐舰的报告。但是,由于国家经济困难,加之苏联政府突然撕毁援华合同,催还贷款,国家缩短了建设战线,海军启动研制导弹驱逐舰的报告被迫搁浅,未能列入国家发展计划。

海军发展服从国家经济建设大局,但海军首长建造驱逐舰的设想没有动摇。萧劲光提出,建造驱逐舰现在暂时不能列入计划,下一步也一定要解决。驱逐舰技术复杂,建造周期长。我们可以对部分重大设备、关键环节提前研制,及早解决。重大设备、关键问题解决了,技术储备有了,一旦国家经济形势好转,可立即上马。这样,研制周期就可以大大缩短,就可以将损失的时间抢回来。在这一思想指导下,海军装备技术部部长林真会同国防部第七研究院(以下简称七院,舰艇研究院)院长刘华清,通过组织科研人员系统论证研究,提出了"四大件"先行的意见,即将建造导弹驱逐舰必须解决的4个关键问题,舰用钢材、舰艇主机及舰用主炮、导弹等,先行研制,争取提前解决。这一方案,得到了总参、国防科委、国家计委及军委首长的批准和支持。据此,海军牵头成立了由军内外科研部门参加的造船工业科研领导小组,将研制解决"四大件"的任务下达相关单位,分头付诸实施。

"四大件",同时也是地地道道的"四大难"。由于西方国家封锁,苏联又拒绝技术援助,其中每一件的解决,都有若干技术难题,需要从头开始,一步步独立探索解决。作为新型驱逐舰主要攻击武器的舰舰导弹,与潜艇、快艇装备的导弹通用,此前已被列为国家重点项目,无须另外组织力量,而其他"三大件",即舰用特殊钢材、主机和主炮,则必须调动全军、全国的技术力量协力攻关。

按初步设想,导弹驱逐舰排水量约为三四千吨。如此大的战舰,舰体需用高强度的合金钢,主锅炉则需要一种特制的锰钢。经研究,冶金工业部将试制这两种钢的任务交给了鞍山钢铁厂(以下简称鞍钢)。当时的鞍钢,不论设备条件还是技术力量,在全国都是最强的,但也从来没有生产过这种钢。清楚了钢的用途后,鞍钢领导没有丝毫犹豫:"这是'争气钢',有天大的困难我们也要拿下来!"厂里专门成立了由科技人员、老工人和海军军代表参加的三结合舰用高强度合金钢攻关小组。大家夜以继日地测算、分析、试验,经过数百次试验,终于攻克了冶炼关、焊接关,炼出了合格的舰体用钢。造主锅炉用的锰钢要求精度高,技术上非常难把握。技术人员在总结舰体用钢攻关经验的基础上,经过半年多的反复试验,终于试制成功。有人做了统计,在试制这两种钢的过程中,先后攻克的技术难题达200多个。

主机是军舰的心脏,其重要性毋庸置疑,技术要求之高也同样毋庸置疑。驱逐舰的主机是蒸汽机动力装置,由主锅炉、高压汽轮机、齿轮减速器等若干部件组成。这些部件共同的特点是结构复杂,且须体积小、重量轻,因而精密度要求非常高。为了攻克生产这些部件的难题,技术人员召开了难以计数的各种会议。许多军代表把行李搬到车间,与科技人员、工人师傅吃住在一起,加班加点地探讨、钻研生产工艺。每一个部件生产,都经过几十次反复的试验。齿轮减速器中有几个零件制作总是达不到要求,其中每个零件都改进设计、试制达上百次。主机试制成功,前后用了5年多的时间。各部件设计图纸加在一起,达5000多张。

舰上的主炮,设计为130毫米火炮。有利的是,此前从苏联引进了部分130毫米海岸炮,可以借鉴,但岸炮与舰炮毕竟大不相同。技术人员比较了一下,将海岸炮改装为舰炮,必须解决12个重大难题:增加稳定系统,提高命中率;改进随动系统,提高瞄准速度;改进扬弹系统,提高运弹速度;改进炮塔外形,减少风的阻力等。在由海军牵头的造船工业科研领导小组的协调下,全国相关专家协力攻关,使这些问题一一攻克。

至1967年初,舰用钢材、主机、火炮等3个问题已先后解决。同年6月,着眼装备快艇研制仿制的舰舰导弹上游1号,经陆上、海上多次试验,定型投产。这样,建造驱逐舰的"四大件"已全部解决。余下的只是纳入国家建设计划,正式启动驱逐舰建造的问题了。

诞生在动乱年代,限期完工,艰难推进

1967年底,中央军委、国务院批准了国家科研部门向太平洋进行发射运载火箭试验的计划。完成这一任务,急需一支驱逐舰编队远航太平洋执行海上保障任务。据此,经毛泽东、周恩来批准,建造导弹驱逐舰的工程迅即纳入国家计划,并限期完成。

这是海军首长期盼已久的。接到任务,海军立即会同国防科工委(由国防科委和国防工办合并成立的机构)对导弹驱逐舰设计进行最后的完善、论证,并将其正式定名为051型。这样,在建造驱逐舰最初动议被否决8年之后——1968年12月24日,建造051型驱逐舰首舰的工程,在大连造船厂正式全面启动(缘于此,国外多称051型舰为旅大级)。

是时,"文化大革命"动乱已波及全国,工农业、科研等各条战线都受到严重的冲击和干扰。开工初始,大连造船厂也同其他厂矿一样,职工分为尖锐对立的两大派,不断停产,时有武斗发生。建造驱逐舰任务下达后,驻厂军代表抓住契机进行广泛的宣传教育,以完成"伟大领袖毛主席批准的重要战备任务"、"造争气舰"为号召,调集全厂的精兵强将参加会战。广大老工人、技术人员自觉挑重担,坚守生产岗位,加班加点施工。少数造反派迫于形势,也不敢轻举妄动。加之钢材问题、有关技术问题提前解决,舰体建造很快展开。为了确保建造质量和进度,驻厂军代表还与工厂、研究所、海军接舰部队等各方分别派出的领导和技术骨干组成051首舰现场领导小组,统一解决、协调造舰过程中遇到的各种困难和问题。经过全厂上下一年多的拼搏奋战,到1969年

底,舰体建造任务已基本完成。接下来,进入总装阶段,问题就来了。

限于当时国家的工业基础,051型驱逐舰上的设备、仪器,是由全国20多个省、市上百家工厂分别承担的。由于这些工厂都专门进行了动员教育,集中了专业技术力量,多数单位都克服了生产秩序混乱、原材料不足等困难,按时完成了承担的设备、仪器生产任务。但是,因为一些地方武斗不断,社会秩序混乱,将各地造好的装备、仪器运到负责总装的大连造船厂,成了一个严峻的课题。运输中不仅屡屡受阻,一再延误,而且有被破坏、丢失的危险。针对这一问题,海军接舰部队抽出100多人与军代表一起组成了催货小组,分赴全国各地催货、押运。特殊的时期,加上许多工厂地处边远地区,催货小组官兵们押运的许多经历,是终生难忘的。若干年后,当年催货小组的负责人、后来担任了105号舰舰长的刘子庚回忆说:

由于动乱时期,交通不畅,为完成押运任务,要付出数倍的时间和辛劳。机电部门几位同志去哈尔滨汽轮机厂押运主机时,正赶上零下41度的严寒。主机是战舰的心脏,为了让战舰早日下水,他们一刻也没有耽误就起程了。谁知火车还没有走出一站路,车头便脱下挂钩跑了,把装主机的4节车厢丢在野外。等了半天也不见车头的影子,带队的副区队长孟凡勤决定留一名班长武装值班,自己带战士顺路去找人。他们摸黑走了老远的路,好不容易找到了一个车站调度室,进去一看,里面烟雾腾腾,几个值班人员正在打扑克。孟凡勤他们说明来意,那几个人连头也没抬一下,似乎这件事与其无关。他们只好回到车厢,召开了党小组会,决定为了保卫主机的安全,又不致把人冻坏,大家排队围着车厢转圈慢跑。……整整一天一夜,官兵们水没喝一滴,饭没吃一口,原先带的馒头和军用水壶里的水早都冻成了冰疙瘩。班长得了感冒,发烧、胃痛,可他一手捂着肚子仍坚持巡逻。后来,车头来了,可是拉出两站又停下来。就这样走走停停、停停走走,原来只需两天两夜的路程,竟走了八天七夜!当主机运到船厂时,极度的疲倦使同志们昏睡了好几天。就这样,要图纸,催仪器,接装备,舰员们足迹踏遍了大半个中国。

在接舰部队和工厂的共同努力下,一批批机器、仪器、武备陆续运抵大连造船厂,装上舰体……

1970年7月30日上午,大连造船厂彩旗飘扬,船台、码头人集如潮,新中国自行设计建造的第一艘驱逐舰——051型导弹驱逐舰首舰下水了!代表海军首长出席下水仪式并剪彩的海军副司令员周希汉,出席仪式的国务院各部委、沈阳军区、辽宁省、大连市(时称旅大市)领导及各方专家、技术人员,望着船台上高大威武的战舰,一个个激情难抑:新中国成立前,中国造船工业几乎一片空白;新中国成立后的20年里,此前也只造过几十吨、上百吨的小艇(数量不多的护卫舰,亦系组装的从苏联引进的半成品)。自行设计建造导弹驱逐舰,这是第一艘。在战舰徐徐滑出坞道的一刹那,大家不由得热泪盈眶,使劲鼓掌……

105号舰下水后,舰长刘子庚带领全舰官兵进行了半年多的突击学习、训练,初步检试验。1971年12月31日,北海舰队与设计单位、造船厂三方领导在交接议定书上签字,正式履行了军舰交接程序。由此,新中国第一艘国产导弹驱逐舰105号正式纳编服役,加入到保卫祖国海疆的行列中。

"老大"责任重大,十余年全方位试验,高难度、高风险

105号舰是"老大",且是一边论证、一边设计、一边建造,所以,下水只是第一步。其操纵性、适航性如何?舰上装备的机器、仪器、武备各自质量及整体效能如何?抗风浪能力如何?在各种不同环境条件下战斗力如何?只有通过全方位的海上试验,将这些问题一个个搞清了,才能明确舰只所能承担的使命、任务,使其成为真正意义上的战舰。并且,也只有通过系统试验,取得可靠的技术资料,才能决定同型后续舰能否生产,如何改进、如何生产。所以,下水前,萧劲光司令员就向接舰部队强调,作为国产舰"老大",105号舰首要的任务是试验,复杂、繁重的试验,全方位的试验!

　　高速试验是新型舰艇性能的必试项目。105号舰高速若干次。每次试验时，舰上4台主锅炉80个油头都要点燃，主机、辅机均满负荷工作，马力大、速度快，致使多次发生故障。一次，舰艇正在高速倒车，突然从机舱下面传来喳喳的嘶叫声，机舱里霎时雾气腾腾。锅炉区队长孙洪考凭自己的经验判断，这是蒸汽管路破裂或是接头阀门松动，如不及时处理，让300多度的高压蒸汽继续蔓延，对人身和机械安全都是极大的威胁。他当机立断，披上石棉布冲到舱底检查处理，关闭了松动的主进气阀门，避免了一场重大事故的发生。

　　军舰在全速、机舱满负荷工作的状态下高速转向，是最危险的动作。舰长刘子庚在长春舰上工作了十几年，也从没有进行过这方面的训练，但为了完成测速任务，刘子庚大胆决定，105号舰要在全速、机舱满负荷工作情况下，进行军舰迅即多角度转向试验。经过认真准备，这一试验在某海区展开。在刘子庚熟练操纵下，舰上主锅炉和辅机全都满负荷工作，军舰以最高速度飞驶，溅起的浪花有数米高……记录组抓紧时间记下一个个珍贵数据。突然，由于高速震动太大，舰尾舵机电源被震脱，舵机失灵了，军舰像脱缰的野马径直向前面的小岛冲去。千钧一发之际，刘子庚果断命令紧急倒车……舰停下来时，距离前面的小岛只一链多。舰员们都吓出了一身冷汗。

　　在各种试验中，最惊心动魄的是兵器试验。火炮试射的冲击波，将驾驶台的钢化玻璃震碎；火箭弹试射时烈焰飞腾，将舰舷的栏杆烤弯；导弹试射的气浪，将数平方米的巨大桶盖吹到海里。单炮、单弹发射，集火齐射，各种射角、危险射界试射，可谓惊天动地，险象环生。一次进行反潜火箭试验时，发射操作完毕，一枚火箭弹没有发射出去。是火箭弹质量问题，还是发射装置故障？会不会延时发射或意外爆炸？险情直接威胁着军舰和官兵的安全。危急关头，深弹区队长刁载青挺身而出。他一边指挥人员迅即隐蔽，一边冲上前熟练地断开击发电路，退出弹体，使一场重大事故隐患被排除。现场科研人员感动地说："关键时刻还是解放军过硬。"

　　军舰是战争的工具，而战争的环境条件是不容选择的。只有把未来战争中可能遇到的环境、条件都设想到了，战争中才能立于不败之地。正是本着这种精神，10余年的时间里，105号舰闯禁区、攻难关，航迹遍布渤海、黄海和东海，战胜了无数次狂风恶浪、暗礁险滩，圆满地完成了从舰用钢材到整体设计，从单项仪器、装备到舰载机系统、作战指挥系统等，总计达1000多项试验任务，获得300多万个宝贵数据。据此，先后编写出各类条令、条例289种，总结出了一套系统的新型装备管理、使用的方法。这些成果，使驱逐舰部队的训练、管理进一步规范化、科学化，并为后续生产的051型驱逐舰及其他型号舰艇的改进、定型，提供了可靠的资料和科学依据。基于此，军内外装备科研部门均对105号舰的工作给予极高的评价，称它是"海军装备现代化的开路先锋"。

1983年1月15日，中央军委发布命令：给为海军现代化建设做出宝贵贡献的105号舰，记集体一等功。

党和国家主要领导人莅舰视察，
邓小平题词揭开海军历史新一页

列编30余年里，105号舰在圆满完成大量新型装备试验任务的同时，多次参加重大军事演习，遂行急、难、险、重的巡逻，保障等各种任务。此外，该舰还先后接受了朱德、董必武、邓小平、叶剑英以及江泽民、刘华清等十几位党和国家主要领导人的莅舰视察和检阅。叶剑英、李德生、陈锡联等军委、总部领导同志，还参加了该舰装备的试验、军事训练。其接受检阅、视察人次之多，是迄今为止人民海军任何一艘军舰所不曾有的。

1972年5月15日，柬埔寨国家元首西哈努克亲王在军委副主席徐向前，国防部副部长、海军司令员萧劲光的陪同下参观了105号舰，并乘舰数小时由旅顺到大连。参观过程中，西哈努克亲王对105号舰的装备、仪器和整体性能称赞不已，为中国成功建造出这样大型的现代化战舰向萧劲光表示祝贺。外国领导人乘坐中国军舰出海，在历史上这是第一次，也是唯一一次。

最令人难忘的是，军委副主席邓小平于1979年8月的视察。

此前的7月下旬，海军在青岛召开党委常委扩大会，专题研究了关于进行实践是检验真理的唯一标准大讨论补课问题。对于被称为"文化大革命"重灾区的海军来说，这是一次具有里程碑意义的会议。会议初步厘清了"文化大革命"在海军领导层造成的思想混乱，清除了"两个凡是"的束缚和影响，为在全海军范围内深入贯彻党的十一届三中全会精神、开创海军现代化建设新局面，奠定了基础。29日，邓小平接见与会代表，在会上发表了重要讲话。31日下午，他在海军第一政委叶飞、第二政委杜义德和山东省委第一书记白如冰、济南军区第一政委萧望东等陪同下，乘专列前往烟台，实践"坐坐我们的驱逐舰"的承诺。

1972年5月15日，柬埔寨国家元首西哈努克亲王(左)在萧劲光陪同下参观105号舰

8月2日上午8点，邓小平在叶飞等陪同下抵达烟台港。他首先检阅了停泊在港内的101号舰——这是一艘20世纪50年代购买的苏式驱逐舰，而后登上105号舰出海视察。

航行中，邓小平在105号舰会议室里，听取了支队领导关于导弹驱逐舰设计性能、现实状况和舰上官兵简要情况的汇报，继而登上驾驶台，视察了渤海海峡，长山水道内外的岛屿、水域。应舰上官兵的请求，他给海军题了词："建立一支强大的具有现代战斗能力的海军！"邓小平乘舰出海6个多小时，直到下午两点多才返回码头。

军史专家说："邓小平此次视察，是他主持军委工作期间与部队基层官兵在一起时间最长的一次，也是唯一一次出海视察。邓小平为海军的题词及此前在海军党委扩大会上的讲话，是海军建设过程中一次意义深远的军事实践。可以说，就是由此之后，海军才逐步从十年动乱后的困厄中振作起来，开始了现代化建设的新时期！"

作为这一重大历史事件的见证,105号舰有理由感到骄傲和光荣。

结缘盲校,谱就堪传千古的爱民佳话

105号舰的不凡经历和殊荣是历史赋予的,更是广大官兵的创造。

1975年,通过全面整顿的海军部队再次掀起学雷锋的热潮。许多部队都与驻地单位结成了军民共建社会主义精神的"对子"。就在这时,105号舰党委通过认真的调查,与部队驻地青岛市盲童学校建立了联系。

青岛市盲童学校是一所以失明或眼睛有严重残疾的青少年为教育对象的学校。建立联系后,105号舰官兵将盲校的学生们当作自己的弟弟妹妹,利用节假日到盲校帮他们洗衣服、理发,和他们一起娱乐,配合学校做思想工作,辅导文化学习。官兵们还特别重视提高盲童的生活自理能力,把这称为"特殊军训",并具体研究出了许多行之有效的帮教办法和措施。多年来,105号舰官兵做到"千里情不断,舰走心相连"。

青岛市盲协副主席、平度市残联主席张延华,经营着一家诊所。他已从盲校毕业10多年了,但一谈起105号舰、谈起水兵,仍然激动不已:"我终生难忘的是刚上小学一年级时,那次我端盆水上楼,水兵叔叔李为民上前帮我,另一位水兵叔叔石建国却说,别端! 他将来生活靠自立,得让他学着干。我委屈的掉泪。事后老师对我讲,两位水兵叔叔嘴里虽然这么说,却一直紧跟在我身后生怕我摔倒。……我能有今天,与水兵叔叔的帮助教育是分不开的。"

长期共建使105号舰的官兵们与盲校师生同忧同乐。2004年,盲校毕业生吴春苗在雅典残奥会上获得了200米短跑冠军、100米短跑亚军。她第一时间报告了105号舰,105号舰党委立即发去贺电,并专门派副舰长李大军到盲校祝贺。

光阴荏苒,转眼30余年过去了,105号舰官兵们转业、退伍了一批又一批,但与盲校的联系不曾中断,官兵们日复一日在盲校书写着爱民新篇。

1991年,105号舰被总政、共青团中央评为学雷锋先进集体,被海军树为学雷锋标兵单位。

功高业伟，以中国十大名船殊荣载入史册

105号舰出身不俗，经历丰富，贡献特殊，在军内声高名显，在船舶界同样备受关注。

2005年冬，国防科工委、交通部、中国造船工程学会、中国船舶工业行业协会等14个单位，联合发起举行一个活动：评选新中国50余年来的中国十大名船。

这样的活动，新中国成立以来是第一次，历史上也没有记载。经过半年多时间的单位推荐、专家评选、组委会审定，评选结果于2006年3月23日正式揭晓：105号舰(奖牌署名济南舰)与第一代核潜艇、哈尔滨舰、新型常规潜艇等4艘军舰，及东风号万吨远洋轮等4艘名船、被誉为"海上科学城"的远望3号等2艘科学考察船等，一起被选为中国十大名船。

2007年底，105号舰已下水近38年，列编服役36年，远远超过了设计服役年限。鉴于105号舰的不凡经历及对军事装备现代化建设的突出贡献，海军报总参批准，该舰退出现役后，不例行作为靶船或拆毁处理，调拨青岛海军博物馆保留展出。

2008年1月31日，油漆一新的105号舰被拖到博物馆海上展区。当天，博物馆举行了隆重的入展典礼，从即日起正式对外开放，供游人参观。

核潜艇在"文革"风暴中破浪下水

核潜艇,这一20世纪50年代诞生的海军装备,于今依然在世界战略格局中占据着特殊地位。拥有现代化的核潜艇部队,是中华民族的骄傲。然而却很少有人了解中国第一艘核潜艇诞生的艰难历程。这是一段不可忘怀的岁月。

发愤图强,在"三无"条件下启动攻关

作为最先进的海军装备,核潜艇诞生于1954年。至1958年,美国已先后有鹦鹉螺、舡鱼、海狼号等多艘攻击型核潜艇投入军中。1957年,苏联第一艘核潜艇也已下水。尤其是美国经过改进后的鲣鱼号核潜艇,在成功横渡大西洋后,潜行北冰洋,在全世界范围内引起了广泛的关注。更令新中国领导人警觉的是,有信息表明,美国已把原子武器运进南朝鲜,妄图使南朝鲜成为其原子武器在亚洲的战略据点。与此同时,美国军界公开宣称,要帮助国民党军队组编5个原子师。其斗牛士式导弹部队已开进台湾……不折不扣的核威胁、核讹诈。

反对核威胁,首先要打破核垄断!中央主管科技工作的军委副主席聂荣臻元帅坐不住了。1958年6月13日,中国第一个核反应堆达到正常运行水平。据此,聂荣臻果断决定,即刻向中央建议,启动研制可携带导弹的核潜艇(时称原子潜艇)!

获悉聂荣臻拟建议中央启动研制核潜艇,海军首脑机关极为振奋。萧劲光司令员当即主持召开首长办公会,与政委苏振华等研究决定:装备部

门立即汇集资料,提出研制弹道导弹核潜艇的意见;工作启动后,由主管装备工作的海军副司令员罗舜初参与中央核潜艇研制领导工作。

经过几天的准备,中国历史上第一次关于研制核潜艇的会议,于1958年6月18日在军委会议室举行。聂荣臻亲自主持会议,参加人员都是军队,国家主管船舶、核工业、导弹、装备计划等方面工作的负责人。他们是海军副司令员罗舜初、一机部副部长张连奎、二机部副部长刘杰、国防部第五部部长万毅、五院副院长王诤、总参装备计划部副部长安东等。会议首先由海军舰船修造部副部长薛宗华汇报海军关于核潜艇研制工作的意见和建议,接着大家发言,按照海军的意见讨论核潜艇研制计划、任务分工、领导机构设置等问题。最后,聂荣臻综合大家的意见作指示。他说:"看来同志们都做了准备,意见都很好。下一步由海军根据这次会议讨论的几个问题起草一个报送中央的请示报告,经海军首长审核后报给我。今天是第一次会议。希望大家从现在开始就要集中考虑这个问题,搜集资料、考虑参加工作的人选,使核潜艇研制工作能尽快启动、展开!"

海军机关动作迅速。薛宗华接受任务回到机关的当天,就组织人着手起草报告。一个星期的时间里,几次研究,罗舜初修改,萧劲光、苏振华审核,6月27日一早,中国核潜艇研制工程的第一份文件《关于开展研制导弹原子潜艇的报告》,送到了聂荣臻军委办公室案前。

报告说:"我国的原子反应堆已经开始运转,这就提出了原子能的和平利用和原子动力利用于国防的问题。关于和平利用方面,科委曾开过几次会研究,已有布置。在国防利用方面,我认为也应早做安排。为此,曾邀集有关同志进行了研究。根据现有的力量,考虑到国防的需要,本着自力更生的方针,拟首先自行设计和试制能够发射导弹的原子潜艇,待初步取得一些经验以后,再考虑原子飞机和原子火箭等问题。"接下来,报告说明了研制工作的大体方案、组织机构、任务分工、进度设想等。同时,建议成立专门负责此项工作的领导小组,由罗舜初任组长、张连奎任副组长。

报告全文不足千字,简洁、明了。聂荣臻反复看了两遍,稍做订正,便郑重签上自己的名字,以绝密件形式呈报中共中央。

周恩来总理接到报告的第二天,即6月28日,即在文件上批示:"请小平同志审阅后提请中政局常委批准,退聂办。"短短几天,中央政治局常委、毛泽东主席均圈阅批准了这一报告。由此,核潜艇研制工程筹备工作紧张而有序地展开。

7月中旬,核潜艇工程领导小组召集了首次工作会议。罗舜初、张连奎一起邀请海军和国务院有关部门的专家、技术人员,具体讨论研究了《关于开展研制导弹原子潜艇的报告》的贯彻落实。会后,两人联名给聂荣臻写报告,对核潜艇设计、制造任务的具体分工,研制进度,相关单位间的协作以及经费申请等,拟定了意见。同时提出:"为了缩短对原子动力单独摸索的时间,争取早日完成任务,需要通过一定途径告知苏方,请他们对我们进行必要的技术帮助。"

7月22日,聂荣臻在此报告上批示:"同意所提的安排。经费问题由各单位承担,不另列预算。"

月内,核潜艇总体设计组(对外称造船技术研究室)正式成立,由海军舰船修造部和一机部船舶工业管理局分别派出专家参加,海军舰船修造部副部长薛宗华兼任组长;很快,以二机部设计院核动力专家赵仁恺为组长的核动力设计组等研究机构,也先后组建。由此始,经两个设计组领导和专家推荐、挑选,一大批年轻的专业技术骨干从四面八方汇集到核潜艇工程的大旗下。短短几个月时间,一支专业齐全、人数可观的核潜艇研制队伍俨然成军了!

8月,中共中央下发了《关于发展海军潜艇新技术问题》的文件,重申由二机部负责核潜艇动力堆及其控制系统、防护设备的研究设计任务,并特别批准加快某船厂的建设,以保证原子潜艇的制造任务。

至同年10月,各项筹备工作相继落实,核潜艇工程在中国大地上秘密拉开了序幕。为保守机密,核潜艇工程取代号为07工程。年底,由于一位工作人员在一次会议上无意中泄露了07工程的性质,遂改称09工程。据此,各研究机构均冠以09称之,如09工程领导小组、09技术研究室等,以延续下来。

万事开头难,像核潜艇这样的尖端高科技项目则更难。参研人员清楚,核潜艇与常规潜艇相比,最大特点是续航能力强,而实现这一目标的关键是将蓄电池改为核动力(当时的说法是,一块高尔夫球大小的铀块燃料即可航行6万海里。如果用柴油做燃料,则需近百节火车皮)。但就是这一改,艇上的诸多部门、设备,全不一样了。核潜艇到底是什么样子,参研人员,包括彭士禄、黄旭华、赵仁恺这些专业骨干,大家谁也没见过。即是常规潜艇,中国当时也还在研制中。此前,苏联政府对中国海军建设提供过不少帮助,但在核潜艇研制上,援华的苏联专家、顾问,均守口如瓶。为争取技术帮助,海军政委苏振华于1958年10月率中国专家代表团访问了苏联,苏联政府不仅没有提供任何书面、口头的资料,而且连参观一下下水的核潜艇的要求,也被礼貌地拒绝。有人说核潜艇启动时是"三无":无图纸资料、无专家权威、无外来援助,完全是"自己探索着干,摸着石头过河"。这话半点不假。若干年后,从开始即参与核潜艇总体设计工作,后来担任了总设计师的黄旭华院士回忆说:"当时没有计算机,大量的数据都是用计算尺甚至算盘计算的;技术资料更是少得可怜,单位的领导就发动大家按各自专业搜寻国外报道的蛛丝马迹,哪怕是得到一张有参考价值的照片都如获至宝,反复琢磨研究。"

实践出真知,探索长才干。半年多的研究琢磨,大家初步叩开了核潜艇研制的门径,也认识了它的难度。1959年3月至5月,09工程领导小组连续召开多次会议,反复讨论核潜艇研制的指导思想、经费需求、技术方案、工程进度以及人员补充等重大问题。通过慎重分析研究,提出了技术革命、改进工作的措施,调整了研制工程总的进度,决定将交艇时间改在1965年之后,即把原定1961年下水的进度,至少推后了4年。一天会上,罗舜初传达了周恩来总理的话:"美国人在我们鼻子上示威,我们什么时候能示威?"他号召大家:"任务很重,困难很多,我们必须加倍努力!"

1959年10月,苏共中央总书记赫鲁晓夫率团访华抵达北京。毛泽东与其会见交谈中,当面提出了希望苏联帮助中国研制核潜艇的问题。赫鲁晓夫傲慢地说:"核潜艇技术复杂,价格昂贵,你们搞不了! 苏维埃国家的海军拥有这种战略武器，同样可以保卫你们的国土。"并且接着宣布：准备撤回援华专家。毛泽东冷静地回答了赫鲁晓夫："撤不撤专家是你们的事。核潜艇研制，我们自己试试！"

时过不久，一句气壮山河的名言迅速在海军机关、部队和全国军地科研单位传开：毛泽东在与周恩来、聂荣臻、罗瑞卿等领导人谈到尖端武器研制时，斩钉截铁地说："核潜艇，一万年也要搞出来！"

毛主席讲话了！在那激情燃烧的岁月里，毛泽东的话被尊为"最高指示"，是决战书、动员令。在其鼓舞号召下，承担了核潜艇研制任务的科研院所的专家、技术人员，都怀着满腔激情掀起攻坚克难的高潮。赵仁恺院士晚年的回忆录中，真实地记录了当时的情景。他说，核潜艇研制初始，不要说懂，我们见都没见过，但人人都不怕困难。"为完成任务，为全国人民争气，而日日夜夜努力学习工作。每晚办公室都是灯火通明，一般都是晚上十一点以后才回宿舍休息，而第二天早上七点又都出现在办公室里；我们遵守纪律，严格保密，集体战斗。搞调研、啃书本、做方案，不懂就学，不会就问。自学、互教互学、请科学家当老师、开讲座、听报告，高速高效地集体学习，集体成长，集体完成任务。那种奋发图强、废寝忘食、出成果、出人才，战斗成长的日日夜夜，至今我们仍难以忘怀。"

形势所迫，09工程暂时下马

1960年3月，国防科委召开会议，总结了核潜艇研制工程启动一年多来的工作。会上，再次修订了有关战术技术性能指标和总的进度，成立了以苏振华为组长的核潜艇研制工程领导小组（又称09小组，原中央四人小组撤销），下辖总体组、反应堆组、电子设备组、导弹组等，并确定了核潜艇研制下一步工作的指导方针和原则，即以反应堆为纲，船、机、电、弹紧跟上；土法上马、土洋结合，两条腿走路；指标要先进、做法要实事求是，从实际出发等。这些决策有力地推动了研制工程的进展。总体组通过专家、技术人

员协力攻关，共同努力，于1960年6月完成了《潜艇核动力装置初步设计》方案

这个方案虽仍属概念设计，但对潜艇核动力堆型、主要技术参数等有了初步构思，且就建立研究基地和建造陆上模式堆等问题进行了讨论和选点考察，已经不是一个原则的东西了。时任原子能研究所所长的中国原子能事业奠基人钱三强和二机部领导，看到设计方案十分高兴。钱三强连说"有门、有门！"二机部部长宋任穷听完汇报甚感欣慰，沉吟片刻，道："这是第一稿，还是留点余地，就叫初步设计草案吧！"遂即签字，以《潜艇核动力装置初步设计（草案）》为题，正式上报国防科委。

1962年初，设在海军的核潜艇总体设计组并入新成立的七院，改称09技术室。当年3月，09技术室也提交了《原子导弹潜艇初步设计基本方案（初稿）》。粗略统计，经过对全艇、反应堆和关键配套设备的初步设计，至此已经探索到关键技术157项、试验课题254项，为后续课题设计研制工作打下了良好基础。

然而就在这时，有消息传到海军、二机部等核潜艇研制相关单位：根据国家以"调整"为中心的国民经济方针和"两弹为主，导弹第一"的尖端武器发展原则，核潜艇研制工程属于调整范围，有下马的可能。

这是所有从事09工程的人员不愿面对但可以想得到的。由于连年自然灾害和政策上的失误，国民经济出现严重困难（一年前，09工程的专家们也已吃不饱饭，靠挖野菜和白菜根充饥了），船舶工业基本建设投资大幅缩减，1962年投资尚不足1960年的1/4。加之苏联单方面撕毁协议，中断一切技术援助，撤回所有专家、顾问，尖端武器装备建设已陷入极大困境。严峻形势下，党中央调整国防科研工作方针，决定"缩短战线，任务排队，确保重点"。根据这一方针和科研力量、经费的实际情况，国防科委要求各军兵种调整科研项目，集中力量解决当前急需的武备。海军从苏联引进的五型常规舰艇的仿制正在进行，是不可能停下来的。实际上，二机部部分参与核潜艇研制的专家，包括动力设计组组长赵仁恺，已被抽去支援"一线"（核燃料、原子弹）了。

科技人员流失、经费不足,09工程怎么办?国防科委遵照周恩来的指示通报海军司令员萧劲光、二机部部长宋任穷,请海军、二机部拿出意见。

海军、二机部的领导都清楚,在眼前形势下,为了顾大局、保重点,核潜艇工程下马是不可避免的。需认真研究的是,"马"如何下?下了以后怎么办?萧劲光、苏振华等海军领导经反复研究,最后确定了三条原则:下马是暂时的,要研制成功是坚定不移的;机构人员减少,不撤编;属于海军的主要研究工作,一天也不停。至于机构怎么保留、人员如何缩减,由七院负责起草一个报告报党中央审批。

七院接受任务后,院长刘华清亲自组织做了大量调查。在广泛听取军地双方专家、技术人员意见的基础上,主持起草了《关于原子潜艇核动力装置今后如何开展工作的请示报告》。报告提出,鉴于核动力装置研究设计任务的艰巨性、复杂性,国家几年内不可能调配大量技术干部、拨给大量投资;同时技术上也不成熟,有些项目短期内还难以解决,建议:停止陆上模式堆的建设,设备制造和新材料试制基本停止,但几项技术复杂、研究周期长、投资大且已取得成绩的关键项目适当保留,继续必要的研究试验;潜艇核动力设计机构适当精简,去弱留强,作为二机部原子能所的一个室坚持研究设计工作;七院保留一定机构人员,配合二机部核动力室共同进行一些项目研究;科学院和高等院校协作方面,继续保留部分必要研究项目,以求稳步发展……

这一报告经海军党委和二机部党组审核同意后,于1962年7月20日联合签署,呈送聂荣臻并报党中央。

聂荣臻完全赞同报告的意见。8月13日在报告上批示:"拟同意。请瑞卿同志阅后报军委常委并报中央。"并明确指示:"核潜艇研究机构保留,人员适当精简,其任务以坚持研究原子反应堆为中心。共同性较大的部分,可并入有关各研究所。"很快,毛泽东主席、邓小平总书记,军委、中央主要领导同志先后审阅了这一报告。大家基本上都表示同意暂缓核潜艇全面研制,适当保留技术力量和关键项目的意见,但也并非完全一致。几位元帅笔力沉重的批示尤其引人注目。10位元帅,除彭德怀因受到错误批判已无权过问,林彪不知何故没有表态外,罗荣桓、贺龙圈阅,表示赞同聂荣臻的意见,其他几人的批示是:

叶剑英:原子弹、核潜艇同时搞,"是否按的跳蚤太多?"请考虑:既然先要核爆炸过关以后,何不先集中力量搞核爆炸?

徐向前:如不妨碍集中力量搞一般的情况下,还要保留一部分人力继续研究一些必要的项目。因为科学研究是个长时间的问题,不然一旦需要,再搞就来不及了。

刘伯承:素无研究。只觉得集中力量先解决关键问题,如解决核爆炸之类是对的,但为保留核动力研究成果深钻,似应保留少而精的骨干以发展成果。

朱德:酌留一些人研究。

兼任着共和国外交部部长的陈毅元帅,深知先进武器装备在国际政治角逐中的分量,实在舍不得核潜艇"下马缓行",旗帜鲜明地在报告上批道:我不赞成这方面的缩减,而赞成继续进行钻研,不管八年、十年或二十年才能成功,都应加紧进行。

面对如许多的批示,中央决策异常慎重。在经过了长达8个月的调查、分析、权衡后,于1963年3月19日做出了最后决策。这天,周恩来百忙中亲自主持召开中央专委(成立于1962年底,由国务院副总理、有关部长组成,周恩来亲任主任,专事负责原子能工业领导工作)办公会议,专题研究海军、二机部半年多以前报送的《关于原子潜艇核动力装置今后如何开展工作的请示报告》。参加会议的,除属中央专委成员的国务院、军委领导十几人外,总参、国防科委、国防工办、海军和有关工业部的主要领导,也列席会议。经过讨论,大家取得一致意见,原则同意请示报告的内容。请海军和二机部在此基础上,议定付诸实施的具体意见,说明技术班子保留方案及下一步研究设计的具体计划等。

会后,中央专委正式下发通知,宣布中国核潜艇研制工作除保留简编机构集中从事部分主要项目研究外,整体工程暂时下马。

危急时刻，《特别公函》发挥特别作用

1965年,随着党中央以"调整、巩固、充实、提高"方针为中心的各项政策的落实,国民经济形势初步好转。随之,国家科研经费和基建经费有了增加;上一年6月,成功发射了第一枚中近程火箭;10月,第一颗原子弹爆炸成功。通过这两项工程,科研机构愈益完善,科研队伍进一步壮大。面对喜人的政治经济形势,拼搏在海军装备建设第一线的科技人员激动不已:"原子弹爆炸成功,下一个重点就是核潜艇。核潜艇工程再次上马是时候了!"

海军、二机部、第六机械工业部(以下简称六机部,船舶工业部)等相关单位,都不失时机地通过多种方式,向国防工办、中央专委提出了全面恢复核潜艇研制工程的建议。

3月20日,周恩来主持召开了以总结原子弹研制经验为主要议题的中央专委第十一次会议。会上,研究批准了二机部党组和六机部党组联合上报国防工办并报中央专委的《关于原子能潜艇动力工程研究所领导关系的请示报告》,决定将核潜艇工程重新列入国家计划,全面展开研制工作,并要求二机部在1970年前建成陆上模式堆,在经过陆上模式堆试验验证后,再建造潜艇用核动力装置。同时决定,七院(此前七院已并入六机部)成立一个核潜艇研制抓总机构。由六机部会同海军、二机部等单位,拿出具体规划。

会后,六机部副部长兼七院院长刘华清与七院副院长于笑虹分头行动,就核潜艇工程启动后的工作原则、任务分工及需请中央专委统筹解决的问题,听取了海军、国防科委、国防工办领导和各方面专家的意见,最后形成了《关于核潜艇研究制造的请示报告》。7月10日,报告以六机部党组的名义上报中央专委和有关中央领导。与此同时,二机部通过调查上报了《关于原子潜艇陆上模式堆建设地点和协作的报告》,对陆上模式堆建设地点、建成时间和要求及有关部门承担的任务等,提出了具体要求。

8月15日,周恩来主持召开中央专委第十三次会议,研究批准了六机部、二机部的报告,并且明确了三条原则:一是认真执行大力协同的原则;二是立足国内,从现实出发,分两步走,先研制反潜鱼雷核潜艇,然后再搞导弹核潜艇;三是第一艘艇既是试验艇又要在主要战术技术性能上力求配套,可以作为战斗艇交付使用。

就这样,核潜艇研制工程再次全面启动。由于专家、科研人员进一步集中,且有了研制原子弹的经验,核潜艇工程再次启动后不断有突破,进展相当快⋯⋯

遗憾的是,这种局面保持了不到一年,1966年夏天,给党、国家和各族人民带来严重灾难的"文化大革命"开始了。各行各业的造反派四处串联,从城镇到乡村武斗不断,交通受阻,工厂停产,文教、科研单位更是一片混乱⋯⋯承担着核潜艇研制任务的科研院所、工厂企业,也无一例外地卷入运动中。

鉴于国家机关大都受到造反派的冲击,中央军委于1966年秋做出决定,将核潜艇研制工程改由国防科委领导。原负责核潜艇工程领导、协调工作的刘华清调任国防科委副主任。这样,设在六机部办公楼的09工程办公室移师国防科委,刘华清继续负责核潜艇工程的领导、协调工作。这种调整,减少了社会动乱对核潜艇工程高层机构的冲击,但对遍布全国各地的科研院所、工厂企业无济于事,起不了任何保护作用。

如果说导弹、原子弹是尖端技术的话,核潜艇则是尖端的尖端。它不仅兼有"两弹"所包含的技术,还有在深水下操作的重大技术难关。所以参与研制工作的科研机构遍及全国二十几个省市,承担研制生产任务的工厂企业上千家。至1967年初,在上海所谓"一月风暴"的冲击影响下,政治动乱达到高潮,其中多数单位党委、领导班子瘫痪,无法开展工作。无奈中,有的单位派人到北京,请求09工程办公室出面解决问题;有的单位要求以中央军委名义发文件,做出具体规定;告急的电话、电报,接连不断。3月18日,刘华清主持召开了由国务院有关部门、科研机构和海军等单位领导参加的工作协调会,讨论研究了导弹核潜艇方案论证、潜地导弹研制进度及研制任务具体分工等问题。会开完了,文件上报下发了,但会议精神无法贯彻。

面对眼前的形势,刘华清一片茫然。开始,他应一些单位的要求派人前去,后来要求去人的地方多了也应付不过来。况且即使去了也制止不住、解决不了问题。更重要的是,他不知道还要乱到什么程度、持续乱到什么时间!进入攻坚阶段的核潜艇工程,再次面临夭折的危险。经认真思考,刘华清如实将情况报告了聂荣臻,请聂帅拍板定夺。

是时,聂荣臻处境也异常困难。由于年初在中央政治局碰头会上对林彪、江青一伙假"文化大革命"之名疯狂迫害老干部的做法提出不同意见,被诬为"二月逆流的黑干将",已几次受到冲击和批判,被迫做检查。到底是身经百战的元戎!"泰山崩于前而色不变。"听了刘华清的汇报,他毫不犹豫地决定,马上召开核潜艇工程协调会议。并且明确规定:所有接到通知的人,厂长、书记,不管是谁,即使正在接受批斗和审查,也必须按时到会。任何人不准以任何理由阻挡。身边工作人员考虑到他的处境,含蓄地提出"现在开这样的会是否合适",聂荣臻说:"就是戴手铐,核潜艇工程我也抓定了!"

6月25日,协调会在民族文化宫会议大厅举行。来自全国各地核潜艇研制单位的数百名厂长、所长、党委书记、专家、技术员,济济一堂。他们大都是刚刚摘下"走资本主义道路当权派"、"反动学术权威"的牌子,从批斗会场赶来的。大家相见,感慨万千。上午9时许,聂荣臻在刘华清的陪同下,一身戎装走进会场。几句问候过后,聂帅以临战的姿态,发表了简短、有力地讲话。

聂荣臻说:"核潜艇工程是关系着国家安危大计的重要工程。这一工程是毛主席亲自批准的,是党中央集体研究决定的。参与这项工程研制的科研单位、工厂企业上千个,工作量很大,协作面很广,一环扣一环。各单位的工作都要从大局出发,只能提前不能拖后,不要因为自己所管的部分影响整个进程。困难很多,要努力克服解决。这项工程,不能等、不能停,必须保质保量地按时完成。任何人都不准以任何理由冲击研究院所,生产车间,不准以任何借口停工、停产!一切干扰、延误这一任务的做法都是错误的,都是不能允许的!"

他强调指出:"参加这项工程的人员都是经过组织认真选拔的,是可以信赖的。有意见可以提,有错误可以批评,但不能随便揪斗,更不准停止工作。希望各单位从大局出发,严密组织,千方百计克服困难,把自己分担的工作做好,把任务完成好,为国防建设做出新的贡献。"讲到最后,聂荣臻使劲一挥手,大声地说:"党和人民是信任你们的!"

大家心里都清楚,聂帅的话是讲给他们听的,更是讲给另外一些人听的。话音刚落,大家便使劲鼓起掌来。会议结束当天,与会人员就纷纷返回各自工作岗位。

会后,为了使会议精神得以顺利贯彻,刘华清又接受办公室主任陈右铭的建议,根据当时的形势特点起草了一份《中共中央军委特别公函》(以下简称《特别公函》),全文如下:

中共中央军委特别公函

我们伟大的导师、伟大的领袖、伟大的统帅、伟大的舵手毛主席教导我们:

我们正在做我们的前人从来没有做过的极其光荣伟大的事业。

我们的目的一定要达到。

我们的目的一定能够达到。

"〇九"工程是我们伟大领袖毛主席亲自批准的一项重要的国防尖端技术项目。这是党和人民交给我们的极其光荣而艰巨的政治任务。希望有关方面:高举毛泽东思想伟大红旗,突出无产阶级政治,努力活学活用毛主席著作;坚决贯彻执行毛主席提出的"备战、备荒、为人民"和"抓革命、促生产"的伟大方针;坚决贯彻执行毛主席的鼓足干劲,力争上游,奋发图强,自力更生,树雄心,立壮志,赶超世界先进科学技术水平的革命路线;群策群力,大力协同,排除万难,以"只争朝夕"的革命精神,保时间、保质量,圆满完成任务,夺取文化大革命和科研生产的双胜利。

中央军委

一九六七年八月三十日

　　《特别公函》拟好后,刘华清拿着亲自送到国防部聂荣臻办公室。刘华清简单说了几句,聂荣臻即明白了意图,匆匆扫了一眼,便拿起笔签上了自己的名字。当天,《特别公函》即正式发出。

　　国防科委和国防工办接到《特别公函》,立即组织人分赴有关科研院所、工厂宣讲。核潜艇工程办公室主任陈右铭等人,则兵分几路,揣着这一"尚方宝剑"和宣讲提纲,跑遍全国20多个省市的工厂、科研机构,召开群众大会,面对面传达贯彻军委核潜艇工程协调会精神。

　　实践证明,协调会召开非常及时。《特别公函》这一特殊时期的特殊做法,发挥了特殊的作用。借此,主持核反应堆总体设计的核动力专家彭士禄与数十名设计人员,安然地集中到一个海岛,全封闭地向核动力装置设计进行最后的冲刺;全国范围内承担了核潜艇研制任务的数以千计的科研院所,在空前的政治风暴中基本上可以正常运转;大批军工企业顶住了所谓"批判资产阶级关、卡、压"、"以生产压革命"等种种谬论,严格按照设计质量要求有序地进行着研制生产。

　　陆上模式堆建设,是核潜艇研制的关键一步,工程量非常大。为了加快模式堆基地(代号909基地)施工进度,09办公室总结《特别公函》的经验,建议军委与中央文革发文,调动部队官兵给予支持。中央机关接受建议,正式起草了调部队指战员支援陆上模式堆建设的通知。这一文件于1968年7月18日经毛泽东主席签批发出,后来通称718批示。全文是:

关于支援模式基地的建设问题

签发:毛泽东

成都军区:

　　伟大领袖毛主席亲自批准的核潜艇核动力工程,是国防尖端项目。在××××建设的模式堆试验基地,是潜艇核动力工程的一个主要组成部分。现该基地组织领导薄弱,施工力量不足。为加强领导,由你们指派一名师级干部,任工地军管主任,军管工作人员也予适当增加;另调一个营支援该基地建设。担任支援任务的分队,要大力宣传毛泽东思想,做好工人工作,促进革命的大联合和革命的三结合,抓革命、促生产,圆满完成伟大领袖毛主席所赋予的光荣任务。

中央军委

中央文革

一九六八年七月十八日

毛泽东718批示发出,给了模式堆基地施工现场以极大的鼓舞。8000多名解放军官兵、工人和技术人员怀着为现代化国防做贡献的光荣感和责任感,在"赛革命、赛团结、赛进步"的口号下,战胜了山高、闷热、多雨等重重困难,不分昼夜地忘我劳动,使施工进度大大加快。

在工程重新启动后,核潜艇艇体设计也进展迅速。1968年初开始施工设计,同年11月通过审查,在东北某造船厂正式开工建造。至1969年底,主体工程即基本完工,开始进入安装和调试阶段。

举世皆惊,新中国核潜艇破浪下水

1970年夏,核潜艇研制进入最后关头——动力装置陆上模式堆起堆试验在四川省某地909基地举行。

这是关键的试验,也是惊心动魄的试验。陆上模式堆是一个由数万台(件)设备、部件组成的复杂、精密的核动力系统,其质量、效能必须经过启动试验运行考核,才能最后做出结论。很显然,核潜艇陆上模式堆启动试验与原子弹、氢弹试验不同:原子弹、氢弹试验,参试人员可以远离现场用无线电操纵,而模式堆试验操作必须在设备跟前。一旦发生意外,现场参试人员将和整个装置一起化为灰烬,后果不堪想象。所以,身为国务院总理、中央专委主任的周恩来,对这一试验始终给予极大关注。从909基地定点、动工,到陆上模式堆启动试验,他先后4次主持召开中央专委会,研究解决建设中的经费、进度、设备器材供应等问题。1970年7月10日,周恩来接到了09工程领导小组关于模式堆启动试验的报告。他当即与现场的副总工程师彭士禄等专家、领导通电话,询问准备情况,而后在报告上批示:"先向专委汇报,科委和'09'工程领导小组派人领导这次启动。"

模式堆启动试验开始后,在即将启动升温、升压的关键时刻,周恩来于7月15日、16日连续两天,在人民大会堂福建厅主持召开中央专委会,再次详细听取909基地军管会领导和施工专家关于现场准备情况的汇报。在彭士禄、陈右铭和基地军管会主任王汉亭等汇报过程中,他多次插话,询问工作细节,反复强调"不要赶时间、不能有自满情绪,工作中容不得半点马虎"。整个汇报结束,周恩来又郑重的强调了16个字:"充分准备,一丝不苟,万无一失,一次成功。"以后多年里,这16个字成为核潜艇研制建造及使用中的警语。

7月18日下午18时,模式堆启动升温、升压试验开始。模式堆控制室的领导和科技人员既有收获的激动、欣喜,也难免有几分担心、恐惧,各种思想情绪交织在一起,整个控制室笼罩在神秘的气氛中。随着时间一分一秒地过去,反应堆的功率在缓缓提升,在场的每一个人员都把心提到了嗓子眼,屏住呼吸、目不转睛地注视着中心控制台一排排闪亮的信号灯和不停转动着的仪表。操作人员紧张、有序地记录着各种参数……

同一时刻,远在北京中南海的总理办公室也灯火通明。多少天来,周恩来一直与前线保持着不间断的联系。近日一连十几个小时,他守候在电话机旁,每隔一段时间就询问一次试验进展情况,对试验现场出现的问题及时给予指示,提出要求。

试验在人们激动和焦灼的期待中进行着。一天又一天,40天过去了。8月28日,反应堆达到了设计额定功率,核动力装置成功了!顿时,模式堆大厅内外迸发出热烈的欢呼,在场的所有参试人员都热泪盈眶,大声呼喊:

"我们胜利了！我们成功了！"

在909基地数以万计的专家、职工、解放军指战员全力拼搏，为早日进行模式堆试验奋斗的同时，在东北某造船厂核潜艇艇体建造也在日夜兼程地进行着。早在同年4月份，已完成核潜艇总体试水，进入了设备安装阶段。日前，舱室机械、管路、电气和各种仪表等，业已基本安装完毕，只等着最后也是最关键的一步——安装艇堆。陆上模式堆试验成功的消息传来，全厂沸腾了。长期顶着"唯生产力"的帽子，克服工作、生活上重重困难默默奋战的职工们，无不欢欣鼓舞，奔走相告。

所有09工程人企盼的这一天终于来到了！1970年12月26日，中国海军装备的"头生宝贝"——第一艘鱼雷攻击性核潜艇，胜利地下水。海军副司令员吴瑞林代表海军党委和首长出席了下水仪式并剪了彩。

此后，按照计划，核潜艇(时称核潜艇1型)进入试航阶段。一年多的时间里，核潜艇先后出海20多次，累计航行6000多海里，顺利地完成了码头、水面、浅水、深水等各阶段200多个项目的试验，为进一步改进、完善设计投入定型建造，积累了大量可靠的经验和数据资料。海上航行试验充分表明，中国自行研制的第一艘核潜艇是成功的，质量是可靠的。

然而，这一工程的政治命运远不像海上试验那样顺利。1971年九一三事件林彪叛逃后，借机窃取了更大权力的"四人帮"一伙再次向试航中的核潜艇挥起大棒。他们上下呼应，以林彪死党李作鹏一度曾任09小组组长为借口，宣称核潜艇工程是"黑工程"，胡说长期以来致力于核潜艇研制工作的领导、专家刘华清、于笑虹等人，是"黑线人物"、是"唯生产力论"的典型，妄图干扰破坏核潜艇航行试验，进而把矛头指向周恩来。叶剑英元帅等老一辈革命家识破了他们的阴谋，通过有理有力的斗争，保证了核潜艇试航的正常进行以及进一步的改进、完善。

1974年8月1日，是值得纪念的一天。这一天，东北某造船厂船台、码头人头攒动，锣鼓喧天，临时搭建的主席台四周彩旗飘扬。主席台上方庄重的大字会标告诉人们，中国第一艘核潜艇交艇命名大会将在这里举行。主席台正中，悬挂着毛泽东主席的巨幅画像。在主席台前就座的，是交接艇双方的领导、专家代表和贵宾。他们是国防科委副主任钱学森,国防工办副主任邹家华,六机部副部长刘放,核动力专家赵仁恺,海军司令员萧劲光,海军副司令员周希汉、高振家,以及辽宁省委书记杨春普、沈阳军区副司令员江拥辉等。上午10时许,大会在雷鸣般的掌声中宣布开始。首先,由海军司令员萧劲光宣读中央军委命令:将该艇命名为长征1号,正式列入海军战斗序列,并授予军旗一面。接着,中国首任核潜艇艇长杨玺昂首阔步从海军副司令员高振家手中接过猎猎飞扬的军旗……掌声响起来了,暴风雨般的掌声、排山倒海的掌声。掌声中,多少人留下了激动的泪水……

至时,历史庄严地宣告,中国成为世界上第五个拥有核潜艇的国家,人民海军进入了核海军的行列。

按照核潜艇研制分两步走的规划,接下来是研制弹道导弹核潜艇。在所谓"反击右倾翻案风"中,这一工程再次受到严重的冲击和干扰。直至1976年10月粉碎"四人帮"后,研制进程才得以大大加快:1981年4月30日,第一艘导弹核潜艇剪彩下水;翌年10月12日,首次进行潜艇水下发射运载火箭试验,取得圆满成功。

消息传出,举世皆惊。国外多家报刊在显要位置赫然报道:

"中国研制的潜艇发射的弹道导弹成功……使中国同美、苏、法、英一起加入了拥有潜艇发射的弹道导弹的国际俱乐部。"

"中国有了第二次核打击能力!"

"潜艇水下发射运载火箭试验成功,将使中国军队现代化得以加速。"

核潜艇,中华民族的骄傲。它向世界昭示:新中国海军装备建设已从组装、仿制、常规武器研制跃入突破高精尖技术的新时期!

西沙自卫反击战纪略

1974年1月，南海舰队对入侵中国西沙永乐群岛海域的南越海军进行了一次自卫反击作战。这是一场为维护中国海洋权益而进行的正义斗争，也是新中国海军舰艇第一次同异国海军作战。从战术上看，则是小艇打大舰、以弱胜强的海上游击战思想的成功范例。

南越当局野心膨胀，频频挑衅

西沙群岛是中国南海诸岛中比较大的岛群之一。它位于海南岛东南约330公里处，由宣德、永乐两个岛群组成，总面积约10平方公里。永兴岛是西沙主岛，广东省驻西沙、中沙、南沙群岛办事处就设在这里。

南海诸岛自古以来就是中国的领土。早在西汉时期，中国人民已开始在南海航行，先后发现了西沙和南沙等岛屿。三国时期，中国已有了关于这些岛屿的详细记述。唐代以后，中国人民越来越多地在这一带海域从事捕捞活动。中国历代政府也随之对这些岛屿实施例行管辖。明代大航海家郑和率船队下西洋，曾多次经过明政府管辖下的南海诸岛，并在此锚泊休整。西沙群岛的永乐、宣德群岛，即是当时中国政府为纪念郑和的航海业绩而命名的。第二次世界大战前，西沙群岛中的部分岛屿一度曾被法国、日本侵占，但在第二次世界大战结束后，西沙群岛与南海诸岛一起，为当时的中国政府接收。1951年8月15日，周恩来在《关于美、英对日和约草案及旧金山会议的声明》中，严正指出："西沙群岛和南威岛，正如整个南沙群岛及中沙群岛、东沙群岛一样，向为中国领土。"之后，中国政府在许多重要场合又多次重申了这一立场。这一事实和立场得到了世界各国和国际组织普遍的认同和尊重。越南民主共和国1974年出版的地图，同样对西沙、南沙等岛屿属于中国领土做了清楚的标示。越南教育出版社出版的地理教材更明确无误地写道："……从南沙、西沙各岛到海南岛、台湾岛、澎湖列岛、舟山群岛……这些岛屿呈弓形状，构成了保卫中国大陆的一座'长城'。"

然而，由于西沙战略地位重要，且蕴藏有丰富的自然资源，与其毗邻的南越西贡当局，一直怀有领土野心。早在20世纪50年代末，他们就出兵侵占了甘泉、琛航、金银、珊瑚等岛屿。只是时间不长，便在中国严正声明、严厉警告和国际舆论的压力下，心犹不甘地悉数撤出（只在珊瑚岛滞留少数人）。1973年，由于得到美国装备援助而自觉海军实力不凡的南越当局，野心急剧膨胀起来。攫取了南越领导权的阮文绍集团趁中国"文化大革命"动乱之际公然宣布，南沙群岛中的南威、太平等10多个岛屿为他们的领土，并悍然侵占了南沙、西沙群岛中的6个岛屿。同年冬，南越军舰在西沙海域的挑衅进一步升级，不时野蛮地撞毁渔船，抓捕渔民，并对中国渔民严刑逼供，强迫他们承认西沙是南越的领土。

南越军队的暴行，激起南海渔民和人民海军官兵的无比愤慨。1974年1月11日，中国政府外交部奉命发表声明，对南越的侵略暴行提出严正警告，重申："南沙、西沙、中沙和东沙群岛都是中国领土的一部分，中华人民共和国对这些岛屿具有无可争辩的主权。"然而，利令智昏的南越当局无视中国政府的警告，其侵略行径不仅毫无收敛，反而变本加厉，滋事挑衅达到疯狂、肆无忌惮的程度。

1月15日，南越海军驱逐舰李常杰号（舷号16，以下简称16号舰），侵入西沙永乐群岛海域，对在甘泉岛附近生产的中国南海渔业水产公司的402、407号渔轮进行围追堵截，妄图将渔轮驱赶出作业区，并开炮轰击悬挂着中国国旗的甘泉岛。

17日上午，南越海军又增派驱逐舰陈庆瑜号（舷号4，以下简称4号舰）公然向已强占的珊瑚岛增兵补给，继而又协同16号舰派兵侵占了金银岛。当天下午，南越海军又强行登陆甘泉岛，扯下岛上的中国国旗，对守岛民兵进行殴打、侮辱。

18日，南越海军越发猖狂。其4、16号驱逐舰在羚羊礁北侧多次冲撞中国渔轮，将南渔407号轮驾驶台撞坏。当晚，又增派两艘战舰，即驱逐舰陈平重号（舷号5，以下简称5号舰）和护航舰怒涛号（舷号10，以下简称10号舰），气势汹汹地侵入永乐海域。

至时，在我西沙永乐海域数公里海面，南越海军已盛气凌人地摆开4艘大型战舰，其扩大事态、强占我岛屿的目的已昭然若揭了。

毛泽东拍板：要准备打仗

1974年1月16日，习惯于夜间工作的毛泽东，一起床就接到了一份特急报告。报告是国务院总理周恩来和中央军委副主席叶剑英共同签送的。报告指出，南越军队在西沙海域的侵略行径愈演愈烈，近期已达到疯狂的程度。事实表明，南越当局一味寻衅滋事，其目的就是妄图造成影响，以在西沙群岛事实上的军事存在迫使中国政府做出让步，从而实现其非法的领土要求。据此，报

海军航空兵在西沙海域上空巡逻

告提出,海军南海舰队加强巡逻警戒,保护在这一带从事生产的渔民,同时抓住机会开展说理斗争,制止南越海军的侵略行动。如南越海军一意孤行,继续武力挑衅,则给予坚决的还击。要准备打仗……

为彻底改变中华民族遭受列强侵略奋斗了几十年的毛泽东,对涉及国家领土、民族权益的问题极为敏感。他对南海、西沙的历史沿革,地理条件,蕴藏资源,非常熟悉。多年来,由于技术和各种条件的限制,虽未能更多地开发利用,但从1959年起,已命南海舰队有计划地组织巡逻、护渔护航,组织科研部门开展科学调查研究活动。南越当局近年来一再在西沙滋事,引起了他高度的关注和思考……看完报告,毛泽东沉吟片刻拿起笔,在周恩来、叶剑英呈送的报告文头重重地写下两个字:"同意。"他一边将文件放在旁边,一边自语:"看来这一仗不打不行了!"

此前,周恩来、叶剑英曾就西沙形势与毛泽东交流过看法,他们清楚毛泽东"同意"两个字的分量。接到毛泽东批复的报告,周恩来当即打电话给总参作战部,详细询问了西沙群岛的设防情况、有无构筑工事等,亲笔修改了军委批复广州军区关于调动使用兵力的方案。叶剑英命作战部通知南海舰队:"正在备航前往西沙执行例行巡逻任务的舰艇编队,即由榆林基地某部271、274号猎潜艇组成的271编队,迅即出发,赶赴永兴岛海域。要提高警惕,有关情况及时上报。"很快,从总参作战部到广州军区、海军司令部、南海舰队等各级机关都按照职责紧张地忙碌起来了。

长期以来,南海舰队在重大节日前后派出巡逻编队到西沙海域护渔护航、慰问守岛民兵和在那里捕鱼的渔民,已成惯例。鉴于南越海军频频挑衅,这次执行巡逻任务的271编队原已做好了应付意外情况的准备。接到总参关于要准备打仗的指示,基地首长再次主持召开了由机关有关部门、巡逻编队领导等参加的会议,研究了巡逻中开展说理斗争、反击敌人武力挑衅等问题。会议决定成立由基地领导、编队领导参加的海上指挥部(以下简称海指),由基地副司令员魏鸣森任海上指挥员随艇出海;研究了巡逻航线和支援兵力;明确了对敌斗争方针:不主动惹事、不示弱、不打第一枪。说理斗争,按照1月11日外交部声明的口径。这一切准备停当,将陆军要塞区运往西沙的战备物资装上274

号艇,271编队于16日19点37分驶离码头,开足马力向西沙进发。

16日下午,就在271编队尚在备航待发时,南海舰队又接到广州军区命令:为防万一,增调某部281、282号猎潜艇组成281编队,迅速去西沙执行任务。是时,282号艇远航西沙执行巡逻任务回驻地不久,正在抢修压缩机。281号艇已接受任务,准备去海上查明可疑船只。临近春节,部分老战士准备退伍,有的干部家属来队。接到紧急出航前往西沙执行任务的命令,官兵们都自觉地把个人的事情放在一边,投入紧急备战备航的任务中。通过短短几个小时的准备,16日18点,281编队便在某部大队长刘喜中率领下离港向西沙进发。为了赶时间,他们冒着风险夜闯有名的风浪险区七洲洋,经过40多个小时、870多海里的日夜兼程,终于于18日中午12点抵达了西沙永兴岛。

17日上午10点30分,271、274号艇抵达宣德海域永兴岛。当天中午,魏鸣森接到南海舰队命令:海指行动听广州军区指挥。海指立即与军区取得联系,并在西沙巡防区新建的会议室里主持召开了由西沙巡防区、中共三沙工委、武装部等驻永兴岛单位负责人参加的紧急战备会议。会议向大家通报了敌情,传达了上级对此次巡逻的指示精神以及遵照军区指示做的战备工作情况。会议尚未结束,又接到舰队转来的叶剑英给总参的指示:"西沙的斗争开始了,要立即组织班子,加强值班,注意掌握情况,准备打仗。"同时具体提出,鉴于南越舰艇已侵入永乐海域向从事生产的中国渔船挑衅,海军巡逻编队应立即到永乐海区监视敌人行动。会议结束,魏鸣森便亲率271编队,带一个民兵排和战备物资起航直驶永乐海区。当晚19点19分,271编队抵永乐海域晋卿岛,在晋卿西锚地锚泊。

18日,在西沙海面寻衅多日的南越海军,见中国海军仍只有两艘小艇和几艘渔船,越发猖狂。这天,南越两艘驱逐舰在羚羊礁北侧8次冲撞中国渔轮,将407号渔轮驾驶台撞毁。他们完全没有料到,中国海指已经在进行反击挑战的准备,并且做了最困难的打算。

北京,中央领导密切关注着西沙形势的发展。18日上午,周恩来主持召开中共中央政治局会议,分析了西沙的军事形势,并提议中央军委成立以叶剑英牵头,有王洪文、张春桥、邓小平、陈锡联参加的五人小组,讨论处理军委的大事及紧急作战事项。同时议定,由叶剑英、邓小平负责指挥西沙军事行动。

18日下午,海指在271号艇召开会议,分析敌情,研究对策。根据南越兵力不断增加、态度蛮横的态势,魏鸣森判断:敌人很可能趁我兵力薄弱抢时间先发制人。据此,海指决定,渔船于翌日清晨到羚羊礁和甘泉间活动,一是钳制敌人,二是侦察掌握情况;271、274号艇在天亮后在晋西2~3海里机动巡逻;同时,令在永兴岛待命的281、282号艇于19日拂晓前赶到晋卿,在晋(卿)琛(航)岛间待命。会议结束,海指人员、编队指挥员、渔船船长分头落实,做战前动员。

18日22点,海指接到军委的通报和命令:南越海军4、16号舰已到永乐海域,有一个班已上金银岛,20多人已上甘泉岛。为了维护我国领土主权,对于南越当局非法窃据西沙之珊瑚等岛屿和对我渔轮的挑衅活动,必须进行坚决的斗争。接着,海指接到报告:受命前往西沙运送淡水和给养的某部396编队两艘舰,即396、389号扫雷舰抵达琛航岛,加入战斗行列。

这样一来,在西沙海域中国海军也就有了6艘舰艇。魏鸣森甚感欣慰,当即令将军委的通报和396编队到达的消息通知各舰船。愤怒已极的官兵们备受鼓舞,纷纷表示要以实际行动严惩敢于继续挑衅的敌人。

斗智斗勇,人民海军以弱胜强

南越海军已到了完全利令智昏的地步。虽然他们清楚地看到中国舰艇编队相继到来,但发现都是数百吨的小舰艇,且对他们抢占岛屿只是喊话,全没有动武的意思,以为软弱可欺,于是迫不及待地动手了。

1月19日拂晓,南越驻泊西沙海域的10、16、4、5号等4艘军舰,借着天亮前夜幕的掩护从左右两个方向,由广金岛西北和金银岛、羚羊礁以南,呈蟹钳队形向琛航、广金两岛合拢。海指发现敌人的行动,断定南越军舰企图进攻袭击我晋琛锚地,立即通知各编队发出战斗警报,并紧急起锚。同时,将西沙海面的军事态势迅即上报。

7点许，接到报告的叶剑英、邓小平相继到达总参作战部值班室。由此始，他们便直接关注前线形势发展，指挥部队行动。

7点50分，由南越4、5号舰运送的40名武装人员分头行动，持枪强登琛航、广金两岛。登琛航岛的十几名南越官兵，被早有准备的中国守岛民兵用刺刀逼退；强登广金岛的20多名南越军人自恃势众，公然向岛上严阵以待、坚持说理斗争的中国民兵开枪射击。守岛民兵当即奋起反击，十几人一起开火，击毙敌士兵1人，击伤3人，其余人员狼狈逃回。

与此同时，南越16号舰竭力阻挡为守岛民兵运送淡水和给养的中国海军396编队，撞坏了389号舰左舷的栏杆。389号舰发出严重警告，其16号舰不仅不收敛，反而突然向389号舰开炮。炮声一响，仿佛是信号，南越4艘战舰一齐掉头向中国海军舰艇编队射击。处于高度警惕状态的中国舰艇编队，389、396、271、274号舰艇，瞬间炮弹出膛飞向敌舰。刹那间，炮声隆隆，西沙之战全面打响了！是时为1974年1月19日10点23分。

敌我双方兵力上的差距是明显的。南越舰艇中最大的4号驱逐舰排水量达2800吨，最小的10号护航舰也有650吨，而中国最大的扫雷舰不过570吨，而猎潜艇一艘只有270吨。且算得上主力舰的389号扫雷舰进厂修理才出来3天，接受任务时许多仪器设备还没有来得及安装。舰上主要武备火炮，南越几艘舰上仅127毫米的重炮就有50门，而中国舰艇上80毫米的中型炮总共只有16门。面对这种局面，魏鸣森清醒地意识到，单凭硬拼无论如何不行，只能是智取，与他们比速度，打海上游击战。炮声一响，他当即命令各舰全速冲进敌阵，首先把敌舰群割裂、冲散，而后全力靠近，到敌舰火炮的盲区打，轰击敌舰。南越各舰见中国舰艇冒着炮火直冲过来，纷纷掉头撤逃，妄图拉开与中国舰艇的距离，发挥他们火力上的优势，但大舰终不如小舰艇灵活，中国舰艇边追边打，越战越勇，越打越近，从距敌2000多米打到几十米。最后连手榴弹、冲锋枪都用起来，打得敌人在军舰甲板上乱窜，无法还击，有的官兵干脆进舱躲起来，而中国海军官兵越战越勇，用鲜血和生命在海战史上留下了传奇的一页。

战斗中，389号舰中弹起火，且被敌舰撞坏了后住舱，汹涌的海水从直径10多厘米的弹洞涌进弹药舱。身负重伤的给养员郭玉东见机奋不顾身地扑向弹孔,脱下衣服裹在堵漏塞上,拼力塞进漏洞。漏洞堵住了,郭玉东因伤势过重壮烈牺牲。直至战斗结束,他仍保留着初始堵漏的姿势,被大家誉为"海上黄继光"。

274号艇在接敌中,中敌重炮弹十几发,通信联络和舰艇操纵设备全被打坏。在艇政委冯松柏、副艇长周锡通和多名关键部门操纵手牺牲的情况下,艇长李福祥仍然率受伤的官兵坚持战斗,用艇上的85毫米主炮打坏了敌4号舰的127毫米前主炮。海指当即用报话机通报各舰艇。"向274学习,坚决消灭来犯之敌!"其他舰艇官兵深受鼓舞,拼尽全力向敌舰反击。

经过一个多小时的激战,南越4艘舰均被击伤,已无力抵御中国舰艇的袭击。12点许,其4、5、16号舰丢下重伤的10号舰,分别向西北和东南方向逃逸。身受重创的10号舰,摇摇晃晃向羚羊礁方向驶去。至时,原在永兴岛受命前来驰援的281编队赶到战区。魏鸣森遂命令281编队指挥刘喜中:"立即向前歼灭敌10号舰。要速战速决!"接到命令,281、282号艇协力冲上,实施集火近战。在两艇的猛烈打击下,敌10号舰中弹起火后爆炸。14点52分,沉没于羚羊礁以南海域。

在整个战斗过程中,402、407号渔轮始终不离战区,迎着纷飞的枪弹与海军官兵共同对敌。当389号舰带着大火抢滩时,两艘渔轮明知弹药库随时可能爆炸,舰体也随时可能沉没,仍不顾自身安危,分别从不同方向靠近389号舰两舷,准备随时救援落水的官兵。甲板上的战士高声呼喊:"快离开,军舰可能爆炸!"渔民们不为所动,一直护送着389号舰向岸边逼近,直至抢滩成功。一部分渔民冒着生命危险冲上甲板和水兵们一起灭火,一部分人把受伤的官兵抬下舰,送进早已搭好的帐篷。渔民孔令任脱下身上的棉衣披在受伤战士的身上,说:"穿上吧,这就是你们的棉衣!"原来就在几个月前,他出海捕鱼时遇到大风,翻船落水,是海军战士把他救起,并送给他这件棉衣御寒。

若干年后,一位参加过此次战斗的老战士说:"同舟共济、鱼水情深,在这里不是形容词。人民战争不只是在陆地上,海防也需要军民联防!"

乘胜进击，收复南越强占的三岛

海战结束后，即19日下午，海指接到南海舰队转来的广州军区命令："争取今晚用炮艇、快艇和猎潜艇，将受伤的敌舰打沉，拿下敌占的甘泉等岛。"接下来，军区又几次发电传达总参作战指示，通报敌情及派出增援部队的情况。据此，魏鸣森一边组织参战部队抓紧时间休整，一边主持召开作战会议，分析敌情，制定下一步的作战方案。

20日4点30分至8点，前往西沙增援的部队先后抵达永乐群岛海区。它们是由钟万有率领的137快艇编队（鱼雷快艇5艘），由江海、刘风和率领的653护卫艇编队（炮艇4艘），由郑林波率领的639护卫艇编队（炮艇4艘）及某部232号护卫舰、某部275号猎潜艇等，共计15艘舰艇，且载运有陆军部队的4个步兵连。

基于后续部队已抵达，海指当即决定将原定的围岛打援的方案改为攻岛打援。魏鸣森经与海南军区副司令员江海研究决定：令282编队西出至金银岛以西2~3海里巡逻待机，396号舰去广金、羚羊间，保障攻岛部署的安全，魏鸣森亲率271号艇东出晋卿航道，引导后续编队进岛。后续部队除137编队待命执行迎击敌人大型舰艇海上报复行动外，其余舰艇及几艘武装渔轮均进入指定防区，分3个梯队输送陆军部队登陆，夺取南越强占的岛屿。

20日9点35分，输送船队第一梯队639编队各艇掩护402、407号渔轮（载运步兵一个连）抵甘泉岛。岛上越军未及反抗，639编队各艇已发起攻击。舰炮打出的曳光弹既给自身提供炮瞄修正弹着点，又给陆军登岛部队通报阵地位置。换乘橡皮舟和舢板的陆军登陆部队，在舰炮火力支援、掩护下，像出水蛟龙一般迅猛地边冲边打，向岛岸冲去。只半个多小时，南越守军即被悉数全歼，甘泉岛上升起鲜艳的五星红旗。

海指迅即将收复甘泉岛的捷报通报各编队，同时令第二梯队，即653编队并陆军某团第五连，即刻向珊瑚岛守敌发起进攻。同时，海指也转移到653编队右后2链指挥位置。

珊瑚岛被南越部队强占经营多年,修有工事。岛上南越部队发现中国登陆船队到来,当即开炮开枪反抗。海指遂命令653编队各艇一起开炮,压制敌人火力。由于登陆部队使用的是强渡江河的小舟,顶着逆风大浪和落潮流压,行进非常困难。为争取时间拿下珊瑚岛,以利集中兵力对付敌海上增援,魏鸣森与江海商定使用作为预备队的某要塞区侦察队投入战斗。在396号舰舰炮的支援和掩护下,侦察队借东风顺浪泅渡,很快从岛东侧的旧码头附近登上珊瑚岛,而后向教堂及其以北的树林进攻。10点06分,第五连官兵悉数登上岛,与侦察队会师。战斗向纵深发展,再没有遇到有力的反抗,守敌被全歼。11点25分,登陆官兵扯下了教堂顶上的南越国旗,升起五星红旗,被南越非法强占多年的珊瑚岛终于回到了祖国的怀抱。

胜利收复甘泉、珊瑚两岛后,海指认真总结了登岛经验:一是在冲击航渡中要充分利用风流压;二是要多用标志与火光信号,以克服参战单位战斗协同中通信联络的困难。同时决定,发扬连续作战作风,发起登陆金银岛的战斗。

13点30分,输送船队第三梯队275号猎潜艇载运一个步兵连抵近金银岛,岛上悄无声息,全不见反抗。13点45分,步兵连官兵迅即登岛。经搜索全岛,只发现弃物未找到人。原来经昨日海战,南越部队已成惊弓之鸟,早已撤离金银岛。

至此,收复永乐群岛中被南越强占的3个岛的战斗胜利结束。

此次战斗,南海舰队参战部队面对装备优势之敌毫不畏缩,灵活机动,敢打敢拼,击沉敌护航舰1艘,击伤敌驱逐舰3艘,毙、伤敌100余人;协同陆军登岛部队俘敌49人。南海舰队389号舰受重伤,274号艇受轻伤,牺牲18人,伤67人。通过战斗,打掉了南越军队的嚣张气焰,收复了被其强占的岛屿,从政治上、军事上赢得了战争的全面胜利。此前,萧劲光经过较长时间的研究思考,提出了立足海军装备技术相对落后的现实,要学会打海上破袭战、海上游击战的思想。这是其海上游击战思想的一次成功实践。

1月23日,中央军委、国务院颁发嘉奖令表彰嘉奖了参战的全体军民。

2月27日,中国外交部发表声明,向世界公开宣布,中国政府决定将1月

19日、20日西沙群岛自卫反击战中俘获的范文鸿等48名南越官兵和1名美国联络官,分批遣返。

　　4月5日,海军党委做出决定,在西沙永乐群岛修建烈士纪念碑。在当地政府和渔民的积极支持帮助下,西沙自卫反击战烈士纪念碑时过不久即在琛航岛建成。纪念碑下安葬着在反击战斗中牺牲的18名烈士(5名后从榆林移来),纪念碑上设放了明亮的航标灯。

1974年2月10日,海军在海南榆林召开祝捷庆功大会

许世友(左)为西沙永乐群岛反击作战有功部队颁发奖状

西沙琛航岛上修建的西沙海战海军烈士陵园

　　这是西沙群岛第一个英雄纪念碑！是人民海军、是新中国在海岛上建立的英雄纪念碑！它正告侵略者，也昭示天下，中华民族任人欺凌、掠夺的历史一去不复返了，新中国"海上长城"不可逾越！

朱德军事生涯的最后一页

　　无产阶级革命家、政治家、军事家，共和国元帅朱德，是闻名中外的总司令：中国工农红军总司令、八路军总司令、中国人民解放军总司令。他大半生戎马倥偬，驰骋疆场，和毛泽东等一道缔造了中国人民解放军，领导了新中国陆海空三军的现代化建设。20世纪60年代，特别是"文化大革命"开始后，他不再直接掌管军队，然而，这并不影响他在全军官兵中的崇高威望。自然，朱德也依旧密切关注着军队的现代化建设。1974年，通过党的十大攫取了更大权力的"四人帮"越发横行嚣张，中国政治形势进一步复杂化。是时，朱德已88岁高龄。在这重大的历史关头，他再次视察了海军，在其一生波澜壮阔的军事生涯中，留下了警世醒人的最后一页。

非常时期的将帅会

　　1974年8月初，朱德抵达北戴河，住进了海滨中直机关干部疗养所。

　　暑期到北戴河来，一边休养一边工作，多年来已成了这位八旬老人的惯例。然而，今年到这里来，他心里却无论如何清静不下来。"文化大革命"已历时8年，却仍然没有结束的迹象。毛泽东身体不好，支撑着国家危局的老战友周恩来不久前做了手术，刚恢复工作的邓小平立足未稳，而借着林彪集团垮台窃取了极大权力的江青、王洪文一伙，异常活跃。新年伊始，江青就以个人的名义给海、空军等军队大单位领导写信、送材料，继而与王洪文、张春桥串通一气召开所谓"批林批孔"汇报会、军委会，指责军队领导机关对"批林批孔"应付、"右倾手软"，提出要在军队"放火烧荒"，"要整一整军队"，宣称"该夺权的还是要夺"，煽动打倒一批老干部。作为人民军队主要的缔造、领导者，他了解军队，坚信"军队大多数是好的"，但也不能不为国家的前途担忧。

此前，萧劲光已在北戴河休假。得到朱德到来的消息，他立即前去看望。虽然都在北京，在这样的非常时期他们平时也难得相聚。两人彼此相见，十分亲切。朱德不顾旅途的疲劳，在背山面海的住所前会见了萧劲光。

对时局的看法，他们是相通的。几句简单的问候过后，话题便转到海军建设上。

朱德说，好多年没到海军看看了，不了解海军的情况。最近毛主席接见外宾时，用小拇指做比喻说："我们的海军只有这样大。"

萧劲光当即做了介绍。他说，这些年海军有了一些发展，水面舰艇有了×××型导弹驱逐舰，水下有了第一艘攻击型核潜艇，性能都不错。当然，问题也不少，发展不快。接下来，萧劲光还向朱德介绍，中央军委已颁发命令，将第一艘核潜艇命名为长征1号，编入战斗序列。前不久，8月1日建军节那天，在渤海造船厂举行了授旗仪式，国防科委、中国科学院等各方领导人钱学森、吕东、邹家华等，一起出席了授旗仪式，并观看了核潜艇航行表演。

这些情况是朱德所关心的。他听得很专注，还提问了一些具体问题。最后，萧劲光提出，总司令有时间请到海军看看！朱德愉快地答应了。

军舰上委员长讲话语重心长

8月19日清晨，秦皇岛码头停靠在港内的艘艘战舰都升起了"向首长致敬"、"热烈欢迎首长亲临视察"的信号旗。紧靠通向市区大路一侧码头口停靠着海军某部导弹驱逐舰223号。这是一艘中国自行设计制造的新型战舰，武器以导弹为主，是昨天特为接受朱德委员长检阅才从青岛匆匆赶来的。

8点40分，朱德乘坐汽车准时来到码头。他下车后习惯地理了一下衣帽，就在萧劲光、刘道生的陪同下，稳健地向223号舰走来。舰长、政委跑步来到梯口，大声报告："委员长同志，海军223号舰全体指战员接受您检阅！"

朱德认真还礼,笑容满面地与舰长、政委一一握手,而后登上军舰。随着舰值班员一声清脆的哨音,全舰干部行举手礼,水兵行注目礼。朱德环视全场,亲切地向官兵们答礼、致意。在中甲板梯口,陪同人员提议朱德进房间休息,他坚持先看看战士们。于是,在舰长的引导下,朱德从中甲板到前甲板,又从前甲板绕过炮塔,依次看望了各岗位上的战士后,通过2层陡立的梯口,进入舰会议室。

朱德及萧劲光、刘道生等刚刚落座,当日参加操演的几艘舰艇的舰长、政委依序走进来。他们是来汇报的。朱德一边示意他们坐下,一边问道:"海军现在还有多少老红军?"萧劲光沉吟了一下,做了回答。或许又想起了江青一伙以"批林批孔"为名打击军队老干部的罪恶行径,朱德语重心长地说:"军队的老干部都是宝贝呀!"

海军陪同人员将各舰、艇长、政委一一做介绍后,朱德详细询问了223号舰的装备性能。听了舰长对223号舰的排水量、航速及导弹射程的介绍后,久已不过问军事的朱德异常高兴,问道:"舰艇、装备都是国产的?"刘道生回答:"不止这艘舰,今天参加操演的4艘舰艇都是国产的。"朱德高兴地说:"现在海军变化大了。这是在毛主席领导下走自力更生道路的结果。我们要继续走自力更生这条路,把海军建设搞得更好,建设一支强大的海军!"

看到朱德高兴的样子,萧劲光很激动。联想到总司令长期以来一直十分关心海军建设,但"文化大革命"开始后,先是受林彪集团的排挤,现在又受江青一伙的攻击,心里有一种说不出的滋味。于是他贴近朱德耳边亲切地说:"海军初建时,您就穿着海军服来过海军,您也是我们海军的总司令。"刘道生接着说:"您过去是我们的总司令,现在还是我们的总司令!"朱德谦虚地笑了。

就在大家向朱德汇报、交谈的时候,军舰徐徐离开码头,稳稳地向预定海区驶去。朱德喝了几口茶,依然兴致盎然地与大家交谈着。朱德说,我们是社会主义国家,我们的海军是防御性的,不打出去,主要是防御帝国主义的冒险侵略,但敌人如果打进来,我们一定要把他赶出去,坚决消灭他。讲到当前形势,朱德说,现在世界上第三世界发展很快,形势大好。帝国主义日趋没落,是要垮台的,非垮台不可。这是帝国主义的本质决定的,是社会发展的必然规律。你们要学习列宁的《帝国主义论》(即《帝国主义是资本主义的最高阶段》)。整个第三世界要相互联合、互相帮助,团结第二世界,孤立、反对霸权主义。讲到这里,朱德显得很激动,挥动着拳头坚定地说,我们做的事情是光荣的,是有前途的,一定要胜利!

朱德知道,由于林彪死党李作鹏一伙在部队大搞层层站队,把海军团结搞坏了,部队受干扰破坏很严重。于是,朱德又询问起部队的工作:"训练情况如何?'批林批孔'怎么搞的? 基层团结好不好?"萧劲光回答:"通过批判林彪篡党夺权的罪行,清算他们分线划派的流毒,好多了。"朱德欣慰地点点头,一字一句地说:"团结最重要,要加强团结! 团结起来,才能有力量。海军要团结,陆海空三军要团结,军民要团结。军队要听党的指挥。'批林批孔'就是要清除林彪那伙人对部队的破坏和影响,把林彪搞错的东西再搞过来,学习毛主席的建军思想,坚持毛主席的建军路线,部队团结起来。只要我们大家都团结起来,就有希望,就能加快社会主义建设,就能加快军队现代化建设。"

舰艇在波光粼粼的海面上破浪前进。会议室里,朱德与大家亲切地交谈着。大家看到,朱德虽然年事已高,但精力充沛,思路清晰。萧劲光、刘道生更深深理解朱德讲话的含义,他们感谢委员长的信任。他们清楚,在舰上讲的许多话,而今在其他地方是不能讲的。

检阅新列编的核潜艇操演

上午10点,223号舰抵达操演区。朱德在萧劲光、刘道生陪同下登上高高的舰指挥室,舰艇操演检阅开始。

朱德手握望远镜,坐在指挥台中央的高脚椅上,昂首巡视着远近海面。

波澜不惊的海面突然骚动起来,激流打旋,滔翻浪涌,一艘潜艇冒出水面。这是中国自己设计制造的162号潜艇。它从高速靠近的223号舰左舷缓缓通过,舰首激起的层层海浪像迎风摇曳的朵朵白莲。朱德专注地观看着,称赞说:"这个潜艇好哇!"

1974年8月19日,朱德在萧劲光(后左一)等的陪同下,乘223号舰在秦皇岛海域检阅海军新型舰艇

"下面过来的是核潜艇,"刘道生介绍说,"半个月前刚正式列编。"

转眼一艘长征1号核潜艇已驶至223号舰近前。与此前过去的常规潜艇比起来,核潜艇艇体大得多,但行动灵活自如。按照表演预案,航行中紧急下潜,转眼又突然上浮,然后高速前进……海面上激起的浪花有100多米。

朱德很振奋,问道:"这也全都是我们自己造的吗?"

萧劲光回答:"没有一个零件是进口的!"同时,他告诉朱德:"在核潜艇试验过程中,八一电影制片厂拍了一个内部片,回北京后给您送过去。"

朱德点点头,继而说:"纳编这么短时间他们已操纵得很熟练,谢谢大家!"萧劲光当即命信号兵将朱德的话传达给核潜艇上的官兵。很快,核潜艇上发回信号:"为建设强大海军,为保卫海防贡献我们的一切。"

接下来,又一艘新型战舰297号猎潜艇做了搜寻、追歼等战斗表演。猎潜艇舰首高高昂起,飞驶而过,激起的水幕像瀑布一样压向甲板,泻向两侧……朱德看得连连点头,不时向身边的同志提问,与大家交谈。

看了舰艇操演,朱德深有感慨地说,这些舰艇都是我们自己造的,造船工业大大发展了。新中国成立初期,我们连一艘小炮艇也造不了。"只要团结起来,造船工业发展就会一年比一年快。"萧劲光明白,朱德下面还有一句话没有说:无论如何不能再"折腾"了!

中午12点,223号舰返回秦皇岛军港。经过3个多小时的航行,朱德依然精神饱满,毫无倦意。他和水兵们一起照相后,又同列队的几十名干部战士一一握手告别,在萧劲光、刘道生的陪同下离开军舰。

回到休养所,朱德意犹未尽,亲笔题写了一幅"增强革命团结,加速人民海军建设"的大字斗方,派人送到223号舰。

总司令最后的指示

9月初的一天上午,萧劲光一上班就接到朱德办公室电话:"委员长讲,萧司令如果不忙,请到西楼大院来一趟。"

萧劲光知道,朱德住中南海西楼大院乙楼。放下电话,他立即驱车赶往中南海。

当萧劲光走进朱德客厅时,中共中央政治局常委、国家副主席董必武和中共中央联络部部长耿飚已在座。朱德说,我们一起看看你送来的片子,你来做点介绍。

接着,开始放映核潜艇试验的纪录片,朱德的夫人、全国妇联副主席康克清也一起观看。

片子不长,不到一个小时。放映过程中,董必武、耿飚时而问几句,很快看完了。大家被参试人员和海军官兵的吃苦精神、精益求精的工作态度深深感动,更被核潜艇的性能、威力所震撼。朱德说:"很好,很有成绩,鼓舞人心。这是吓人的。再弄几十艘,帝国主义就怕了。"

萧劲光当即表示,一定将各位领导的指示向负责整体研制工作的周总理、聂帅汇报,向参试人员、海军官兵传达,把今后的工作做得更好,切实提高海军的战斗能力。

然而,朱德没能再看到核潜艇装备部队之后更多的情况。此后过了不到两年的时间,即1976年7月6日,朱德逝世。在这期间,由于年事已高,更由于国事繁忙(是时不设国家主席,其职权由委员长代行),朱德再没有视察过任何部队,更没有再为部队题过词。1974年8月19日对223号舰等4艘舰艇的视察,成了朱德这位开国元戎、三军总司令震古烁今军事生涯的最后一页。

朱德此次视察和后来观看纪录片,给萧劲光留下了极深的记忆。晚年的回忆录中,他满怀深情地记述了朱德这一重要的军事实践活动。他说,朱老总当时是了解海军的。由于林彪集团破坏、"四人帮"插手,海军部队特别是党委不够团结。朱老总视察时讲话、题词,语重心长,是很及时、很有针对性的。可以欣慰的是,尽管由于"四人帮"的干扰破坏,朱老总指示的贯彻受了影响,但海军部队,特别是党委一班人,在此后的工作中,特别是粉碎"四人帮"的关键时刻,是团结的,经得起考验的!

刘华清斗胆陈言海军《十年规划》

1975年，逆境中的刘华清怀着强烈的责任感、使命感，大胆批评海军党委组织拟定的《关于海军舰艇十年发展规划》（以下简称《十年规划》），直接影响了中央高层对海军的决策，促进了海军的装备发展和战斗力建设。

毛泽东一个月内对海军作两次指示，海军党委突击上报《十年规划》

1975年5月，垂暮之年的毛泽东在一个月里接连对海军作了两次重要指示。

一次是在5月3日夜。此前，毛泽东因患白内障等疾病，先后在武汉、长沙、杭州等地治疗、休养了近10个月，刚返京。这天晚上，延续着他惯于晚上工作的做法，毛泽东在中南海住处召开了返京后的第一次中共中央政治局会议。会前，毛泽东与先后到来的政治局委员、候补委员一一握手见面。当时任海军政委的政治局候补委员苏振华走到面前时，毛泽东握着他的手说："管海军靠你。海军要搞好，使敌人怕，我们海军只有这样大。"（伸出小拇指）

另一次是在过了20天后的5月23日。5月8日，苏振华根据个人追记向海军党委常委传达了毛泽东5月3日对海军的指示，并于15日向毛主席并党中央、中央军委写报告，汇报了常委学习讨论毛泽东指示的情况。报告说，早在1953年的一次政治局扩大会上，主席就指出，要有计划地有步骤地建设一支强大海军，并给海军规定了三项任务：肃清海匪的骚扰，保障海道运输的安全；于适当时机收复台湾，最后统一全部国土；反对帝国主义从海上来的侵略。但是，海军建设虽然经过20多年时间，现在仍然很小。现有战斗舰艇×××多艘，××万吨左右；辅助船只×××余艘，××万吨左右。只能执行主席规定的第一项任务,要想解放台湾,特别是反对敌人来自海上的侵略,力量还差得很远。这固然有多方面的原因,但主要是我们工作做得不好……我们要努力把海军各项工作搞好,力争在十年左右建成一支较强大的海军,决不辜负主席的期望。毛泽东收阅报告后,于5月23日在报告上批示:"同意。努力奋斗,十年达到目标。"

是时,毛泽东已近82岁高龄,加之多种老年病缠身,已显得有点自顾不暇。另则,国家正值多事之秋,"四人帮"横行无忌,党内外政治斗争异常尖锐复杂。但就在这种情况下,他依然密切关注着海军的建设。虽然苏振华及海军党委常委、海军领导,当时谁也没有想到毛泽东会在一年多后(1976年9月9日)逝世,这两次指示即是这位亲自领导创建了人民海军、先后多次视察海军、对海军建设作过若干次指示的开国领袖,对海军官兵最后的嘱托,大家无不为毛泽东对海军的殷殷关怀所感动。接到毛泽东5月23日批示后,海军党委立即召开由军级以上党委负责人参加的常委扩大会传达学习,同时更抓紧了正在进行的海军部队十年发展规划的拟定工作。通过加班加点突击工作,《十年规划》于6月16日修订完毕,海军党委遂和六机部党的核心小组联合签署请示报告,呈报国务院、中央军委。

《十年规划》包括拟制海军规划的根据、指导思想、建造方针、海军舰艇装备生产的具体计划等,共7个部分。在《海军舰艇装备生产的具体规划》部分,明确提出了此后十年里(1976~1985年)海军建造战斗舰艇、登陆舰艇和辅助船等各类舰船的吨位数,"五五"(第五个五年计划)期间建造舰船的吨位数,以及每年所需经费的平均数目。

刘华清这时的职务是海军副参谋长。按照分工,他分管装备建设且兼任着隶属于海军司令部的船办(海军造船工业科研领导小组办公室)主任。正常情况下,研究制定舰艇装备发展规划是他分内的工作。由于他任职国防科委副主任期间不知在什么地方得罪了大权在握的"四人帮",江青说过"刘华清是坏人,不能用",所以他不仅没有参加《十年规划》的编制,甚至没有能够参加讨论,参与一下意见。当他看到这个规划时,已是上报两个多月后的8月下旬了。

为确保实现毛主席指示，
刘华清突击写出《憋不住的"汇报"》

刘华清是1952年海军初创时调入海军的。此后,他在海军和国防科研部门待了20多年。对海军建设,特别是海军装备,他非常熟悉。尤其自1969年底"被贬"重回海军后,船办主任的职责使他阅读了大量中外海军建设的书籍、史料,对世界发达国家海军的发展状况、装备技术有了更深入的了解,从而使他对海军建设形成了不少新的认识和想法。毛泽东一个月的时间里连续作两次指示,他既激动又振奋。因为他清楚,十年"文化大革命"使海军建设受到了严重影响,我国的海军与一些国家在舰艇装备上的差距越来越大了。他期望借此契机,海军建设能大大地迈进一步,上一个台阶。然而,当他看到海军党委会同六机部党组联合上报的《十年规划》时,感到大失所望。晚年的回忆录中,他是这样记述的:

> 这份"规划"中,前三部分讲规划根据、指导思想、建造方针,引用了毛主席和中央军委的指示,但对这些精神理解不透彻,尤其是结合海军作战实际不够。后几部分则与上述精神很不相符。……尤其让我吃惊的是,"规划"只强调产量,提出要达到××万吨以上,却不讲装备水平与质量,居然把早就落后的登陆舰和海上民兵装备,也列为"五五"科研重点。当时,我对"规划"的基本看法是:指导方针混乱,只顾眼前,忽视长远,急于求成,重生产轻科研。时而大计划、高指标,时而降低要求,不敢采用高新技术,迁就落后,重大问题拿不定主意。因此,势必丧失许多宝贵时机。

看完这个规划,刘华清连续几天睡不好觉。毛主席说,海军要搞好,使敌人怕。这样的规划即使实现了,又有什么值得敌人怕的呢?但钱是花了,更重要的是时间耽误了。10年啊!刘华清很想把自己的想法反映一下,但自己正在接受政治审查,反映情况有用吗？会不会带来更多问题,把与海军某些领导同志的关系搞僵？然而,就这样过去吗？经过几天反复的考虑,他下定决心:这是海军和国防建设的一件大事,不能沉默。巨额的经费、10年的时间,作为一名海军军官、一名共产党员,有责任表达自己的忧虑。否则误了大事,自己将悔恨终生。于是,他集中两天的时间,一气呵成,把自己对《十年规划》的看法及对海军装备建设的建议全盘写出,题名为《关于海军装备问题的汇报》(以下简称《汇报》)。晚年回忆录中,刘华清用一节的篇幅详细记述了这一事件,该节取题为《憋不住的"汇报"》。

针对《十年规划》中存在的问题,
《汇报》从八个方面提出意见和建议

第一,《十年规划》确定,大量生产过时的潜艇。如常规鱼雷潜艇,这是仿制苏联20世纪四五十年代的产品,其性能落后,水下航速慢、逗留时间短,水声与通信设备亦很差,不能大编队活动。在现代条件下,用这种落后的潜艇作战是大有问题的。美苏早就停造以这类电机为主要动力的潜艇,而主要建造核动力潜艇。现在再大量建造这些装备,到20世纪90年代甚至21世纪还得使用它(因一艘潜艇使用寿命在30年以上),部队是不可能有什么战斗力的。因核动力艇一时还不会很多,一两年内我国还可以少造点这种潜艇,以维持生产线。但也必须尽快研究设计新型号,如加大它在水下的航速、增大水下逗留时间和下潜深度,降低噪声以及改进提高潜艇所用的武器等。同时,要研究使用这些新型潜艇的作战使用原则、使用的海区(热带和寒带海区不能一个设计方案)以及与它协同作战的其他兵力、兵器和各种补给辅助工具问题。

第二,《十年规划》中,确定大量生产落后的21型导弹快艇。猛一听导弹艇似乎是尖端,其实它现在已是普通的常规艇,是苏联20世纪50年代的产品,技术已很落后,艇和弹的性能都很差。因为苏联转给了十几个国家,已无秘密,美国人早已掌握,打起仗来一干扰完全无用。我国现有的导弹艇,因不好使用,已成为部队的包袱。刘华清认为应立即停止生产,将工厂和科研单位的力量集中,重新设计试制吨位大、速度快、加强火炮、增大导弹射程的新艇,把没有解决的技术问题都解决了。生产厂可以为现用艇制造零配件。不图形式上的数量多,一定要质量好。

第三,《十年规划》中拟继续生产一种基地扫雷艇。这是在20世纪50年代就仿制生产的一种舰艇,是苏联20世纪三四十年代的产品,只对几种老式水雷还有用。而美国在越南布放的水雷所用引信装置,虽只用了几种(已知美国海军有70余种水雷引信的装置),这样的扫雷舰用作扫现代水雷根本无作用,应研制生产大量各种新型的扫雷舰艇装备部队,以对付敌人的各种水雷。我国沿岸水浅,最便于敌人布雷,必须重视反水雷战。

第四,《十年规划》生产安排,仍大量建造各种小型舰艇。仅鱼雷、导弹、护卫、扫雷、反潜等五型舰艇数量,就占作战舰艇的78%。这些舰艇除数量比现有的增多一倍外,其他都没有什么变化。这就是说,海军装备水平现在怎样,十年之后大体上还是怎样,没有大的改变,仍然还是没有多少舰艇能到中远海执行主要的战略任务。这些小型舰艇在近海作战有某些优点,还需要一部分,但是,小型舰艇多了就带来更复杂的问题,如要建筑更多港湾码头为其停靠,就要数倍地增加维修设备、供应保障设施,在岸上要设置庞大服务保障机构,使非战斗人员大增,结果是岸上人员大于海上部队。其他的问题还很多。刘华清认为应按我国海区特点、作战需要,重新研究设计新型艇。应增大排水量,增强各种武器的威力和设备的效能。可以将鱼雷艇、导弹艇、火炮艇三者合一,排水量400吨左右,使它能在较复杂的气象条件下使用作战。这样做,对海军其他建设与备战更加有利。

第五,《十年规划》对那些技术还不过关、武器设备还不配套、研制试验工作还未结束的中大型舰艇和潜艇,即进行大量生产。这种做法是极其不妥当的。照一个设计方案大批生产,不符合制造尖端的中大型舰艇的特点。美国已搞了十几代产品,我们为什么就不能大大提高它,而要急于按照技术上还很不先进、很不成熟的初次设计方案大量生产呢? 我们是有能力、有条件、有时间可以大大改进它的。……刘华清认为对这类舰艇建造一定要精心设计、精心制造,马虎不得,特别是核潜艇易出重大事故。应在原型(首制舰)基础上

(包括其重要设备)认真修改设计,纠正重大缺点,解决好重要设备的技术难关。经过改进设计,再批产二、四艘,而后再改进,再生产。这样才能既节省钱,又造出真正过硬的作战舰艇,利于作战。

第六,《十年规划》从生产与科研的安排,都没有解决海军各兵种装备的技术配套问题,更没有解决各兵种战役、战术协同作战问题。现在海军各兵种多是单一的舰型。它要完成鱼雷攻击,就不能进行布雷、战役侦察、各种遣送和运输等任务。由于现有的潜艇水下观通设备差,一艘潜艇不能指挥多艘艇,都靠岸上电台指挥(没有专用的指挥潜艇)。将来有数百艘潜艇在各洋作战,只靠岸上后方指挥是靠不住的。没有战区临战指挥必打败仗。……潜艇到东北、中部太平洋乃至印度洋去活动,对它指挥、战斗掩护,对它进行各种物资弹药补给(靠水面运输是困难的)等问题不解决,仅靠潜艇(特别只单一型的潜艇)部队本身去执行这些战斗任务是困难的。……当前美苏都在全力发展各种水上飞机、反潜直升机母舰、护航航空母舰,各种反潜水面舰艇、反潜潜艇,在各岸边岛屿上大量设置远距离的水下监侦潜艇的固定声呐站,专门设置反潜区与封锁线。今后仍靠单一的潜艇在海上活动就更困难了,必须研究对付的办法。刘华清认为,从潜艇部队本身,要研制各种型号的作战潜艇、在海上指挥潜艇作战的指挥艇及专门补给和运输、救护的艇。更重要的是,要解决支援潜艇作战的水面舰艇和飞机问题,才可以更好地发挥潜艇部队的作用。我国的水面舰艇(驱逐舰、护卫舰、猎潜艇),也都是单一型号的舰艇,战术不配套,协同作战困难。刘华清认为舰艇研制方针,一定要坚持独立自主、自力更生、多快好省的总路线精神,在技术上要力争先进;舰型应以战术配套为原则,主要是武备和设备搞好标准化、系列化;同时,一般还应采取一舰多用的原则,但又必须是有所侧重,突出重点。

第七,《十年规划》研制和生产的大中型驱逐舰、小型护卫舰,它们本身反潜、防空的能力有限,武器装备的技术水平很低,到中远海执行任务战斗力量还很弱,没有解决空中掩护问题。海军现有的航空兵部队,在近海作战中有一定作用,但对200海里外的海上作战的舰艇和潜艇缺乏支援能力。

海军作战的方针仍是积极防御的战略方针,在近海歼敌为主,同时也要敌进我进，既要在近海，也一定要到远海敌后去打击敌人。为了解决水面舰艇和潜艇到中远海作战的空中掩护，支援配合问题，刘华清认为有必要尽早着手研制攻击型和护航型航空母舰(先搞常规动力的，排水量在4万吨左右，不一定搞8万、10万吨的)刘华清建议不要再搞《十年规划》中的8000吨的大型导弹驱逐舰。可将现已试制出的中型导弹驱逐舰改进提高来代替它，转而将搞大型驱逐舰的人力、财力拿出来搞航母。因为海上的战斗规律早就是空中、水面、水下各种兵力的协同战斗。……我国现有工业和科学技术条件是足以具备解决制造航母问题的。国家各种机械、造船、航空、电子等工业均较发达，钢铁及其他各种材料亦基本具备。……若计划实现，就比较强大了。10年预计投资在建造舰艇一项的费用为×××亿元，国家还要投入大量贵重的稀有材料和各种物资，这些钱财一定要用在刀刃上，解决关键性的作战舰艇，次要的和易造的小艇可以缓办或不办。要抓紧时间，在前7年左右将航母首舰试制出来，10年末形成战斗力。如果这个10年，特别"五五"不上马，那就要在20年之后我国才有航母。我们一定要建设既有数量又有高质量的强大海军。

第八，《十年规划》中安排的几型中大舰艇的研制，以及对正在生产的产品改进提高，实际上都是十几年前就开始研制而没有完成的项目，基本上没有新研制项目。海军要有高质量的技术装备，必须从开展科研工作来解决，应争取在今后10年内多研制几型中大水面舰艇。中大型舰艇研制周期长，一般都要4~6年，甚至更长时间，才出一代产品。因此要根据海军作战任务和未来作战的特点、作战对象，并根据国民经济情况和工业水平，提出对新型舰艇、武备及其系列化的研制要求，使研制工作有计划地进行。……毛主席说："我们的陆军、空军和海军都必须要有充分的机械化的装备和设备。……要下决心，搞尖端技术。"我们已具有强大的科技、工业经济基础，只要狠抓，就可解决。科研工作既要争取战争未发生的时间，大上、大干，而且在战时更要大搞，才能跟上战争需要。我国的钢材和物资还有限，搞了旧的就不能搞更多新的。所以要重视提高设计质量，把技术水平提高。对各种战斗舰艇，除舰艇本身的性能外，更主要的是各种武备系统的性能的完全配套并协调一致，包括舰用直升机等，都要解决好。

在对《十年规划》中存在问题、不足逐一剖析的基础上,刘华清又坦诚地分析了存在问题的原因。他说:"海军装备发展所以存在上述问题,我认为与海军领导机关对未来战争中海军承担的作战任务,对主席的战略思想、作战方法,对未来海战的特点、作战对象、科技发展趋势等,缺乏深入研究、心中无数有关。因此,对装备技术的发展,不论近期或远期的,都缺乏从战略全局出发考虑,而是局部的、单个的、互不联系的处理问题。……海军建设已经26年。主席对建设一支强大海军的重要指示有几十次。正由于主席的亲切关怀,党中央、中央军委的重视,海军建设才取得了很大成绩,已形成一支战斗力量。……但海军建设过程中,确实受到林彪一伙的干扰破坏,加上我们的工作没有做好,使海军建设的速度缓慢,战斗力量还很弱小。面对当前海军这种状态,我是在海军下面工作过很多年的干部,感到内心自愧。……我们搞了多年海军还是陆地概念多,对海洋不研究,不学基本知识,又不到实践中去,加上脑子里形而上学的东西多,就不可能把海军的事情办好。我们应很好总结自己的经验,接受教训,今后10年不能再走大弯路,小弯路也不应走,也不应走老路,一定要把工作做得更好些,以实现建设一支强大海军的目的。"

《汇报》洋洋万言,不仅有鲜明的观点、具体的建议,而且列举了不少苏联及西方发达国家海军装备技术资料和战例。单看语言,也是相当犀利、尖锐的。对一个正在接受政治审查的人来说,《汇报》不可谓不大胆。刘华清想到,既然《十年规划》编制时不让参加,《汇报》也不便与他人探讨研究、征求意见。完稿之后稍做修改,他便自己署名,于9月1日直接报送中共中央主席、军委主席毛泽东,中共中央副主席、军委副主席邓小平。

晚年,刘华清翻看《汇报》底稿,深为当年的思考、见解和不计个人利害大胆建言的胆魄感到欣慰。他把这一事件原原本本记在了回忆录中。

邓小平:"我看有些意见值得重视",
苏振华:"原计划不能轻易改变"

把《汇报》报送毛泽东、邓小平后,刘华清心里仍不平静。为说明自己的意图,他又字斟句酌地写了两封信,一封给邓小平,另一封给苏振华。

给邓小平的信,只短短一页。全文是:

邓副主席:

　　学习了毛主席最近对海军两次极为重要的指示,联系到我们海军当前的现状和海军今后的建设,特别是海军装备建设的方向问题,觉得有必要向您汇报一下自己的想法和意见。现把自己经过多次思考而写成的《关于海军装备问题的汇报》呈上,请予参考。

　　祝您身体健康!

刘华清敬上
一九七五年九月三日

　　邓小平看过刘华清的《汇报》和信后,很重视。收到信的第二天,即9月4日,就明确做出批示:"振华同志:请你考虑一下。我看有些意见值得重视。"

　　刘华清给苏振华的信,是在给邓小平的信送走后的翌日,即9月4日写的。信写好后,刘华清将信函与已报送毛泽东、邓小平的《汇报》原稿一并送苏振华。刘华清给苏的信篇幅较长,除比较详细地说明了写《汇报》的意图外,还着意强调了《汇报》的一些主要观点。信中说:"学习了毛主席最近对海军的两次极为重要的指示,联系到我们海军当前的状况和今后海军建设,特别是海军装备建设发展方向问题,有些想法和意见。因为海军党委贯彻毛主席两次批示和贯彻军委扩大会议的两次常委扩大会,头一次留我招呼司令部工作,后一次没有参加,都没有机会讲意见。因此有些想法和意见总想讲讲,向上级反映一下。……我觉得,今后十年是海军建设的关键时刻,下一步棋子走得好坏,事关重大。这是如何结束海军的过去,创造海军未来的全新面貌的问题。强大的海军不仅要数量,更要质量,我讲的质量不是机械质量,而是战斗实力的质量。……我又觉得这似乎是不应由我过分担忧的事,因为领导上掌握全面,经验也比我们多……但是,今天还是一个海军的战斗员,不管怎样,还有一份责任感,有责任建议。现将我向主席写的报告一文呈上,请予参考。"

苏振华是海军政委,同时也是海军党委第一书记,《十年规划》是经他审定的。所以,苏振华对刘华清《汇报》的内容有自己的看法。他认为刘华清的建议"既有可取的地方,但也有些不合实际的想法"。他接到刘华清的信和《汇报》稿时,邓小平的批示已经到了。苏振华遂于9月8日将刘华清给自己的信、《汇报》稿原件及邓小平的批示,一并批给了萧劲光等海军党委常委。批示说,"刘华清关心海军建设,对今后十年规划提出不同意见,值得我们重视和认真研究",但考虑到《十年规划》已上报各工业部门正在安排计划,组织实施。随便一变,整个思想和步骤大乱,将会造成不可收拾的局面,所以"原计划不能轻易改变"。

分管海军装备工作的海军党委常委、副司令员周希汉看过刘华清的《汇报》稿后,批示说"有些问题值得注意。我看需要研究"。机关中了解情况的干部对此也有不少议论,但多数常委没有提出具体意见。或许可以看作对《十年规划》的调整、补充。翌年3月24日,海军党委又会同六机部联合上报了《海军新装备十年(1976~1985)科研发展规划》。这一规划是专门讲新装备研发的,但基本思想、内容与《十年规划》也没有太大的变化。

邓小平指示"重新制定规划",
毛泽东最后嘱托在实践中落实

1975、1976年是新中国历史上政治斗争异常复杂的多事之秋。"四人帮"大权在手,横行无忌。今天批"唯生产力论",明天批"三株大毒草"(邓小平领导拟定的《论全党全国各项工作的总纲》《关于加快工业发展的若干问题》《关于科技工作的几个问题》等3份文件),使正常的科研、生产难以按计划进行。所以,刘华清的《汇报》、邓小平的批示诚然没有发挥多大作用,但海军的《十年规划》也没有能够付诸实施。鉴于此,1978年底,海军党委常委再次召开会议,研究讨论《十年规划》的调整、落实问题。会议认为,由于"四人帮"的干扰破坏,海军装备10年科研发展规划未能实现,应该顺延至1988年完成(原定1985年)。会后,海军党委于11月19日正式向中共中央、国务院、中央军委呈送报告,提出《十年规划》落实拟分三步:第一步,用3年时间,大力整顿造船和解决有关配套产品产量问题;第二步,用3~4年时间,批产质量优良、齐装配套的第一代舰艇;第三步,用3年左右时间批产第二代舰艇,完成××万吨的计划。这次报告与原规划对比,除时间推迟外,最大的变化是再次增加了建造舰艇的吨位数量。

海军党委这一报告军委没有及时批复。为什么? 1979年4月3日,邓小平接见新上任的海军政委叶飞时,重点讲了这个问题。

邓小平说:"究竟建立一个什么样的海军? 我看是要顶用的。你们过去提出的《十年规划》,'八五'(即第八个五年计划)要搞到××万吨,不可能,国家没有这个力量,要缩小,要小而精。我冒说一句,××万吨就可以了。海军究竟需要什么装备,型号要具体提出来。过去你们自己没有摸清,提得不具体。装备要能够形成战斗力。……我们的海军应当是近海作战,是防御性的,不到远洋活动。我们不称霸……海军建设一切要服从这个方针。防御当然也要有战斗力,海军的装备、规划要从这点出发。"他强调:"现在国防经费有限,要用好。你们应当聚精会神研究解决这个问题,同有关部门(国防科委、国防工办、六机部)研究解决。《十年规划》是否搞到××万吨? 你们去研究。你们要重新制定规划,反正是要顶用的,不要光要求吨位。不如吨位少些,但顶用。你们第一件事就是要认真研究解决这个问题。"

1979年6月2日,中央军委遵照邓小平与叶飞的这次谈话精神对海军装备建设问题做出批复:一、海军装备发展要根据积极防御的战略方针制定,舰船发展规模不宜过大,关键在于精;二、坚决贯彻质量第一的方针;三、必须贯彻"五个配套"的原则,新造舰船要经过充分调查研究和论证;四、加强现有装备管理,立足现有装备打仗。

前后联系对比可以看出,刘华清1975年《汇报》的思想,是符合邓小平指示和军委批示精神的。

此后,海军党委遵照邓小平"要重新制定规划"的要求和军委批示精神,组织专门班子重新研究制定了海军舰艇装备发展规划。随着党的改革开放政策的实行,海军建设也进入一个现代化建设新时期。1982年8月,刘华清再次调回到海军(此前在军委任副总参谋长),并担任了海军司令员。到任不久,他即明确指出,毛主席提出建立强大海军,"使敌人怕",怎样做到? 具体说就是实现邓小平同志讲的:建立精干顶用,具有现代战斗能力的海军。所谓"精干",就是人员精干,装备精良,机构精简,在保持一定数量的基础上,尽量提高人员素质和装备质量;所谓"顶用",就是要精兵合成,系统配套,能够最大限度地发挥人员和装备的综合效能;所谓"现代战斗能力",就是在现代条件下进行海上作战的总体能力。在党中央、中央军委的领导下,海军党委和广大指战员抓住改革开放的有利时机锐意进取,奋发图强,部队综合战斗力不断提高,毛泽东主席对海军官兵的最后嘱托,在实践中逐步变为现实。

所谓萧劲光"上贼船"事件真相

"文化大革命"十年内乱期间,海军是众所周知的军队中的重灾区。为了控制海军,攫取海军的领导权,林彪集团、江青反革命集团各怀鬼胎,明里暗里把手伸进海军,在海军机关、部队导演了一幕幕排除异己、培植死党的丑剧。当时在军内外影响很大的所谓萧劲光"上贼船"事件,就是"四人帮"瞒天过海,蓄意捏造、导演的一个阴谋事件,一桩莫须有的罪名的冤案。

因九大选举未投票,与江青等结怨

1969年,"文化大革命"已过了3个年头。

在这3年里,乘风而起的"文革新贵"——林彪集团、江青反革命集团的骨干分子们,黄永胜、吴法宪、叶群、李作鹏、邱会作及江青、张春桥、姚文元等人,都做了充分的表演。"文化大革命"初始,江青曾得意忘形地向舆论界抛出一首《自题诗》:"江上有奇峰,锁在云雾中。寻常看不见,偶尔露峥嵘。"而这时的江氏,早已不是"偶尔露峥嵘",而是高高站在了共和国的政治峰巅。她伙同张春桥、姚文元,呼风唤雨,把思想、文化界搅得沸泛盈天:新中国成立17年来出版的书籍、电影等文化艺术品,几乎毫无例外的成了"毒草",被封存、批判;大批有才能有成就的专家、学者、艺术家,被宣布为"反动学术权威"、"黑帮"、"叛徒",被关押、劳改,有的甚至被迫害致死⋯⋯"文化大革命"开始,曾宣布军队不搞运动,也"不介入"地方的"文化大革命",但时过不久,这一界限即被突破。江青与林彪集团勾结在一起,高叫着"揪军内一小撮"把火烧进部队,军队院校和高级机关很快也像地方一样大乱起来。大批开国元戎、高级将领被揪斗关押,党和政府各级组织普遍受到冲击,陷于瘫痪、半瘫痪状态。从国家主席刘少奇、中共中央总书记邓小平开始,各级领导干部普遍受到批判和斗争,绝大多数干部都被作为走资派打倒。至此,全国多数地区和单位虽然已成立了革命委员会,但仍然武斗不断,交通秩序混乱,工农业生产遭受着多方干扰、破坏……当时,真正看透"文化大革命"是一场"给党、国家和各族人民带来严重灾难的内乱",看穿林彪、江青之流是一伙穷凶极恶的反革命的人,也许不多,但却有数不清富有爱国心的干部群众,为"文化大革命"造成的损失和破坏,感到由衷的焦虑、心寒。

就是在这种形势下,4月1日,中国共产党第九次全国代表大会在北京开幕了。

海军司令员萧劲光是海军19名九大代表之一。按照林彪的心腹、替代萧劲光担任了海军党委第一书记的李作鹏定的调子,萧劲光是作为"右的代表"出席会议的。在萧劲光的《九大代表登记表》协商单位意见一栏中清楚地注明:"萧劲光同志的错误是极为严重的,不具备九大代表条件,有些错误过了线。但其错误性质基本上仍属于人民内部矛盾,因此我们同意他为海军出席九大代表。"萧劲光,这位亲自领导创建了人民海军的共和国大将,坐在会场上,面对叶群、李作鹏等人会上会下的颐指气使、鬼鬼祟祟的活动,感到心里有说不出的压抑。

对"文化大革命",萧劲光感触是很深的。风雨未至,他首先就遭到沉雷一击。1965年12月,林彪在捏造事实、陷害打击总参谋长罗瑞卿的同时,就在于上海召开的政治局常委扩大会上突然袭击,宣布"萧劲光是罗瑞卿分子"。事实上,林彪在几年前早就对萧劲光不"突出政治"、"'四个第一',不是摆在第一"、"放着现成的药方子不用,另开药方子",大为不满,企图把他从海军司令员位置上搞掉。"文化大革命"开始以后,林彪加快了这一步伐。1966年秋,他以看大字报为名,先后两次到海军大院支持李作鹏,公开宣布海军党委要以李作鹏等人为核心。继而,将李作鹏由副司令员改提为海军第一政委,接替萧劲光任海军党委第一书记,并且兼任了中国人民解放军副总参谋长。李作鹏对林彪的意图心领神会，与另外几个常委勾结在一起，不遗余力地排挤、打击萧劲光，打击与自己有不同意见的领导干部。陶勇、张学思等多名高级干部，先后被迫害致死，数以千计的官兵被开除党籍、转业、劳改。部队装备严重失修，教育训练无法正常进行……由于毛泽东讲了话，萧劲光虽然仍保留着海军司令员职务，实际上已经"靠边站"，无法参与领导工作。几年来，萧劲光心里十分苦闷。尽管他怀着对毛泽东的崇敬和信任，努力往好的方向考虑，仍然对"文化大革命"不理解，对军内外的"文革新贵"们的做法不敢苟同。他为国家和海军的未来担忧。

靠着毛泽东无以复加的政治影响和威望，许多矛盾被掩盖下来，九大进展是顺利的。在完成各项议程后，大会于24日宣告闭幕。会上通过的报告和新党章，肯定了"文化大革命"的错误，使"文化大革命"的理论与实践合法化，并从无先例地把林彪"是毛泽东同志的亲密战友和接班人"写入党章的总纲。在这次大会上，萧劲光与部分开国元戎虽然也再次被选为中央委员(仍作为"右的代表")，但一批投机分子、野心分子、阴谋分子也趁机混进中央领导机构，给党和国家安全埋下了深深的隐患。

4月28日，举行九届中央委员会第一次全体会议，选举党的中央领导机构。已逐步形成的林彪、江青两个集团的主要成员，叶群、李作鹏、吴法宪、邱会作以及江青、张春桥、姚文元等，都作为中共中央政治局委员候选人，名字赫然印在选票上。这些人在"文化大革命"中的表演，使萧劲光真切感受到，他们漂亮的口号下面有着不可告人的目的，"无论从哪个角度讲，他们也不够当政治局委员的条件"。但萧劲光清楚，选举的组织权已掌握在他们手中，并且是等额选举，从19名候选人中选19名政治局委员，不管自己投不投这些人的票，他们也会照样当选(选举中央委员时，叶群、李作鹏等人事先就曾对军队代表投票做了分工和部署)。经慎重考虑，萧劲光还是凭着一名老共产党员的党性，严肃、坚决地行使了自己的权利，在选票上叶群、李作鹏、吴法宪、邱会作、张春桥、姚文元、江青等7人的名字前边打了×，真诚地反映了自己的意愿。

不出所料，叶群、李作鹏、江青等7人依旧当选为中共中央政治局委员。或许萧劲光投票时被旁边的人发现了(座位是否有意安排，未经查实)，一个消息很快在部分人中悄悄传开:"萧劲光没有投忠于毛主席的中央领导同志的票!"这一消息很快传到林彪集团和江青、张春桥等人的耳中。他们把这笔账牢牢地记在心里。

率先解放六十名领导干部，张春桥大为光火

九大以后,在动乱中逐步形成的林彪集团、江青反革命集团之间的矛盾斗争达到顶点。面对江青、张春桥一伙咄咄逼人的气势,政治野心极度膨胀的林彪集团迫不及待地想把党和国家的最高权力弄到手。当他们妄图通过反革命政变夺权的阴谋败露以后,不得不仓皇出逃。1971年9月13日,林彪、叶群等人折戟沉沙,摔死在蒙古温都尔汗,史称九一三事件。

"最亲密的战友"、法定接班人林彪自我爆炸,震惊全国,也引起了毛泽东深深的反思。在大病一场之后,毛泽东接连采取了几个重大行动:其一,10月3日,中共中央正式发出通知,撤销在"文化大革命"中成立的军委办事组,成立军委办公会议,由叶剑英主持军委工作;其二,公开为参加所谓"二月逆流"的老同志平反。10月4日,毛泽东在接见新成立的军委办公会议成员时说,林彪、陈伯达搞阴谋活动,蓄谋已久,目的就是要夺权。"文化大革命"中整几位老师,也是林、陈他们搞的。翌年1月6日,一次外事活动后,毛泽东更进一步明确指出:"二月逆流"经过时间的考验,根本没有这个事,今后不要再讲"二月逆流"了。其三,1972年1月10日,毛泽东破例亲自参加了陈毅同志的追悼会。会前,在对陈毅一生做出肯定评价的同时,向在场的陈毅的遗孀张茜等人提到,邓小平的问题属于人民内部矛盾。在那个特殊的年代,这几个行动的影响是非同寻常的。据此,许多人在思考:"文化大革命"是否该结束了? 这是不是解放老干部的信号?

九一三事件以后,作为林彪集团主要成员的李作鹏被停职审查,萧劲光重新担任了海军党委第一书记,主持海军全面工作。一直为海军建设担忧又深受"文化大革命"之害的萧劲光,非常关注海军的干部问题。毛泽东的几个行

动、政治形势的发展,使他敏锐地意识到,海军干部问题面临着一个转机。基于这种考虑,他及时主持召开了党委常委扩大会议。

海军党委常委扩大会议是2月4日召开的。海军驻京单位军级以上干部都参加了会议。会议的主要议题是揭发批判林彪集团的罪行,分清思想上的是非。会上,在揭发批判林彪集团对海军建设的破坏时,很自然地联系到海军的干部问题。

"文化大革命"以来,李作鹏在海军搞了以是否支持他划线的层层站队,打击迫害了一大批干部战士。有的受了处分,有的做了复员、转业处理,有的被以莫须有的罪名逮捕。大批被分别送到湖南、江西等地的干校。这些干校,名曰毛泽东思想学习班,实则是劳动改造。每天除了繁重的体力劳动,就是无休止的检讨、请罪、接受批判。生活条件更是无从谈起。原海军政委苏振华病得很厉害,得不到及时治疗,病情日益加重。原海军副政委杜义德,母亲去世,连300元钱的丧葬费都拿不出。讲到这些,大家无不黯然神伤。会议进行中,萧劲光把大家在会上反映出的干部问题集中起来,向军委副主席叶剑英做了专题汇报。叶剑英说,老干部大都经过几十年斗争的锻炼,有经验,是党的宝贵财富,还是要用,并告诉萧劲光,解放干部的工作,毛主席在亲自抓。

了解了中央、军委的精神,萧劲光对解决海军干部问题充满信心。在这期间,总政召开的全军干部工作会议结束了。会议的主要精神即是批判林彪的干部路线,解放"文化大革命"中受打击迫害的干部,团结大多数人一道工作。这样,萧劲光更有底了。于是,他连夜主持召开常委会,做出三项决定:第一,马上由海政组织召开海军干部工作会议,迅速传达贯彻全军干部工作会议精神。第二,起草海军党委《关于专案审查和结论复查工作的指示》,成立海军专案审查、结论复查办公室,尽快展开工作。第三,由政治部副主任李君彦牵头,对海直机关师级以上干部逐个进行查对。凡属"文化大革命"中受打击迫害又没有什么问题的,一一列出名单。

由于党委重视,第一书记亲自抓,海军解放干部工作进展迅速。3月初,海政经过认真查对,提出了60名师级以上领导干部的名单。萧劲光当面向叶剑英副主席报告后,常委研究决定,全部解放,分配工作。决定一做出,立即落实,3天之内,其中多数人开始出席会议,参与工作。动作之快,是这些长期被隔离的干部所没有想到的,接到通知,许多人不知所措,热泪长流。

"海军机关60名领导干部解除隔离,分配工作了!"消息传开,海军机关、部队备受鼓舞,兄弟部队各大单位也深受震动。不少老战友把电话打到萧劲光的办公室:"萧司令,你们搞得快,走到前头了!""萧公,干得好!向你们学习呀!"但这一行动却引起了时任总政主任张春桥的极大不满。张春桥心里原本记着萧劲光的账,得到这一消息不由怒火中烧。他当即打电话,严厉指责萧劲光:"这样重大的问题,你们不报告就私自决定,是违反组织原则的。"萧劲光实事求是地做了解释,说明海军的决定是根据军委和总政的指示精神做出的,具体意见和做法报告了军委领导,总的情况书面报告了毛主席,并专门指示干部部门向总政机关做了工作汇报,并没有违反组织原则。

萧劲光不卑不亢的解释使张春桥一时语塞,无言以对,心中更为气恼。他气急败坏地找到叶剑英,大发脾气,宣称:"我管不了海军,萧劲光不买账!"后来,张春桥又将这事告到周恩来总理那里。叶剑英、周恩来都清楚问题的根子所在,但不能说破,只好从大局出发,出面做萧劲光的工作,强调军委既然决定张春桥分管海军,还是应该尊重他,应注意工作方法,等等。

对这件事,萧劲光晚年的回忆录中做了比较详细的记述:"至于说我没有向张春桥个人做专门的报告,这倒是事实,但当时究竟是出于什么具体原因我记不清了。因为当时尽管我从思想上对张春桥这类在文革中靠投机钻营、摇唇鼓舌上来的人格格不入,话不投机半句多,但在领导关系上,我还是很注意组织原则的,该请示报告的就请示报告。……张春桥对我积极解放干部问题的责难,并不仅仅是由于我对他的不尊重,不向他报告,这应当与当时全国的形势联系起来看。"一句话,张春桥怕失去对海军的控制权,更怕否定"文化大革命"!

从此,张春桥对萧劲光在海军的领导更不能容忍了!

一次党委扩大会，开了两年四季八个月

所谓"上贼船"，是20世纪70年代"批陈（伯达）批林（彪）"整风运动中的一个特定用语。1971年初，一个追随时任中共中央政治局常委的陈伯达（实为林彪，当时林尚未被揭露），参与非组织活动犯了严重错误的高级干部写了一份检查。毛泽东主席在其检查报告的批示中有一句为"上贼船容易，下贼船难"。意思是说，该人与陈伯达等人绞在一起，陷得很深，和他们划清界限、改正错误不容易。此后，特别是在粉碎林彪反党集团后的一段时间里，"上贼船"成了"林彪死党"、"林彪反党集团追随者"的代名词。权欲熏心的"四人帮"更把"上贼船"当作排斥异己的大棒，到处乱舞，肆意整人。在报复、打击萧劲光无计可施的情况下，他们也挥起了这根大棒。

为贯彻中央"批林"整风会议精神，海军于1972年7月在京西宾馆召开了第四届五次党委扩大会议（以下简称四五会议）。参加人员，除海军党委成员外，另有师级以上领导干部200多人。会议由萧劲光主持。最初的计划，会议开一个半月左右，分三步走：第一，解决1962年以来海军与林彪反党集团斗争的大是大非问题；第二，海军党委成员整风；第三，参加会议的各级领导同志整风。会议开始一段进展得比较顺利。萧劲光首先代表海军党委做了系统发言（发言稿是此前中央召开的"批林"整风会上用过的。包括周恩来在内的中央、军委许多领导同志都听过，并感到内容有深度，反应不错）。尔后受林彪、李作鹏打击迫害的同志积极发了言，跟随林彪犯了错误的同志也自觉做了自我批评。但是，到9月份，按预定计划会议接近尾声的时候，会议被扭转了方向。

原定海军党委扩大会军委由叶剑英领导，但张春桥自行派了联络员，并不断私下了解会议进展情况。张春桥期望通过这次会议，抓住萧劲光的问题，剥夺至少是削弱萧劲光的领导。会议的进展情况使他大失所望。于是他就与江青勾结起来，以汇报工作为名在毛泽东面前搬弄是非，说海军的会议不是"批林"而是算历史旧账云云。毛泽东在他们汇报情况时插了几句话，张春桥、江青如获至宝,立即向周恩来提出,请政治局开会,研究贯彻。

在江青、张春桥的一再催促下,周恩来无奈于9月21日主持召开了政治局会议,并请萧劲光和海军的其他领导苏振华、王宏坤、吴瑞林列席了会议。周恩来在会上传达了毛泽东主席的指示:"海军的会议,纠缠着历史问题。在'批林'整风运动中,在历史的旧账上纠缠,容易走偏方向。"

周恩来刚读完,江青抢过来说:"还有,毛主席说'首先是批林,其次才是整风'。"

传达完毕,周恩来按照毛泽东指示的基调批评了海军的会议讲历史问题过多。他说,批判中,联系讲讲历史上的问题是必要的,不要太长,讲几页就可以了。我的印象,你们的发言讲历史问题有点多了。接着,张春桥发言。他直视着萧劲光,声色俱厉地说:"从去年77号文件以来,就明确了'批林'是重点、九大以来是重点,而你们把重点放在过去的问题上,'考古',是指导思想问题。这次会议给人一个印象,搞不好海军可能出现反复。对此,我很担心。"江青更是咄咄逼人:"你们到底想干什么?斗争的锋芒是对着'文化大革命'还是对着林彪,这是大是大非问题!"

张春桥见江青扯着尖厉的嗓子讲了一气后,其他人仍不发言,便忍不住放肆地把憋在心底的话倒出来。他当面再次指责萧劲光无组织、无纪律,解放60名干部这样大的事情事先不报告。萧劲光不得不再次做解释,借机向大家说明情况。周恩来知道再拖下去也难有什么结果,只得以海军党委扩大会议不能结束,要按照主席指示精神继续进行为结论,宣布会议结束。

接下来,海军四五会议便开始"纠偏"。先是萧劲光就前段会议走偏方向做检查,然后会议按照"批林"重点、九大以来重点的要求,批判李作鹏参与林彪反党集团阴谋活动及常委其他同志在这期间所犯的严重错误。如此进行了一个多月,会议又接近尾声,萧劲光主持起草了会议的总结报告,上报了军委和党中央。

11月16日,叶剑英主持召开军委办公会议专题研究海军四五会议的报告。海军常委列席会议。会上多数人都肯定了海军后一段会议的做法,对会议总结报告提出了一些修改意见,总结报告基本上获得通过。军委办公会议之后,叶剑英、李先念等中央、军委领导同志还陪同周恩来到京西宾馆看望了海军与会人员,在会上讲了话。叶剑英说,他热切希望通过这次会议,海军党委、海军各级领导班子,在"批林"整风的基础上把思想统一起来,团结起来,形成一个核心,有计划、有步骤地加速搞好海军建设。周恩来、李先念也对海军四五会议做了充分肯定。周恩来同时提出,会议不要开得时间太长,适时结束。

然而,就在海军修改完总结报告、准备召开闭幕大会的时候,海军接到通知:11月29日下午,军委召集海军常委和按照军委首长指示赶来参加海军四五会议的沿海几个军区的负责人开会。开始,大家以为是讲一讲四五会议结束和下一步贯彻的问题,没有料到传达的是一个令人震惊的消息:中共中央政治局于11月28日开会研究了海军党委扩大会议的总结报告。认为,海军党委扩大会议,第一阶段纠缠历史,走偏了方向;第二阶段,颠倒主次,没有抓住重点,仍然没有把握住方向。中央不能批准海军党委关于会议的总结报告。一句话,海军四五会议第二阶段又错了!

听完传达,萧劲光懵了,其他常委也都茫然不知所措。四五会议一直是在军委直接指导下开的,尤其是第二阶段,会议的每一步都直接报告了主持军委工作的叶剑英副主席,每期简报都分别上报了军委首长和中央有关领导,军委会上,周恩来、叶剑英、李先念等领导同志都已对四五会议做了肯定,报告也按照军委办公会议的意见做了修改,怎么突然一下全错了呢?

对此,萧劲光不解,海军其他常委更不解,但军委领导是明了个中原委的。原来张春桥知道自己在军委办公会议上势单力薄,即使说了话也难得有人赞同,所以军委研究海军四五会议的总结报告时,他冷面相对,一言不发。会后,他便与江青、姚文元、王洪文等串通好,在中共中央政治局会议上发难,横生枝节,最后否定了海军四五会议的总结报告。

真可谓荒唐岁月的荒唐事!12月4日,军委再次召开办公会议,专题研究海军四五会议下一步怎么开下去。为了海军这次党委扩大会议,中共中央政治局已先后开了两次会,而军委办公会议于今已经是第三次了。这次会议有点特别:军委办公会议10个成员多数没到会,相反,不仅在军内没有任何职务的江青、姚文元出席会议,连不久前刚从上海调到中央机关见习、职责不明的王洪文也大模大样地坐在会场上。后来揭发出来的大量事实证明,这是"四人帮"的军师张春桥一手策划的。因为,至此他已全然明白,单凭自己不行,单在幕后不行,必须到前台,必须伙同几个人一起出动,否则是不可能达到目的的。

照例,会议由叶剑英主持,萧劲光和海军其他几个常委列席会议。所谓政治局的结论,不仅再次否定了海军党委对会议的领导,而且对军委首长、军委办公会议对会议的指导意见,也全盘否定。看着眼前的一切,联想到是自己的工作殃及军委和中央首长,萧劲光心里隐隐作痛。

会议一开始就带着火药味。从来没有接触过部队、对海军更是一无所知的姚文元抢先发难:"萧劲光一直是被林彪拉的……"一语既出,举座皆惊,海军副司令员周仁杰不由得站起来,冷对着姚文元:"萧劲光一直是挨林彪整的……"闻言,张春桥阴沉着脸直视着周仁杰,厉声说:"你要做检查,萧劲光'上贼船'是有文件的。"

这样一来,大家都不吭声了。因为谁也不清楚张春桥手里到底有什么文件。于是,张春桥径自说下去:"海军的党委扩大会开了半年,第一阶段纠缠历史,不'批林';第二阶段颠倒主次,不'批林',主要应有主持会议的萧劲光负责。萧劲光同志在第十次路线斗争中犯了严重错误。他上了林彪的贼船,长期不同林彪划清界限,所以,他不执行毛主席'首先是批林 ,其次才是整风'的指示。"

江青不时阴阳怪气地插话:"萧劲光,毛主席那样关心你,和你一起吃饭,可你对毛主席没有感情。你要好好交代,九届一中全会上,你为什么不投忠于毛主席革命路线的人的票?"

几天来,海军常委和会议工作人员分析来分析去,谁也没有弄清"颠倒主次"是什么意思。颠倒了"批林"与整风的关系?混淆了两类不同性质的矛盾?没有摆正"批林"与联系海军实际的位置?张春桥在会上绕来绕去讲了半天,自己也没有讲清到底什么是"颠倒主次"。直到最后一句话,终于揭示了"颠倒主次"的真谛:萧劲光错误是严重的。党委扩大会议首先要解决萧的问题。"萧劲光上了林彪的贼船,解决萧的问题是'批林'的组成部分,不属于整风。"至此,大家才恍然大悟,原来他们极力否定四五会议的目的在这里! 这样,军委办公会议只得重新做出决定,海军四五会议不能结束,下一步要着重解决萧劲光"上贼船"的问题。

　　这次军委办公会议后，海军四五会议上成立了一个40人的骨干小组，作为大会中的小型会议，专门"帮助"萧劲光认识"上贼船"的问题。小型会议名义上的组长是海军第一副司令员苏振华，实际是张春桥直接抓。由于参加四五会议的干部，包括被选出参加小型会议的骨干，几乎没有谁认为萧劲光"上了林彪的贼船"，所以"帮助"萧劲光提高认识(实则是批斗)开始一段，成效不大，张春桥很不满意。于是，他指示在会上印发了萧劲光在1967、1968年写给林彪的两封信和萧在九届二中全会上的发言，危言耸听地公布了所谓"北兵南调"和在九届一中全会上投票的问题。把这些真真假假的东西交给大家，白天连着晚上，大会接着小会，有分工、有重点地分析批判，逼迫萧劲光承认"上了林彪的贼船"。张春桥、江青不仅派了联络员，定期听汇报，而且还多次跑到会上，亲自启发、诱导，具体操纵着会议的进程。

　　一个多月的时间里，小型会议开了30多次。萧劲光对张春桥抛出的几个问题逐一做了说明，实事求是地介绍了自己与林彪反党集团在所谓"突出政治"、"单纯军事观点"等方面的不同认识和斗争，也诚恳地检查了自己工作中的失误及对林彪反党集团的阴谋活动缺乏明察，但不认为自己"上了林彪的贼船"。因而，检查了一遍又一遍，总也过不了关。

　　转眼1973年春节就要到了，半年多的会议使与会人员都感到说不出的腻烦。这时，萧劲光已被排除在党委扩大会议领导之外，只是由于周恩来亲自过问，才得以在领导小组中保留了一个名字。他会上接受批判，会下做检讨，每晚只能睡两三个小时，心脏病频繁发作，从精神到肉体都几乎崩溃了。但张春桥、江青仍然不肯罢手，一边频频在会上施压，一边在毛泽东面前告状，说萧劲光"上了林彪的贼船"，至今不认识，要把萧劲光从海军司令员的位置上彻底调开，云云。

　　此时，毛泽东虽然还没有失去对张春桥、江青的信任，但他是了解萧劲光的，几十年风雨与共使他对萧有一个基本的看法。毛泽东说："萧劲光是个老同志，他上什么贼船？萧劲光是终身海军司令。他在，海军司令不易人。"毛泽东的话，给了张春桥、江青当头一棒。他们明白，完全打倒萧劲光是不可能的。

这时，积劳成疾的周恩来总理，心脏病已十分严重，并开始大量便血，但他在努力排除"四人帮"的干扰中日理万机的同时，依然关注着海军党委扩大会的进展。一天晚上，萧劲光正面对自己的检查不知从哪里改起，再次接到了周恩来的电话。他简略地讲了江青、张春桥在主席面前的活动和毛泽东的态度后，沉重地说，会议不要无限期拖下去，有些问题可以先检查，事情总会弄清楚。要保重身体，从长计议。

接完总理的电话，萧劲光从心里感到安慰。经过反复思考，他抑制着满腔愤慨，违心地修改了自己的检查："我在党的第十次路线斗争中所犯的错误，是极为严重的。上了林彪的贼船……背离了毛主席，背离了党中央。我长期没有向主席和党中央做交代检查，辜负了毛主席对我几十年的教育培养，是有罪的。"尔后，会议按照这一口径修改了总结报告，上报了军委和中央。张春桥、江青摸清了毛泽东的态度，也只得顺水推舟，四五会议报告便顺利获得"中央"批准。

2月20日晚，中共中央政治局在人民大会堂集体接见出席海军四五会议的全体人员。江青、张春桥自恃得势，目空一切，未等主持接见的周恩来讲完开场白，便你一句我一句地插话。他们巴不得置萧劲光于死地，但又明白打不倒，因此发言中又打又拉，丑态百出。

张春桥心里明白，一次会议开了两年四季八个月，完全是自己作梗所致。想到这里，他心中有些发虚，故作真诚地说："会议前段批其他几个犯错误的同志是对的，后来批萧劲光也是必要的。有人说，好像中央也纠缠历史，把萧劲光1967、1968年给林彪的信也拿出来。这是不得已。中央一直在等待着萧劲光自己交代，总等也不讲，只好拿出来。如果采取主动，九一三以后与大家站在一起'批林'，这些问题就不称其为问题。"随后，他就大谈自己如何关心海军建设，如何关心这次会议，如何一字一句地修改会议的情况报告，等等。

张春桥的话刚一落地，江青以居高临下的姿态又讲起投票问题："萧劲光啊，你对毛主席没有感情。你在九大选政治局的时候，不投毛主席革命路线上的人的票。你以为没有人知道，我们查出来了。是不是啊，总理？"

周恩来知道江青是在将自己的军，转脸对着萧劲光，故意轻描淡写地说：

"劲光，你怎么没有投毛主席身边的人的票呢?"稍停，接着又说:"主席是不主张查票的。"江青输了理，便东拉西扯地讲起其他事，自己找台阶下。

转眼间，会议在张春桥、江青轮番轰炸的闹剧中过了两个多小时。叶剑英以军委领导的身份发表了自己对海军四五会议的看法，江青认为是包庇萧劲光，几次无理打断。其他人便再很少发言。最后，周恩来做了例行的总结性讲话。他非常策略地批评、保护了萧劲光。他说，希望萧劲光同志以全党的大局为重，以海军建设的大局为重，改正错误，继续负起责来，把工作做好。同时宣布，经毛主席批准，萧劲光的检查不下发。

接见到21日凌晨结束。萧劲光怀着满腔怒火，拖着疲惫的身子刚迈进家门，电话铃响了。电话是周恩来打来的:"劲光同志，你要注意身体，要想开些，心胸放宽些，眼光放远些。要注意身体，留得青山在，不怕没柴烧，有些问题历史会做结论，抽时间我们再谈谈……"周恩来一席话，理解和关怀溢于言表。萧劲光联想到总理的处境和身体状况，心中有说不出的感动。

萧劲光刚接完总理的电话，江青也来了电话。她幸灾乐祸又假惺惺地说:"萧劲光啊，在延安我就是你的一个兵，我是不同意打倒你的。……今天我们用吊车把你吊下来，让你痛痛快快地洗了个澡。上了贼船有什么关系?下来就是了。浪子回头金不换嘛!……"

"老子上得哪门子贼船!"萧劲光狠狠地扔下电话，不由得大骂张春桥、江青。

2月24日，中共中央全文转发了经过张春桥精心修改的《海军第四届五次党委扩大会议情况报告》。"萧劲光上了林彪的贼船"，这一莫须有事件，经过张春桥、江青两年四季八个月"呕心沥血"地炮制、导演，终于以中央文件的形式通报了全党。

忍辱负重，战斗不息

由于毛泽东海军司令不易人的明确态度和周恩来、叶剑英等领导同志审时度势的巧妙斗争,"四人帮"彻底打倒萧劲光的阴谋虽然没能得逞,但也"名正言顺"地给萧劲光加上了"上贼船"的罪名。接着,萧劲光由海军党委第一书记降为第二书记,再次被剥夺了主持全面工作的权力。

与此同时,"四人帮"的政治地位却扶摇直上。通过同年8月召开的十大,不仅江青、姚文元继续当选为政治局委员,张春桥还进入了政治局常委。由张春桥推荐、经毛泽东批准到中央机关见习的王洪文,一路飙升,成为仅居周恩来之后的中共中央副主席,俨然一个毋庸置疑的接班人。至此,张、江、姚、王,个个大权在握,"四人帮"羽翼越发丰满了。

"文化大革命"开始不久,张春桥、江青就深为自己手中"光有笔杆子,没有枪杆子"不安。随着形势的发展,他们越发感到了枪杆子的重要。于是,江青公开提出要"放火烧荒",在部队打出自己的"地盘",要掌握武装。海军所属部队绝大多数驻守在沿海重要城市,始终是他们最想控制的部队之一。萧劲光被扣上"上贼船"的帽子后,"四人帮"认为有机可乘,便拼命往海军插手。他们今天给某位领导写信,明天给部队送学习材料,有打有拉,丧心病狂地挑拨领导之间的关系。江青还亲自到青岛等地的海军部队活动,借以制造新闻,扩大影响,笼络人心。对他们的卑劣伎俩,海军第一政委苏振华等党委绝大多数成员都心知肚明,但考虑到他们的特殊身份和所处的位置,不得不虚与委蛇。萧劲光作为"四人帮"排斥、打击的主要对象,动辄得咎,处境十分困难。

逆境中,萧劲光没有消沉。在四五会议闭幕式上,他违心地做了检查后曾坚定地表示:"有的同志可能担心我会撂挑子。我向大家表示,既然主席和党中央信任我,还要我在海军工作,我一定放下包袱,改正错误,轻装上阵。海军的事业是伟大的,前途是光明的。我虽然年迈七十,愿将我的余年贡献给海军建设事业,鞠躬尽瘁,死而后已。"此后几年的时间里,萧劲光忍辱负重,一步一个脚印地实践着自己的诺言。

1973年夏天,军委根据国际形势的发展和稳定部队的需要,向各大单位提出,要调研部队组织体制、作战、国防工业和军队装备、干部工作等4个急需解决的问题。当时正值"批林"整风的高潮,大量的时间是学习批判,军事训练无法系统进行。萧劲光是"上了贼船"的人,抓运动自然不妥当。于是,他主动提出亲自主持这项调研工作。

至时,全国性的内乱已经7年。由于李作鹏等人追随林彪拉帮结派、结党营私,造成了海军部队,特别是许多领导班子内部严重不团结,教育训练、装备建设问题成堆。所以,要进行这样的调查,困难很多。在萧劲光的建议下,海军专门成立了4个调研组,每个组有一位海军首长或大部领导负责,限期完成任务。工作开始时正值7月盛暑。年过七十高龄的萧劲光不顾天气炎热,与机关干部一起上高山,下海岛,从高级机关到舰连基层,逐级考察,分门别类地进行集体座谈、个别交谈。经过半年多的深入调查,掌握了大量第一手资料。到1974年2月,由萧劲光亲自主持起草的《关于干部队伍建设几个问题的报告》《关于海军组织体制方面急需解决的问题的报告》《海军主要装备七年发展规划(1974~1980)》等3个报告,经海军党委讨论上报了军委。关于作战问题,也在对国内外形势分析的基础上,根据海军部队兵力和装备实际,拟定了应急作战预案和措施,并向军委做了汇报。

"文化大革命"期间最突出的特点就是形势多变。邓小平经毛主席批示复出主持国务院工作以后,大刀阔斧地在各行各业进行了整顿。1975年,全国工农业生产、交通运输、科技教育等各方面,曾一度出现好转的局面。但是,"毛泽东同志不能容忍邓小平同志系统地纠正'文化大革命'的错误,又发动了'批邓、反击右倾翻案风'运动,全国再度陷入混乱"。在这期间,萧劲光头脑是清醒的。同年底,他与主持海军工作同时又是中共中央政治局候补委员的苏振华一起参加了军委会议。会上,传达了攻击邓小平的中央打招呼会议精神。听完传达,萧劲光预感到一年来军队建设在邓小平领导下取得的成就又将被否定掉,心情异常郁闷。他对苏振华说:"刘冰的信(刘冰时任清华大学党委副书记,曾将一封反映当时教育战线问题的信交邓小平转呈毛泽东)写的是什么,我们还不清楚,说邓小平翻案事实根据是什么,我们也不清楚。这件事我们不要抢先,看看情况再说。"一个月后,中央要求扩大文件传达范围。苏振华不在北京,由萧劲光主持。有人提出要他在传达后,讲一讲文件的重要意义,萧劲光淡淡地说:"我不晓得怎样讲! 直到现在,我们连刘冰信的内容都不清楚。不清楚怎么讲?"在调门越来越高的"反击右倾翻案风"运动中,萧劲光一边努力做稳定部队的工作,一边密切注视着事态的发展。

1976年,是中华民族历史上的多事之秋。元旦刚过,一个噩耗震惊全国:动乱中,呕心沥血支撑着全国局面的周恩来总理逝世。7月,德高望重的开国元勋朱德委员长,撒手西归。接着,又是百年不遇的唐山大地震。重重灾难面前,举国上下忧心如焚,而"四人帮"却在为除掉夺取最高权力的障碍而窃喜,弹冠相庆。9月初,毛泽东病情日重,连续发出病危通报。严峻的政治形势面前,萧劲光意识到党和国家面临着一个最高领导权落到谁手里的问题。他坐不住了。一天晚饭后,天下着零星小雨,路上人少车稀。萧劲光悄悄驱车赶到西山叶剑英的住地。他对叶帅充满信任,一见面,就坦率地陈述了自己的忧虑。萧劲光说:"在毛主席身后,江青、张春桥一伙肯定要趁机夺权。得想个办法把这些家伙搞掉。万一真让他们掌了权,就糟糕了!"叶剑英肯定了他的担心,并说,自己也在考虑这个问题。萧劲光建议:可否马上下命令调一部分部队,把江青、张春桥他们几个抓起来。叶剑英沉思了一下,摆了摆手说,主席病重,现在还不是时候。这一天,他们虽然谈话时间不长,但萧劲光心中有底了。

9月9日,毛泽东逝世。噩耗传出,全国人民都沉浸在极度的悲痛中,但"四人帮"控制下的大小报刊上,在《按既定方针办》的通栏标题下,字里行间透出夺权的杀机。进入10月,形势更为严峻。5日下午,萧劲光再次驱车来到叶剑英家里,把自己对时局的看法和盘端出。他说:"事不宜迟。再不动手,让他们抢在前面,就麻烦了!"叶剑英告诉他,正在着手解决这个问题。说着,叶剑英便拿起电话,要通了主持中央全面工作的中共中央第一副主席、国务院总理华国锋的电话,说:"萧劲光对解决他们('四人帮')几个人的问题有些想法,请您抽时间与他谈谈。"华国锋说,现正忙,请稍等一等。10多分钟后,叶剑英再次给华国锋打电话问,华说,仍抽不出身,改时间吧!

粉碎"四人帮"后,华国锋在中央工作会议上见到萧劲光。华握着萧劲光的手歉意地说:"由于那天我正忙于解决那个问题,没能与你面谈,太对不起了!"萧劲光很感动,连说:"问题解决了,这就好了! 应该感谢您呀!"

彻底平反，一生真伪天下知

粉碎"四人帮"后，全国政治经济形势发生着日新月异的变化。特别是1978年，随着真理标准大讨论的展开，党的实事求是的思想路线开始恢复，各条战线呈现出生机勃勃的新局面。

时年，萧劲光已达75岁高龄。长期工作劳累和心情压抑，使他的身体越来越差。1978年8月，因患严重的心肌梗死，萧劲光住进了301医院。在生命垂危中醒过来，萧劲光回首一生，感慨万端。特别是想到自己至今仍然戴着一顶"上了贼船"的帽子，心里有说不出的痛苦。各大新闻媒体热火朝天的真理标准大讨论，启发了萧劲光：是弄清四五会议是非的时候了！于是他抱病给叶剑英副主席写了一封信，请求军委清算"四人帮"插手海军四五会议的罪行，摘掉"四人帮"强加给自己的"上了贼船"的帽子。

叶剑英是"四人帮"插手海军四五会议的见证人，对这一"马拉松会议"的来龙去脉完全清楚。收到信，他立即批示："请华主席，邓、李、汪副主席阅示（建议小平同志考虑，萧劲光同志是一位很老的同志，信上所提问题应予重新考虑，做出正确结论）。"

华国锋、李先念、汪东兴一一圈阅了萧劲光的信件。邓小平在信上批示："同意叶帅意见，请国清同志办理。"

总政主任韦国清对这一事件非常重视。接到萧劲光的信和中央首长的批示后，他立即将中央首长的批示向海军党委传达，并责成专人成立调查组，对信件反映的问题及海军四五会议情况，进行全面调查。

海军党委常委成员都清楚，所谓萧劲光"上贼船"完全是江青、张春桥联手炮制的一个冤案。接到总政通知的当晚，他们便连夜召开会议，给党中央起草了报告。报告郑重说明，萧劲光同志是受"四人帮"迫害的。所谓"上了贼船"的结论，是"四人帮"强加给萧劲光同志的。"本着拨乱反正、实事求是的精神，我们建议党中央撤销萧劲光同志'上了贼船'的结论。待中央批示后，我们将在全海军和现在正在召开的党委全会上,予以宣布。"

中共中央和中央军委各位副主席,除李先念不在北京外,其他人都迅速圈阅了海军党委的请示报告。中共中央副主席陈云在报告上做了具体批示:"劲光病得很重。我的意见,对萧劲光平反不要留尾巴,而且要说明七二年至七三年的会议,萧劲光是受'四人帮'迫害的。十大时,总理在人民大会堂检查窗帘是否露光时,当时见到劲光,总理对劲光说'你经过了一场很大的风险'。这就证明,当时萧劲光是受迫害的。"考虑到萧劲光病重,时任中共中央和中央军委主席的华国锋特意批示:"要迅速告萧。"

与此同时,总政调查组的调查、复查工作业已结束。为了彻底消除影响,韦国清根据调查的情况,主持起草了《关于萧劲光同志问题的复查报告》。报告在简略地介绍了海军四五会议的情况后,对作为萧劲光"上了贼船"证据的5个问题,一一做了说明:

一、关于林彪找五人谈话问题。林彪为了解决其死党李作鹏和张秀川之间争权夺利的矛盾,巩固他们在海军的阵地,并为了在九大向党进攻做准备,于1969年1月25日找李作鹏、张秀川和×××、×××同志谈话。当时因萧劲光同志是海军党委书记之一,也临时找萧劲光去参加了谈话,而林彪谈话时始终是强调李、×、×、×这个"战斗集体"要以李作鹏为核心。林彪说什么"你们这条线是信任的,另一条线是不相信的","应该团结起来","共同对付敌人"。林彪讲的这些话是对李、×、×、×的,而对萧劲光同志则另外讲了一段话。但"四人帮"却不顾事实,不做具体分析,硬把萧劲光同志打成林彪线上的人。

二、关于九大选举没有投所谓"忠于毛主席的中央领导同志票"的问题。党的九大选举时,萧劲光同志认为江青、叶群、李作鹏、邱会作、吴法宪、姚文元、张春桥等人,不论哪一方面都不够当政治局委员的条件,所以没有选他们。这本来是党内正常的民主生活。但"四人帮"不顾党纪国法,查了九大的选票。当知道萧劲光同志没有选他们时,对萧恨之入骨,进行政治陷害,故意将其与李作鹏在九大时布置选谁不选谁的阴谋活动联系起来,给萧劲光同志加上不选"忠于毛主席的中央领导同志票"的罪名。

三、关于在九届二中全会上在华北组的发言问题。萧劲光同志是相信了有人反对毛主席时才在华北组发言的,本来是属于上当受骗而不是由于林彪反党集团的布置。但"四人帮"把萧劲光同志的发言无限上纲,混淆是非,与林彪反党集团的阴谋活动向党进攻联系起来,是别有用心的。

四、关于"北兵南调"问题。"北兵南调"是经毛主席、周总理、中央军委下发的作战方案,萧劲光同志执行了指示,是没有责任的。1973年中央10号文件中说萧劲光同志"负有严重责任"是不对的。

五、关于所谓顶撞"中央领导"的问题。九一三事件后,萧劲光同志直接向毛主席请示报告并经批准,积极主动地解放了一批干部,而张春桥为此怀恨在心,妄加指责,当时萧劲光同志进行了申辩,是坚持原则的表现。把这说成是顶撞"中央领导",是完全错误的。

1979年3月5日,中共中央发出通知(中发19号),批转了总政的复查报告。同时决定,撤销张春桥插手搞的1973年中发10号文件(文件中涉及其他人的问题,建议海军另行处理),将中央本通知连同总政的复查报告,在中发10号文件传达范围内传达,海军传达到全体干部。至此,历经6年,萧劲光"上贼船"一案,终于大白于天下。

又过了8年之后,1987年9月13日,从全国人大常委会副委员长位上退下来的萧劲光,在家中迎来了半个多世纪风雨与共的老战友,原中共中央副主席陈云。都是耄耋老人了,老友相见,分外亲切。他们讲历史、讲现实,讲惊心动魄的"文化大革命"风雨,讲这段"上贼船"的前前后后。抚今思昔,感慨不已。讲到动情处,陈云从随身带来的小包中拿出亲书的大字条幅——摘录的是白居易的诗句:

周公恐惧流言日，

王莽谦恭下仕时，

向使当初身便死，

一生真伪复谁知？

书赠萧劲光

陈云将条幅轻声读了一遍，笑道："为你的事，中央已专门发了文件，应该算'一生真伪天下知'了！"

邓小平揭开海军历史新一页

1979年春天，刚刚开过的中共十一届三中全会，使中国的政治形势发生了根本的变化。经过十年动乱后复出视事，重新担任了中共中央副主席、中央军委副主席的邓小平，在领导全党做出工作重点转移伟大战略决策的同时，把锐利的目光转向了饱受林彪、"四人帮"干扰破坏的海军。

由此，人民海军的历史揭开了新的一页。

派一个"局外人"到海军当"班长"

在"文化大革命"十年内乱期间，由于先是林彪、后是"四人帮"直接插手海军，在领导干部中间分线划派，有打有拉，造成了海军党委内部的严重不团结。粉碎"四人帮"以后，通过揭批"四人帮"、清理思想，这种状况有了一些改变，但囿于当时的环境条件，一直没有能够从根本上解决问题。真理标准大讨论在全国轰轰烈烈地开展了一年，海军仍然悄无声息。广大官兵面对举国上下、千行百业呈现出的勃勃生机，对海军现状产生深深的忧虑。这引起了主持军委工作的邓小平副主席的密切关注和深思。

怎样才能解决海军的问题，使海军尽快跟上全军、全国日新月异的形势？邓小平和叶剑英及军委其他领导就此进行过多次交谈。大家一致的意见是，海军问题复杂，领导成员之间隔阂很深，不团结问题由来已久，单靠他们自己已很难解决问题了。要解决问题，必须派有影响的"局外人"参加领导工作。1979年2月7日，苏振华突然病逝，加速了这一指导思想实现的进程：2月12日，中央军委颁布命令，任命交通部部长叶飞为海军第一政委、海军党委第一书记。

叶飞是资望很深的军界元老、妇孺皆知的开国上将。但是,至时他已离开部队做地方工作20多年了。不久前他刚从西欧访问回来,负责的交通部利用香港招商局与广东省合办蛇口工业区的工作正在紧张地进行中。到海军任职的事,军委虽有人向他吹过风,他知道一点,但他决然没有想到竟会这么快就定下来。

接到任命,叶飞立即给邓小平打电话:"邓副主席,我不懂海军,更不了解海军这些年的情况,到那里去很难。"

话刚说完,邓小平就接过去说:"这都知道。不过,这正是你的优势。你是局外人,不了解他们这派那派,没有框框,正可以大胆地讲话、办事。"

"我什么时候到您那里去一下,去海军您有什么指示?"

邓小平稍沉吟了一下,接着说:"没有什么讲的了。海军都是老同志,你去了要当好班长。时间紧,要尽快去,尽快进入情况。海军任务重,等不起。有些话过一段你摸清情况再谈。"

放下电话,回味着邓小平的每一句话,叶飞深感责任重大,心里久久不能平静。他立即向接任的曾生副部长交代工作,到海军上班。

海军党委对叶飞的到来非常重视。3月1日,召开了由全体机关干部和直属部队参加的欢迎大会。在会上,叶飞做了简短、诚恳的发言。他说:"我是个老兵,我热爱我们的军队,但不懂海军,来海军首先是向大家学习。要和萧司令、和党委一班人,共同努力,争取3年内使海军面貌有较大变化。第一年搞不好,情况不熟,大家可以谅解;第二年搞不好,就应该批评;第三年再搞不好,说明我完成不了任务,应该打起背包走人。我的工作,请大家帮助,欢迎大家监督。"叶飞的话刚讲完,全场就爆发出长时间的、热烈的掌声。

由于长时间受派性和其他方面复杂原因的影响,当时有人对叶飞到海军来及某些方面的决策有不同意见。但海军部队此后的发展变化,却使人不得不承认,中央军委接受邓小平同志提议,派叶飞到海军的决策是完全正确的。正如有的老同志讲的:"否则,党委很难那么快就消除了派性,工作出现新的局面。"

工作百忙中，一次特别召见

转眼间，叶飞到海军已上任一个多月了。情况了解的怎么样？下一步有什么打算？在这大变革的时期，作为党和国家核心领导人的邓小平特别繁忙，但他仍然没有淡忘叶飞履职后的海军。4月3日，邓小平专门召见了叶飞和海军第二政委杜义德。

9点30分，叶飞、杜义德按时到了景山后街邓小平的住所。邓小平一边和他们打招呼，请他们坐下，一边直截了当地问："今天你们谁汇报？"叶飞说："杜义德同志汇报。"杜义德首先汇报了海军党委第五届二次会议的情况和南海、西沙战备情况，接着又汇报了人事安排和落实干部政策的情况。邓小平听得很认真，不时地提问、插话。

汇报一结束，邓小平便问道："叶飞同志，海军的情况你摸了没有？"叶飞回答："上班一个多月了，在摸情况，还没有摸清楚。"邓小平说："海军的问题主要是不振作。"随即对海军问题做了具体分析。他指出，海军的工作过去主要是不扎实，缺乏协调，缺乏雷厉风行的作风，有些东西贯彻不下去。接着，他着重讲了海军建设方针的问题。邓小平说，我们的海军，应当是近海作战，是防御性的，防御敌人从海上来的侵略。我们不称霸。海军装备发展、教育训练，一切都要服从这个方针。当然，不称霸、近海防御，并不是说海军不要发展、不要强大。我们的防御是积极防御，必须有战斗力。海军现在的状况不行，严格说来，有些部队还没有形成战斗力。我们要尽快建立一支真正顶用的、有战斗力的海军。他说，你们要聚精会神地、认真地研究解决这个问题。海军究竟需要什么装备，型号要具体提出来，要重新制订计划；现在国家有困难，军费要压缩，经费少了更要用好，装备建设要少而精；舰艇不要光求吨位，不如吨位少些但顶用。对部队的军事训练，邓小平要求，一定要从实战出发，仗怎么打兵就怎么练，符合战斗要求，不要搞形式主义。要恢复我军雷厉风行、严格训练、严格要求的优良传统。最后，邓小平语重心长地说："最近这一段，你们抓了一下,有成绩,南海、西沙的备战也是好的。下一步还要深入下去,进一步把情况摸透,把问题搞清楚,拿出真正切实可行的规划和措施,把海军的工作搞上去。"

汇报和谈话一直进行到12点30分。叶飞、杜义德对耽误了邓小平吃饭表示歉意。邓小平说,这没关系,没有准备也不留你们吃饭了。并亲自把二人送出门去。

叶飞、杜义德回机关后,立即将邓小平所作指示,向海军党委常委做了详细传达,研究部署了贯彻意见,然后各常委分别带领机关干部深入部队调查研究,抓贯彻落实。

海军党委扩大会上,一个振聋发聩的讲话

为了进一步贯彻落实党的十一届三中全会精神,落实邓小平4月3日对海军的指示,海军党委于1979年7月20日~7月31日,在青岛召开了常委扩大会议。参加会议的有军以上单位和海军直属机关各大部领导。会议的议题有两个:一是关于实践是检验真理的唯一标准大讨论补课问题,二是关于海军建设十年发展规划(三年调整、七年建设)问题。会议期间,叶飞、杜义德一起向在青岛视察、度假的邓小平报告了会议的情况,并请他视察海军部队,观看水上飞机和直升机表演,到会作指示。邓小平欣然接受了这个请求。

水上飞机和直升机表演,是7月29日上午进行的。7月的滨城青岛,阳光灿烂,空明海碧。机场停机坪上,战鹰闪烁着耀眼的银辉。身着崭新的上白下蓝服装的海军官兵,在指挥塔前整齐地列队,静候检阅。9点许,邓小平乘坐的旅行轿车准时抵达机场。当邓小平在军委委员粟裕陪同下,从车上走下来时,叶飞、杜义德立即迎上去,向邓小平报告。邓小平与列队静候的海军、北海舰队的领导一一握手,满面笑容地向热烈鼓掌的指战员们招手致意。

检阅台面对大海。陪同邓小平在检阅台上就座的,有军委委员粟裕、山东省委书记白如冰、济南军区第一政委萧望东及海军、北海舰队的领导。邓小平

首先听取了水上飞机部队领导关于水上飞机的结构、性能及作战使命的汇报。邓小平听得很专注,不住地点头。

汇报结束后,飞行表演随即开始。随着一声轰鸣,一架飞机像离弦的箭一样迅即弹出,开始水上滑跑起飞。霎时,蓝色的海面上,浪花形成一道白色的长堤。飞机溅水飞行,又展翅高飞,当上升到几百米后,缓缓绕检阅台一周,轻轻摆动双翼,向检阅部队的首长致意。此后,飞机不再继续爬高,而是逐步下降,从几百米降至十几米,轻捷地进行着水上着落表演。邓小平一边观看表演,一边指着表演的飞机问身边的北海舰队航空兵司令员范天喜:"这种飞机我们自己搞了没有?"范天喜回答:"我们的现在正在试飞。"邓小平点点头。

水上飞机表演完毕,邓小平在现场工作人员的引导下起身离开检阅台,来到塔台前面。这时,一架超黄蜂直升机在机场上拔地而起,卷着气流、挟着风直指蓝天。飞机忽进忽退,忽而垂直上升,忽而直线下降……邓小平脸上露出满意的微笑,不住地鼓掌。

观看完飞行表演,邓小平兴致很高。10点15分,他乘车来到青岛市人民会堂,亲切接见了参加会议的全体同志和北海舰队机关的干部,并同大家合影留念。随后,邓小平发表了长时间的讲话。

邓小平从海军初创时期讲起。他说,新中国还未成立海军就建立了,开始一段不错,但是自从林彪把李作鹏他们弄到海军来,从此就多灾多难。先是互相争我对你错、我高你低,"文化大革命"开始后就打派仗,分线划派、层层站队,对部队伤害很重,影响很深。但这不要紧,只要抓得好,很多问题是

1979年7月29日,邓小平(前排左九)、粟裕(前排左七)与参加海军党委常委扩大会议的代表合影

1979年7月29日,邓小平(右一)在海军党委常委扩大会议上做了题为《思想路线政治路线的实现要靠组织路线来保证》的重要讲话,专门论述了海军建设的战略问题。右二为萧劲光

可以解决的。就看你抓不抓,抓得认真不认真。接着,邓小平系统地阐述了海军的战略、海军建设的方针、海军实现现代化的过程及当前的任务和要求。邓小平深入浅出、言简意赅的讲话,清楚地指明了海军发展的方向和道路。

讲到真理标准大讨论,邓小平指出,就全国范围来说、就大的方面来说,通过实践是检验真理的唯一标准和"两个凡是"的争论,已经比较明确地解决了我们的思想路线问题,重新恢复了毛泽东同志倡导的实事求是、理论联系实际、一切从实际出发的思想路线。这是很重要的。这一争论,开始的时候反对的人不少,但全国绝大多数干部群众已逐步接受了。这个争论还没有完,海军现在考虑补课,这很重要。真理标准问题的讨论是基本建设,不解决思想路线问题,不解放思想,正确的政治路线就制定不出来,制定了也贯彻不下去。……所以,不要小看实践是检验真理的唯一标准的争论。这场争论的意义太大了,它的实质就在于是不是坚持马列主义、毛泽东思想。

最后,邓小平语重心长地讲了培养年轻干部的问题。他说:"1975年我主持中央工作,王洪文就说,10年后再看。现在也有10年后再看的问题。我们对林彪、'四人帮'的影响不能低估,不能想得太天真了。要想得远一点。一定要趁着我们老同志在的时候挑选好接班人。……这个问题解决不了,我们见不了马克思。老同志在,问题比较好解决,如果我们不在了,问题还没有解决,就要天下大乱。你们不要以为中国乱不起来,林彪、'四人帮'帮派体系的人,就是不听党的指挥,他们唯恐天下不乱。中国的稳定、四个现代化的实现,要有正确的组织路线来保证,要有真正坚持马克思列宁主义、毛泽东思想和党性强的人来接班才能保证。"

讲话进行了一个多小时。在这期间,会场里每个人都凝神屏息,生怕漏掉一个字。邓小平的讲话一结束,大家就忘情地使劲鼓起掌来。20年后,一位有幸聆听过这次讲话的同志回忆当时的情景,仍深情地说:"那才叫振聋发聩!那才叫豁然开朗!那次讲话给人的印象太深了!"

海军常委扩大会议在认真学习邓小平同志重要指示、分析海军形势、总结海军党委领导工作经验教训的基础上,形成了《海军党委常委扩大会议纪要》和《海军1979年下半年工作部署》。邓小平的这次讲话,经过整理,分别以《思想路线政治路线的实现要靠组织路线来保证》和《海军建设要讲真正的战斗力》为题,编入《邓小平文选》(第二卷)和《邓小平论国防和军队建设》两本书中。

在青岛至烟台的专列上,
听取叶飞、杜义德工作汇报

7月29日上午,在看完水上飞机和直升机表演前往青岛市人民会堂的车上,邓小平问起舰艇部队的情况。叶飞趁机建议他到烟台的舰艇部队视察,邓小平愉快地接受了建议:"好,到烟台,坐坐我们的驱逐舰。"于是,会议一结束,31日下午4点,叶飞、杜义德就陪同邓小平登上了由青岛驶往烟台的专列。

列车启动不久,叶飞、杜义德就一起走进邓小平车厢的休息室。邓小平刚刚点上一支香烟,随手把他的熊猫牌香烟递给杜义德,请他们吸烟。4点30分,叶飞、杜义德开始向邓小平汇报海军的工作。

首先由叶飞讲。他着重汇报了5月份和海军副政委卢仁灿及各舰队领导、有关部门的同志,一起到东海、南海一些部队调查研究的情况。当汇报到西沙战略位置重要,需要重点设防时,邓小平插话:"这个地方一定要坚守。这次你去看一看好,百闻不如一见。"叶飞汇报说,西沙和大陆沿海岛屿不同,情况特殊。请示西沙设防是海军守还是陆军守?邓小平问:"过去是谁守?"叶飞回答："是海、陆军共同守。"邓小平说："回去研究研究，如果海军守，要给编制。"接着，叶飞又汇报了基地建设、装备质量、舰艇在航、改装等方面的情况，邓小平都给予了明确的指示。

此后，叶飞又汇报了海军部队下半年的工作。叶飞说："海军今年下半年第一项大的工作，是真理标准问题大讨论补课；第二项就是开展以查质量、查技术、查安全为内容的大检查。我们打算把海军领导机关人员的一半派下去，和舰队共同组织检查团对部队进行大检查。"邓小平听了非常高兴，连连点头说"抓得对"。在汇报海军装备建设和规划调整时，叶飞提出，一方面要抓紧舰艇改装、发展新装备，另一方面要加强修理工作。要争取在两年内把需要修理的舰艇全部修理好，扭转当前严重失修的局面。邓小平说，这个对。装备要顶用，有战斗能力。不顶用，浪费国家财产。关于落实干部政策问题，叶飞汇报说，要坚持做到三条：一是要坚持原则，二是要讲政策，三是要实事求是。要认真贯彻"惩前毖后、治病救人"的方针，把运动中的问题和历史上遗留下来的问题，组织力量过细地处理好，发展安定团结的局面。听到这里，邓小平插话说："这个好，这样做是得人心的。要历史地看问题，有错误改了就好。"

叶飞汇报完后，邓小平一边示意叶飞吸烟、休息，一边问杜义德："你还有什么要说的？"杜义德随即翻开手中的汇报提纲，又补充汇报了两个内容：一是海军传达贯彻邓小平4月3日指示的情况，二是这次海军党委常委扩大会议的情况。

杜义德说，研究真理标准问题大讨论补课，是这次常委扩大会议的一个重要议程。这个问题在海军尤为重要。因为过去的一年里，海军党委没有组织领导部队开展讨论，对这个问题，这次会上大家发言十分热烈。党委已做出决定，从下个月开始就组织补课。补课的重点是干部，特别是高级干部，每个人都要补。由于在这个问题上有了共同的认识，其他的议题，如海军建设三年调整、七年规划问题，也解决得比较好。杜义德还汇报了会上大家分析的海军党委多年来"不振作"的原因。邓小平对会议的决议和会后的打算，都给予了肯定。

汇报进行了一个多小时。汇报结束后，叶飞、杜义德请邓小平作指示，邓小平说:"按你们的部署去办,我没有什么讲的了。"

在航行的军舰上,郑重为海军题词

8月2日8点,邓小平在叶飞、杜义德和山东省委第一书记白如冰、济南军区第一政委萧望东、北海舰队司令员饶守坤等同志的陪同下来到烟台基地军港。挂满旗的军港严整、肃穆。邓小平检阅了101号舰后,登上了105号舰。

在105号舰会议室(1号舱室)里,邓小平首先听取了支队长王文斌关于导弹驱逐舰设计性能、现实状况和舰上官兵简要情况的汇报。接着登上舰指挥室,看望在那里工作的干部战士。在上舷梯时,水兵们都围上来,要扶他上。邓小平抬头瞄了一眼陡立的舷梯,笑着说:"不用,不用。自己来,谢谢!"说着就手扶舷梯健步登上了指挥台。

8点30分,军舰徐徐驶离码头。邓小平兴致勃勃地登上军舰的最高点——信号灯座。随着舰速加快,海风似乎加大了。一个战士怕他着凉,拿来了衣服和帽子,邓小平微笑着摆了摆手。不一会儿,天下起了蒙蒙细雨。邓小平依然凝神地站在一个高射炮平台上远眺近望,并不时与陪同在两侧的叶飞、杜义德和支队领导交谈。风越刮越猛,雨也大起来。一个战士举着雨伞走过去,要给他打伞,他坚持不打。经叶飞再三提议,邓小平才走回舱室。

军舰破浪前进。邓小平和大家一起关好舱室的舷

1979年8月2日,邓小平(中)在叶飞(左)、杜义德(右)的陪同下,乘105号舰驶经登州和长山水道出海视察

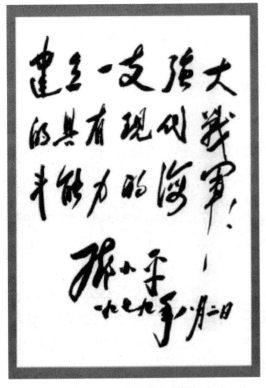

1979年8月2日,邓小平在105号舰上题词:"建立一支强大的具有现代战斗能力的海军!"

窗,便坐下和陪同的同志交谈起来。这时,舰上的刘云成副政委拿着题词本走进来,附在靠近门口的杜义德政委的耳边小声说,舰上的干部战士想请邓副主席题词。杜义德当即转达。邓小平高兴地点了点头,说"可以"。刘云成和另一个同志立即把笔墨和题词本摆在邓小平面前。

邓小平没有立即动笔。他点燃一支香烟,默默地吸着、思索着。一支烟吸毕,停了一会儿,又点燃一支,继续吸着、思索着。考虑了近半个小时,邓小平才豁然站起来,拿过毛笔,饱蘸浓墨,挥笔写下18个遒劲大字:"建立一支强大的具有现代战斗能力的海军!"邓小平笔还没有放下,大家已情不自禁地鼓起掌来。

10点多钟,雨停雾散,风浪也小了。邓小平来到前甲板,开始了对岛屿和海域情况的视察。他手握望远镜,对照着海图,对经过的每一个岛屿、每一片海域,都进行了详细的观察和询问。其严肃认真的精神,给在场的每个指战员都留下了极为深刻的印象。

返航了,海面开始平静下来。邓小平面带满意的微笑与指战员们照相:先和部队、舰上的领导同志照,然后又和舰上立功受奖的优秀干部战士照,一批接着一批。在1号舱室负责招待工作的战士盛立中,因忙工作未能参加合影,感到很惋惜。他找到杜义德政委,提出想请邓副主席签个名。邓小平知道了,亲切地说:"签个名,好!"说着,接过盛立中的本子和钢笔,在扉页上签了名。盛立中双手接过本子,激动地紧紧捧在怀里,连敬礼都忘了。接着,另一名战士也把笔记本送上来,邓小平也高兴地满足了他的心愿。

下午两点30分,105号舰靠上码头。邓小平及陪同视察的叶飞、杜义德、白如冰、萧望东、饶守坤等领导同志,又一起和全舰官兵合影留念。邓小平6个多小时的海上视察,给海军指战员们留下了难以忘怀的记忆。

乘风破浪,人民海军从浅蓝走向深蓝

邓小平视察部队和关于海军工作的一系列指示,迅速传遍了万里海疆的高山、海岛、机场、码头,震动、鼓舞着海军官兵的心。1979年下半年,海军党委从真理标准大讨论补课入手,狠抓了这些指示的落实。青岛会议结束后,海军党委连续办了3期军级以上干部真理标准大讨论学习班。每期一个月,先后有200多人参加了学习。通过办班学习,彻底破除了"左"的思想的精神枷锁,使党的十一届三中全会确定的思想路线、政治路线,在海军部队广大官兵中扎下了根。与此同时,组织了海军、舰队两级机关半数以上的干部下部队,开展装备质量、技术、安全大检查,解决装备建设、军事训练中长期积存的问题;把"文化大革命"冲掉的科研机构,重新筹建起来,拟定了海军现代化建设十年发展规划;在各大单位对团级以上干部进行全面调查了解的基础上,1980年元旦一过,叶飞亲自率领工作组对军级以上干部进行了系统的考察,按照革命化、知识化、专业化的要求选拔接班人,使一大批德才兼备的中青年干部走上了重要领导岗位。

1999年纪念人民海军诞生50周年的时候,一位为新中国海防建设奋斗了一生的老海军深情地说:"如果说1949年是毛泽东亲自领导创建了海军,那么,30年后的1979年,是邓小平同志把海军从十年动乱后的困厄中挽救出来,指引海军走上了现代化建设的航程。"

海军关于真理标准问题大讨论补课始末

1978 年，全国上下开展了关于真理标准问题大讨论。正是这场大讨论，彻底砸碎了"四人帮"的精神枷锁，冲破了"两个凡是"的政治樊篱，为具有划时代意义的中共十一届三中全会的召开奠定了坚实的思想、政治基础。但在当时，由于领导层思想认识等原因，有些单位没有参加讨论，在这场伟大的思想解放运动中掉了队。形势发展和实际工作的需要，这些单位时过不久都进行了补课。海军就是后来补课的，并且行动最早，是全军、全国开补课先河的单位之一。

举国上下大讨论轰轰烈烈，偌大海军按兵不动，杳无声息

在"文化大革命"期间，由于林彪、江青一伙直接插手海军，在海军大搞分线划派、层层站队，使海军部队、院校，特别是海军机关的团结受到严重破坏。1978 年初，海军部队总的形势虽有明显好转，但内部关系仍相当紧张，各种事故频频发生，教育训练依然在"文化大革命"中形成的老路子上打转。对"文化大革命"中的一些东西到底应怎么看？拨乱反正应从哪里入手？新形势下教育训练怎么搞？官兵们忧虑焦急，各级机关、中高级领导干部更是忧虑焦急。所以，报刊上关于真理标准问题大讨论一开始，就引起了海军部队的关注。

反应最快、最大的是海军领导机关。5 月 12 日，《人民日报》《解放军报》转载《光明日报》特约评论员文章《实践是检验真理的唯一标准》的当天，海军机关多个部门就引起了很大反响。长期"以阶级斗争为纲"，使人们政治嗅觉异常敏感："突然发表这样一篇文章，值得思考，有些话大有来头。"有些人则明确

表示赞同："文章写得好,很有针对性!""什么都照着书本来,以后还能讲话吗?"有几个院校的教员当即提出:"我们可不可以写文章参加讨论?"经逐层请示,报到海政,最后以统一口径答复:这是地方理论界的讨论,部队不参加。

领导机关不支持参加讨论,但并不影响部队对真理标准大讨论问题的关注。报刊上的文章,大家都争着看。"华主席没有表态","汪东兴批评了人民日报","军报6月24日的评论员文章是罗(瑞卿)秘书长亲自修改定稿的",等等。中央领导人之间的态度、分歧,也通过不同渠道在机关传播。6月2日,军委副主席邓小平在全军政工会议上重点讲了实事求是的问题,明确提出,要把"肃清'四人帮'的流毒,拨乱反正,打破精神枷锁,使我们的思想来一个大解放",作为当前的"严重任务"。这一讲话的传达、发表,给了真理标准大讨论以有力的支持和推动。到8月份,关于真理标准问题大讨论逐步形成高潮。海军部队、院校,特别是海军机关,对这一问题关注、议论也日渐增多。

面对这种形势,《人民海军》报的编辑、记者再也坐不住了。8月初,政工处处长魏艾民组织本处的编辑将军地多家报纸上关于真理标准大讨论的主要观点、论断摘编在一起,试图出一个专版,以期引起领导、部队的关注和思考。稿子编好印成大样,报社领导看过后,向政治部领导、海军首长逐级上送。几天后,送审稿退回报社。稿件中关于真理标准大讨论的话,均被划掉,留下的是关于强调联系实际、深入群众的内容,并且没有明确批示稿件可以发还是不能发。后来,这篇稿子未能刊出,不了了之。

9月21日,海军政工会议在北京召开。参加人员为海军部队独立团以上单位政工领导及部分基层单位代表,计400余人。会议的主题是,贯彻4月27日~6月6日召开的全军政工会议精神,研究在新形势下恢复和发扬我军政治工作的优良传统,加速提高海军战斗力问题。邓小平在会上的讲话是全军政工会议的主要文件之一。然而,海军政工会议开了21天(10月12日结束),却没有把邓小平讲话中最令人瞩目的内容——赞成、支持关于真理标准问题大讨论的部分作为重点传达,更没有研究真理标准大讨论问题。在会上,海政主任邓楚白代表海军党委做了《认真贯彻全军政工会议精神,恢复和发扬政治工作光荣传统,加速提高海军战斗力》的报告。海军第一政委苏振华、第二政委杜义德等政工首长,都分别讲了话。按照统一定的调子,这些讲话中均没有涉及真理标准大讨论的内容。整个会议期间,对真理标准大讨论问题讳莫如深。部分参加会议的基层同志在讨论中提出:对地方上开展的真理标准大讨论问题应怎么看?有的讲得更明确:《解放军报》已发了多篇文章,邓副主席是支持的,沈阳军区李德生司令员也表态了,海军部队要不要也表个态?初始会议组织人员多回避,不做答复,后来则统一口径:海军不参加、不介入!

在海军政工会议期间,驻旅顺某基地党委未经请示自行组织了关于真理标准问题的学习讨论,并以《真高举假高举也要靠实践检验》为题写了一篇报道文章。《旅大日报》收到稿件非常高兴:"海军终于表态了!"他们立即编发,并电话通知稿件作者拟做报纸头版头条刊登。就在稿件将见报的前两天,基地到北京参加海军政工会议的同志回来了。听说《旅大日报》将登载基地党委关于真理标准大讨论的文章,当即提出海军政工会议上已讲了,海军不表态,文章不能发。次日基地宣传部门便派人到报社将稿件撤回,结果弄得报社的同志一头雾水。

据不完全统计,从5月11日《实践是检验真理的唯一标准》的文章在《光明日报》发表,到年底十一届三中全会召开,半年多时间里,《人民日报》《解放军报》等中央及各省级报刊,先后登载关于真理标准问题大讨论的专文达650多篇。全国大多数省级党政领导机关都以各种形式参与、组织了大讨论。解放军总部机关、大军区领导机构,卓有影响的军队将领李德生、许世友、韩先楚、聂凤智、李志民、曾思玉、吴克华等,都公开发表讲话,撰写文章,旗帜鲜明地表示支持实践是检验真理的唯一标准的观点,高度评价这场大讨论的理论意义和现实意义。然而,向来以"政治敏感、思想活跃"著称的海军部队,从海军机关到各地部队,无一篇文稿见诸军地报刊。

海军不介入真理标准问题大讨论的决定,是海军党委做出的。在这期间,因病住院的海军司令员萧劲光看到社会各界的讨论越来越热,军地一些颇有影响的领导先后表态,提议海军机关重视研究和组织。刘道生、周仁杰、卢仁灿、杨国宇等海军首长,会上会下也几次提出注意报刊上真理标准大讨论问题,但没有被主持全面工作的苏振华同志采纳。苏振华说:"你们也不看看形势,中央没有表态,弄不好要犯错误。"

苏振华是一位久经战火考验的老同志、开国上将,20多年来,他为海军政治建设做了大量奠基性的工作。粉碎"四人帮"后,在稳定上海斗争中做出了突出的贡献。至于他为什么没有支持和组织部队开展关于真理标准大讨论,原因是复杂的。他在1979年1月召开的海军党委五届二次会议上,对此专门做了检查。苏振华说:"人家说我翻'文化大革命'的案,我就怕;人家说我是复辟势力的代表,我也怕;人家说我是邓小平在海军的代理人,我更怕。总之,怕犯错误,怕丢乌纱帽,怕被再次打倒。这说明自己的世界观没有改造好……最根本的是有私心杂念。"他说:"全国开展真理标准大讨论,是个思想路线问题、政治问题。海军党委常委没有讨论过,也没有组织部队开展学习讨论,是错误的……由于我没有及时在海军组织开展真理标准问题大讨论,束缚了同志们的思想,造成了被动……责任在我。"

苏振华同志的检查是坦诚的。可惜,他没有来得及纠正这一失误。1979年2月7日,他心脏病突发,离开了为之奋斗了几十年的海军。这一问题,成了他终生的遗憾。

叶飞经过数月的调查、思考,得出结论:这一课非补不可

苏振华逝世后,叶飞接任苏振华的职务。

命令一下,他迅即走马上任,投入工作,期望能尽快打开局面……然而,一个星期之后,通过与杜义德等海军领导交谈,连续听了机关几个主要二级部领导的汇报,叶飞意识到了形势的严峻。多年后谈起这时的感觉,他说,尽管来海军之前我就对海军情况复杂早有思想准备,但也没有料到问题竟会如此之多!

"文化大革命"期间,从司令员萧劲光、第一政委苏振华、第二政委杜义德,到军政副职刘道生、卢仁灿、梅嘉生等海军领导、海军党委常委十几个人,几乎先后都曾被批斗、关押过,挨过整;另有少数同志则盲目跟风,在林彪、江青势力的纵容支持下,错误地主持过对其他领导成员的批判、斗争,整过人;有的先

整过他人后来自己又挨了整,有的先挨过整,重新工作后又整了别人。于今,大家思前想后,谁都感到心里不平衡,有冤气、有怨气。因此,党委常委在许多问题上统一不了思想,形不成决议。是时,在中央组织部部长胡耀邦(后宋任穷)的主持下,全国性的平反冤、假、错案,落实干部政策工作进展迅速,军内许多单位已近尾声,广州军区、兰州军区、总后、空军等单位的一些老大难问题,大都妥善解决,而海军还有数以千计的干部仍在"靠边站",甚至被关押。对许多干部在动乱期间所做的结论明显不妥,甚至完全错误,还没有复查;有的虽然复查过了,但还未了结,仍留着尾巴。由于派性作怪,直接影响到干部正确的调配、使用。一方面大量干部超编,人浮于事,而另一方面有相当一部分关键岗位班子不健全,许多专业技术干部学非所用。遭受毁弃、破坏的条令条例、规章制度没有恢复,部队装备严重失修,教育训练中许多工作不落实。1978年3月,南海舰队某部发生驱逐舰爆炸的严重事故后,在全海军范围内开展了声势浩大的查、整、改运动。这一运动虽解决了一些实际问题,但由于受"左"的思想影响,又使数量不少的干部战士受到伤害,部队上访的人员数量也很大,为解决个人问题或检举、揭发他人问题的信件,每天都有十几封,甚至几十封……

然而,最令叶飞吃惊的还不是这些问题本身,而是部分机关干部,特别是部分领导,对这些问题的认识、对十一届三中全会精神的理解。1979年春节后,随着党的十一届三中全会精神的学习贯彻,党中央关于工作重点转移的一系列重大决策已深入人心,但海军中的部分人似乎置身事外,依然对三中全会的路线抱怀疑,甚至抵触的态度。3月下旬,传达邓小平关于对越自卫反击战的讲话,海军机关组织了一个星期的讨论。讨论中,谈到邓小平讲话中提到的引进新技术、搞中外合资办厂等这一套政策、措施时,有的人公开讲"现在才是真正修了,搞修正主义了,右倾势力当权了"。另外有的人提出,现在天天讲四个现代化,阶级斗争不提了,阶级斗争一抓就灵不提了,抓革命、促生产也不提了,天天讲生产力、现代化,这是社会主义、马克思主义?许多人虽然不赞成这种观点,但也很少积极与他们争论。

叶飞对三中全会的决策是由衷赞成拥护的。海军机关的思想状况还处在这种情况,他没有想到。但这些同志谈的都是自己的真实想法,关心党和国家的命运,能怪他们吗? 这些同志是好同志,他们的认识是错误的,但目的、出发点并没有错。主要是思想僵化、半僵化,才对三中全会接受不了、抵触大。为什么出现这种情况? 思来想去,叶飞得出结论:就是吃了没有开展真理标准大讨论的苦头。由此,他开始考虑在海军进行真理标准大讨论补课的问题。

5月初,为了全面摸清部队情况,贯彻落实邓小平4月初对海军工作的指示精神,叶飞与副政委卢仁灿带领机关有关部门的同志,会同北海舰队司令员饶守坤、东海舰队政委方正平、南海舰队司令员傅继泽,一起视察了海军驻福州、广州、湛江、海南、西沙等地的部队。他们不在机关听汇报,而是直接深入到师团单位直至舰连,与基层官兵面对面地交谈。一路上,大家边走边看,白天分头视察港口、机场,看部队,晚上碰头梳理情况,汇拢问题。从东海到南海跑了近两个月。通过这次视察,叶飞发现部队中团结问题、管理问题诚然比机关、院校好得多,但"文化大革命"的影响也相当深。特别令人震惊的是,三中全会开过半年后,海军部队也已进行了传达学习的情况下,部队中还有部分官兵,包括少数领导干部,对三中全会前后的一系列重大决策感到"不理解",依然认为三中全会的方针政策"右了"、"偏了";"两个凡是"是"稳定大局的需要",开展真理标准大讨论是"砍旗";有的官兵把坚持四项基本原则同解放思想对立起来,认为空前活跃的政治形势是"解放思想过了头"、"发扬民主闯了祸"。对引进外资、中外合资等五届人大通过的法律,认为"不可思议"。这使叶飞痛切地感到,"文化大革命"给机关、院校造成了严重破坏,但部队基层的影响也不可低估。"思想处于着僵化、半僵化状态"的人,上边有,下边同样也有。由此,他更进一步意识到进行真理标准大讨论补课的必要性、迫切性。

6月底,叶飞一行回到北京。海军党委召开常委会议,听取叶飞、卢仁灿关于部队调查情况的汇报。会上,叶飞正式提出了在海军部队普遍进行真理标准大讨论补课的问题。他说,部队工作很多,前段我们集中抓了组织问题,落实干部政策问题,是重要的,是开创工作新局面的关键环节。现在看来,有一项工作要抓紧做,就是要在部队开展真理标准大讨论补课。十年动乱,部队外伤很重,内伤更重。有些破坏,是官兵思想深处的,乍看去不明显,克服起来更难。就像实践是检验真理的唯一标准，这本来是个马克思主义的常识，那些年被林彪、"四人帮"搞乱了。现在搞讨论还这么难！内伤就要内治，思想问题就要从思想上解决。贯彻三中全会精神，实现部队工作重点转移，必须从清除"左"的思想影响入手。去年，全国从上到下，各行各业普遍开展了真理标准大讨论，我们海军没有搞，现在看来，这一课非补不可！要立即组织，拖下去就更被动了！

叶飞的提议得到常委全体同志的一致赞同。会上做出决定：第一，补课要自上而下地进行。首先召开常委扩大会议，从抓机关各大部、舰队、院校等直属单位党委书记开始。第二，要把补课与贯彻邓副主席对海军的指示结合起来，解决海军工作重点转移问题。

会后，成立了工作班子，着手开始召开研究补课的党委常委扩大会议的准备工作。

海军党委召开常委扩大会集中补课，
邓小平亲临会场做动员

1979年7月21日，海军党委常委扩大会议在青岛的东海饭店召开。

海军机关各大部主要领导和军以上单位主官近百人出席会议。会议的议题有两个：一是关于实践是检验真理的唯一标准大讨论的补课问题，二是关于海军三年调整、七年规划。会前，用4天时间召开了有海军和舰队两级党委书记参加的预备会，为开好这次会议做了认真的准备。由于准备工作充分、扎实，大家发扬民主，解放思想，会议开得生动活泼，非常成功。

作为中心议题，真理标准大讨论补课问题贯穿会议的始终。首先系统学习了中央、军委有关文件，邓小平等领导同志的讲话、报刊上的重要文章。而后，在叶飞"要放开思想说真话"的号召下，与会人员都打消了思想顾虑，坦诚地汇报思想，发表了自己的意见。原本对这一讨论认识不足，有抵触情绪，说过错话、压抑过官兵热情的同志，主动地做了检查和自我批评。同志们说，这次会议虽然时间不长，通过学习中央和军委的文件，学习"两报一刊"的有关文

章,大家推心置腹地交流、座谈,收效很大,确实感到观念变了,对"两个凡是"的危害看得清了,对三中全会决策的意义理解更深了。最后大家一致要求,尽快将真理标准大讨论补课在海军部队铺开。

关于海军十年建设计划,这次会上没有具体讨论,只用两天的时间着重研究解决了在海军作战方针、建设方针上统一思想认识的问题。会议认为,思想解放了,这些主要问题认识统一了,才能制定出符合国家海防建设需要、切实可行的发展规划。

7月29日,应叶飞邀请,在青岛休假的邓小平接见了出席会议的全体人员,并在会上发表讲话充分肯定了海军组织真理标准大讨论补课的做法。接下来,邓小平又讲了领导班子调整和选拔接班人的问题。

海军党委常委扩大会议开了11天,于31日上午结束。会议最后形成了两个文件,即《海军党委常委扩大会议纪要》《海军1979年下半年工作部署》。邓小平的讲话,经过整理下发部队传达学习。

《海军党委常委扩大会议纪要》在充分记述会议对开展真理标准问题大讨论深远意义的认识、总结会议收获的基础上,对在海军部队全面开展真理标准大讨论补课做了部署要求。《海军党委常委扩大会议纪要》指出:"会议决定,今年下半年在海军广泛开展真理标准问题的补课,普遍进行一次马列主义、毛泽东思想基本理论教育,解放思想,端正思想路线,把认识统一到三中全会、五届人大二次会议精神上来。补课的重点是干部,尤其是高级干部。要联系实际,总结经验教训,研究解决海军建设中的新情况、新问题。补课的方法,可以开党委扩大会、办读书班和利用政治教育的时间进行。基层主要是正面教育,也要联系思想、工作实际,展开讨论。今年下半年思想政治教育主要是搞好补课,其他各项教育都要在补课的前提下统一起来。"

海军党委常委扩大会议结束后,邓小平在叶飞、杜义德的陪同下于7月31日登上了由青岛驶往烟台的专列,前往视察海军驻烟舰艇部队。在行进的列车上,叶飞、杜义德又将海军部队下半年的工作意见,特别是真理标准大讨论补课的具体安排,向邓小平做了汇报。

补课由上而下全面展开，海军历史揭开新一页

党委常委扩大会议结束后，真理标准大讨论补课很快在海军全面展开。

按照会议要求，军级以上干部的补课由海军机关统一组织。党委常委扩大会议一结束，海军机关便立即召开会议，研究第一期军级以上干部补课学习班的筹备工作。叶飞亲自出席了学习班筹备工作会议，并在会上讲话专门强调了两点：一是这次补课重点是干部，特别是高级干部，每个人都要补。通知各单位科学安排好工作，不得漏人。二是要通知各单位领导及负责清查和落实干部政策的同志，有这样那样问题没有完全搞清、没有解脱的领导干部，只要不是敌我矛盾，愿意参加学习的都可以参加。可以一边学习，一边搞清问题。获悉叶飞这一指示精神，当晚就有多名对自己的问题缺乏认识、没有解脱的干部，主动找叶飞的秘书和负责办学习班的海政宣传部，要求参加学习。经研究，均获得批准，之后分期分批参加了补课学习。

8月20日，海军第一期军级以上干部真理标准大讨论补课学习班在北京开学。参加学习的为海军机关直属部队、院校主要负责人，共50余人。学习班由政治部主任邓楚白坐镇主持。叶飞不仅出席了开学典礼，在每一阶段都到学习班听取讨论汇报，而且还亲自参加了多个小组的讨论。他根据在交通部组织开展真理标准大讨论的经验谈自己对补课意义的认识和体会，鼓励大家既要放下包袱畅所欲言，充分发表自己的意见，又要过好民主关，敢于让下级官兵讲话，把心里话说完，真正做到"不打棍子、不抓辫子、不扣帽子"。上下都坦诚地把心里话讲出来，"左"的条条框框打破了，眼界放开了，思想解放了，就会看到战略重点转移的决策意义多么深远，才能把思想真正统一到三中全会精神上来。在叶飞等海军首长的带动和鼓励下，参加学习的同志都争前恐后发言，谈认识、摆问题，整个学习开展得气氛热烈，生动活泼。讨论中，有的同志说："海军的学习、会议好多年没有这样的气氛了。"

海军第一期军级以上干部补课学习班办了一个多月，于9月24日结束。

接着又连办了2期,每期一个月。到年底,3期学习班办下来,先后有军级以上干部和海军机关部分师职领导干部×××人参加了学习。

在第一期军级以上干部学习班开学的同时,海政还举办了部队政治理论骨干培训班,对部队各大单位宣传部门和院校政治教研室的领导、骨干,进行了集中培训。培训班集中10天的时间,传达了海军党委常委扩大会议精神和邓小平对海军的两次重要指示,邀请在全国真理标准大讨论活动中有重大影响的中国社会科学院和中国人民大学的著名学者邢贲思、罗元铮等做报告,对"四人帮"的极左路线、"两个凡是"的观点,进行了深入的理论剖析和探讨。骨干培训班结束后,9月初,各舰队、基地、舰航等军以上单位组织的师团干部补课学习班普遍开始。通过2~3期学习班,到年底,海军师团级领导干部基本轮训了一遍。在此期间,部队基层单位则按照海军的统一部署,采取集中学习理论、开展社会调查、请地方干部做报告,而后联系实际讨论提高的方法,对舰连基层部队进行了补课教育。

自上而下补课,使海军部队长期以来万马齐喑的状况为之一扫,部队上下呈现出思想空前活跃的新局面。办班期间,海军和各大单位政治部都出了多期专题《情况简报》。这些简报生动地记录了参加学习干部的思想反映。有的说,三中全会的路线方针政策不是"砍旗",而是真正"举旗";不是"致乱之源",而是"正本清源"。许多干部把这次补课形象地叫作"砸碎'四人帮'的精神枷锁",是"第二次解放"。

8月底,在海军各级补课学习班陆续开学的同时,海军质量、技术、安全大检查工作团,也先后离开北京,奔赴各舰队、院校。这次质量、技术、安全检查,实实在在堪称大检查。海军首长,除因病住院、出国访问和留一名主持日常工作外,都参加了检查团工作。海军机关干部参加检查工作团的有228人,其中师级以上领导干部就有40人。连同各舰队、院校选调的干部加在一起,检查工作团成员总计达1700多人。检查工作团参加人数之多、成员级别之高,都是空前的。

大检查工作的做法是,海军机关工作团(又称检查团)的干部到舰队、院校(海军航空兵单独组织)后,与各单位选调的干部共同编组,按照部门业务对口分工,到基层单位开展工作。检查过程中,多数单位按照海军党委总的部署要求,做到了"五个结合":大检查与日常性的工作相结合,检查团检查与发动群众自查相结合,普遍查与重点查相结合,大检查与建立严格的岗位责任制相结合,查找问题与整顿、改进工作相结合。在检查中发现问题,本着先易后难、先下后上的原则,能解决的,由带队的检查团领导协调当场解决;舰队以下解决不了的,由带队的海军首长组织海军机关业务部门到现场办公。整个检查在确保部队稳定、促进教育训练等各项工作落实的前提下,有条不紊地进行。

整个大检查于11月底结束。为了确保大检查善始善终,10月29日,海军党委在北京主持召开了汇报会。各单位在会上汇报了前段的进展情况和下一步的具体打算,对大检查收尾工作提出要求。实践证明,这次在全海军范围内进行的质量、技术、安全全面大检查,成效是明显的。据当时的总结报告记载,两个多月的时间里,各检查团共检查舰艇××××艘,占海军舰艇总数的83%;检查飞机×××架,占海军飞机总数的32%;施工进行中的重大工程,检查了57项;岸导等其他部队的装备也大部分进行了检查。对×××名飞行人员、×××名地勤人员及舰艇、武备等方面的多数专业技术人员,进行了全面考核。通过分门别类梳理归纳,在装备维修、后勤供应、军事训练等方面查出的问题,大大小小算在一起,达数万个。其中很大一部分问题,通过召开现场办公会,机关部队面对面就地解决。有些问题涉及面宽、政策性强,则归口分类由检查团带回机关,以待经过系统全面的论证研究,统筹解决。由于多方面的原因和条件限制,有些问题实在一时难以解决的,也由业务部门实事求是地向部队说明情况。

更重要的是,通过此次大检查,彻底摸清了海军部队各方面的底数,为按照军委的要求和国家经济、技术条件,调整、修改海军的发展规划奠定了坚实的基础。大检查结束后,修改、调整海军发展规划的工作遂全面开始。翌年初,整个规划若干个方案最后都定下来。调整后的规划,工程压缩了,舰艇吨位也有所减少,但重点更突出,经费使用更集中,因而更符合实际,切实可行。

海军各级党委自觉地把补课学习、大检查的过程当成考核干部的过程，按照军委指示精神对军官队伍，特别是中高级干部，关键部门的干部，进行了全面分析考察。1980年元旦后，按照革命化、知识化、专业化的要求，陆续对团以上各级班子做了调整，一大批德才兼备的中青年干部走上了关键性领导岗位。

叶飞与通俗歌曲冲击波

1980年，是举国上下深入贯彻党的十一届三中全会精神、实行改革开放政策的第二个年头，是党中央领导全国各族人民继续为制定新时期战斗纲领做准备的一年。随着社会变革的启动、政治形势的发展，中国思想文化领域也酝酿着深刻的变化。这一变化反映在音乐界，就是通俗歌曲由海外（主要是香港）进入大陆。这在当时曾掀起了一场规模不小的冲击波。在这场冲击波中，海政文工团是立在潮头的。时任海军司令员的叶飞，以政治家的敏锐眼光坚定地支持了文工团领导和演员的大胆尝试，平息了海军内部的风波。

流行歌曲乘开放之风悄然进京

通俗歌曲，当时的叫法是流行歌曲。改称通俗歌曲，是从1981年前后上海的一次青年歌手比赛开始的。无论内容还是形式，通俗歌曲都不是什么新东西，早在20世纪三四十年代我国就有了。那时，日军大举入侵，神州血火遍地，全民都在为挽救国家的危亡浴血奋战。然而，国统区部分大中城市上层社会却置若事外，依旧传唱着一味宣扬爱情、闲适、超然的《支那之夜》《蔷薇处处开》《何日君再来》等所谓"流行歌曲"。在当时的社会条件下，这些"流行歌曲"显然是不合时宜的，它理所当然地遭到了抗日军民、劳苦大众的鄙视和唾弃。新中国成立后，举国上下进入了热火朝天的创业年代，那是一段名副其实激情燃烧的岁月。文化工作强调"政治标准"、"昂扬向上"，流行歌曲被逐出大陆。"文化大革命"期间，"左"的思想横行，歌唱爱情被认为是"毒草"（《花儿为什么这样红》曾大受挞伐)，"流行歌曲"、"歌星"等词语，被认为是资本主义社会的专利。歌曲大都以歌唱领袖、歌唱祖国、歌唱新生事物为基本内容。把人手一册的《毛主席语录》谱上曲的语录歌，曾盛行一时。演出的形式、服饰，也大同小异，讲究政治性、战斗性，而缺乏艺术性，更缺乏个性。这类歌曲更不可能有市场。

1978年，中国改革开放的大门打开了。通俗歌曲乘着开放之风以最快的速度冲进大陆。它以录音盒带为载体，从香港、台湾登临广州，而后悄然进京。"春江水暖鸭先知。"敏感、活跃的男女青年率先接受了它。仿佛在一夜之间，通俗歌曲进入千家万户，传遍城乡。其中最先进入、影响最大的是台湾歌星邓丽君。

邓丽君的演唱，歌词内容广泛，贴近生活，曲调委婉凄迷，从内容到形式都是大陆群众长期以来闻所未闻的。乍一接触，大批听众，特别是青年人，一下子被镇住、被吸引了！很快，由个人私下欣赏到邀集亲朋好友一起欣赏，传播范围越来越广，形成了对传统演唱的巨大冲击。接着，一些青年演员竞相模仿。少数模仿者学了几首港台歌曲后，握着话筒走上舞台，几首歌唱下来，名声大震，便被狂热的青年们奉为新星、歌唱家，并且其知名度和受欢迎程度，使经过"十年寒窗"苦修苦练的传统、"正牌"歌唱家们相形见绌，望尘莫及。

面对这不期而遇的形势，许多知名的"正牌"歌唱家们困惑了、愤怒了：歌能这样唱，还要艺术院校干什么？ 一场演出，两首歌就是歌唱家，也太容易了！ 这样下去，还有是非，还有香花毒草吗？

改革开放伊始的1980年夏天，人心如火，万物争荣。这场由流行歌曲传播引起的争论也愈益热烈。从演唱内容到演唱形式，从声气运用到演出的服饰、台风，统统进入了话题。但归结起来，争论的焦点是一个，即青年演员中的模仿者：资本主义的台湾，生活方式本来就腐朽，唱唱《何日君再来》不足为怪，出十个百个邓丽君也正常，社会主义的文艺舞台是无产阶级的思想文化阵地，是宣传马列主义、毛泽东思想的舞台，怎么能学这些东西呢？ 热衷于学这些东西的演员是谁家的演员？

这场争论由文化圈而社会，由群众到领导层，强烈地冲击着首都的文艺舞台。在这场争论中,海政文工团格外引人注目。这一方面是因为海政文工团演出过《红珊瑚》《甲午风云》《赤道战鼓》等优秀剧目,向为人知,在社会上影响大,但更主要的还在于,允许以港台歌曲为代表的流行歌曲登台演出,在军队、在北京,甚至全国,海军都是最早的,并且团里出了一颗新星,即率先手握话筒登台,用通俗唱法演唱的青年演员苏小明。

一夜之间苏小明成了焦点

苏小明是海政文工团的歌唱演员,年轻、聪明、勤奋好学。作为歌唱演员,她有着不错的音乐感觉和嗓音条件。只是此前,她主要参加合唱,鲜为人知。流行音乐进来后,新鲜的歌曲内容、另类的演唱方法,引起了她浓厚的兴趣。她购置了大量的录音带,私下欣赏、学唱。1980年春节前后,她用自己学唱的《酒干倘卖无》《童年》《乡间小路》等港台校园歌曲、外国歌曲,参加了海军机关、直属部队和地方几场不大不小的演出,结果大受欢迎。此后参加演出,常常她一开口,甚至握着话筒一上台,便博得满堂彩。这引起了团领导的注意。时过不久,新近复刊的《北京晚报》为扩大影响,决定于当年国庆节前举办金秋新星音乐会,向各大演出单位发出通知,希望海军派员参加。海政文工团领导经过慎重研究,决定派苏小明参加演出。

总不能到这样大型的演出中去唱外国歌曲、港台歌曲呀!团长王建华当即向词作家马金星下达任务:根据苏小明的条件,写一首具有海军特色的新歌。就这样,马金星与曲作家刘诗召合作,通过几天突击,创作了新歌《军港之夜》。受大环境的影响,《军港之夜》的求新、求变是不言而喻的。

是年9月底,金秋新星音乐会在北京体育馆如期举行。这是自"文化大革命"开始至时,十几年来北京少有的文化盛事,数万人的体育馆,座无虚席。这次演出非常成功。如策划者所愿,推出了新歌,也推出了新星,但演唱中真正有流行歌曲味的只有苏小明,歌曲也只有《军港之夜》。所以,尽管演出前苏小明因拿不准观众将作何反应有点怯场,演出效果却意外得好。她歌声未了掌声即起,掌声、欢呼声经久不息。演出结束后,使此前本已引起关注的苏小明,在军内外声名远播。在北京,一时间苏小明几乎成了青年人的偶像。《军港之夜》也迅速广泛传播开来。

然而,群众的钟爱、热情并没有使关于流行歌曲的争论停止,相反,争论在部分人中更加激烈。在海军,有的首长强调,开放不是什么都"放",要有"左"反"左",有"右"反"右"。言下之意,流行歌曲是"右"的。有的人则公开讲,苏小明的歌,曲调咿咿呀呀,没有革命气势,纯属"靡靡之音"。许多报刊就金秋新星音乐会发表了评论文章,有公开支持、赞扬的,也有点名不点名的批评指责。新华社记者写的内参说:"苏小明不可不唱,不可多唱,要适可而止。"一位主持着《解放军歌曲》编辑工作的军队音乐权威也在《人民音乐》月刊上发文,宣称军队的歌曲应以反映部队生活为主,内容方面是革命的、健康向上的。《军港之夜》格调不高:当兵就要提高警惕,怎么能唱海军战士睡觉呢? 海军机关有人反应更激烈:这样的演员部队不能留,要处理。争论由机关波及部队。海军某基地俱乐部一个战士因无意中在有线广播中播放了苏小明唱的《军港之夜》受到处分,被关了禁闭。

文工团内部,对苏小明也有截然相反的两种意见。部分人叫好,认为群众欢迎、战士欢迎,就是成功,说明方向对头。"文艺为工农兵服务"么! 另有部分人则说,唱流行歌曲、模仿港台就是不健康。对观众的掌声要分析,是真正的欣赏艺术,还是迎合了不健康的情绪? 要是跳裸体舞看的人更多,也是好的吗? 多数人的态度是,不反对苏小明的存在,但首先要提倡部队风格,领导应该分清什么是允许的、什么是提倡的。著名男高音歌唱家吕文科也说,苏小明的一些歌不是黄色的,但完全不受港台影响也不大能说服人。认识上的分歧,有时影响到工作上的配合。加上外界的压力,团领导可谓举步维艰了!

1980年末,这场争论达到高潮。总政首长、业务部门几次不点名地批评海军。1981年元旦后,总政文化部就部队演出问题发出通知。文件中严肃指出:"军队文艺团体演出,应该有助于提高部队战斗力,有助于提高我军声誉……参加地方组织的演出,内容必须是革命的、健康的;作风要热情、庄重;服装要朴素、大方。参加地方活动必须经过本单位文化部门审定。"1月15日,总政一位领导就为全军政工会议演出问题,向负责同志做了三条指示:一、内容要好,不要搞邓丽君那一套;二、要传统的、符合延安精神的;三、要小节目。一句话,内容是健康的,方向是传统的,形式是小型的。对苏小明,总政业务部门也动了很多脑子,想了很多办法。文化部一位领导明确提出,请海政文化部、歌舞团(此前部队整编,文工团编为歌舞团、话剧团)领导当面与苏小明谈话,找专人"好好帮助她,在演唱上很好处理处理",并具体要求,参加元旦、春节演出时,苏小明要改唱《十送红军》。

然而,形势的发展并没有就此止步。

风波再起,童星程琳更遭非议

关于苏小明和《军港之夜》的争论尚未降温,程琳的风波又起来了。

程琳原是海政文工团的二胡演奏员。她自幼学习二胡,8岁进团,至时尚不足13岁,但舞台生涯已有5年。她音乐天赋极好。邓丽君的录音带,她听几遍后就模仿得惟妙惟肖。苏小明名满京华后,在团里部分人的鼓励支持下,她也放下二胡,参与了独唱。在军内几次演出后反应强烈,接着就有地方邀请。参加地方几场演出后,反响更大。大批青年人击掌叫好,欣赏有加地说:"精彩,太像了,简直是邓丽君第二!"

非议也相继而起。反对者说,艺术是有阶级性的。邓丽君的歌是腐朽的资本主义艺术。"一个13岁的孩子,怎么可以唱这种歌?怎么可以这样唱?""这是走的什么路?这还像部队演员吗?"自然,支持者也自有他的道理:艺术有阶级性主要指的是内容,艺术形式是没有阶级性的,谁都可以用。要不怎么叫百花齐放呢?邓丽君唱法有好的地方,受群众欢迎,为什么不可以借鉴?多数人则认为,程琳是个人才,头脑灵、乐感好,唱流行歌曲可惜了,应引导她"走正路",朝健康的方向发展。

由于先有苏小明后有程琳,海政文工团一时在首都文化界格外引人注目。各种各样的议论通过不同渠道传到海军、海政首长的耳朵中。其间,海政首长对文工团领导多次作指示,强调要正确领会党的文艺政策,把握方向,加强引导;要把好演出关,注意社会影响,注意社会效果;对某些演员,特别是年轻演员,要加强教育管理,应邀到地方演出必须从严控制,不能谁想去就去。"社会上对程琳的演出反映较大,你们要认真地分析研究。"

海政文工团的领导清楚,对程琳的争论与对苏小明的争论,实质是一回事,即通俗歌曲能不能存在?港台味的唱法可不可以学?程琳年龄小,"这样唱"一些人更不能容忍。好在她有自己的专业,是二胡演奏员而不是歌唱员,于是,文工团领导根据首长和上级业务部门的指示,报海政和总政文化部研究决定,暂时停止程琳参加独唱演出。

叶飞司令员说话了

在海军内部,随着关于流行歌曲争论的广泛深入,带来的影响越来越大:文工团内部尖锐的观点对立,影响了演出;由于观点不一致,影响到干部的使用和对问题的处理。于是,有人报告了在301医院住院的海军司令员叶飞。

叶飞因患心肌梗死于1980年6月住进了301医院。在到海军前的交通部部长任上,他先后访问过许多国家,并亲手领导制定了开创建经济特区先河的蛇口工业区的建设规划。他出身华侨,是有名的儒将,虽年过花甲,但思想异常活跃。听了汇报后,叶飞没有简单地处理这件事。他先是听取了机关业务部门的意见,继而又让长期从事教育工作的妻子王于畊(时任北京师范大学副校长)出面,邀请军内和地方的部分懂行的老同志一起观看了有苏小明参加的海政歌舞团的演出,听取了大家的看法。之后,叶飞在病房里接见了海政歌舞团团长胡士平、《军港之夜》的词曲作者和苏小明。

大家倚高就低坐下,静听叶飞司令员指示。苏小明不清楚叶飞什么态度,有点拘谨,惴惴不安。看出了这一点,叶飞首先对苏小明的演唱给予了充分的肯定和表扬。叶飞说,《军港之夜》的带子我听过了,反映部队生活,有海味、有兵味,不错! 革命歌曲也不一定非得都是进行曲、都是硬邦邦的口号,表现形式可以多种多样。毛主席的文艺方针是"百花齐放、百家争鸣",都一种风格、一个模式,文艺舞台怎么繁荣? 接着,叶飞对部队文化工作作了指示。他指出:"现在是改革的年代,各行各业都在改革,文化工作也不例外。由于长期受'左'的影响,大家对事情看法不一致,有点议论,这很正常。部队文工团为部队服务、为战士服务,只要战士喜欢、部队喜欢、广大群众喜欢,就可以大胆地演、大胆地唱!"时过不久,叶飞出院回到机关,又在一次机关干部会议上专门就这个问题讲了一段话,对一些有过激言论的人不点名地进行了批评。

海军内部的风波逐步平息了。叶飞司令员的支持和鼓励,给苏小明增强了信心。总政、海政两级文化部门经过反复讨论、专家评审,同意苏小明继续演出。此后很长一段时间,她一直活跃在演出舞台上,《军港之夜》成了她的保留节目,也成了改革开放初期通俗歌曲的经典。程琳停演一段时候后,也恢复独唱演出,后来还被送往东方歌舞团进修学习。她首唱的《小螺号》等歌曲,也久演不衰,受到群众的广泛欢迎。

抚今追昔,胡士平如是说

胡士平早年是新四军战地服务团的骨干成员。人民海军成立后,他一直在华东海军文工团和海政文工团工作,曾任海政歌舞团团长,是著名歌剧《红珊瑚》的主要作曲之一,有若干脍炙人口的音乐作品流行于世。谈起这段经历,已进入耄耋之年的胡士平深有感慨。他说:"我是1980年秋,苏小明一夜成名后担任海政歌舞团团长的,基本上经历了这场风波的全过程。各种舆论、多方压力,迫使我们进行慎重的思考、艰难的抉择。

"流行歌曲,即眼下所称的通俗歌曲,现在是早已名副其实的流行,并在歌坛占据三分天下了。当时,社会上曾有人难说是褒是贬地评论驻京部队三大演出单位说:'总政真正,空军真空,海军真疯!'这只是一时的说法。其实,时过不久,流行歌曲便迅速打入地方、军队各文化团体。被认为'真正'的总政文工团、'真空'的空政文工团,都有多名歌手,如毛阿敏、杭天琪等,后来居上,其影响远远超过了海军。再过不久,一大批港台歌星则直接来大陆登台演出,使流行歌曲以燎原之势风靡全国,就不仅仅是盒带的问题了。

"有人说,苏小明、程琳的出现,《军港之夜》的推出,是偶然的。他们不理解,通俗歌曲当年为什么受到青年那么狂热的欢迎,却遭到'革命派'、'学院派'那么激烈的反对?我认为,这不能简单地从几首歌曲、几个演员身上去找原因。这是特定历史时期的文化现象,是社会大变革时期上层建筑、意识形态领域的缩影,是音乐发展史上不可或缺的一页。在这方面,不能不佩服叶飞司令员——他是我们新四军的老首长,思想敏锐,敢于负责,是富有远见卓识的。他关键时刻的表态,保护了人才,保护了大家的创新热情,使海军文化工作很快出现了生气勃勃的新局面。"

刘华清的航母情结

1952年初,刘华清从二野调入海军。此后几十年里,他3次进出海军,并曾先后在七院、国防科委等单位任职,晚年以中共中央政治局常委的身份主持军委日常工作。使命所系,他与中国国防科技发展、军队装备建设,特别是海军装备建设结下了不解之缘,为建设强大的海防,实现中华民族的航母梦,做出了杰出的贡献。

1970年:主持拟就新中国第一个建造航母的初步意见

1969年初,刘华清从国防科委调回海军。

此前,刘华清在国防科委任副主任。由于他是因对抗"文化大革命"被揪斗,在叶剑英、聂荣臻两位元帅的保护下调回海军的,国防科委副主任的职务没有正式免除,所以来海军没有调令,更没有任职命令,依通知报到,名副其实的无职无权。同年6月初,国务院决定,将国防工业各门类归口分别交总参、总后、海军、空军及有关兵种管理。据此精神,造船工业一块划归海军负责,由海军和六机部、七院和23基地等单位领导人组成海军造船工业科研领导小组。副总长兼海军政委李作鹏任组长,海军副司令员周希汉任副组长。下设一个承办领导小组日常工作的船办。至时,刘华清才有了正式名分,当了船办的主任。

船办一共只8个人,隶属海军司令部领导,顶多算一个师级单位。这对一个开国将军、任过六机部副部长、担负过多年大区副职领导工作的干部(1960年调离海军时,已任北海舰队副司令员兼旅顺基地司令员)来说,显然才不当用,有失公允,但刘华清不计较这些。他清楚,这是特殊时期,有工作干就行了!因为涉船的科研、生产都管,船办的事情不少,工作有得干。也正是缘于这一位置,1970年初,他接受了一项意想不到的重大任务:提出关于建造航母的初步意见。

这一任务是中央机关有关部门通知船办的。当时,"文化大革命"方兴未艾,多数地方由造反派掌权,在"反对以生产压革命"的口号下,许多科研、生产项目都停滞了。有这样一项任务,刘华清完全没有料到,很是振奋——其实还在任七院院长时,他就曾考虑过建造航母问题,并一直在搜集积累着相关资料。在征得领导小组负责人同意后,刘华清迅即召集会议,组织七院、国防部第六研究院(以下简称六院)等有关单位的专家共议落实办法,并根据职责将任务做了划分。同时,责成七院成立专门小组,进行整体论证,起草规划方案。在各方共同努力下,经过两个多月的紧张工作,形成了《关于建造航母问题的初步意见》(以下简称《意见》)初稿。

将《意见》初稿报送领导小组审定时,刘华清附函做了说明:"我获悉中央首长关于建造航空母舰的指示后,受到极大的鼓舞。建造航空母舰是一项非常重大、非常光荣的政治任务,这是建立强大海军的重要战略措施。我根据领导小组办公会议决定,召集七院、六院有关人员进行了两次讨论,七院又组成专门小组进行了探讨,现提出初步意见。"

《意见》稿文字不长,主要讲了4个方面的问题:一、美苏等发达国家航母发展现状,二、关于我国建造航母选型的建议,三、航母主要设备解决办法,四、关于组织实施的意见、建议。在第二部分《关于我国建造航母选型的建议》中,刘华清提出:

我国第一代航母拟建造一型携带舰载歼击机和反潜直升机为主的护航航空母舰为宜。

当护航航空母舰与导弹驱逐舰、导弹护卫舰、核潜艇、常规潜艇等舰艇编队活动时,即可由我舰载机和反潜直升机在编队活动海区,展开积极的搜索和攻击空中的敌机与水下的敌潜艇,使我远洋作战编队在一定的海区活动时,有一定的制空权和制海权,取得行动的自由和主动。

主要战术技术性能设想为:吨位约3万吨以内,航速35节左右,载飞机50架左右(歼击机与反潜直升机的比例,可随执行任务不同而变动)。采用垂直起落式歼击机。这样就免除了飞机弹射器、助降装置、降落阻拦装置等,一系列技术上极为复杂而笨重的专用装置,使航母的尺度和吨位大为缩小,研制周期可以大大缩短。

本舰备有强大的进攻和防御武器,对于敌空中目标,远程的由本舰歼击机迎击,中程的由本舰对空导弹拦截,近程的由低空导弹和小口径炮组成严密火网拦击;对敌水下目标,由反潜直升机进行快速、大面积搜索攻击;考虑到本舰舰载机全系歼击机和直升机,缺乏对敌水面舰艇编队攻击的能力,故又装备了射程为500~600公里的中程导弹。这样给本舰增加了大型导弹舰艇和航空母舰的打击手段。在不影响飞行甲板和机库等重要部位布置的情况下,装设舰对舰导弹,即可起到舰载轰炸机或超速轰炸机的作用。

关于建造航母实施方案,《意见》中提出:"研制总进度预定为三年……从中央正式批准建造时起,争取三年内建成:71(即1971)年完成总体设计,72年开工建造,73年建成并完成试航,交付部队。"

在当时的物质、技术条件下,这一时限显然有点过于乐观和跃进了! 不过仔细想一下便会理解,这与当时炽热的政治气候不无关系。同时,从中可以看出刘华清及参与论证的技术人员、造船工业领导小组的领导同志,对建造航母的任务是何等兴奋和急切。当然,也说明当时国内对航空技术上的繁难,尚缺乏更深入的认识和了解。

《意见》初稿经领导小组审查提出意见后,刘华清又逐字逐句进行了修改。1970年5月16日,他与七院、六院的领导同志共同签名,正式报送海军党委。但此后,不知是海军党委没有上报中央,还是中央决策又有了新的变化,从此《意见》稿及建造航母一事,再无消息。直到过了数年后,又传出了周恩来总理关于建造航母的说法。据悉,周恩来在一次接见外宾中谈到中国的海洋权益时曾感慨地说:"历史上中国就饱受帝国主义海上侵略之苦。反击外来侵略、保卫我们的海洋权益,没有航空母舰,我们不能让中国的海军去拼刺刀! 我搞了一辈子军事、政治,至今没有看到中国的航母。看不到航母,我不甘心啊!"

周恩来的话是什么时间讲的?对什么人讲的?刘华清没有弄清出处,但这些话却像重锤一样敲击着他的心弦。刘华清是搞国防科研、管造船研究的呀!但他无能为力。1971年林彪集团夺权阴谋被粉碎后,"四人帮"借机窃取了更大的权力,不仅国家经济形势继续恶化,而且围绕着科学研究、大学招生等问题的争论、斗争也日益复杂。中国何时才能建造自己的航母?刘华清不知道。他所能做的是继续自己的研究,广泛搜集、了解世界各国关于航母发展的资料信息。他坚信,有着1.8万多公里海岸线、数千个岛屿的濒海大国,拥有航母势所必然,中国拥有自己的航母是迟早的事。

1975年:抓住落实海军《十年规划》契机,郑重建言

1975年5月,毛泽东在一个月内连续对海军作了两次指示。一次是5月3日,他对时任政治局候补委员的海军政委苏振华说:"海军要搞好,使敌人怕。我们海军只有这样大(伸出小拇指)。"另一次是5月23日,在海军党委《关于传达学习毛主席指示的情况报告》上批示:"同意。努力奋斗,十年达到目标。"(报告中提出力争在十年左右建成一支较强大的海军)当时,海军党委正在会同六机部制定海军十年发展规划。毛泽东两次指示传达后,大家备受鼓舞,进一步加快了规划编制步伐。通过近一个月的突击工作,6月16日,海军党委便与六机部党的核心小组联署,将《十年规划》正式上报中央军委、毛泽东主席。

是时,刘华清是海军分管装备工作的副参谋长(1970年12月任职),按常规,应该参与装备规划的编制工作。由于"四人帮"的干预(是时正系"四人帮"对海军干预最多的时期)或其他原因,他不仅没有参加《十年规划》的编制,甚至没有能够参加讨论、参与一下意见。直到两个月后的8月末,他才看到《十年规划》的上报稿。或许时间仓促等原因所致,规划的内容令长期做军队装备研制工作、异常熟悉世界海军发展情况的刘华清,非常失望。晚年的回忆录

中，他这样记述了对《十年规划》的看法："当时，我对'规划'的基本看法是：指导方针混乱，只顾眼前，忽视长远，急于求成，重生产轻科研。时而大计划、高指标；时而降低要求，不敢采用高新技术，迁就落后。重大问题拿不定主意。因此，势必丧失许多宝贵时机。"看过《十年规划》，刘华清连续几天睡不好觉。经过反复思考，他不顾自己尚在受政治审查的现实，集中两天的时间，一气呵成，写出了自己对《十年规划》、对海军装备建设的看法，名之曰《关于海军装备问题的汇报》。刘华清在陈述自己对海军战略、海军装备发展方向思考的基础上，郑重提出了建造航母的建议。

在陈述了建造航母的必要性后，刘华清又具体分析了启动建造航母的条件和可能：

> 我国现有工业和科学技术条件是足以具备解决制造航空母舰的问题的。国家各种机械、造船、航空、电子等工业均较发达，钢铁及其他各种材料亦基本具备。英国1918年开始建造航母，当年钢产量969万吨；美国1921年开始建造航母，当年钢产量2010万吨；日本1931年开始建造航母，当年钢产量188万吨。主席与中央已决心加快海军的建设速度，很振奋人心，若计划实现，海军就比较强大了。但建设强大的海军其重点决不能放在搞小艇上，将它搞得再多，敌人也不怕（因为敌人的观点是护卫舰以上才算海上作战舰艇），必须解决关键性的作战舰艇。

将《汇报》稿报送军委毛泽东主席、邓小平副主席后，刘华清又分别给邓小平和苏振华写信，说明了《汇报》的动因和自己的想法，但由于《十年规划》已上报各工业部门正在安排计划，组织实施，加之当时由"四人帮"一伙挑起的"批邓、反击右倾翻案风"愈演愈烈，海军《十年规划》未能做出调整改变，航母研制问题自然也没有能提上日程。

两个月后，即1975年11月，刘华清被任命为中国科学院领导小组核心成员（组长郭沫若，第一副组长胡耀邦）。他带着深深的遗憾再次离开了海军。

1986年：将航母论证提上海军议事日程

1982年8月，刘华清由副总参谋长任上再次调回海军，担任了海军司令员。

海军司令员与副总参谋长相比，在职级上算不得提升，且刘华清比谁都清楚，海军十年内乱遗留问题多，领导层关系复杂，但他愉快地接受了任命。

自1975年底刘华清调离海军，至时已过了近7年的时间。在这期间，他的工作几经变动：先是任中国科学院领导小组核心成员，继而于1977年底在分管国防科研工作的军委副主席聂荣臻的推荐下，又回军队再任国防科委副主任，并于翌年初(3月21日)兼任了中央军委科学技术装备委员会(以下简称军委科装委)办公室主任。1979年2月，他又被调到总参，任总参谋长助理，相继增补为军委科装委委员、副主任，兼军委科装办主任。这些职务、工作，使刘华清依然有条件、有机会，也有责任了解世界海军装备的发展状况，关注、思考海军装备建设，探讨建造航母的问题。1980年5月，刘华清(时任副总参谋长)陪同军委秘书长耿飚率中国军事代表团访问美国期间，和代表团一起参观了美国海军小鹰、突击者号两艘航母。站在海上"巨无霸"那气派的飞行甲板上，听美方陪同人员不无自负的介绍，刘华清感慨良多。虽然是第一次参观航母，由于阅读研究了大量资料，刘华清理论上对航母是熟悉的。从作战指挥中心、机库、飞机维修中心、升降平台到官兵生活舱、厨房餐厅、医院等，一一参观下来，他印象深刻，收获不小。此次参观更加坚定了他建造中国自己的航母的决心和信念。

此后，随着军队干部队伍年轻化的逐步落实，刘华清一度曾感到遗憾：自己年事已高，很可能无缘建造航母工作了！没料到，他很快就接到了海军司令员的任命。

来海军前，邓小平在人民大会堂见到刘华清时当面交代："你还是要回海军工作。海军问题不少，要整顿。"到海军后，他遵照军委、总部整体部署，从思想教育入手对部队的思想作风、组织纪律、装备管理等进行了全面整顿,在教育训练、部队管理等各方面进行了大刀阔斧的改革。随着这些整顿改革的日益深入,刘华清也将航母研制问题,一步步提上议事日程。

1983年5月,经总参批准,以海军新型武备战术技术和可行性研究为使命的海军装备论证研究中心正式成立。在与论证研究中心首任主任余淼、政委俞侠履任的第一次谈话中,刘华清即向他们提出了研制航母的问题:"除了完成各项现实应急的研究、论证任务外,你们还要考虑一个问题,如何适时建造我们自己的航母。"翌年1月,海军第一次装备技术工作会议在北京召开。刘华清在会上的讲话中进一步提出:"海军想造航母也有不短时间了。不过现在国家经济力量还不行,90年代以前没有这个可能。但是,我们不会放弃造航母。"此后,他在听取海军装备部领导工作汇报等场合,多次明确强调:"航母总是要造的,现在不造,到2000年以后总要考虑。现在看来,防御也需要航母。发展航母,可以先不提上型号,而先开展预研。""苏联航母搞了30年。50年代,我在那里学习,在造航母问题上也有不同意见,有人拼命反对搞航母,苏共中央下不了决心,但是苏联人民要航母,不久他们还是干起来了。现在看来,防御也需要航母。按照一般规律,装备科研分三步走:预研、研制、小批量生产。预研这一步很重要,工作量很大,工作应早做。"装备部领导及时将这些指示向有关部门做了传达。

1986年4、6月,海军副司令员李景和海军装备技术部部长郑明应邀分别访问了法国和意大利。临行前,刘华清特别叮嘱他们,要详细考察法意两国海军的航母建设和发展动向,要尽可能多地掌握有关资料。李、郑在访问中分别考察了法国的福煕号航母和意大利的加利波第号航母。回国后,刘华清听取了他们的详细汇报。

同年8月,刘华清召见了海军装备论证研究中心的领导,向他们正式下达了开展航母论证、预研的任务。他说:"航母怎样造法,是海军全面建设的事;是直升机航母、护航航母分步造,还是直接造护航航母,你们要好好论证一下,提出你们的意见。"

同年11月18日、19日,由刘华清亲自主持的海军发展战略研讨会在北京召开。国务院有关部委、国防大学、空军、第二炮兵、社会科学院等单位的著名专家、学者80多人应邀莅会。这次会议虽然只开了两天，但大家都是有备而来，发言踊跃，争论热烈，就海军发展、海防巩固发表了许多见解精到的意见和建议。其中，多名专家从维护中国海洋权益及反击敌人海上入侵的战略需求出发，建议海军发展航母。这些发言，使刘华清对建造航母论证研究工作有了更系统的认识和把握，在翌年1月上旬召开的海军装备技术会议上，他系统地讲了航母研制问题。

刘华清说："再过30年、50年、半个世纪以后，海上常规战争怎么打？武器装备发展到那时是个什么状况？这就涉及航空母舰的发展趋势问题。从现在的形势看，将来常规武器肯定会进一步现代化。……今后的常规战争，不是过去的概念，也不是现在的概念，而是更新更高技术的概念。要把航空母舰搞得能适应未来战争和作战需要，是要很好地研究和论证的。现在各国都在注意发展航空母舰，无论是攻击型的或垂直短距离起降的，都是为了解决防空和海上攻击问题，都在注意发展。美国、苏联都在大搞，其他国家，如意大利、法国、英国，这些比较发达的国家都在搞；日本因为是战败国，宪法不允许搞，但要搞起来也很容易，过去就很有基础，现在技术、生产能力都是很强的，说搞很快就能搞起来。我们搞，困难大一些，财力、技术都有一定困难，从长远的客观需要考虑也是需要的。如果我们从现在开始考虑，即使速度快一点，也要15年，速度不快就要20年。10年不搞，10年之后再搞，也还有困难。因此，要早论证。不能等到一切都具备了，那样就太晚了，没有主动权。要及早立项、论证，早点把相关问题研究透。"

在分析形势的基础上，刘华清进一步阐述了发展航母的全局意义和步骤。他说："我们搞航空母舰，目的不是为了和美国、苏联比赛，主要是用于解决对台斗争需要、解决南沙群岛争端和维护海洋权益等方面的任务。平时还可以用于扩大维护世界和平的政治影响。将来海军有了航空母舰，海军的质量就将大大地发生变化，海军的作战能力也将有较大提高，所以我们应当以历史责任感去进行研究。当然还不仅仅是这些，我们还可以通过这件事，来掌握航母技术，将来还要搞核动力航母。我们现在先搞常规动力的，也不搞大型

1984年8月15日,美国海军部长莱曼(前排左三)率代表团访华,参观了海军院校和部队。图为刘华清(前排左四)在北京主持欢迎仪式后与代表团合影

1984年9月9日,澳大利亚海军特混编队司托华特号驱逐舰母船和雅拉、斯图亚特号护卫舰访问上海。图为刘华清(前排左二)登舰参观

1985年11月2日至23日,刘华清率海军代表团访问法国和美国。图为刘华清(右三)在美国海军陆战队营地参观

刘华清(右一)、杨国宇(右二)在北京通过短波通信与南极考察队官兵通话

1985年2月20日,中国第一个南极考察站——长城站举行落成典礼

的,要搞中小型的。搞航母,还有飞机问题。一艘航母不只是一种飞机,而是几种飞机都要能够装载,歼击机、强击机、轰炸机,各种巡逻机、预警机等,是非常复杂的。现在第一步不能那么复杂,要搞得简便一些,节省一点,快一点,一步一步地掌握技术。航空母舰上的一套飞行指挥、飞行技术和管理技术也是不容易的。我们第一步也将要简单一点,不能直接搞像美国那样很先进的目标,要一步一步地上去。"

很显然,他的这些话,是谈自己的认识,和与会专家、技术人员交流看法,统一思想,更是有意讲给出席会议的国防科委、总参装备部的领导同志听。他期望通过这个渠道反映给军委首长,得以正式立项,全面启动建造航母的论证研究工作。

然而,时过不久,一条短短几分钟的新闻,却给刘华清浇了一瓢冷水。

1987年:与老司令员萧劲光共议航母建设

1987年3月的一天,报纸、电视等各大媒体同时报道了一条消息:总部一位领导同志在与外宾接洽中讲到中国海军建设时,坦言中国海军的战略是近海防御,中国不需要也不准备搞航母。短短几句话,引起了刘华清的重视和深思:是这位领导个人的意见还是总部乃至军委首长的意见?是即席发言还是经过研究的决策?军委主席邓小平同志从来没有这样的意思。刘华清感到问题重大:如即席这样明确表态是欠妥的。如系既定意见,则值得认真研究。想来想去,他觉得有必要将自己的一些想法向军委首长汇报。为慎重起见,他决定先听听德高望重的老司令员萧劲光的意见。

就在媒体报道这一消息的第二天晚上,刘华清来到萧劲光的住处。

刘华清说明来意,萧劲光很高兴。萧劲光说:"我也注意到了这一消息。向外宾这样讲,是不是太轻率了?"接下来,他们在萧劲光的会客厅里就中国海军装备建设、中国到底需不需要搞航母等问题,进行了倾心交谈。

萧劲光说:"搞不搞航母的问题,是我想了多年的问题。50年代初,曾搞了个海军发展规划。那时,航母不敢想也不可能提,但还有人说是'大海军主义',国防费都买了海军装备,其他部队还要不要了?航母的问题,我寄希望于以后解决。79年叶飞来海军,先任政委后改任司令员,当时,我还在301住院,交班是在总医院的病房里进行的,装备建设没谈多少。那时,海军'文革'中积累的许多问题还没解决,还有大批干部压在那里没有结论,查整改的问题、真理标准讨论的问题,主要谈那些事,谈平反冤假错案,其他东西谈得很少。"

接下来,萧劲光说:"前几天秘书把你在国防大学讲海军战略的一个材料给我读了。你说我国的海军战略是近海防御,属于区域防御的战略,这符合毛主席和中央军委一贯主张的积极防御的战略思想。毛主席讲的积极防御,就是消灭敌人,保存自己。我们是社会主义国家,既不屈从外国侵略,也决不进行对外侵略,永远不称霸。需要清楚的是,近海防御,仗怎么打?中外战争史上,在战略退却中组织进攻,在战略进攻中组织退却,是常有的事。近海防御战略,实际上是以近海作战为主,绝非不要中远海作战。事实上,单纯的近海作战是防御不了近海的。"

刘华清说:"我们这样一个濒海大国,1.8万多公里海岸线、300多万平方公里的海洋国土,随着海洋开发事业和海上斗争形式的发展,面临的海上威胁与过去大不相同。要对付具有远战能力的弹道导弹核潜艇和舰载航空兵,仅有中小型舰艇和短程岸基航空兵不成,必须有航母。积极防御,当然包括战略退却中的进攻,没有航母,不能远距离作战,仗打起来只能望洋兴叹。所以,去年(1986年)8月,听海装和论证中心领导汇报工作,我向他们部署了开展航母论证的问题,要他们从现在起着手开始,好好研究论证。"

萧劲光接过来说:"过去几十年里,我们没有航母,不是不需要,也不是不想搞,而是搞不了,也不可能搞。开始几年,为了抗美援朝,集中上空军。后来经济困难了。60年代初,经济刚好转,'文化大革命'开始了。那时,技术达不到,经济实力也不行。"

刘华清说:"现在搞,技术水平提高了,经济上也强多了,但也不是没有问题,财力、技术仍有困难,但不能等。10年内不搞,10年之后再搞,也还会有困难。因此,要早论证,早点把这个问题研究透。那样才有主动权。"

萧劲光连连点头，说："是这个意思。你这些想法，可以向军委、总部首长做个汇报。"

刘华清说有这个考虑，同时提出："您刚才讲的这些意见，我一并向军委首长反映。建议您把对发展航母的看法，连同对海军建设的其他一些意见，一并写下来，写成一篇文章，以作为对建军60周年的纪念。"

两代海军司令员，一样拳拳之心。萧劲光完全忘却了身体的不适和疲劳，刘华清也似乎忘记了不过多影响老司令员休息的承诺，他们交流着、商讨着，一直谈到很晚。

此次交谈后，萧劲光接受刘华清的建议，写成了《建设现代化的强大海军》一文。文章中郑重提出："何以在新的历史条件下建设现代化的强大海军？这是海军各级指挥员尤其是高级指挥员，包括已经退下来的老同志，应该不断研究的课题。"接下来，萧劲光从海军战略、装备建设、人才培养3个方面阐述了这一问题。文中明确指出：

> 武器装备建设是海军现代化建设的物质基础。没有武器装备的现代化，就没有海军的现代化。……我们在研究制造新型核潜艇、潜艇、驱逐舰、护卫舰、导弹护卫艇等舰艇，和新型轰炸机等海上专用飞机的同时，要不要研究制造航空母舰和航母舰载机呢？我以为是需要的。……我们实行近海防御战略，并不排除到中远海作战。而到中远海作战，没有航空母舰是不行的。一个舰队在远海活动，没有航空母舰就没有制空权，也就没有作战胜利的保证。在远海，没有一种兵力可以取代航母夺取制空权，掩护我远海舰船的活动。中国是一个海洋大国。我国领土南沙群岛距我大陆近一千海里。即使在和平时期，中国海军也应该到这些海区去活动，以保证、维护我们国家在这些海区的地位和权益。到南沙去，就要有航空母舰对水面舰船进行空中掩护、支援和打击消灭敌人的有生力量。有航母到远海去活动，也是保卫世界和平、支援进步力量所需要的。
>
> 当然，目前我们的国家还很穷，不可能马上就建造航空母舰。但

要研究,要做工作。海军装备建设要在服从国家经济建设大局的前提下进行,既要积极又要稳步,逐步缩短与先进国家的差距,逐步实现海军武器装备的现代化。

当年8月,《海军杂志》为纪念建军60周年出的专号上,全文发表了萧劲光的《建设现代化的强大海军》。

与萧劲光交谈后,刘华清依约正式向总参请示,要求就海军装备建设问题做一次汇报。3月31日,总参领导特派装备部部长贺鹏飞带领着装备部、作战部有关人员到海军机关,专题听取刘华清关于海军装备发展问题的汇报。

此次汇报,刘华清主要讲了两个问题:一是核潜艇建设,另一个就是航母问题。他说,这两个问题,涉及海军核心力量建设,是关键性问题。这两项装备搞出来,从长远看,对国防建设是有利的;这两项装备不仅为了战时,平时也是威慑力量。接下来,他详细分析了这两大问题的需要和可能。

关于航母问题。刘华清说,目前,我们对海上机动编队只考虑到驱逐舰、护卫舰和潜艇,但进一步研讨后发现,这个编队如果没有空中掩护,无法到岸基飞机作战半径以外作战。后来在研究台海斗争时,我们又发现使用岸基飞机非常浪费,因为留空时间短,所需飞机和机场就要很多。我们还分析,不发展航母,海军还是需要发展驱逐舰和护卫舰,靠它们组成海上机动编队。如果发展了航母,这些舰艇既是护卫航母编队的舰只,也是在海上机动作战的舰只。在现代条件下进行海战,没有航空兵的掩护,无论如何是不行的。如果发展了航母,并不需要增加飞机的总数量,只是飞机的性能有所不同,飞机的价格高一些,但也不会高很多。因此,发展航母编队是一个如何调整装备经费使用方向的问题,不需要大量增加装备费。更重要的是,有了航母,海上机动作战编队的作战效能会大大提高。至于技术上能不能自己制造航母和舰载飞机,经与航空、船舶等有关工业部门领导、专家研究,征求他们的意见,他们认为,条件基本具备;当然,有些特殊装置需要认真对待,也是可以解决的。

关于航母工程启动,刘华清设想:"七五"(1986~1990年)开始论证,"八五"

（1991~1995年）搞研究，对平台和飞机的关键课题进行预研，2000年视情上型号。这样安排，第一，从经费上看，在当前和分摊在今后每年中，并不需要花太多钱；第二，从技术上看，发展它是有各方面好处的，可以带动国家和国防需要的有关技术的发展；第三，预研过程中，可以对航母的战备价值及存在的问题摸得更透，有利于做出最后的科学决策。

听完汇报，贺鹏飞当即充分肯定了了刘华清的建议，支持海军首先启动论证工作，并表示一定将刘华清的意见向总部、军委首长汇报，并说相信首长们也一定会支持的。

同年5、7月，海军邀请军地各相关单位装备科研战线的专家参加，先后召开了两次发展航母研讨会，集中研究了航母建造、发展舰歼（强）击机、航母战役战术使用要求等问题。从此时，关于建造航母的论证、研究陆续正式启动：1988年8月，国防科工委几名专家提出进行航母和舰载机发展可行性研究的主体建议。1989年初，国防科工委党委正式批准，将发展航母及舰载机系统可行性研究列入科工委当年软科学研究计划，并很快成立了由海军和造船、航空等工业系统专家组成的课题研究小组。至1990年7月，课题小组已完成了国外情报研究、作战需求论证，航母和舰载飞机的总体专业技术可行性研究、技术经济综合分析等研究工作，向军委提交了可行性研究总报告和一系列分报告。

最后的心愿：中国早一天拥有自己的航母

1988年初，刘华清又一次调离海军，担任了军委副秘书长（1987年11月命令已下），但他依然关注着航母的论证研究问题。他不止一次向身边的工作人员袒露自己的思想："纵然我在位期间中国还没有自己的航母，我也要做好应做的工作，尽谋划的责任，为实现中华民族的航母梦，做出自己的贡献。"

1989年11月6日～11月9日，党的十三届五中全会上，刘华清被选为中央军委副主席；翌年4月3日，全国人大七届三次会议上，被选为国家军委副主席;1992年10月,党的十四大召开,他被选为政治局常委,连任中央军委副主席,直至1997年9月党的十五届一中全会,他任职届满从党和军队的领导岗位上退下来。翌年3月,全国人大九届一次会议后,他从国家军委副主席职务上退下来,移交工作。这期间他为建造航母做了大量工作。晚年的回忆录中,他这样说:

　　航母论证过程中,我多次听汇报,强调要充分对比论证使用航母、舰载机与使用陆基航空师、加油机、岸基飞机的作战效费比。后来我到中央军委工作,继续关注航母问题,要求国防科工委和总参装备部,在航母的发展上要把预研费、研制费、装备费结合起来,统筹安排;要和既定的舰船、飞机、武器、电子装备发展规划结合,而不是都挂在航母大项目里专门安排,搞大规划,使上级无法研究。我明确交代,列计划必须由中央军委讨论。

　　那时,我先后批准海军和工业部门的专家,去法国、美国、俄罗斯、乌克兰等国家考察过航空母舰。国防工业部门也从俄罗斯聘请了航空母舰设计专家来华讲学,还引进了部分设计技术资料;航母上关键配套的预研,有了一定进展。总参和国防科工委,也都反复组织对考察、引进、预研的分析、论证、评估。这些工作,使军内外很多领导和专家加深了对航空母舰和舰载机大系统工程的认识。

　　航母是国家综合国力的象征,也是海军能遂行海上多兵种联合作战的核心。建造航母,是国人一直关心的事。我国要实现国防现代化,要建立完善的武器装备系统,不能不考虑发展航母的问题。但航母的发展不只是一个海军的问题,而是事关国家战略和国防政策的大问题,一定要从综合国力和整个国家的海洋战略全局出发,准确定位,慎重决策。

　　今天,我已经退出工作岗位。欣慰的是,对于我国的航空母舰发展,我尽了一些谋划的责任。

刘华清从领导岗位上退下来后,仍然时刻关注着军队的现代化建设。他多次向前来看望他的海军同志询问海军装备建设情况,说航母没能在自己在位期间搞出来是个遗憾,希望早一天看到中国自己的航母!

张爱萍的海军情结海军诗

开国上将张爱萍是闻名全军的"马上诗人"。在半个多世纪的军旅生涯中,他时常用"神来诗作"表达自己的思想情怀。他虽然任职华东海军司令员兼政委尚不足两年的时间,但作为新中国第一支海军部队的创建人,却有着终生不解的海军情结。这自然也使他留下了若干关于海军的诗作。这些诗篇大都是即兴而作,难得进行字句锤炼、格律推敲,但或许正缘于此,它格外鲜活生动、情感真切。不管是从历史的角度还是艺术的角度,这些诗作都堪称稀世珍品,是一笔不可多得的精神财富。

第一首海军诗记录了新中国海军第一次军舰命名盛典

1950年4月23日,是新中国海军一个特别值得纪念的日子。这一天,华东海军在南京草鞋峡隆重举行了庆祝华东海军成立一周年及军舰命名授旗典礼。

典礼结束后,张爱萍久久不能平静。他回到办公室,提笔抚纸,写下了关于海军的第一首诗《华东海军战舰命名典礼》:

碧波滔滔漫大江,
战舰列阵彩旗迎风扬,
官兵受命意气昂,
鸣笛一声喜若狂。

　　海上侵凌任列强

　　百年屈辱有国无防,

　　人民海军庆首创,

　　蛟龙神威固海疆。

　　军舰命名授旗后,张爱萍带领海军很快投入到了紧张的训练中。同年10月,张爱萍率领机关干部赵汇川、黄胜天等乘坐遵义舰出海,勘察设置舟山、岱山等岛岸火炮阵地。在舟山海面,突然飓风大作,暴雨倾盆,在风浪冲击下,战舰时而被巨浪高举,螺旋桨空转;时而被抛下低谷,遭浪涌冲击。舰长张韵虽曾在航海学校学习过,但缺少经验,一时不知所措。情急之中,张爱萍号召大家镇静下来,献计献策。这时,原海军上士陈子午大胆提出改变顶风前进的常规做法,改用顺势紧急掉头的方法冲出浪区。张爱萍当即决定,由他指挥。在陈子午指挥下,战舰顺利驶出浪区,转危为安。于是,张爱萍当场宣布提升陈子午为副舰长,负责此次勘察航行的全程指挥。返航后,张爱萍填词一首,记下了这次经历:

　　东方破晓,起锚航行早。乌云骤起飓风啸,浪打千丈天地倒。水泼舷台透戎衣,座舰浪抛。　　同心力保,腾空顺势导。骑鲸恶战斗狂涛,临危不乱舵稳操。人民海军首巡航,胆壮技高。

离职海军后,仍满怀深情地写了多首海军诗

　　1955年1月,华东海军在驻浙陆、空军部队的协同下,出动海军航空兵5个团、舰艇188艘,总计3700余人发起了解放一江山岛登陆战役。这是中国人民解放军历史上第一次,也是迄今为止唯一一次海陆空三军联合作战。正是这一战役,一举全歼了一江山岛1000余名国民党守军,解放了上下大陈、渔山、披山等浙江沿海全部岛屿。此前已调任中国人民解放军副总参谋长的张爱

萍,以浙东前线指挥部司令员兼政委的身份指挥了这一战役。战后,张爱萍用诗作记录了这一战役。他填写了一首词《沁园春·一江山渡海登陆战即景》:

> 东海风光,寥廓蓝天,滔滔碧浪。看骑鲸蹈海,风驰虎跃,雄鹰猎猎,雷击龙翔。雄师易统,戎机难觅,陆海空直捣金汤,锐难当。望大陈列岛,火海汪洋。　料得帅骇军慌,凭一纸空文岂能防!忆昔诺曼底,西西里岛,冲绳大战,何须鼓簧。"固若磐石",陡崖峭壁,首战奏凯震八荒。英雄赞,似西湖竞渡,初试锋芒。

1959年后,张爱萍主要从事国防科技、高端军事装备研制工作,曾先后担任国防科委副主任、国防工办副主任、国防科委主任、国家科委第一副主任等职。这期间,他虽然不再直接领导海军部队的教育训练,但却无时不在关注、关心着海军的建设,特别是舰艇、武备的发展,他几乎领导、参与了从核潜艇、护卫舰到舰用导弹等所有重要海军装备的研制生产。

1982年10月7日~10月12日,国防科工委和海军共同组织实施了潜艇水下发射巨浪1号潜地弹道导弹海上飞行试验。该型导弹是国家有关机构历经数年协作攻关研制的固体战略导弹。此前已经过模型弹水下发射试验、遥测弹陆地台上和陆地筒内发射试验。此次进行的试验是从潜艇水下发射的海上试验。10月7日,第一次试射出现故障,经过数天紧张调整,10月12日再次发射,试验获得圆满成功。担任现场总指挥的张爱萍自8月中旬就到了海军某试验基地,两个月来一直和专家、技术人员们生活在一起,按照预定计划检查、落实试验准备工作。潜艇水下发射运载火箭试验成功,深深地触动了张爱萍的诗人情怀。当晚,他即填写了一首词《浪淘沙·喜潜艇导弹水下发射成功》:

> 形胜渤海湾,浩荡无边,群龙追逐雪花翻。一代玲珑神工手,险峰敢攀。　奇鲸龙宫潜,红火凌烟,虎啸腾飞破云山。哪怕狂风激恶浪,雷震海天。

1982年10月25日,张爱萍(左五)、廖汉生(左六)、刘华清(左四)、李耀文(左八)等在旅顺检阅参加潜艇水下发射运载火箭试验任务的海军舰艇部队

　　10月22日、25日,国防科工委、海军分别在试验首区(发射区)和末区(爆炸区,又称落区)分别举行了潜地导弹发射成功庆祝大会。末区的东海舰队某部还举行了隆重的海上阅兵式。国防科工委主任陈彬、政委刘有光,海军司令员刘华清、政委李耀文均出席了两地的祝捷大会。张爱萍代表中共中央、国务院、中央军委到会向参试人员表示祝贺和慰问。在末区庆祝大会上,张爱萍发表了热情洋溢的讲话。他说,这次试验取得圆满成功,标志着我国运载火箭有了新的发展。这是坚持独立自主、自力更生方针所取得的辉煌成果。各位专家、技术人员、参试人员,都要认真总结经验,再接再厉,为加速实现国防现代化继续努力,做出新的贡献! 最后,他再次即兴赋诗《潜地导弹发射成功落区纪念大会祝词》:

　　扬威海上英豪,
　　战狂涛。
　　神剑飞来,

闪电破云霄。

天罗照，
长空扫，
胜券操。
四海欢呼，
一代玲珑骄。

在这里，张爱萍诗作中第一次使用了"神剑"一词。此后"神剑"被参试人员、中央首长及广大群众广泛接受，成为举国上下对高科技尖端武器的代名词，几十年来频繁出现在中央、地方各大媒体和文学作品中。

末区庆祝会结束后，10月26日张爱萍视察了东海舰队机关，并在机关全体干部会议上发表了讲话。回到30年多前亲手创建的老部队，张爱萍非常激动。他说，海军建设，首先要以海上力量建设为重点。海上力量又以水下和空中为重点。陆上是支援海上作战的岸上部队和为海上、空中部队服务的保障部队。其次是加强训练。训练，首先是下海，不能迷恋在陆地上。平常的交通运输要尽可能走海上，而不要走陆上。如果不能下海，不能上舰艇，不了解海军舰艇部队战斗、生活的规律和习惯，蹲在陆地上，就不叫海军。特别是领导干部和各级机关干部，必须到海上锻炼，熟悉海上生活，熟悉舰艇情况。不然，就取消你在海军的资格，起码取消你对海军工作的发言权。会后，舰队领导请他题词，他稍作沉吟，挥笔赋诗一首：

创业艰难志凌云，
团结战斗贵同心，
卫祖国，铁海军，
狂风恶浪任航行。

1982年11月19日，担任着中央军委副秘书长的张爱萍被五届全国人大常委会任命为国务委员兼国防部部长。一身而兼三职,张爱萍实际上成了军委日常工作的主要主持人之一。他依然异常关注海军的建设。1986年7月,海军召开军以上单位党委书记会议,传达贯彻全军端正党风、整党情况汇报会精神。他多次听取海军领导的汇报,了解海军会议的进展情况。他对海军领导强调说,海军部队多驻开放地区,"文化大革命"中遗留问题不少,思想工作任务重,整党一定要搞好。新时期,海军要有新面貌。海军政委李耀文请张爱萍为海军会议题词,张爱萍亲笔书就两副对联:

勿逐名利自蒙耻
要辨伪真休奴颜

耀文同志嘱
张爱萍
一九八六年七月

破世俗一尘不染
立高洁两袖清风

耀文同志嘱
张爱萍
一九八六年七月

收到这两副对联,李耀文十分重视。他立即让复印若干份,发给出席会议的人员,海军党委常委、军以上单位党委书记和海军机关各大部及部分二级部领导,人手一份。多少年来,得到这两副对联复制品的同志都宝贵地珍藏着,有的还再次复制了放在办公桌玻璃板下、挂在案头,作为座右铭。

与徐时辅诗作酬和，留下一段旷世人才佳话

华东海军的一位老同志曾说："创建海军时，张爱萍司令员有许多广揽人才的感人故事。单是徐时辅，把细节讲出来，就比《寇准背靴》《追韩信》精彩。"

徐时辅投身人民海军前，与国民党军政界上层陈果夫、陈诚等多有交往，还曾与国民党海军总司令桂永清结拜过兄弟。他反对打内战，渡江战役前，桂永清动员他去台湾，他几次躲避最后留下来。人民海军成立，徐时辅有意报名投身新中国的海军建设，但考虑到自己的复杂经历，下不了决心。张爱萍获知这一情况后，亲自登门拜访，并与他彻夜长谈，徐时辅终于答应出山。同年8月，张爱萍又陪同他与林遵等国民党海军起义将领一起接受了毛泽东主席的接见，并在北京亲自为他主持了婚礼。

此后，徐时辅全身心投入到海军创建工作中，为海军建设贡献了自己的一生。

通过工作接触，徐时辅与张爱萍之间个人友谊不断加深。后来他们虽因工作需要分开了，但长期以来仍然一直保持着联系。及至张爱萍任军委副秘书长、国务院副总理、国防部部长后，他们仍然生活上互相关心，不时互致问候。徐时辅离休后，张爱萍多次派员到南京看望徐时辅夫妇。徐时辅也偕夫人到北京看望过张爱萍夫妇。20世纪90年代初，徐时辅曾有一封给张爱萍夫人李又兰的信，记述了他们的交往：

又兰同志：

此次赴京承首长和您赠我名篇，惠我墨宝，赐我佳肴，寄我合影，感激之情不能自己，故成《感遇》一首，寄请教正：

感　遇

建功贵创业，
立德在怀人。

吟诗纪军史，

挥笔抒豪情。

傲霜赞芳蕊，

逐鹿仰青萍。

黄河奔沧海，

华夏庆龙腾。

特此敬颂夏安　首长钧安　阖府安吉

福荫附候（福荫，徐时辅夫人）

1998年12月下旬，张爱萍得知徐时辅病逝，悲痛不已，连续几日食不甘味，夜难安眠，含泪写下了怀悼诗《创业贵得人》。诗句前他记下的一段话说：

突闻徐时辅同志不幸病逝，甚感悲痛。1949年人民海军初创时期，时辅同志任华东海军训练处副处长兼海军学校技术教育科科长。他作为一名原海军专家，为人民海军建设付出了卓越的才智和巨大的辛劳，立下了不朽的功绩。今原韵奉和他于1990年赠我的《感遇》，以为悼念。

创业贵得人

携手开新宇，

创业贵得人。

倏忽五十载，

犹念昔日情。

列舰满桃李，

固疆铸青萍。

乘风破巨浪，

沧海任龙腾。

收到张爱萍的怀悼诗,徐时辅的夫人遂专函致谢:"昔日张老以伯乐之才,知人善任,使时辅得以竭尽所能,效力人民海军,表达拳拳赤子之心;又蒙张老及夫人一直关怀我们,给我们极大鼓舞,我们全家都深深感念,并永志不忘。"

诗赠原华东海军文工团老战友,情谊"罕古感世人"

张爱萍当年在领导创建华东海军部队的同时,领导成立了一个名重一时的文艺团体——华东海军文工团。

风风雨雨几十年过去了,年逾古稀的老华东们仍然难以忘怀华东海军文工团那风华正茂的当年,更思念几十年来一直关怀着他们的老首长张爱萍。1989年春,即建团40周年到来之前,张爱萍接到报告:在上海、杭州等地离退休的原华东海军文工团老同志自费在杭州聚会,邀请老司令员光临。张爱萍为这些老同志缅怀战斗岁月、不忘革命情谊的精神所深深感动,但他因事不能前往,于是填词一首,以示祝贺。

相见欢
祝贺华东海政文工团成立四十周年老战友联谊活动

西湖春暖舟轻,荟知音。四十年前,同创新海军。 纵欢庆,旧时景,赤忱心。广阔海天,豪气逐风云。

填词后,张爱萍又字斟句酌地给负责联谊会组织工作的几个同志写了一封信:

士平、文金、孙敏、一之、康牛诸同志,并转全体同志:
对你们拟举行的华东海军文工团成立四十周年战友联谊活动,

甚为高兴！因故不能应邀前往聚会，深感遗憾！为表祝贺，谨赠《相见欢》一首。

敬祝　友谊长青，健康愉快！

张爱萍　李又兰

一九八九年四月五日　北京

接到张爱萍的手书和赠诗，老战友们个个兴奋不已，更加珍惜这次难得的聚会。

1991年3月19日，原华东海军文工团部分在京的老同志又相约聚会，纪念华东海军及文工团成立42周年，并向张爱萍再次发出邀请。已81岁高龄的张爱萍欣然参加了这一聚会，并当场赋诗一首，表示祝贺：

相聚纵情谈笑，
在京郊。
岁月如流矢，
往事常萦绕。

话当年，
意气豪，
报春早。
同创新海军，
誓把海疆保。
四十二年过去了，
鹤发童心，
人未老。

"老司令员亲自出席了北京的联谊会并且赋了诗！"消息传出，在上海、南京、杭州等地的原华东海军文工团的老同志们，都异常激动。彼此口耳相传、电话约定：建团45周年在北京举行纪念活动，诚请老司令员出席。张爱萍得知老同志们的这一决定后，当即表示：一定参加，和同志们共同庆祝自己的节日！

时间在大家的期盼中穿过。华东海军建军45周年纪念日到来了！1994年4月23日，原华东海军文工团老同志们酝酿已久的联谊活动，在海军机关大院的招待所举行。上午9点许，张爱萍偕夫人李又兰抵达招待所。来自全国各地的200多名老同志自动排成队列，夹道欢迎。张爱萍看着一张张顶着满头白发的笑脸，眼睛模糊了。他把手杖挂在臂弯，时而合十向大家致意，时而鼓掌，时而与近前的老同志紧紧握手，嘴里连连说："你们远道而来，应该欢迎你们！我也很想念你们！"饱经沧桑的老人们，一个个热泪盈眶。

联谊会开始，主持人请张爱萍讲话。他庄重地向大家敬礼后，说："不要叫我老司令，我们是老战友，风雨同舟的老战友。见到同志们很激动，刚才想了几句'打油'，献给大家。"接着，他大声朗诵道：

> 四十五年情，
> 友谊胜纯金，
> 鹤发今欢聚，
> 罕古感世人。

"同志们能够几十年如一日，始终保持着深厚、真挚的战友之情，是十分珍贵的。在今天的社会里，应该大大发扬！"

发言后，他向联谊会赠送了自己准备的题诗：

> 海军初创文工团，
> 舰艇文艺开新篇，
> 四十五年重相聚，
> 白首同欢友情率。

张爱萍

一九九四年四月廿三日

联谊会3天,张爱萍3次出席。他不顾84岁高龄,拄着拐杖和大家一起看演出、座谈,参加各种活动。对一位需要落实政策的同志,他安排工作人员专门接待,了解情况……

受张爱萍的影响,文工团的多位老同志也喜用诗句表达自己的情感。故而,张爱萍在85岁寿诞时,他收到了若干敬贺诗作。张爱萍也大都以诗句作答。他与原华东海军文工团老同志们的感情,犹如他于2000年送给大家的题词"战友情谊,山高水长",保持终生。

晚年邓小平三次力荐刘华清

邓小平与刘华清是 1938 年相识的。长期战争烽火、政治斗争风雨中共同战斗工作的实践,加深了他们彼此间的了解和信任。基于此,晚年邓小平在事关民族振兴大计的关键时刻,三次力荐刘华清,使其进入了党和国家的最高决策层。他们彼此携手,继往开来,为加速中国军队现代化建设、为国家繁荣稳定、为中华民族的国际权益和维护世界和平,做出了不可估量的贡献。

第一次,1987 年 11 月 18 日,邓小平指着刘华清对大家说:"调他来,就是抓现代化,抓装备"

1987 年 11 月 18 日上午,海军司令员刘华清刚上班即接到军委通知:到景山后街邓小平同志住处开会。

半个多月前,中国共产党召开了十三届一中全会。在这次会前,邓小平提出了辞去中共中央政治局常委、中央政治局委员、中顾委主任等职务的请求。大会经过慎重的讨论研究,同意了他的辞呈,但仍然选举他为中央军委主席。今天开什么会,通知没有说,或许是军委班子变动后,要各大单位领导汇报一下情况、部署一下工作吧!

这是一次小型会议。几乎是同时到来的还有军委第一副主席赵紫阳、军委常务副主席杨尚昆和总后部长洪学智。

大家落座,邓小平指着刘华清和洪学智问赵紫阳、杨尚昆:"他们两个人的命令下了没有?"

杨尚昆回答:"下了,都已经签了。"

"老帅们看了没有?"

"正在几个老师那里传阅。"

邓小平转而对着刘华清和洪学智说:"军委决定,调你们两个来,担任军委副秘书长。"

是年,刘华清已满71岁。随着近年来党政军都在强调领导干部年轻化,他已做了退休的思想准备,猛然听到这个消息,大感意外。邓小平似乎察觉到了什么,转而指着刘华清对大家说:"调他来,就是抓现代化,抓装备。"接下来,邓小平做了简短讲话。

邓小平说,新一届军委班子,将由主席、副主席、秘书长、副秘书长、军委委员以及总参谋长、总政主任、总后部长、国防部部长组成。"军委的工作,紫阳要多做,多认识点干部,首先是军以上干部。以后军委一般的决策,赵、杨商量,紫阳决定。"

赵紫阳、杨尚昆当即表示:"大事还是邓主席定。"杨尚昆还补上一句:"小平不下,军队稳定。"

邓小平笑笑:"十三大选举得结果好。"

接下来,杨尚昆汇报了部队学习十三大文件的情况和部分大军区、军兵种干部的调整方案。讲到军队准备实行军衔制度问题,杨尚昆说,这涉及很多老干部,问题很大。

邓小平态度坚定地指出:"这个问题不能拖,步子快点,要用制度来解决,有骂娘的让他骂去。军队减100万,军费控制,是我定的。现在机关太大,要减,从三总部做起,三总部机关构成不合理,要选些军长来当部长,有些人知识少、素质差,要调整。"稍停,他又特别强调:"从现在着手,两年内找一批年轻的干部接班。美国海军太平洋舰队司令40多岁,黑格少将四十几岁当欧洲司令。论资排辈要打破,要选十来个对象培养,要快,要讲阶梯,军队不能在老人堆里打圈子,军队要年轻。"

最后,邓小平又对刘华清说:"调你到军委来工作,就是考虑到军队要搞现代化,现在全军熟悉科研装备的就你了。调你来就是抓装备,抓现代化。"

听了邓小平的讲话,刘华清很激动。晚年的回忆录中讲到这次会议时,他这样写道："我是第一次参加这种高层会议,简短、务实,加之小平同志那种高屋建瓴、举重若轻的领导风采,给我留下极深印象。坦率讲,我是七十出头的人,阅历过人间万象,也指挥过千军万马,但每次见到小平同志,都会从心底产生一种难以言喻的敬畏之感。我在做好退休准备的时候,却突然被委以重任,不由得百感交集。我很清楚,在一个平稳发展的国度里,像我们这种年纪的人,不应该继续占据高位,但中国情况特殊。改革开放不久,社会变化急剧,经济和政治体制都需要在摸索中不断调整,社会也需要稳定。在这种情况下,老同志的威望和经验能起到其他人无法替代的作用。我同样清楚的是,小平同志对人民军队充满无限厚爱。他在考虑军队的接班人和长远建设。今后的工作方向已经明确,我别无选择,唯有埋头苦干,鞠躬尽瘁。"

11月21日,党中央关于军委人事调整的决定正式发出:军委常务副主席杨尚昆兼任军委秘书长,洪学智、刘华清任军委副秘书长。同日,军委主席邓小平签署命令:任命济南军区政委迟浩田为总参谋长,任命北京军区政委杨白冰为总政主任,任命总后副部长兼副政委赵南起为总后部长。

刘华清"古稀之年又换上了绿军装"。由于海军司令员人选一时没有定,他依然负责海军全面工作,直至翌年1月14日,副司令员张连忠任海军司令员的命令下达后,他才离开海军正式到军委上班,

调整后的军委班子,工作格局较过去有了较大改变。此前,军委副秘书长人数较多(4人),每个副秘书长具体兼管一个总部,主管一个方面的工作。在那种格局下,副秘书长难以摆脱事务性工作。而今副秘书长只有2人,而且是专职,职责便完全变了。副秘书长不再具体负责某一个方面的事务性工作,主要职责是为军委领导决策提供及时、准确的信息,以利他们能有更多时间和精力,研究思考全局性、战略性的大问题。对此,新军委班子调整后的首次军委会上,杨尚昆专门做了说明。他说:"军委组成人员调整后,军委领导工作分两个层次:一是军委主席、副主席,一是军委秘书长、副秘书长。根据小平同志指示,军委工作由第一副主席赵紫阳主持,重大问题请示小平同志。军委秘书长、副秘书长,人数少,不分工。军委日常工作由杨尚昆、洪学智和刘华清3个人研究处理,对各总部、各军兵种起领导作用。两位副秘书长也可以主持开

会,研究工作,听取各方面的意见,起协调三总部的作用。"

至时,中国实行改革开放政策已近10年。军队改革工作虽取得了明显的成绩,但由于历史积累问题较多,加之受各方面条件的制约,面临的困难和问题仍不少。谈到恢复军衔制、重新评授军衔时,邓小平曾这样说:"这是个得罪人的事情。我来得罪吧,不把这个矛盾交给新的军委主席。""我们不解决这个问题,是交不了账的。这就是说,我们这些在部队生活了几十年的人,对部队是不好交代的。这是第一件大事。"其实何止军衔问题!体制编制调整、干部工作和人事制度改革等许多问题,处理起来都非常棘手。刘华清了解部队实际,理解邓小平的想法。到军委工作伊始,他便做了大量的调查研究工作。在掌握全面情况的基础上,与洪学智一起,组织各大单位对军委《关于加快和深化军队改革的工作纲要》草案进行论证、调整,为部队深化改革、加快现代化建设步伐做出部署。继而,在邓小平等军委首长的领导下,抓了《中国人民解放军文职干部暂行条例》《中华人民共和国中央军事委员会关于授予军队离休干部中国人民解放军功勋荣誉章的规定》《中国人民解放军军官军衔条例(草案)》等一系列法规文件的贯彻落实,使军队干部管理工作开始走上规范化、制度化的轨道。同时,刘华清还按照分工,领导完成了南沙永暑礁海洋观测站建设工程;为保卫南沙,维护祖国的海洋权益,启动了西沙机场建设工程和研制飞机空中加油机工程等重大任务。

第二次,1989年9月4日,邓小平对江泽民等政治局常委的同志说,刘华清当军委副主席,"比只看资格好"

1989年11月6日,党的十三届五中全会在北京召开。

会议议题主要是:一、审议《中共中央关于进一步治理整顿和深化改革的决定》,二、讨论邓小平请求辞去中央军委主席的报告,三、研究决定新的军事委员会组成。刘华清以中顾委委员的身份列席了会议。

中顾委成员100余人住在空军大雅宝招待所。会议开幕的当天,会上印发了军委主席邓小平9月4日与中共中央政治局常委江泽民、李鹏、乔石、姚依林、宋平、李瑞环、杨尚昆、万里等同志的谈话要点。谈话的中心内容是,邓小平主动提出辞去中央军委主席职务,提名江泽民任军委主席,杨尚昆兼副主席,刘华清任副主席,杨白冰任军委秘书长。

要点稿基本上是记录整理的邓小平的原话。邓小平说:"党要管军队,因为军队始终是党的。……军队是党的军队,当然也是国家的军队。……我们军队要成为一个听党的话的军队。我们的传统是军队不能搞集团,不能搞小圈子,不能权力集中在几个人身上,军队任何时候都要听中央的话,听党的话,选人也是要选听党的话的人。军队不能打自己的旗帜,所以,既然变动军委主席,也要考虑军委组成人员和工作机构问题,连同我的问题一同解决比较好。我提议江泽民当军委主席。江泽民同志过去与军队联系少一些,但也不是没有联系,他当主席比较顺。"关于军委以后的工作,邓小平说:"主席要有助手,就是副主席、秘书长。有两三个助手,他这个主席就好当了。有事可以找人办,否则什么事情都要主席出面那受不了。军队工作也是很多的呀!尚昆这届不退,现在一下变动太多不好,稳定军队是很重要的。刘华清当副主席,杨白冰当秘书长。刘华清身体好,知识面比较宽,解放后一直搞国防工业,搞科技装备,在苏联还学了几年。他懂科学,搞卫星、导弹都参加过,是荣臻同志的主要助手。选这么个人当军委副主席,恐怕比只看资格好。我们军队中老干部四方面军的占大多数,这个副主席要是四方面军的。刘华清是四方面军的,某种程度上说是比较年轻力壮一点的,身体好,是能听党的话的。当然,听党的话的人多得很,但是他几个条件都具备,我比较倾向这次加一个副主席,搞一个新秘书长,作为泽民同志的主要助手。"

看了谈话要点,刘华清很是吃惊。如果说当初任军委副秘书长他没有想到的话,这次更没有思想准备了。谈话稿已下发、传达,亲自去向邓小平说明自己的想法来不及了,他立即给邓小平办公室(以下简称邓办)的同志打电话:"请向邓主席报告,我难以胜任,还是选别人好。"

邓办的同志回答:"邓主席已经定了,不会改变。"

9日下午,党的十三届五中全会通过了关于同意邓小平同志辞去中央军委主席职务的决定,通过了中共中央政治局根据邓小平同志提议议定的中央军委人事安排：主席江泽民，副主席杨尚昆、刘华清，委员杨白冰、秦基伟、迟浩田、赵南起。

翌年4月4日，根据江泽民主席提名，七届全国人大会三次会议通过了国家军委成员名单。国家军委与中央军委，两块牌子一套班子，刘华清亦为国家军委副主席。

这样一来，军委成员7人中，江泽民是中共中央总书记，杨尚昆是国家主席，杨白冰、秦基伟、迟浩田、赵南起，分别兼任总政主任、国防部部长、总参谋长、总后部长，只有刘华清是专职做军委工作。军委新班子组成后，江泽民在首次会议上做了明确分工。他说，军队的事情要讲效率，不能延误时机，重大问题要提交中央常委会讨论，军委常务会议由刘华清主持。刘华清深深感到了责任的重大，他当即表示："要尽职尽责、努力工作，做好江主席的助手。有问题时，先向杨副主席请示，重大问题及时报告江主席。"

之后，刘华清在中央常委、江泽民领导下，主持军委日常工作，并受命承担了多项重大任务的领导工作。

为了集中精力发展经济，强根固本，中央在改革开放初期一度在军队建设上采取了"忍耐"的方针，部队精简，军费没有大的增加。进入20世纪90年代以后，国内外形势都有了很大变化，军队建设怎么办？1990年3月17日，军委常务会议决定，军委要按照国家总体规划制定军队建设"八五"计划和十年规划。并决定，刘华清任规划领导小组组长，迟浩田、赵南起为副组长。于是，刘华清遵照江泽民主席关于"要考虑加强国防建设的需要，也要考虑国家财力的可能"，"要把建设和改革结合起来"的指示精神，组织各总部、军队各大单位领导、专家围绕着创造和建设国家安全环境这一大目标，对新时期军队建设的目标、武备发展设想以及国防工程和基本建设的规模等一系列重大问题，进行了系统的讨论研究和论证。在此基础上，制定了《中央军委关于"八五"期间军队建设计划纲要（草案）》。纲要草案经军委扩大会议讨论通过后，又以此为基础，制定了《"八五"期间军队体制编制调整精简总体方案》和《全军院校体制编制调整方案》。随后，纲要、方案按照计划有步骤地付诸实践，军队整体面貌、战斗力构成发生了几十年来少有的变化。

刘华清长期做装备科研工作,使他对世界军事科学发展形势和中国军队武备存在的问题、差距了如指掌。所以,他说:"在军委工作期间,军队的装备发展,一直是悬在我心里的重大问题。"主持军委日常工作后,他始终把发展高新技术,用最先进、最现代化的武备武装军队作为军队装备建设的指导方针。他始终高度重视军事科研队伍建设,不失时机地部署军事装备的科研任务和目标,同时,十分注意学习、借鉴发达国家先进的科学技术。为了开展与苏联的军事合作,刘华清于1990年6月亲率军事代表团访问了苏联,并与苏联政府签订了《中华人民共和国政府和苏维埃社会主义共和国联盟政府关于军事技术合作的协定》《中苏政府间军事技术合作混合委员会第一次会议纪要》等文件,为新形势下军事技术的引进奠定了基础。1991年苏联解体,俄罗斯继承了原苏联的大部分遗产,也承担了一切条约、债务方面的全部责任。中苏原先议定的合作项目俄罗斯不仅依约履行,还逐步扩大了合作项目。实践证明,与俄罗斯军事技术合作,对中国军队的武备更新和军事技术发展,均发挥了重要作用。

1990年前后,是一段世界政治形势大动荡的日子。苏联解体、东欧剧变,给中国人民造成了巨大的心理冲击。军队官兵中也有不小的反应。刘华清按照中央的战略部署和江泽民的要求,从抓党的建设入手,加强官兵思想政治工作,使全军部队始终保持思想稳定和高昂的战斗精神。邓小平对刘华清在这期间的工作给予充分肯定,认为他几个方面的工作,措施方法得力、对头,是成功、有效的。

第三次,1992年10月6日,党的十四大召开前,邓小平就军委人事安排问题给政治局写了信

邓小平从军委主席职务上退下来后,仍然密切关注着国家改革开放的方向,关注着国家政治经济的发展,关注着中国社会稳定、长治久安和中华民族的国际权益。正是从这个意义上,他异常重视军队上层人事的调整,重视部队建设。为此,党的十四大召开之前,1992年10月6日,邓小平给中共中央政治

局写了一封信,集中谈了自己对中央军委工作的想法和关于人事安排的建议。

信开始,邓小平首先讲了对新一届军委领导班子方案的设想:建议刘华清以军委副主席身份进政治局,并增加张震为军委副主席。他说:"今后主要由刘华清、张震两位同志在江泽民同志领导下主管军委的日常工作。据我了解,刘华清、张震同志最熟悉军队。将来挑选接班人的工作,需要熟悉军队的人来承担责任。……要在全军范围内选拔一批40~50岁的人,放到一定的岗位上进行培养。……军队要保持团结一致,保持老红军的本色,这点十分重要。"

中共中央政治局完全同意邓小平的意见。10月19日,新选举的十四届中共中央委员会召开一中全会,选出了新一届中共中央政治局。刘华清被选为中央政治局委员、中共中央政治局常委。从此,刘华清进入了党的最高决策层。

新一届中央军委的组成是:主席江泽民,副主席刘华清、张震,委员总参谋长张万年、总政主任于永波、总后部长傅全有(翌年3月八届人大一次会议后,增加新任命的国防部部长迟浩田)。

是年,中国人民解放军已经走过了65年的光辉岁月。久经战争烽火的开国将领们均先后退出了军事舞台,刘华清与张震是全军官兵中仅有的两位红军时期入伍的在役军人。邓小平在会见新一届军委领导时,叮嘱他们:"一定协助江泽民同志,用3年左右的时间把我军各级领导班子调整好、建设好,保证各级领导班子要掌握在忠于党的路线的同志手中。……这几年的任务,主要就是做这件事,选择接班人。……选拔干部、选拔人才,只要选得好,我们的事业就大有希望。"刘华清明白,这是邓小平最关心的问题,也是他作为党的一代领导核心最后的政治嘱托。刘华清记在心里,也贯彻在工作实践中。晚年的回忆录中,他说:"回想主持军委日常工作的这几年,我花精力最多、下功夫最大的还是干部工作、军事斗争准备和发展装备3个方面。"

军委日常工作中,刘华清始终坚持把选拔、评议干部,作为军委常务会议的主要议题,把考核、识别干部作为下基层时的重要任务;在深入调查、考察的基础上,制定了《关于加强军以上领导班子建设的三年规划》,并按照规划对三总部和各大单位领导班子,陆续进行了调整,改善了班子结构,提高了领导干部的文化水平、整体素质；批转了总政《关于加强军队高中级干部管理的意见》，使新形势下中高级干部管理有章可循，赏罚有据，用人不公的现象得到遏制。在加强中高级干部管理的同时，先后做出了《关于发扬优良传统，加强廉政建设的决定》《关于贯彻党的十四届四中全会精神，进一步加强军队党的建设的决定》，颁发了新的《政治工作条例》和《军队基层建设纲要》《关于贯彻党的十四届六中全会精神，加强军队精神文明建设的意见》等，使部队政治工作更加扎实有效，确保军队的优良传统、老红军的本色在新形势下得以继承和发扬。

1992 年 12 月 9 日，刘华清外出视察部队回到北京后，看到了江泽民于 3 日晚写给他和张震的一封信。信中，江泽民谈了对国际形势的看法，要求刘华清、张震按照小平同志的指示，注意观察研究，充分估计国际斗争的复杂性，对军队武备发展，提出要有符合实际的"撒手锏"。随信，附了邓小平谈话的要点。

邓小平的谈话不长，其中心思想是抓住机遇发展武备。这是刘华清考虑已久的问题。他曾多次在会议上强调："要使我们的国防力量强大起来，就必须依靠发展高新技术，用最先进、最现代化的武器装备武装军队。"此后几年里，他不仅按照中共中央政治局常委会的决定，承担了"要在本世纪末或下世纪初把中国的载人飞船送上天"的任务，而且不时深入科研部门，直至相关工厂，与科研、工程人员共商现代化武备发展大计，指导新型飞机、战舰等装备的研制和生产。不长的时间里，多种高科技含量的武备先后投入使用，使军队实际战斗能力得到有效的提高。

高新技术的迅猛发展，使武备、战争样式发生了根本改变。进入 20 世纪90 年代以后，第二次世界大战后形成的两极格局完全打破，国际政治形势也更加复杂。基于这一现实，刘华清遵照江泽民关于要研究新形势下如何贯彻"积极防御"的战略方针，做好军事斗争准备的指示精神，对如何应付突然局面、打赢现代化技术，特别是高技术下的局部战争，进行了深入的研究。1993 年召开的军委扩大会议上，他通过对国际政治形势和现代战争特点的分析，提出了军队工作中需要把握的六项原则：一、注重质量建设，二、突出重点，三、加强综合配套,四、积极稳妥地进行调整改革,五、坚持长期建设、分部实施,六、实行军民兼容、平战结合。他提出:"在战备建设方面,应该加强对情况的掌握和研究,制定完善的作战预案,有重点地发展先进武器装备,改革军事训练,提高后勤应急综合保障能力,深化军事科学研究,在这几个方面落实,以求新的突破。"在这种理念的指导下,各总部密切协同强化部队的军事训练,先后组织陆海空三军在东南沿海方向成功地进行了多次军事演习。这些演习不仅提高了部队现代化作战能力,同时有力地打击了"台独"势力的嚣张气焰,震慑了敌对势力的侵略阴谋,维护了国家主权和海洋权益。

1997年2月19日,邓小平在北京逝世。令人遗憾的是,他没能如愿踏上历经百年沧桑回归祖国的香港的土地。但可以欣慰的是,一切都在稳步地按照他生前既定的设计、运筹进行:同年7月,中英两国政府关于香港的交接仪式如期隆重举行。同一刻,中国人民解放军陆海空三军派出的部队开赴香港。9月,党的十五大如期举行,选出了新一届中央委员和中央领导机构。新一届军委成员是:主席江泽民,副主席张万年、迟浩田等。至此,刘华清作为中国共产党第一代军人,即红军老战士代表,完成了继往开来的历史使命——邓小平的嘱托,光荣地退出了军委领导岗位。他代表着一个伟大历史的结束,同时也是一个新时期的开始。

是年,刘华清已近81岁高龄,他穿了68年军装。在邓小平的全力举荐下,他在军委领导岗位上整整工作了10年。在这10年里,他背负着党和人民的重托,作为邓小平、江泽民的主要助手,为中国人民解放军优良传统作风的传承,为中国军队革命化、现代化、正规化建设,做出了杰出的贡献。历史证明,刘华清不辱使命,向党和人民交了一份满意的答卷。邓小平举荐刘华清到军委工作及其高度重视干部队伍建设、重视新老交接、重视党和军队优良传统作风传承等思想,无比英明正确,是留给后人的一笔宝贵财富。

后　记

　　本书——《蓝色档案：新中国海军大事纪实》，是笔者的第一本短篇作品选集（此前，虽也出过几个集子，均系与人合编）。"第一"么，似乎总是有点意思，须说几句。

　　近十几年来，在履职或依约完成传记写作任务的同时，笔者拉拉杂杂写了部分短篇文稿。这些文稿多以党史、军史为基本内容，战争年代的，新中国成立后的，写人的，记事的，都有，陆续发表在军内外报纸杂志上。本书中选入的32篇作品，即是从这些文稿中摘选的。稿件选编标准：从1949年初国民党海军黄安舰起义、人民海军创建，到1988年第三任海军司令员刘华清调离海军，进入中央决策机构，期间40年里海军建设中标志性或者说具有里程碑意义的事件。旨在集中反映人民海军创建、发展的历史，弘扬海军官兵不怕困难、不怕牺牲，艰苦奋斗，敢打敢胜的高尚情操和大无畏的革命精神。

　　回想这些稿件当时的写作动因，大致有四：一是配合重大节日、纪念日宣传活动，二是应纸刊杂志编辑朋友们的邀约，三是受相关历史事件、人物的感染信笔成篇，四是决定选编本书后，为弥补书稿内容缺遗突击补写。不管哪种动因，但有一点是共同的，即竭尽所能挖掘了相关史料，文稿中记述的内容，不管是人还是事，均立言有据。笔者不曾怀着个人目的刻意去"褒"，也不曾凭着一己好恶有意去"贬"，更没有为了文稿生动传奇随意去"编"。实事求是既是出发点，也是追求的目标。至于部分文稿有些地方未能说清、表述不准，除非史料不足，即是笔者文字功力而或思想认知上的原因——这是令人遗憾的。好在关注本书的多为军内外军事、党史方面的专家学者，大家自会鉴别、补充，以至给予指教。由是，我感到欣慰。

　　既然名之"档案"，当然离不开档案馆。书中资料基本上都是军委档案馆、海军档案馆提供的。特别是海军档案馆馆长高金昆同志以及分管档案使用的林怀兰、朱亚萍等同志，给了笔者巨大的支持和帮助。海军马发祥副政委、海政丁海春主任一直关心本书出版，指导书稿修订。海政宣传部、编研部，海司编研部、保密办等单位都分派专人认真审订书稿，提出了重要修改意见。海政陈万军秘书长，为本书审订修改做了大量协调工作。在此一并表示衷心感谢。

　　本书是我在山西人民出版社出版的第二本书。多有朋友表示不解：北京这么多出版社，为什么远远地跑到山西出书？我要说，这与吕绘元编辑的工作有很大关系。上一本书《三十年海军司令萧劲光》，是她来京约定的。在出版过程中，吕编辑纠正了多处长期被忽视的错讹，其敬业精神、文字能力，均给我留下深刻的印象。本书出版又蒙她费心做了大量编辑、校订工作，弥补了疏漏、错讹。值时，再次表示感谢。

　　最后，需要说明一个重大缺憾：书中没有记述1988年3月14日赤瓜礁海区自卫反击作战的文稿。刘华清1988年1月调离海军。时间上，赤瓜礁海战在此之后。但这次海战，是我海军部队成立40年里第二次对海上入侵外敌作战，事迹感人，意义深远。如能将其列目编入书中，即可为海军建设一个完整历史时期（成立40周年）做结，也可成就本书"豹尾"之美，自然更好。由于采访前线指挥员陈伟文（时任某基地参谋长）的计划迟迟未能成行，此次海战的有些细节没有彻底搞清，加之时间紧迫（原期望能赶在海军成立65周年，即2014年4月前出版），定稿时只能暂付阙如。

　　海军成立40年里，数十万官兵前赴后继，艰苦奋斗，大事、要事，可歌可泣的英雄、模范，比比皆是，不胜枚举。书中内容选定、文稿记述上遗漏、偏颇、不妥之处肯定不少。诚望广大读者，特别是海军史专家学者热心指陈，不吝赐教。

吴殿卿

2014年11月于莲宝路